被統治的藝術

中華帝國晚期的日常政治

The Art *of* Being Governed

Everyday Politics in Late Imperial China

宋怡明

Michael Szonyi

鍾逸明——譯　李仁淵——審訂

獻給我的三位老師

卜正民　科大衛　鄭振滿

正式秩序……在很大程度上總是寄生於非正規過程，雖然正式制度並不承認它們，但沒有它們又無法生存，而若只有非正規過程，它們自己也無法自我創造或維持下去。

——詹姆斯·斯科特（James Scott），《國家的視角》（*Seeing Like a State*），頁三一〇。

遵守，但不順從（*Obedézcase, pero no se cumpla*）——卡斯蒂利亞人對王室命令的反應。

——露絲·麥凱（Ruth McKay），《王權的限度：十七世紀卡斯蒂爾王國的服從與反抗》（*The Limits of Royal Authority: Resistance and Obedience in Seventeenth-Century Castile*），頁二。

目次

第二部　在衛所

導讀

李仁淵／中央研究院歷史語言研究所助研究員

為了家庭的未來，蘇鐸要把訴狀給呈上去。

蘇鐸世代住在福建省福州府古田縣的二十三都，現代的行政區是福建省屏南縣的柏源村。柏源村位於古田溪上游一條支流的山間小盆地，即使在交通發達的現代也是相當偏遠。就算到現在已經沉在水庫底下的古田縣城，也要走超過五十公里山路。根據這篇天順六年（一四六二）的訴狀，蘇鐸一家在明朝建立沒多久的洪武四年（一三七一），就以他的曾祖父為戶長被登錄為民籍，九十多年來安分守己。然而去年一場官司卻毀了他們一家的生活。

就蘇鐸的說法，在隔壁的二十都有一戶同姓蘇，但這個跟他們沒有關係的蘇家，在明初被劃入了軍籍。根據明代制度規定，一家所登記的戶籍種類決定了他們對國家的義務。被劃入軍籍的家庭必須提供一名男丁服兵役，而當這名男丁因病或亡無法繼續服役，這個家庭要負責另外派人替補他。這表示一旦被劃入軍籍，世世代代至少都需要有一個男丁在軍隊服務。然而不僅如此，首先這名男丁派駐的衛所未必會離家很近，甚至會為了防止連帶關係而被調遠。而這名男丁前往派駐地的旅費需要自己負擔，又是一筆不小的開銷。有些男丁被派往需要軍人的邊疆地帶，如往在福建泉州卻被派到雲南楚雄，而事情就不僅只是籌集旅費那麼簡單，他可能在漫長而危險的旅途中身故。儘管如此，原來的家庭仍須繼續派人遞補。

隔壁都的蘇家被劃為軍籍後，被派到當時的首都南京。天順三年（一四五九），蘇家在南京服役的軍人蘇廣回到古田來「取討盤纏」。盤纏在字面上是旅費，但在這裡更可能是在古田的蘇家為了補償去南京當兵的家人，而為他留下一塊產業，定期將租金給他。蘇廣回到古田後，卻發現這塊地被買走了。於是他找里長、老人協調，把這塊地追了回來。過了兩年，蘇廣再次回到古田。這次他看到自己古田家人生活艱難，而鄰都蘇鐸一家生活得不錯，於是心生歹念。蘇廣向古田縣令提告，說蘇鐸與他們家同屬一戶軍戶，但蘇鐸家卻逃避應該負的責任。古田縣召來了蘇鐸的里長、老人作保，保證蘇鐸不與蘇廣同一家。但蘇廣不死心，又告上層級更高的福建提刑按察司僉事清軍宋欽，於是蘇鐸的父親與他們的里長等人在該年的十二月被送往省城福州等候審問。

一直到隔年的七月，宋欽才開始審問他們。蘇鐸的父親再次哀告他們與蘇廣一家沒有關聯，但宋欽不信，要他承認同屬一家、兩家戶籍合併。這個時候被留置福州的蘇鐸父親，吩咐蘇鐸把家裡的田產變賣。在訴狀裡面沒有明說，但顯然是暗示宋欽收了蘇廣的錢，而蘇鐸家也需要錢來處理這件事情。然而蘇鐸的家產先是被盜賊劫掠，而且僻處山區，一時之前找不到買家，一直沒有辦法變現。

到了九月，宋欽等不及了。他拷打蘇鐸的父親與他們的里長鄰居，並且使用「法外之刑」，一連數天用大夾棍把蘇鐸父親等人夾倒，要他們招認跟蘇廣同家共祖。蘇鐸的父親苦苦哀求，並且請求調出布政司的簿冊，查看他們當初登記的戶籍。然而宋欽不許，繼續對蘇鐸父親用刑。蘇父在九月十六日重傷被送去醫治、二十日死去，而二十二日宋欽就命同里其他姓蘇的人做出招認的文書。十一月一日，宋欽到古田縣，把蘇鐸與里內其他姓蘇的人家都併入蘇廣的戶籍，讓他們都同屬一個軍戶，都需要負擔軍戶的責任。

這篇天順六年由喪父的蘇鐸提出的訴狀，所署日期是十一月十七日，也就是在事發半月之後。由於訴狀的後半段少了一部分，我們不知道訴狀要呈給誰。但從訴狀中把矛頭指向宋欽處理不公，並希望可以轉行南京戶部，查看存放在南京的洪武年間軍民籍冊，可見這份訴狀訴求的對象又更高一級。只是僅有這份文件，我們不知道訴狀最後有沒送出，結果是如何。

我們之所以知道這份五百多年前的訴狀內容是什麼，是因為它被收進了柏源村蘇氏的族譜。我所看到的是一份一九九八年的蘇氏族譜印本，上面說它是根據一九八六年的另一份更早的印本，這份印本註明這份文件是一九一四年手抄的。儘管現代的蘇家人未必都讀過、也未必人人都讀懂這份文件，但在很長一段時間它被如此小心的轉抄保存，可見對家族來說這是一份重要的文件，用來證明他們與二十都的蘇家不同，他們不應該負擔軍戶的義務。

乍看之下，這個被收入宋怡明教授《被統治的藝術》中的一個案例，跟其他更多更複雜的案例比較起來單純許多，只是一家人稱另一家人與他們同屬軍戶，必須負起身為軍籍的義務。然而即使是像這樣簡單且不完整的案件，也透露出許多不同層次的歷史訊息。

被統治的軍戶

蘇鐸的案子有一個大背景是明代的軍事制度，維持兵源的軍戶制度造成兩個蘇家的衝突。而這也是《被統治的藝術》一書的主題。

雖然講到軍事史，許多人第一個反應也許是一場場戰役以及作戰時的戰略，然而軍事對社會的影響遠遠不僅止於戰爭時期。無論是穩定內部秩序或是抵禦外部攻擊，對一個政治體來說，維持一定的軍事力量是施政的重要部分。特別是當政治體的規模愈大，就代表更複雜的內部組成與更長的外部邊界，同時也就代表要投入更多的人力資源，以及維持更長的補給線。而更多的人力需求與更長的補給線，對政治體來說，便需要更強大的動員能力，且帶來更沉重的財政負擔。不少人注意到人類的許多技術進展都與解決軍事問題相關，包括武器、通訊、運輸、醫療、公共衛生、食物處理等各層面，而為了要動員並部署這些人力與物資，許多管理與組織的方式或許也與軍事相關。

以明代的軍戶制度來說，它的目的就在提供穩定的人力，這在前現代的戰爭中仍然是最重要的事情。另外也藉由包括軍裝（即讓士兵自行負擔旅費與到衛所的其他相關花費）、屯田等設計，把許多開銷轉移出去，減少國家在財政與糧食上的負擔。對明代這樣行政技術有限的前現代國家，繼承自元朝的軍戶制度不失為一種合理的方法。不過事情也不是這麼簡單，不少對於明代軍戶的討論，都指出此制度在明代中後期的「崩壞」，並且把它當作是明代衰亡的因素之一。最常見的解釋是明初奠定的制度僵化，無法適應中晚期的社會變動。

雖然《被統治的藝術》也對這樣的解釋提出挑戰，但本書開宗明義就表明，這本書的重點並不是討論明代軍事制度的崩壞，而是在探討一般人如何對制度做出回應，這些日常政治的回應怎麼影響個人與社會。被劃入軍戶對一個家庭來說是長久的負擔，為了處理與軍戶相關的義務，不同家庭根據所處的位置、所擁有的文化或社會資源，而發展不同的應對策略。對在原籍的軍戶家庭來說，最重要的是減低不確定性，讓這樣的義務可以預期。特別是當時間一久，家庭發展到第二、第三代，家庭成員要確保有人服役、官員不會忽然上門來要人。有種常見的策略是家族安排某一支負責軍役，而在其他方面給他們補償（這或許就是蘇廣的狀況），甚至雇人代替他們服役。而對於被派駐到衛所或屯田的軍人，他們面對的問題是如何在新環境立足。特別是當他們在新駐地組織家庭而有第二、第三代之後，這些被切斷原有社會關係、在一個新地方駐守的家庭，除了官方的義務之外，他們也要面對如何支持自己人丁漸多的家族。

軍戶的身分也不全是災難，有時候也會帶來一些好處。如將軍役集中在赴衛所或屯田的其中一支後，在原籍的其他人仍可免除一般民戶的徭役等負擔，反而更具優勢。只是他們可能會收到其他人對他們逃役的指控，因此與衛所軍戶保持聯繫，或提出自家已有人服役的證明，常常是必要的舉措。而在衛所或屯田的軍戶，他們雖然要服軍役，且有時候受到一些限制，但軍人身分也幫助他們接觸到一些資源。如在本書關注的福建沿海，許多軍戶便參與海上走私貿易。正軍或軍戶的家屬利用人脈參加跨越邊境的貿易，在其他內陸邊界也可看到。本書的主要內容，即在探討軍戶家庭在不同狀況下所發展出來的種種策略。其中有許多策略，作者以「制度套利」來概括，即利用兩種監管制度中的落差、或是制度與現實之間的差距，從中找出最適合的發展策略。在軍戶身分可以帶來利益的場合，就在軍戶監管的體制中求取最大的利益；但若在民戶的監管體制中比較有利的話，又會從中鑽漏洞，求取民戶的利益。其中最典型的例子應該是發展數代、並取得民地的衛所軍戶。這些針對制度產生的策略，不僅影響當時社會組織的方式，在明代之後仍繼續遺留下來，甚至在當代仍可察覺當時的遺緒。

對作者來說，這些策略是一種可以學習、鍛鍊的「被統治的藝術」。這樣的提法是延續了從傅柯（Michel Foucault）到斯科特（James Scott）的討論。[1] 相對於傅柯提出的無微不至的「治理性」（govermmentality），以及斯科特提出的一群人逃離國家治理的「不被統治的藝術」，宋怡明教授在本書中要闡述的是，即使是在前現代體制下「被治理」，也需要發展出一套「被統治的藝術（art）」。這裡的「art」在中文因為已經約定俗成翻譯成「藝術」，而讓人有美學的聯想，然而在這裡的「art」更接近一種技藝或技巧。也就是統治者有各種日常的治理術，被統治者也有種種被統治的技巧，在表面順服的狀況底下，讓自己的處境更可以掌握，甚至朝更有利的方向前進。相較於斯科特強調的逃離國家的人，本書更在意的是那些為數更多的、留在國家體制底下的人。對多數人來說，面對國家並不是只有全面臣服或反抗逃離這兩種極端的選擇，更多情況下是在兩者中間的光譜游移，根據狀況調整最適合的對策。本書細述明代福建民眾在不同狀況下面對軍戶制度發展出來的種種策略，在原籍、在衛所或在屯田，滿足義務、謀取利益或建立關係，可以說是這些「被統治的技藝」的展覽會。

以開頭蘇鐸的案例來說，由於我們只有蘇鐸的片面之詞，無法知道事情全貌。若蘇鐸的話是真的，那就是身為軍戶的蘇廣家族，誣指蘇鐸家族同為軍戶，要求蘇鐸分擔軍役。在軍役負擔常以金錢替代的情況下，可能意味著蘇鐸家族必須給蘇廣家族一筆錢。但如果蘇鐸說謊的話，那麼他們當初可能真的與蘇廣同為一戶，但運用一些手法擺脫了軍役的負擔，引起戶裡其他成員的不滿。在《被統治的藝術》中我們也看到其他類似案例，有些家族成員不滿原先軍役安排的協議，如各房支輪流承擔或共同出錢，而假稱不同一戶。後來的讀者可能會覺得這些糾紛有些荒唐，然而如果體認到這是運行幾代甚至超過百年的協議，百年間的子孫繁衍、人事變化足以使一些協議的細節混亂，爭執不清。而無論如何，這些有關國家義務的爭議背後有各方算計，最後常常是靠打官司，也就是引進國家介入來解決，或者是推動解決的進程。對這些家族來說，國家也是他們的資源、是策略的一部分。通曉如何利用這些被統治的藝術，有助於家族在制度縫隙間的發展。

受眾觀點的制度史與地方文獻

《被統治的藝術》這本書的取向可以說是呼應了近年制度史研究的潮流。以往制度史研究比較專注在制度的創始、設計與演變，主要從施政者的視角來討論。而近來的制度史，不少注重的是制度在不同時代、不同地域、對不同人群的施行與影響，乃至從受眾的視角討論人們如何理解制度、如何順應或利用制度，甚至如何改造制度。近年來對地方訴訟與里甲賦役等研究，都在這些方面取得了豐碩的成果。對於明代的衛所與軍戶，同樣有著很長的研究傳統，近年來也由此視角的轉移讓我們對制度與社會間的互動有更進一步的認識。[2]

歷史研究的進展除了概念的革新之外，常常也是因為史料的拓展。討論制度的影響，以及自下而上的制度變化，這樣的受眾視角之所以可能成立，很大一部分是因為地方文獻的挖掘與應用。這些從民間或地方收藏單位保留下來的歷史文獻，包括族譜、契約、帳簿、碑刻、儀式文書、訴訟文書、各式簿冊等等，擴展了學者觀察過去的管道。以往利用的會典、則例、實錄、文集等材料，展現的是上層的決策結果，而從地方文獻當中，則可以看到基層社會對這些決策的因應。《被統治的藝術》的一大特色就是使用了判牘與大量的地方文獻，特別是族譜，以及抄集在族譜中的契約等資料。宋怡明教授的取徑來自他的老師科大衛（David Faure）與鄭振滿，他們從八〇年代末開始、經常被標誌為「華南學派」或「歷史人類學」的研究方法，在明清史的研究上拓展了許多新的課題。[3]

宋怡明教授的第一本專書著作《實踐親屬：帝制中國晚期的宗族與繼嗣》（*Practicing Kinship: Lineage and Descent in Late Imperial China*）改寫自他的博士論文，即利用大量的族譜與其他田野資料討論明清時期福州地區的宗族組織，而第二本專書《前線島嶼：冷戰下的金門》（*Cold War Island: Quemoy on the Front Line*），則是探討冷戰時期戰地政務下的金門地方社會。[4]

而本書相當於是將這兩本書的主題合而為一。族譜在軍戶研究中特別重要，是因為在制度設計底下，同戶男丁承繼的原則讓軍役與父系繼嗣結構密切相關。為了防止分戶逃役，因此有軍戶不得分戶的原則。當家庭繁衍到第二、三代，由誰繼承這項義務變成這個群體不得不解決的問題。這些協商的結果由於會影響到接下來數個世代，在家族至關重要。因此當族譜編纂時，與此相關的材料有很大的機會被收錄在族譜當中。如開頭蘇鐸的訴狀，起初應是家族中收藏的重要文獻，而在某次修譜時被抄錄進去。族譜在重新編纂之時，往往又收錄舊譜的文字，猶如層層累積的家族檔案，因而類似的文字紀錄得以流傳至今。

當然這類文獻也有它的局限。大體上來說，本書討論的地方文獻可以分成兩種。一種是直接處理軍役相關事宜的文獻，這樣的文獻通常是留存下來作為憑證。另外一種不是為了處理軍役事宜，但其內容揭示了軍役影響下的結果。然而無論如何，這些文獻之所以可以留存下來，是因為此群體後來的發展為他們帶來留存文字的條件。如同作者也說明，軍官留存下來的族譜、族譜中涉及軍役的部分，在比例上要超過數目更多的一般士兵。也就是說，我們可以看到的這些資料，比較大比例是出自於成功者的手筆，他們在應付國家的過程中取得較好的成果。然而也有一批人如作者所說成為逃兵，或者只是純粹應役而沒有太多故事，或者是眾多絕戶的家庭之一。成功者的故事被強調出來時，不可忽略的有一批人沒有太好的策略（當然逃離也是一種並不可恥且有效的策略），他們並沒有累積足夠分配的財產，還沒學會種種操作文字的技巧。要探索他們的故事需要難度更高的史料與理論的配合。

不過無論如何，這些留存下來的材料的確帶給我們許多有血肉的故事。我記得當我在柏源村的族譜中看到蘇鐸的訴狀時，由於相似的故事不少，我只覺得是個可以用來討論的案例。但是因為論文寫作我必須要把它翻譯成英文，仔細弄懂每個字詞的意義、修辭、設身處地的將文字和歷史背景結合起來，而讀到僻山的蘇鐸（他的後代方才帶我去逛過他們的村子）講述父親在遙遠的福州城被拘留、交代兒子變賣家財卻失敗、遭受夾棍之刑卻仍不肯讓子孫併入軍戶，乃至於傷重身死的冤屈，一時間讓五百多年後的我感傷起來。由於有其他蘇家人被拘留，作為核心人物的蘇鐸父親應該是族長的角色。從他寧死不肯被納入軍戶的決定，可知軍戶的身分影響之大。這些決定與掙扎在正式的官方史料中可能只是簡單的一句話，但在五百年多年前卻是改變他們家族命運的大事。

《被統治的藝術》充滿這類來自地方文獻的故事。地方文獻產生的背景不一，大部分不是為了留下戲劇化的故事，並且時常牽涉到當時的制度背景乃至於地方知識，因此解讀地方文獻需要一定的功力，方能將歷史中的人物境遇一一展開。雖然說故事可以讓讀者感同身受，但歷史研究也不只是說故事而已。本書相當難得的地方是從分散各處，且通常難以搜集與解讀的地方文獻中，揀選出許多案例。如果曾用過地方文獻做研究的學者，必定知道要從中找到好的案例，眼光、耐心與運氣缺一不可。這方面容易被讀者視作理所當然，而忽略其中所下的功夫。更有甚者，這些分散的案例圍繞著一致性很高的主題，背後不僅呼應重要的歷史辯論，並且重新以歷史材料檢討了社會科學的問題。傅柯與斯科特運用部分歷史材料進行一般性的社會科學討論，而本書建立在高度地域性、一定歷史脈絡的材料上，卻仍能回應且反省社會科學學者所提出的問題。許多運用地方文獻的研究常常陷入難解而迷人的細節，或者有些學者無法讚賞研究者其實更加困難的理論化嘗試，本書毋寧展現一種史家的技藝，將研究從細節與故事中抬升起來，上達到概念化的理論高度。對勤奮的研究者來說，深入一個案例是需要花費心力的工作，但更難得的是有足夠的見識辨清這個案例在整體結構中的位置、在歷史時空中的意義，並把它跟一般性的理論架構連結起來。

國家與社會

《被統治的藝術》中的種種策略或許可以用「陽奉陰違」、「上有政策，下有對策」來標誌，或者說以「玩國家」這樣有趣的說法來概括。不過一個響亮的口號可以迅速點出一些重點來，卻有讓人誤會僅止於此的可能。本書討論的種種日常政治與民間策略不僅是呈現人類行為的常態，而更有歷史性的思考。

制度套利或陽奉陰違之所可行，背景之一是前現代治理技術的限制。習慣於當代社會與國家治理技術的我們，很容易將我們習以為常的套路帶入歷史情境。以每年的個人所得稅來說，近年的線上系統讓繳稅幾乎是一瞬間的事情，甚至讓人缺少實際感。利用網路繳稅的公民很容易感受到近幾年的進步，而這種進步是嚴密的戶籍登記、身分辨識、網路科技、財政與金融系統，甚至是操作介面優化的結合。但在十幾二十年前，整理各種相關文件，到稅徵機關辦理，卻是很繁瑣的事情。如果二十年可以有這麼大的改變，我們可以想像五百年前國家要知道一個人的收入、知道收多少稅，且讓他的稅額可以如期上繳，將是多複雜的事情。甚至在一條鞭法之前，稅賦有錢、糧、實物、勞務等各式不同名目，在徵收上更是困難，而也因為折銀的發展讓明清國家在賦稅徵收與財政調配上更有彈性，讓政府與民間的互動有所變化。同樣與本書相關的徵兵制度，如果不是有電腦連線的戶籍系統、有深入到區里的行政機構，要知道一個人到了年紀、各方面資格可以服役，並且可以準確地把他送到受訓與服役的單位，將是非常複雜的工作，特別是如果面對的是人口多、疆域廣的大型帝國。如果回到本書的軍戶問題，不難想像在勾補的過程當中有很多空間可讓各種勢力上下其手。

如果回到五百多年前的帝制中國晚期，我們至少要考慮的是當時統治的技術與基礎架構可以做到什麼地步、所付出的財政與人力成本是否仍有效益、國家與國家不同層級的代理人預期目標是什麼，以及對被統治者而言，配合的驅力在哪裡。這幾個層面都可以繼續展開，而不僅只是政府無能的問題。以蘇鐸的案例來說，一個重要的問題是文書與官僚系統的配合。要能找到應該替補的人，必須要先能定位具有這些義務的人群。蘇廣之所以可以提出蘇鐸同屬軍戶的控訴，仰賴的是負責抽軍的單位無法掌握精確的資訊。不是官方的簿冊有所缺失，便是掌管文書的書吏受到賄賂。被控訴的蘇鐸對此也知之甚詳。訴狀的開頭就列明他們明初登記為民籍的民戶由帖號碼（「象字乙百叁拾玖號」）、歷數之後每次大造的戶長變化，並且請求調閱在省裡乃至於南京的紀錄。蘇鐸家裡也知道不只是紀錄的問題，因此在被強迫招認時，隨即瞭解事情癥結，要蘇鐸回家變賣家產，花錢解決事情。無論是蘇廣運用制度向蘇鐸家族要求金錢，或是蘇鐸家族運用制度擺脫軍籍義務，兩者的策略都是建基在對文書的操作之上。

而從國家的立場來看，雖然名義上每十年登記戶籍的黃冊就要更新一次，但要確實掌握每戶的訊息仍是相當困難的事。特別是隨著時間過去、經歷一次次代間的財產重新分配，無論是各戶的人口流動或財產增減，都變得愈加複雜。但是對掌管抽稅或徵兵的官吏來說，最重要的事情是有人繳稅或有人當兵；以國家的整體觀點看，若能保持足夠的人力與資源，在有限的技術之下花費大量資源維持紀錄精確並不划算。因而只要可以保持穩定的人力與資源徵用，底下各個群體如何安排、如何私下協商，國家並沒有必要、也沒有能力介入。而當各方發生衝突而引進國家力量介入時，地方官員的考量也未必是公平合理。如在蘇鐸的案子中，官員宋欽關心的首要問題未必是蘇鐸之父是否冤屈。相形之下，若蘇鐸家族逃避軍役責任，而讓蘇廣無力派人赴任的話，可能是更值得關心的問題。從書中眾多案例，我們可以看到國家代理人的權衡，而其中一個要點是要讓現行的制度可以維持下去。

在這樣的體制之下有兩種發展的方向。其一是非正式組織在不管是官方與非官方的事務處理上會愈來愈重要。國家的代理人授權各種組織，包括宗族、神明會、公會，以及各種民間締結的會社，讓它們自己協調對官方的義務，包括收稅在內的政務根據各地情形轉包給各種組織。其二是民間自己的協調也仿效「國家的語言」。也就是說當需要國家介入時，以「國家的語言」說話、以符合官方利益的說法做聲明，顯然可以達到更好的效果。這當然包括民間協調所使用的文書形式，也包括他們對自己本身的形塑與再現。在這裡，宋怡明教授巧妙地移轉了斯科特在《國家的視角》（*Seeing Like a State*）一書中的核心，即現代國家為了有效治理，使用許多技術讓被統治者可以被看見。[5]《被統治的藝術》以明代軍戶的例子說明，現代國家有更進步的統治技術來看見人民，但即使是前現代國家也有運用有限技術與資源來看見屬民的方式，然而同樣重要的是，被統治者也會選擇以自己希望的樣子讓國家看見。這在統治技術有限的前現代，被統治者自願「現身」或許比現代更為重要。這些民間策略發揮的背景是前現代的「協商國家」，非直接統治提供了人民用不同方法合作的空間。

如果從這個角度出發，民間可以發展各式各樣的策略，並不是代表國家無法「統治」人民。國家對立於社會的二元想像顯然過於簡化，且可能是我們把對現代國家的想像，投射到前現代的事實。我想我們討論這些問題時，有必要再思考的是所謂的「國家與社會」或是「官與民」，是一種修辭、一種有政治意向的想像、一種論述，還是一種對於事實的描述。如同運用「國家的語言」時也會使用官民論述，但也如同父慈子孝主要是一種宣稱，無論哪方有政治意圖地使用這些論述時，應該更要注意的是其所欲達成的效果，而不是自然地接受這些詞語再現的場景。如果我們運用官方的史料，從官方的視角觀察，自然會看到無所不在的國家，以及受統治或不受統治的社會。

但如果從基層社會的視角出發，所謂的國家，或者說國家的地方代理人，或許是眾多勢力中可以援引的其中一種，而順從它的邏輯有時候可以在一個更大的架構底下得到好處。廈門大學的鄭振滿教授曾以「國家內化於社會」這種說法來描述明清時期的發展，同樣點出基層社會如鄉族組織的發展，及其主動將所謂的「國家」吸納進社會運作的面向。[6]這些順應下的策略與其是對抗權威，更不如說是肯定了權威的主導性。相較於不在本書討論範圍的逃兵與反抗者，這些「陽奉陰違」的行動者反而是支持了一個普遍性的框架，而在這個框架進行各種試探。同時這些框架也不是固定不變，無論上層官員或是基層政府，都在讓制度可以持續下去的前提之下不斷修正。

《被統治的藝術》從明代軍戶為例提出來的思考，讓我們在討論所謂中國國家與社會的關係時，需要有更多警覺。在討論治理性時，無論是現代或前現代，多半仍從國家的觀點出發來討論國家性質的轉變，甚至是以「前現代國家轉型到現代國家」作為唯一的參照標準。本書運用大量史料從前現代的基層社會出發，而嘗試對這些討論提出不同的觀點。

明代到現代

《被統治的藝術》從軍戶延伸出來的討論，也可對習見的歷史敘述提出反省。一般對明史的敘述，通常認為雄才大略的朱元璋在明初建立了集權而專制的體制，而在明代中葉之後，隨著國家控制力下降的是市場經濟發達與民間社會興起，並從政治上的衰微連結到明代的滅亡。無論孰為因果，這樣的敘述影響許多人對明代的看法。

相較於傳統上對明代前期較靜態、封閉的描述，從《被統治的藝術》中可以看到即使在明代前期亦有相當頻繁的人口流動。原籍軍戶的男丁常常要經過長途旅程抵達衛所，後來亦可能有妻子或親屬同行。之後無論是從原籍補伍或是衛所軍戶回原籍取軍裝，原籍軍戶與衛所軍戶間的聯繫意味著制度性的長距離人口移動。如果根據一條常被引用的明初史料，軍戶佔所有戶數五分之一的話，那麼有二〇%的家庭會被牽扯進這樣的旅行。這樣的大規模長距離旅行，需要交通與沿途商旅的支撐。

軍戶制度將一些人口拉離原居地，又令他們在異地落地生根，也相當於是在帝國疆域內部重整部分人口分布。而大量正軍及他們的家人被派駐到位於西北或西南前線、山區或海濱的衛所與屯田，則相當於是某種形式的內部殖民，從而改變這些地方的社會秩序。這些軍戶由於家族發展，不僅購買當地民田、建立或加入地方組織，有些更開始從事包括貿易或開礦等各種生業。雖然一般來說學者較關注晚明的人口移動，然而這些由於制度造成的移動，可以說是後續移民的先聲，為後續的移民開闢一條道路。同樣地，《被統治的藝術》認為控制海濱秩序的福建沿海軍戶可能是明代東南亞海外移民的先鋒，也是基於類似的考慮。甚至海外華人與原居地之間的紐帶，或許也可視作延續原籍軍戶與衛所軍戶保持聯繫的模式（如福清家族提到定期來訪的陝西「軍叔」）。

不只是應役，從漕運到班軍都涉及長程移動，並且有不少案例是在這種移動中徇私從事其他活動。而不僅只是軍戶，其他如匠戶等戶種的勞役，乃至於民戶的徭役，也常牽涉到長途旅行與跨地域的人口移動。而這些移動又會牽涉到運輸、資訊交換，乃至於相應的經濟活動。[7]假使我們只看明初里甲畫地為牢的制度設計，當時人口流動的實情容易被低估，如蘇鐸案中從南京回到福建山區取軍裝的蘇廣。而如果只把焦點集中在晚明包括流民等各種移民，又會忽略明初以來監管之下的人口移動。從軍戶等案例，我們可以觀察到明初的鄉村並未如想像中封閉，而從明初到晚明，人的移動亦並非從靜止到流動，更關鍵是移動性質的轉變，從在國家監管之下的移動，到更多監管之外的移動，而後者有時可能以前者為基礎。

《被統治的藝術》中對軍戶家庭處理軍役的討論，也刺激我們對經濟的思考。從書中例子我們看到許多處理軍役的方式，如各房輪替或集中一支，而對服役者的軍裝支付或其他補償也有各種形式，如各房每年照分合出，或置買產業以租金支付。這些處理方式為了可以延續下去，經常涉及不同形式的契約，並且在很多場合相當於是將這樣的勞務量化或貨幣化，而也因為量化才可以做更多不同安排，諸如分攤、定期支付或者是遠距離交換。要維持這樣的運作，除了契約及其背後的信用之外，亦需要一定的組織，而在軍役的例子，因為父系世襲的原則，這樣的型態通常以宗族的形式出現。也就是說許多對於軍役的處理，是在以宗族為主的成員之間，進行勞務與貨幣之間的交換。隨著世代繁衍，組織的人數可能更多、居住的空間可能更分散，而甚至也可能僱用非親屬關係的人員，將這樣的交換延伸到宗族組織之外。或者反過來，將一群人保持在特定的交換體系之內，以分攤對國家的義務。不同於現代國家對家庭等民間組織直接的控管干涉，諸如宗族等組織在這種歷史脈絡下的發展可以說是一種前現代的「國家效應」。

如果以本書的例子來看，許多契約或量化的軍役勞務交換在明代初期就已經出現。如蘇鐸案的糾紛發生在天順年間，距離明代始建不到一百年，而一些相關的安排又遠早於案件發生。這暗示了契約化、量化的勞務交易，在明初已有一批人熟悉這樣的操作方式，儘管是國家的勞務，並且在家庭或宗族間交易。如同多數的田土契約，雖然這些契約規範的是政府義務，但多半沒有官方介入，也多數不在官方立案，然而民間的信用體系已經支持了這種契約的運作。

不僅是軍戶，不少勞役的契約化與量化也都在同時期有所發展，只是相較來說，軍役在官方體制內受到的監管較多，並涉及遠距離的交換。如果我們將這個發展放到明清賦役的貨幣化來看的話，民間各種處理軍役的策略也在這種趨勢之中。以往或許會認為許多商業交易的模式是在民間市場底下發展出來，然而軍役與其他勞役的處理提供另外一種可能性。並非所有軍戶都與高度發達的商業市場有密切接觸，但是不少家庭卻已經以許多具有彈性的交換模式處理軍役。這裡或許也可反省的是，以往明史的敘述由於官方史料的主導，過於強調元明之間的斷裂。然而儘管在上層政治的確有一番變化，民間社會的延續性，如契約或勞役的商品化，至少在南方是否是南宋以來的發展，則需要由地方文獻中所提供的線索來觀察。

對於官方義務的契約化與貨幣化，也讓人聯想到中山大學劉志偉教授所談的「貢賦經濟」。[8]如果經濟是指物品或服務的生產、分配、流通的話，透過官方貢賦體制的人貨流動在明清時期經濟顯然有重要的位置。以往受到「資本主義萌芽」範式的影響，傾向於強調私部門的資本市場，而將國家的角色定位為市場經濟的干預或阻礙。然而不僅是市場與貢賦體制有密切關係，其他如貨幣化、長程物資交換、物價調節等許多發展都在貢賦體制的架構底下推進。如十六世紀以來白銀流入中國，很大比例是在賦役折銀的趨勢中進入國家貢賦體系，而部分又經過工錢等回到市場。因此在討論中國帝國晚期經濟與市場的演變時，與其將國家視為抑制自由市場的專制力量，不如嘗試理解前現代體制的間接統治之下，所謂的國家如何與各種組織性力量互動，以達到徵用、流通人力與物資的目標，而民間團體又如何在其中發展，甚至成為其他商業運作的基礎。廣義來說，透過組織性的金錢交換將軍戶的勞役分配或外包也是其中一環。

無論是人力與物資的流動，乃至各種民間組織的授權，從明初到明末的轉變並不是以「國家的退卻」可以解釋，應該從前現代國家介入方式的轉變來思考，而民間的回應是這些轉變的重要驅力。如果我們將本書的討論視為前現代國家與社會的歷史研究，接下來值得深入，而本書未能來得及討論的問題可能是：現代國家下的人民會有什麼因應的策略？如何理解中國近現代創建現代國家的努力之下民間社會的變遷？在本書許多前現代的遺緒仍處處可見的情況下，是否也可對現代性或者「到達現代性的唯一道路」的論說方式提出反省？

本書在研究方法與理論討論上都非常有啟發性，對史料的搜集、展現與解釋可供許多研究者參考，更難能可貴的是本書的寫作也具備相當的可讀性。而在這些引人入勝的故事之外，讀者也應該注意本書嚴謹的結構，以及各章節收尾的討論與引申。此版本是根據簡體字譯本的修訂，修改的原則是盡量貼近原文本意，亦改正了簡體字譯本抄錄原始資料的錯誤標點與錯字。此外此版本若干細節也跟原作者討論，而有些微的修訂。希望透過這個版本，可以讓這本兼顧文獻與討論的傑作在中文讀者間得到更多的迴響。

臺灣版序

在二〇二一年的今天回想我做研究、寫這本書的那段時間，似乎是另一個歷史時期，甚至可說恍若隔世。我非常幸運，我的整個學術生涯正好與兩件事情同時發生。首先是這段時間傳統文化的許多不同面向在中國鄉村再度興起或重新再發現；其次是中國與世界其他地方的學術交流大量展開。而如今第一種趨勢受到都市化快速腳步的威脅，鄉村社會迅速凋零，但我想在傳統鄉村生活的最後遺留永遠消失之前，我們仍有很充分的機會對它們進一步探索。第二種趨勢在短時段上受到Covid-19疫情的威脅，在較長的時段上則受到另一種令人擔憂的發展的威脅，而我們似乎對此無法控制：中國研究的處境日益惡化、中美雙邊關係的惡化，以及在兩邊推動互相瞭解的我們在各自國家遭受到愈來愈多的質疑。我學術生涯的後半段似乎至少有部分要致力於對抗這第二種趨勢。

中國的狀況及在這樣的中美關係之下所帶來的非預期副產品，或許是美國學者與臺灣過去數十年間衰減的聯繫的重新加強。我樂見這樣的發展，但我同時也會盡我所能地建立並維持與中國學者的聯繫，其中許多人也是我的朋友。

我也非常幸運，在我的老師科大衛（David Faure）帶領之下，加入一群優秀的中國學者，之後被標誌為中國史中的華南學派或歷史人類學。他們熱情地歡迎我加入他們的群體、帶我造訪他們自己的田野點、教我如何解讀鄉村社會的文獻與儀式傳統。此後的數十年，我所嘗試的回報是向我年輕一代的學生引介這個令人興奮的研究方法，當中許多人現在也在美國、中國與臺灣的大學擔任研究與教學職位，對此我引以為傲。李仁淵是其中之一。我很感謝他協助這個翻譯工作，而且為本書寫了一篇很好的導讀。

讓這本書成為可能的田野研究或許永遠不再可能。與當地老人聊他們的家族史與村史，收集與閱讀他們祖先所製造、由他們自己保存下來的民間文獻，見證慶祝與重建地方社群的古老儀式，以及重回歷史現場，種種經歷所帶來的快樂是我人生中最寶貴的經驗之一。撇開其他不說，這本書也許可以是一種紀錄，紀錄基於歷史的田野工作可以帶來怎樣的可能性。

本書原來的英文書名選得不好。出版社和我原先是希望可以因此吸引更廣的英語讀者。現在我體會到這個書名有兩個缺點。首先，英語讀者只是我希望會讀這本書的讀者群之一；中文世界認為我的作品有趣、可以讓我對中國與臺灣的同行所參與的重要史學論辯有所幫助，這對我也同樣重要。其次，這個書名會造成誤導，對更廣義的社會科學理論有所貢獻從來不是我的主要考量。我的目標一直是以微觀歷史的方法讓我們更理解中國社會的長久特性與歷史變遷，並且展現出從底層而上的歷史對中國研究來說是可能且重要的，即使回溯到明朝也是如此。

過去中國普通百姓解決問題的那種特出的細緻純熟一直讓我著迷，無論是社群內部的問題，還是與國家或村莊以外的世界互動的相關問題。有些他們所面對的最棘手的問題同時也是最經久的問題，像是如何協商與國家之間的關係。這是《被統治的藝術》的重要主題。在我現在與廈門大學的夥伴一起進行的永泰經濟史研究，以及我現在進行的現代中國鄉村歷史的專書計畫，這些主題會繼續是我工作的核心部分。盡力訴說普通老百姓的故事，如英國史家E・P・湯普森（E.P. Thompson）所說的，將他們從「後世的不屑一顧」中解放出來，對我來說始終是值得去實現的目標。

宋怡明
費正清中心，劍橋
二〇二一年九月

（李仁淵／翻譯）

The Art *of* Being Governed

Everyday Politics
in Late Imperial China

Michael Szonyi

登場家族

括弧內標注這些家族現身之章節。

衛所軍戶

福全千戶所

陳氏家族：原籍福寧。明初被徵入伍，派駐福全。與原籍親族維持著良好的關係。（第二章）

蔣氏家族：原籍安徽。因在朱元璋手下立功，獲封世襲千戶，派駐福全。與走私者有瓜葛。（第三章）

福州右衛後所

蒲氏家族：始祖蒲媽奴，原籍晉江。明初被徵入伍，參與鄭和下西洋，因功受封世襲軍官之職。（第一章）

高浦千戶所

黃氏家族：原籍長樂。明初被徵入伍，派駐梅花千戶所，後調入高浦。（第一章）

金門千戶所

倪氏家族：始祖倪五郎，原籍福州。明初被徵入伍，派駐金門。（第一章）

銅山千戶所

陳氏家族：原籍莆田。明初被徵入伍，派駐莆禧千戶所，後調入銅山。關永茂宗族成員。（第一、三、七章）

浙江都司

何氏家族：蒲岐千戶所世襲千戶。（第四章）

潘氏家族：金鄉衛世襲千戶。（第四章）

王氏家族：被徵入伍，派駐蒲岐千戶所。（第一章）

達埔屯

林氏家族：原籍同安。明初被徵入伍，派駐達埔屯。平定鄧茂七之亂時從征，聲稱和林希元有親

族關係，與馬家不和。（第六章）

馬氏家族：明初被徵入伍，派駐達埔屯，與林家不和。（第六章）

唐氏家族：屯軍，派駐達埔屯。（第七章）

湖頭屯

洋頭顏氏家族：屯軍，派駐湖頭屯。（第六章）

洪氏家族：屯軍，派駐湖頭屯。（第六章）

鄭氏家族：屯軍，派駐湖頭屯。（第六章）

竹山林氏家族：屯軍，派駐湖頭屯。（第六章）

永泰屯

麟陽鄢氏家族：始祖金華公，原籍江西。被徵入伍，派駐延平衛永泰屯。（第五章）

原籍軍戶、民戶

福清縣

郭氏家族：明初捲入一起謀殺案，沒入軍籍。正軍派往陝西服役。倭寇侵襲之際，逃亡福州避

難。（第一、二章）
葉氏家族：明初被徵入伍，正軍派往北疆服役。倭寇侵襲之際，遭受滅頂之災。（第二章）

古田縣

蘇氏家族：民戶，被指控逃避兵役。（第二章）
姚氏家族：明初被徵入伍，正軍派駐廣東廉州衛。（第二章）

湖頭鎮

李氏家族：感化里的權勢之家。家族成員涉嫌瀆職之罪，沒入軍伍，被遣送西南地區服役。李光地即出身該族。（第一、六、七章）
胡氏家族：明初被徵入伍，正軍起先派駐南京，而後轉往福全，最終調入南安屯。家族成員後來返歸湖頭老家。（第四、五、六、七章）
林氏家族：明初被徵入伍，派駐南安屯。始祖林八郎，將「章公」帶到湖頭。（第六章）

泉州府

泉州顏氏家族：始祖顏觀田，明初被徵入伍，正軍在雲南服役。（導論）
鄭氏家族：元末逃難至漳浦，明初被徵入伍。（第一章）
朱氏家族：與泉州顏氏一同被徵入伍，共同組成一戶軍戶。（導論）

悲苛政一門入軍戶　歎淒涼三子死他鄉

導論　明代中國的日常政治

> 如果「規訓」（discipline）之網確實處處變得更加清晰、更無遠弗居，那麼對以下問題的求索便顯得愈加迫切：整個社會如何反抗此規訓之網的控制？眾人是透過哪些普遍（同時也是日常而「細微」的）手段操縱規訓的機制，在順從中加以規避？最後，又是怎樣的「運作方式」構成了組織社會經濟秩序之緘默過程的對應面？
>
> ——德塞圖（Michel de Certeau），《日常生活實踐》（*The Practice of Everyday Life*），頁 xiv。

凡是國家，必有軍隊，用以保衛國土、攘外安內。很遺憾，這一歷史規律，古今中外概莫能外。[1] 軍事制度普遍存在，因而可從中開展出豐富的研究課題。我們不僅能透過該制度瞭解國家如何運作、如何動員人力和分配資源，而且能以之探索國家與其人民如何互相作用、互相影響。

這是因為國家必須擁有軍隊，而軍隊必須擁有士兵。動員民眾參軍是國家不得不面對的最常見的挑戰之一。在歷史上的幾乎每個國家中，都有一部分人或自願、或不自願地以當兵的方式為國家服務。國家選擇以什麼方式應對動員士兵的基本挑戰，對軍隊的各方面有重大影響，從指揮結構到軍事戰略，從籌措軍費到後勤補給，[2]而這些選擇亦深刻地影響著在伍服役的士兵。

本書討論的是：在明代（一三六八－一六四四）中國東南沿海地區，國家的軍事動員決策所帶來的影響。重點不在於相關決策造成的軍事、後勤或財政後果，而是其社會影響，即軍事制度如何形塑普通百姓的生活。我將在本書中講述一個個明代一般家庭與國家機構之間互動的故事，並考察這種互動如何作用於其他社會關係。明代百姓如何因應兵役之責？他們的行為引發了哪些更廣泛的後果？這兩個簡單的問題是本書的核心。

萬曆年間（十六世紀晚期）生活於泉州府城近郊的顏魁槐，為我們留下了一段詳實的記述，從中可以看到他的家族如何回答上述兩個問題。「傷哉！」他以哀歎開篇，接著寫道：

> 勾伍之毒人也，猛於虎。我祖觀田公六子，三死於是焉。弟故兄代，兄終弟及。在留守衛者一，斃於滇南者二。今朱家自嘉靖六年著役，抵今垂八十載，每回家取貼，萬里崎嶇，子姓待之若平（憑）空開騙局者。然曾不稍加憐恤，竊恐意叵測，我家未得晏然安寢也。故紀伍籍譜末，俾後人有所據，稽考從戎之繇、勾清之苦，與二姓合同均貼始末，得先事預為之備焉。

洪武九年抽軍，本戶顏師吉戶內六丁，六都朱必茂戶三丁，共合當南京留守衛軍一名。先將正戶顏丁應祖應役，乃觀田公第四子，時年一十四歲，南京當軍病故。勾次兄應安補役，逃回，稱作病故。勾長兄應乾補役。洪武十四年，調征雲南，撥守楚雄衛，百戶袁紀下分屯種軍。在衛二十八年卒，今有墳墩在。生子顏關、顏保。永樂八年勾軍，推乾第五弟應崇起解補，在途不知日月病故。

至宣德三年，稱作沉迷，將戶丁顏良興寄操泉州衛，至正統三年戊午故。勾朱必茂戶丁細苟補操。至景泰三年，將細苟起解楚雄，本戶貼盤纏銀二十二兩五錢、棉布三十匹。細苟到衛逃回，冊勾將朱末初起解，本戶又貼銀二十二兩五錢、棉布九匹，到衛逃。冊勾將朱真璇起解，又貼銀一十兩。至弘治間逃回，仍拘起解，又貼銀十兩。正德十一年，又逃。嘉靖六年，冊勾逃軍。本府清理，審將朱尚忠起解，顏繼戶內津貼盤費銀三十八兩。二家議立合同：「顏家四丁當軍百餘年，俱各在伍身故。朱尚忠此去，務要在伍身故。發冊清勾，顏家願替朱家依例津貼盤費銀兩。」

至嘉靖廿一年，尚忠回籍取貼布匹銀兩，本家每丁科銀一錢，計三十四兩，餘設酒呈戲，備銀送行。至戊午，尚忠稱伊行年六十有餘，退軍與長男，代我家當軍焉。立合同，再年每丁約貼銀三分。尚忠回衛，父子繼歿。

至萬曆壬午，孫朱邦彬回籍取貼。計二十五年，每丁依原謠出銀七錢五分，除貧乏、病故、新娶，實止有銀四十二兩。彬嫌少，欲告狀退役，又欲勒借盤費。故會眾與立合同，每丁年還銀六分。癸巳，朱仰泉取貼，本族還銀不上四十兩。朱家以代我當軍不理，除往來費用，所得無幾。大約朱邦彬既長，子孫在衛，退役雖非本心，無利亦豈甘代我家？若一解頂，買軍妻、備盤纏，所費難量。若再來取貼，處之以禮，待之以厚利，庶無後患。[3]

顏魁槐筆下的悲慘故事肇因於顏家在明代戶籍制度中的身分。顏家被朝廷編為軍戶。在明代大部分時間裡，人口中的這一特殊群體構成了軍隊的核心力量。後文將對軍戶制度進行更加深入的探討。目前，我們只需要知道，軍戶必須世世代代為軍隊提供軍人。並不是說軍戶中的每一個人或每一個男性都得當兵，而是被編為軍戶後他們有義務為軍隊提供一定數目的人員。通常而言，每戶一丁。顏家的情況更複雜一點。他們和當地的另一個家族朱家共同承役。換句話說，兩家須聯合派出一名士兵，其中顏家負主要責任。顏朱兩家組成了所謂的「正貼軍戶」。[4]洪武九年（一三七六），顏朱兩家被編入軍戶，顏氏家長顏觀田率先出丁，以確保兩家履行義務。他選擇讓第四子顏應祖服役。應祖當時不過是個十四歲的男孩，就被遣往遠方的南京戍衛。他在伍時間很短，到京師後不久便因病身故。顏家隨後派出另一名幼子接替應祖。這個孩子也沒服役多長時間，就當了逃兵，不知所終。顏觀田別無選擇，只得繼續出丁。這次他改變做法，讓六個兒子中的老大應役。

洪武十四年（一三八一），顏家長子被調往千里迢遙的西南邊疆，戍守雲南楚雄衛。他在那裡終身服役，再未回鄉，於永樂八年（一四一〇）去世，承繼的義務讓他們第四次派人。顏觀田已是風燭殘年，卻不得不再擇子頂補。新兵甚至連駐地都沒見著，就在長途跋涉中不幸病故。顏觀田去世時，他六個兒子中的四個服過兵役。三人入伍不久即離世或逃亡；唯一的「倖存者」則遠離家鄉，在西南叢林的衛所裡度過餘生（圖1）。

之後的十多年，顏朱軍戶沒有再派人當兵。這可能是因為掌管相關文書的官吏沒有追蹤到他們。到了宣德三年（一四二八），明軍兵力嚴重短缺，朝廷重新清理軍伍，勾補逃軍，力圖填滿缺額。部分官員認為，士兵駐地遠離本鄉是軍隊失額的原因之一。有些新兵在漫漫長途中患病、死亡，顏觀田的兩個兒子就是如此；有些則如同顏家的另一個兒子，寧作逃兵，也不肯和家人天各一方、永難再見。軍隊的對策，可被稱為「自首政策」：若負有補伍之責的男丁主動向官府自首，清勾官吏就不會將他送回本戶原來服役的遠方衛所，而是在家鄉附近就地安排。[5] 顏良興，這名年輕的顏氏族人於是借機向朝廷自首，也的確被派發到不遠的泉州衛服役。他於十年後去世。至此，顏家已經服了六十多年的兵役。

顏良興身故後，顏家再無役齡男丁。於是乎，替補軍役的責任轉移到「正貼軍戶」的另一家人身上。在接下來的一個世紀裡，朱家先後派出四名族人參軍。

隨著邊防所需兵員有增無減，「自首政策」最終無法維持下去。朱家的第一名士兵又被遣回顏朱軍戶原本的駐地，西南叢林中的楚雄衛。兩家人都十分希望他能恪盡職守。逃兵屢禁不止，是明朝軍隊的大問題。對軍戶而言也是個大麻煩，因為他們必須找人頂補。為了阻止本戶士兵逃亡，顏朱兩家達成協議，給付每位新兵銀兩和棉布。表面上，這是「軍裝盤纏」；實際上，則是

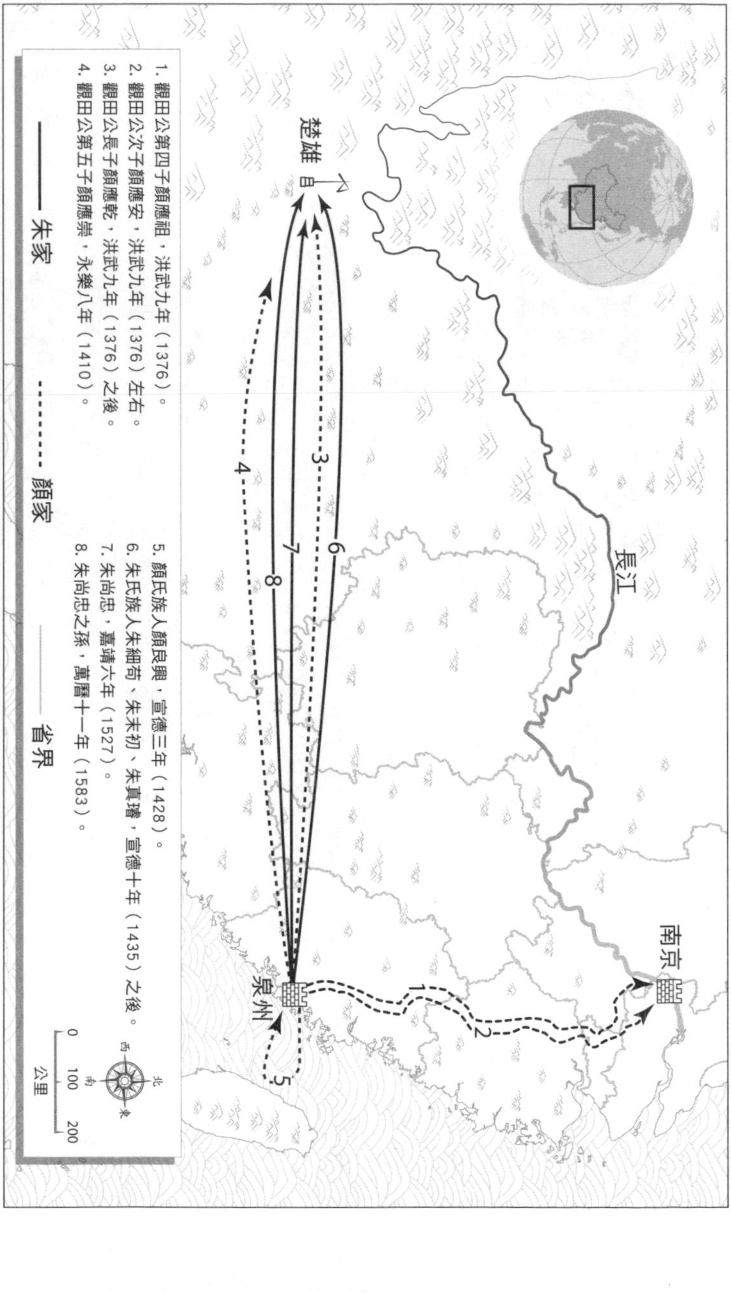

南京
長江
楚雄
泉州
1. 觀田公第四子顏應祖，洪武九年（1376）。
2. 觀田公次子顏應安，洪武九年（1376）左右。
3. 觀田公長子顏應乾，洪武九年（1376）之後。
4. 觀田公第五子顏應崇，永樂八年（1410）。
5. 顏氏族人顏良興，宣德三年（1428）。
6. 朱氏族人朱細苟、朱末初、朱真璿，宣德十年（1435）之後。
7. 朱尚忠，嘉靖六年（1527）。
8. 朱尚忠之孫，萬曆十一年（1583）。
朱家
顏家
省界
北
南
東
西
0 100 200
公里

圖1　顏朱兩家正軍的旅程示意圖

以此說服新兵留在軍隊。這個如意算盤落空了。在役士兵一次又一次地逃亡，官吏便一次又一次地上門，勾取兩家的替役者。

時至嘉靖六年（一五二七），顏朱軍戶服役已超過一個半世紀，兩家對這種不確定性感到厭倦，想要找到長遠的解決方案。他們共同擬訂一份簡明的合同，其內容迄今仍留在顏氏族譜之中。當時正在服役的朱氏族人是朱尚忠，他同意畢生服役。（合同明白寫道：「務要在伍身故。」）顏家則同意支付朱尚忠的軍裝盤纏，以確保他履行兩家的共同義務。

事與願違，該方案未能一勞永逸地解決問題。嘉靖三十七年（一五五八），朱尚忠自雲南歸來，提出一個新方案。他已經六十多歲了，想要退役，並希望達成一筆交易：朱尚忠承諾，自己的直系親屬和後代子孫會永世承擔兵役，作為交換，兩家人須定期支付銀兩。尚忠的兒子和孫子相繼補伍，這將使顏家免於世代當兵，轉而以金錢代役。只要持續付錢，顏家就再也不必擔心會有官吏將顏氏族人推上戰場。

顏朱兩家起草的新合同比舊合同更為完備。其條文同樣被寫入族譜，不僅包括兩家協議，還包括顏氏自家的內部協議，即如何籌錢給付朱尚忠及其後代。這時候距離顏家被編為軍戶已將近兩百年，此時顏觀田的後代子孫很可能已有數百人之多。他們構成了所謂的「宗族」。合同明文規定，宗族中的每名男丁須逐年繳付一小筆款項，組成一筆共同基金。技術上來說，即按丁攤派的人頭費。而遠在西南邊疆的正軍，其報酬則從這項基金支出。

終於解決了一個曠日持久的難題，兩家成員肯定如釋重負。但故事尚未結束。新合同訂立二十五年後，朱尚忠之孫回到家鄉，抱怨酬勞太少，要求重訂合同。顏家自度別無他法，不得不答應。他們提高了人頭費，以應付新的、更多的軍裝開銷。

顏魁槐的記述止於萬曆二十一年（一五九三），他呼籲族人凡事要通情達理，滿足朱家後人的全部要求。如果正軍回來索取更多盤纏，族人務必「處之以禮，待之以厚利，庶無後患」。顏氏族人也許沒什麼機會遵行顏魁槐的囑咐，因為半個世紀後，明朝土崩瓦解。取而代之的清王朝，在軍隊動員問題上採取了截然不同的方針。

顏魁槐受過良好的教育，科舉及第，仕途得意。[6]但是，他的記述不是站在學者或官員的角度寫下的。它既非哲學思辨，亦非政策分析，而是一份家族內部的文書，被收入族譜，主要供族人使用（我們將在後文的討論中發現，顏魁槐也注意到這份文書可能會作為呈堂證供交由判官過目）。這份文件說明了顏家兩百多年來為滿足朝廷要求而做出的各項安排，並為此辯護。其時間跨度幾乎與明王朝相始終。

軍戶與日常政治

像顏魁槐的記述這般，由家族成員出於自身動機撰寫、繼而被抄入族譜的文書，能夠為本書的兩個核心問題提供答案。這些文本，由普通民眾寫成，旨在處理、評論日常問題，或許是我們研究明代平民歷史的最佳史料。在我們能找到的各種資料中，它們很可能最貼近百姓的心聲。這些文本，不是從主導動員的國家視角，而是從被動員的民眾視角，揭示了明代的軍事動員。它們展現出生活在明代的百姓，如何一方面應對來自國家的挑戰，另一方面抓住國家提供的機會。主要激勵我寫這本書的動力，是想將百姓的巧思與創意傳達出來。我將論證，他們的策略、實踐與論述構成了一套政治互動模式。這套模式，不僅見於士兵之中，而且遍布明代社會；甚至不獨屬於明代，在中國歷史上的其他時期也可以看到。甚至在其他國家和地區，也可尋見其身影。

將這類互動稱之為「國家與社會的關係」不見得錯，但這樣又過於簡化、時代錯置，而且將國家和社會人格化了。社會由社會行動者包括個人或家庭構成，社會行動者有自己的選擇。大部分時候，他們既不以社會的名義，也不是為了社會而行動，甚至也不會這樣去思考。相反地，他們追求的是他們所認為的個人利益。國家也不是一個有意識的，甚至不是一個連貫統一的行動者。國家並不與民眾互動，或者說，民眾極少體驗到這種與國家之間的互動。民眾的互動對象是國家的代理人：官員和胥吏。民眾照章辦事，造冊登記，繳糧納賦。我們可以從自身經驗得知，在這類互動中，人們可能會有不同的表現：我可以完全遵循政府官員的指示，一絲不苟、盡心盡責地登記各種文書簿冊；我也可以拒絕服從這套程序，如果對方施壓，我與許會逃之夭夭，或者乾脆揭竿而起。當然，民眾和國家的絕大多數互動介於上述兩個極端之間，對我們來說是這樣，對古人來說也是這樣。

此外，雖然不是所有政治活動都涉及與國家制度或國家代理人的直接互動，但這並不是說國家對這些活動而言無關緊要。即使國家的代理人不在場，國家仍有影響力。國家制度性與規制性的結構，是世人生活背景的一部分。在顏魁槐的記述中，軍官和徵兵官吏均未現身。如果我們就此認為國家缺席了顏朱兩家的族際交涉與內部磋商，那未免過於天真。徵兵制度是他們全部互動行為的基礎。國家或許沒有直接介入兩家人的協商，但肯定是其中的利益相關者。這類協商很難被歸入某一常見的政治行為範疇。然而，若無視其政治屬性，則大錯特錯。

其實，很多政治行為往往只是一種平凡而日常的互動：介於被動服從和主動反抗之間，不直接牽涉國家或其代理人。在這個中間地帶，百姓間接地而非直接地與國家機構、監管制度及國家代理人打交道，在其中操作、挪用它們、讓它們為己所用。百姓為了應付與國家的互動，琢磨出許多策略，我們該如何描述這些策略呢？顯然不能簡單地按照官方文書的說法，給它們貼上「犯上作亂」或「行為不端」的標籤。為了突破「順從」、「反抗」二元對立的局限，我選擇「日常政治」（everyday politics）這個術語。[7]正如班・柯克夫烈（Ben Kerkvliet）所言：「日常政治，即大眾接受、順從、適應、挑戰那些事關資源的控制、生產或分配的規範和規則，並透過低調的、平常的、微妙的表達和行為完成這一切。」[8]

日常政治的「策略」，是一種本領和技巧，可以被習得或傳授；或者說，它是一種「被統治的藝術」。這一概念的靈感，顯然來自傅柯筆下的「統治的藝術」以及斯科特（James Scott）所說的「不被統治的藝術」。正如傅柯追溯「統治的藝術」的重心轉變，追溯「被統治的藝術」的歷史應該也是可能的。[9]本書與斯科特的大作在書名上僅一字之差，希望讀者不要以為這只是個噱頭。我想藉此表明一個嚴肅的觀點：明朝（及中國歷朝歷代）的百姓和斯科特筆下的東南亞高地（Zomia）居民存在本質上的差異。前者「被統治的藝術」，不是一道簡單的要麼「被統治」、要麼「不被統治」的選擇題，而是就以下問題進行決策：何時被統治、如何被「最恰當地」統治、如何讓被統治的利益最大化同時讓成本最小化等等。對明代百姓來說，日常政治意味著不計其數的權衡斟酌，包括計算順從或不順從的後果、評估可能利益與相對的成本。[10]強調這些權衡斟酌，並不意味著把明代百姓化約成受理性選擇驅使的機械，而是把他們視作目標明確、深思熟慮的行動主體，透過有意識的努力，追求他們所認為的最大利益。同時，也不意味著忽視他們的努力，將之視為「操縱體制……把自身損失降到最低」[11]的一個簡單案例。操縱體制的現象很可能普遍存在於人類社會之中，但是，百姓如何操縱體制、為何要這麼做、為此動用哪些資源、操縱體制的方式如何重塑他們的社會關係等，都是歷史研究中有意義乃至亟須探索的問題。要回答這些問題，就要承認百姓有能力知悉自己與國家的關係，並應付自如。換句話說，他們有能力創造自己的歷史。

本書將透過數個軍戶的故事，考察明代的日常政治。我們會結識漳浦鄭氏一家，他們透過修改族長遺囑，解決如何在家族內部定奪參軍人選的問題；福清葉氏一家，他們透過維持與戍邊族人的聯絡，化解了地方惡徒的刁難；福仝蔣氏一家，他們仗著自己在軍中的地位，參與貨品走私和海盜活動。此外還有很多家族以及他們精采絕倫的故事。

上述家族應對國家的一系列策略，可分為四類，如表1所示。我已經提及從順從到反抗這一光譜（這兩個詞是相對的，且事實上是指從國家視角而言的順從與反抗）；另一光譜則關於策略

表1　被統治的藝術：百姓與國家互動策略之類型

正式化的程度	被視為服從／反抗的程度	
	不被視為反抗	被視為反抗
正式	日常政治（everyday politics）	叛亂／政變（rebellion／coup）
隨機	日常反抗（everyday resistance）	兵變／逃逸（mutiny／desertion）

謀劃的程度，一端是隨機應變的權宜之計，另一端則是事前籌劃的正式策略。

軍中的極端反抗行為，莫過於逃兵和譁變。明軍士兵不是未曾造反或逃跑，但本書不會對它們詳加討論，原因並非在於它們不屬於明代日常政治的範疇，而是顯然士兵很少為這些策略留下書面紀錄。明王朝深受逃兵之害，作為對策，朝廷愈來愈倚賴募兵。募兵帶來沉重的財政負擔，通常被視為明代滅亡的原因。[12]然而，幾乎沒有任何史料是從士兵的角度講述逃兵現象。

軍戶肯定還有很多別的策略，因時制宜、靈活自如地應對挑戰。「日常反抗行為」包括小偷小摸、故意拖延、冷嘲熱諷、溜之大吉等等。由此，各地軍戶百姓竭力維護自身利益，對抗上司和朝廷的種種要求。[13]人們一般也不會記下這類隨機策略。要說從實踐者的角度理解它們，歷史學家可比不上人類學家和民族誌學者。因此，我也不會在這類策略上多加著墨。

最適合歷史學方法大展拳腳的，乃是對「日常政治策略」的研究。所謂「日常政治策略」，指那些合乎規矩且被朝廷視為服從（或至少不是反抗）的策略。實施者一般都會將其用白紙黑字記下來，而確實，被記錄下來也通常是讓這些策略可以運作的一部分。本書著重探討的就是這一領域的策略。

制度、解域化和社會遺產

軍事體制將人員調往四面八方。為了發動進攻、組織防禦、傳遞訊號或其他目的，士兵從一地來到另一地。軍隊讓士兵脫離熟悉的社會環境與原有的社會關係。這使士兵「脫離原境」（decontextualize），或借用德勒茲和瓜塔里的說法，士兵被「解域化」（deterritorialize，德勒茲和瓜塔里或許會將軍隊稱為「解域化機器」）。[14]然而，軍事調度又產生「再域化」（reterritorialization）的反作用力。即使軍官要執行其中一種型態的人力流動，如軍隊部署，他同時也需要建立機制去阻止另外一種型態的人力流動，如逃兵。士兵自己也會產生「再域化」的反作用力。當他們帶著家眷來到遠離本鄉的衛所，原有的社會網絡被削弱。但是，他們很快就會著手跟周圍的人，包括衛所中的同袍和衛所外的民戶建立起新的紐帶。[15]由此可見，軍隊實際上還是一個創造新社會關係的機構。這些新的社會關係是國家動員政策與民眾應對的非預期結果，亦是本書的第二個主題。它們構成了又一類日常政治，策略性不那麼明顯，但潛在的重要性不遑多讓。

本書關注的制度，明代軍戶制隨著明王朝的覆滅走入歷史。然而，我們將會看到，許多社會關係作為明代軍事政策的非預期結果，在創造它們出來的制度消解後依然存在。即使創造這個制度的朝代滅亡了（一六四四），即使整個帝國朝代體制滅亡了（一九一一），甚至接替在後的共和體制都潰敗了（一九四九），這些社會關係仍然存留下來。制度似走馬燈一般更替，其孕育的社會關係卻生命力頑強。制度的歷史可以點明迄今仍活躍的社會關係背後的歷史進程。只要到福建省莆田市平海鎮走一走，你就會明白我的意思。

平海鎮位於泉州以北，前身是明代的平海衛。每逢農曆新年，鎮民都會舉行盛大的節慶儀式。正月初九，他們抬出城隍，遶鎮巡遊。慶典熱鬧非凡，炮竹與火銃讓現場煙火瀰漫。抬神之人與後面跟著的數百騎手，他們繽紛的彩衣在濃厚香霧中時隱時現。村莊的婦女一邊喃喃祈禱，一邊為遊神隊伍清

圖2　平海城隍廟

掃開道，從沉重的香爐中取走點燃的線香（圖2－4）。平海衛的城牆早已不存，但遊神隊伍仍然僅在昔日城牆限定的範圍內活動，不會進入周圍的村莊。年復一年，城隍巡遊平海轄境，接受信眾的供品，為新的一年賜福驅邪。城隍在平海和周圍村莊之間劃下一道界線，即使衛所已消失數百年。

中國很多地方的城隍無名無姓。沒人知道他叫什麼，也沒人知道他何以成為本地的守護神。平海則有所不同，城隍的身分和事蹟不僅家喻戶曉，而且令人生畏。他曾是歷史上一個真實人物，名叫周德興，死後化身神明。作為明朝開國功勳，周德興早年投奔朱元璋，成為其親信，最終受封江夏侯。當朱元璋需要一位可靠的將軍，負責建設帝國東南地區的海防體系時，周德興成為不二之選。洪武年間（一三七〇年代），周德興

圖3　平海城隍

率部經略福建，行垜集法，按籍抽丁，操練成兵，士兵家庭被編為軍戶。此舉令福建數萬男丁背井離鄉，置身行伍，築造城池，爾後留守其中。平海衛便是新城之一，建城之人即現今鎮民的祖先。衛城始建，就有了一座城隍廟，供奉著城隍神。在接下來數百年的某個時間點，鎮民開始將周德興追尊為城隍。如今平海人高抬城隍巡遊，為來年祈福，並不單純在重複一項中國文化傳統，他們還在紀念一個歷史性的時刻——數百年前本地社群的誕生。進入二十一世紀的遊神遶境，不僅顯現出地方認同的形成，也顯現出非凡的歷史傳承。是歷史造就了這項儀式。在神明巡遊的諸多意義中，其中一項便是其祖先與明代國家互動的故事。

圖4　平海鎮春節遊神

關於明代歷史

明朝開國皇帝朱元璋（一三六八—一三九八年在位），乃元末亂世崛起的一代梟雄。平定四方、建立新王朝後，他雄謀大略，著手重建歷經數十載外族統治和內部紛亂的中國社會。他與朝臣以元代之前的中原王朝為樣板，革故鼎新，旨在與元朝劃清界線。然而，明代制度實則廣泛倚賴元朝舊制，包括世襲軍戶制度的某些部分。[16]

明王朝的第二個主要特點是朱元璋的個人印記。在中國歷史上的開國皇帝中，朱元璋很不尋常，上位後便開始一套社會政策，即「建立和維持社會秩序的宏偉計劃」。[17]朱元璋的願景不只是設立或重回正確的政府體制。他還希望創建（或重建）一套烏托邦式的鄉村秩序。在該秩序下，百姓生活在自給自足的村莊，過著安於現狀的日子，親屬和鄰居之間相互監督，無須朝廷官吏插手管理。

如同所有領袖，朱元璋也在意自己的功業是否可以流傳下去。他下令，自己與大臣設計的治國綱領和原則（或許可稱之為明代的「憲法」或「祖宗之法」）必須永遠貫徹下去，後世不得違逆。歷史學家通常將這項堅持視為明朝的第三個特點，據此解釋明朝何以無力應對整體環境的改變。然而，「祖宗之法不可違」並非明代獨有。[18]也許明人格外強調這一原則，但體制終歸有能力透過各種方式適應時代的變遷。若非如此，大明國祚又怎能綿延近三個世紀之久？在國家的實際運作方面，明朝的制度慣性或路徑依賴與其他政體甚至現代國家也許沒有本質上的不同，雖然造成慣性的根本原因和制度結構當然很不一樣。可以確定的是，朱元璋的「祖宗之法」影響了明代歷史，但我們的討論不能僅看表面。

雖然在朱元璋理想的田園社會中，鄉村社群大致上自理自治，然而要實現他的願景，其實需要一套政府高度干預的計畫。如果僅論其野心，而不論實現此野心所具有的技術能力的話，朱元璋的政權常常被拿來與數百年後的毛澤東相比較。在二十世紀大部分的時間，明朝被視為中國古代專制主義的頂峰，當代的部分學者依然這麼認為。[19]但隨著我們更瞭解明中葉以來繁榮的經濟與發達的社會，史學界的主流觀點已發生改變。當時，因為對中國產品的全球性需求而大量湧入的白銀，再加上農業生產力的高度發展，共同促成明代經濟的市場化，這對社會、文化和政治生活造成了翻天覆地的影響。現今很多學者認為晚明社會，尤其在富庶的城鎮地區，基本上不受朝廷的約束。部分學者甚至將之描述為「自由社會」。[20]明史的主導敘述模式因此從以國家為中心轉向以市場為中心。[21]

在此我主張明代歷史的主要動力既不是國家，也不是市場；既不是皇帝，也不是白銀。本書認為，無論是早先的「專制獨裁論」，還是與之對立的「自由社會論」，都言過其實。關於明代國家與社會關係的歷史，更好的講述方式是從國家角色，以及國家在場之效應的變化開始，而不是國家的消失。

關於本書

圖書館員大概會把本書放到明代軍事史類別的書架上，但軍事並非我在這裡著重探討的內容。本書雖然和明代軍隊有關，但是沒有描述任何戰役，對戰略、後勤或武器等軍事史的經典主題亦鮮有涉及。相關研究成果浩如煙海，大多聚焦於明王朝的興衰。換句話說，軍事史學家主要關心朱元璋如何打下江山，而他的子孫又如何將天下拱手讓人。[22]對明王朝衰亡的敘述往往以明軍戰鬥力低下（作為國運衰頹、本末倒置、黨同伐異或財政崩潰的表徵）為中心。[23]但是，部分研究明代軍隊的學者則超越了狹隘的軍事課題，探索外交政策、戰略文化、族群或暴力等議題。和他們一樣，研究軍事機構並非我的目的，而是要藉此更深入理解另一個問題，即明朝百姓的日常政治。[24]

本書將討論明代軍隊這個特定機構，但我的目的不在於闡述該機構的成文條規及其在不同時期的運作。本書建基於其他學者對軍戶制的研究成果之上。譬如張金奎，他是中國學術界在這個領域的權威學者。但與之不同的是，我主要把軍事機構放在社會史的領域進行研究。本書亦受益於于志嘉的著作，她是臺灣學術界在這個領域的權威學者。但與之不同的是，我嘗試將研究課題放在特定的地方環境中開展考察（然而往往唯有借助她的綜合性研究，我才能夠理解地方案例，而且她的一些近作也是從特定的地方背景中展開）。[25]對於制度的探究，我並非將之視為中央政府的設計，儘管這是必不可少的背景，而是關注制度如何形塑與其互動的百姓，而又為這些百姓所重塑，這些百姓如何安身於制度、挪用制度、操縱制度，乃至於扭曲制度。換句話說，本書致力於勾勒出制度的日常政治，以及在一般的日常政治中制度所扮演的角色。本書思考的是制度隨著時間變化的方式、制度在多大程度上是或不是在自我強化，而影響它自我強化程度的內在和外在因素又有哪些。

本書是一部區域史著作，但卻不是某個地方的歷史。確切地說，本書是在特定區域微生態的背景下探討歷史現象。紀爾茲（Clifford Geertz）曾經寫下「人類學家不研究村莊，而在村莊裡做研究」的名言。[26]同樣地，本書不是中國某個地區的歷史，而是利用來自一個地區的證據寫成的中國日常政治史。我的「村莊」遠離北部和西部邊疆，後兩者是明朝重兵駐防的地區，也是此前大部分研究者的關注焦點。然而在戰略上是重要的，未必在社會史中也是重要的。我的「村莊」要比紀爾茲所想的大一些：本書的地理範圍以福建沿海地區為主，並向北延伸到浙南，向南延伸到粵東北，這與我的研究目的有關。我希望將制度放到它被體驗的特定政治、社會和生態背景下進行考察。[27]

海洋是東南沿海地區生態最突出的特徵。對該地區的居民來說，海洋是生計的來源。他們出海捕魚、在海埕養殖蟶貝，並在海上進行貿易和走私。他們乘風破浪，足跡遍及臺灣島、琉球、日本和東南亞。和其他邊疆地區一樣，情勢危難時海洋提供百姓逃離的可能性。沿海居民包括士兵和平民，可以且有時的確逃到臺灣島或其他離岸島嶼。

海洋既蘊藏危險，又帶來機遇。該地區曾多次遭受來自海上的攻擊，本書登場的軍戶家族的主要軍事職責便是抵禦這類攻擊，確保海疆靖晏。但是，相比於帝國的其他邊疆，沿海地區的局勢要安寧平靜得多。與北部和西北部的駐軍不同，明代沿海地區的軍隊從未長期面臨嚴重而緊迫的軍事威脅。既然東南沿海地區的防務不是帝國首要的軍事問題，該地區的駐軍也就沒有受到朝廷的持續重視。

該地區第二個值得關注的要素是沿海和內陸的關係。透過內河航運，內陸丘陵與濱海平原相連，丘陵地區成為沿海衛所的主要糧食供應地。海洋貿易推動的市場化滲入丘陵地區，使該處比深入腹地的其他州縣更加繁榮，經濟的商業化程度也高得多。

其他學者已經講述過該地區的地方史。如同本書涉及制度方面的內容主要受益於制度史家對明代軍隊的研究，近幾年如雨後春筍般湧現的地方史著作，極大地影響了本書對該區域的論述。我將制度史和地方史這兩個領域的文獻結合起來，撰寫出這部地方制度史著作，揭示軍事制度中的日常政治如何受到區域自然和社會微生態及其遺產的影響，又如何反過來對後者產生影響。[28]

本書的大部分研究取材自福建沿海的二十多個明代衛所，但有時我也會將範圍擴展至更北或更南的地區（圖5）。在一些衛所的原址，我們還可以看到明代遺跡，雖然它們已被今人的居住區域完全包裹起來。舉例來說，雖然現代永寧鎮只是繁華的石獅市轄區中的一個小角落，但其明代衛所格局依然清晰可見，昔日衛城那鋪滿石子的長長的窄巷，連接著兩座城門，蜿蜒近兩公里。有些明代軍事基地遺址，例如位於偏遠半島、坐落在陡崖之上的鎮海衛，幾乎沒有受到近年

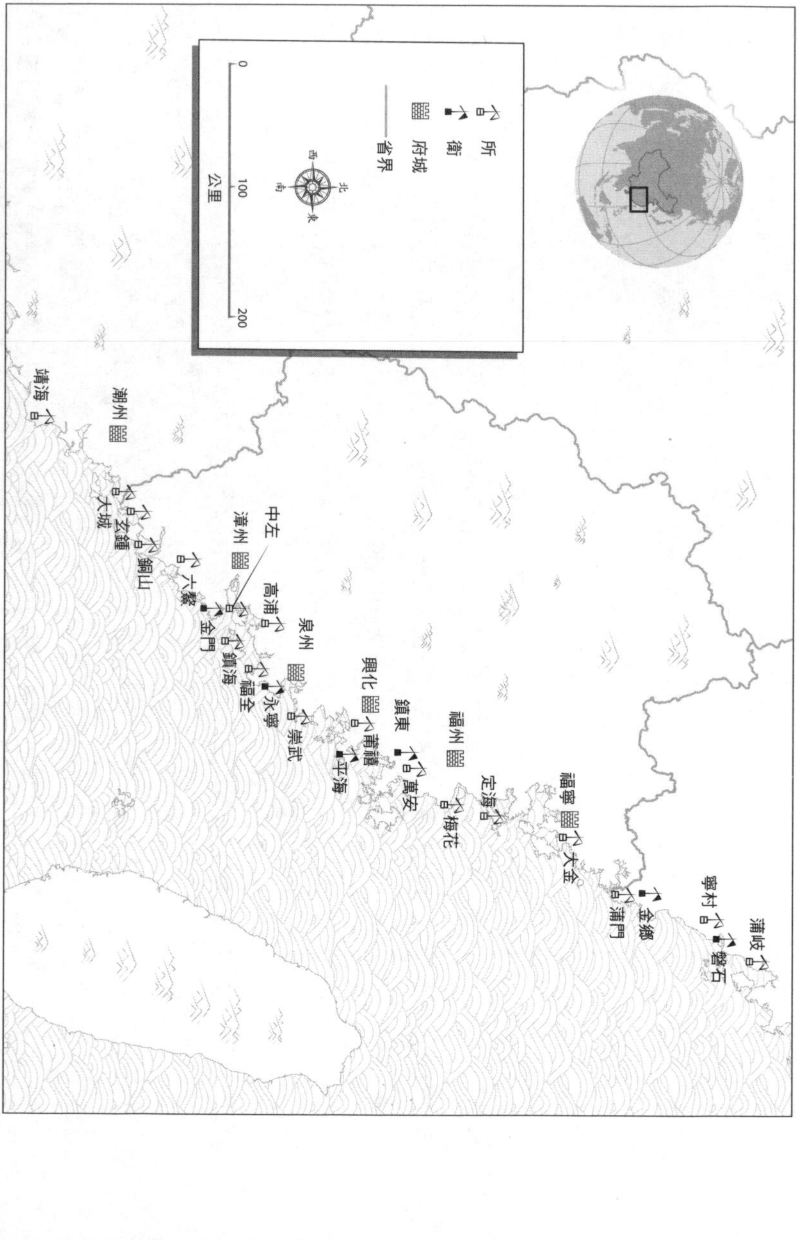

圖5 東南沿海衛所示意圖

來經濟發展的影響。鎮海衛的寺廟最近一次重建於十八與十九世紀，當時的建築依然完好無損。

因為現實與學術上的因素，本書討論的衛所大多位於農村地區。一些大城市（如福州）當然也有衛所分布，但受限於我所掌握的資料，此類衛所不常出現在本書中。我將在後文進一步說明，包括顏家在內的軍戶家族的族譜是本書運用的主要史料。走訪曾經的衛所，尋找軍戶的後人，是搜集這些族譜的最佳方法。在許多曾是衛所的村鎮，當地人口的一大部分依然由明代士兵的後裔構成。在福建那些人口數百萬的大城市裡，這種方法不可能奏效。不僅如此，和原位於農村地區的衛所不同，位於城市中心的衛所從未主導當地的社會、經濟和政治生活。（當然，這不是說衛所對城市社會一點影響都沒有。）[29]因此，為了確保在不受其他因素干擾的情況下研究明代軍事制度的影響，位於農村地區的衛所是我們的優先選擇。如果我們把軍戶視作為百姓與國家制度互動的一種自然實驗，相較而言，遠離城市喧囂的衛所顯然實驗條件會更好一些。

本書也是一部地方史著作，因為它極其依賴於田野調查——不是指那種長期參與單一社群生活的人類學家式的田野調查，而是指使用從田野搜集到的史料，並在地方脈絡下解讀。中國的歷史檔案尚未完全地國家化，儘管不止一個政權曾致力於此。大量的歷史文本只有在研究者花時間到文本製造與使用的地方，也就是它們現今留存下來的地方，才能夠找到。[30]本書使用的大量史料並非來自圖書館或官方文獻，而是從個人手中或資料所在地發現的。搜集這類史料是田野調查的最大樂趣：你要找到樂意分享自家歷史的人（一般是上年紀的人），而多數情況下，你唯一需要付出的代價就是成為他們的座上賓、一起吃飯。田野調查可以說創造了我寫作本書所使用的歷史檔案。

其次，田野調查意味著我們要在地方脈絡中閱讀新製作的檔案，格外關注生產這些檔案的地方條件，同時盡量利用今人通常是文獻作者的後人所擁有的地方知識。這可以很簡單，譬如追查地契上羅列的田地位置，以理解買賣這些田地的農民的工作情形，或者理清稅冊所使用的地方詞彙，以理解老百姓的實際稅負。此外又如，將村廟中的石碑和當地族譜交叉比對，從而明白寺廟捐助者間的親戚關係，又如第六章和第七章所示，我們可以跟著地方神明的遊神隊伍一起遶境巡行，從而描繪出本地社群的界限範圍。

本書研究範圍較小，且著重探討地方性經驗，因此使用的方法在某些方面近似於羅伯・丹屯（Robert Darnton）、卡洛・金茲伯格（Carlo Ginzburg）等人所實踐的微觀史學。微觀史學試圖要挑戰歷史研究的社會科學取向，後者的取向似乎抹去了人類的能動性與經驗。和微觀史學家一樣，我在這裡的目標是追索人們「超脫但不外於」結構局限的能動性，是「在小地方問大問題」。[31]本書和西方微觀史學作品的不同之處在於，雖然我講述的故事確實是「微觀」的，但所用的史料很少是百姓在非自願情況下接觸國家代理人或機構的產物。口供、拘捕紀錄或審訊報告很少出現在本書中。我參考的地方文書，大多都是百姓帶著明顯的策略意圖自願創作而成的。這意味著此類文書更適合研究社會史而非文化史。本書的故事往往展現的是人的行為而非心態（mentalité），是人的行動而非解釋框架。它們側重敘事而非結構，能幫我們增加對政治策略而非政治文化的理解。

綜上所述，本書是一部基於田野調查搜集而來的史料，在地方脈絡下討論明代軍事制度的社會史著作。本書提出一個在特定微生態中的日常政治策略分類模型，並以此為基礎，就明代乃至整個中國歷史的日常政治，提出一個更具廣泛性的論點。

本書由四部分組成，每部分的時空背景各不相同。第一部分的時間設定在明代軍戶制度創立伊始的十四世紀末，地點則是明軍士兵原籍所在的鄉村。第二部分和第三部分的時間則來到十五世紀和十六世紀，主要探討明代軍事制度進入成熟期後的運作方式。第二部分的故事發生在士兵戍守的衛所，第三部分的故事則發生在士兵墾闢的軍屯。到第四部分時，我們會回到衛所，看看明朝滅亡後那裡的情況。

本書的第一部分將探討募兵和徵兵制度本身。第一章以鄭家的故事開篇，他們採用創造性的方法，解決了如何挑選族人應役這一難題，從中我們可以一窺軍事體制中的家庭如何透過成熟的策略應對兵役之責。規定很直截了當：一個軍戶必須提供一名士兵服役，但實際狀況則可能十分複雜。他們發展出各種周全的策略處理兩者間的差異，使應負的職責盡在自己的掌控之中，從而減少未知的風險，將軍籍的利益發揮到最大，而成本降到最低。

編入軍戶不只是為軍隊提供士兵這麼簡單。它既會帶來大量的賦稅豁免，也會招致鄰居的恐嚇敲詐。軍戶家庭懷有強烈的動機，希望和在伍的親人保持聯絡，因為他們可以證實自家謹遵軍戶體制的規定。福清葉氏即是一例。葉家最有名的成員，內閣首輔葉向高為我們留下一段文字，記述葉家為了與戍守在北部邊地的親人重新取得聯繫而付出的百般努力。

本書的第二、第三部分將焦點從軍戶原籍所在的鄉村轉移到士兵駐守的衛所，並從明初進入明代中後期。我們將在第三章遇到擔任福全所世襲千戶的蔣家。蔣家至少有一名族人曾經既擔任軍官，又幹著走私和海盜的勾當。他的故事揭示軍戶如何利用他們在衛所中的特殊位置從中牟利，從事非法貿易。他們靠近國家，能夠利用自己的身分在軍事與商業領域間來回，在海上商貿中占盡優勢。衛所軍士不得不適應一個全新的環境，讓自己扎根其中，建立新的社群。我將在第四章考察衛所軍戶的婚配嫁娶、他們祭拜的寺廟，以及他們就讀的衛學，這些都在展示士兵及軍眷如何一步步地融入其駐紮地的地方社會之中。

本書第三部分將目光從衛所轉向為軍隊提供補給的軍屯。在軍屯裡，軍戶墾殖屯田，供給衛所中的同袍。麟陽鄢氏的不幸故事，告訴我們軍屯士兵如何熟練利用軍田與民田之間的差異牟利。經濟的市場化產生出複雜的土地所有權與使用權模式，軍屯裡的家庭則設法用這些模式為自身服務。軍屯的日常政治遠不止於擺布土地制度。一如衛所軍戶，屯田軍戶也不得不融入當地社群。本書的第六章旨在探索這一過程。有些人遊走於不同的監管體制之間，左右逢源；其他人則設法加入現有的社會組織，乃至反客為主、取而代之。湖頭的一座小廟將告訴我們這些新的社會關係如何得以持續不斷地發展。

第七章回到明清鼎革後的衛所。明代的軍事制度雖不復存在，但依然影響著曾身處其中的普通百姓。有的人試圖挽回舊體制，從而可以延續他們在體制中享有的特權；有的人則發現，改朝換代之後，自己依然要承擔前朝的一些義務，於是不得不想辦法處理這些義務。還有人努力透過調整前朝舊制的某些元素，使之適應新的處境。他們想方設法讓清王朝瞭解自己，使用清代官員能夠接受的語言來實現此目標，儘管經他們描述的社會制度與其真實情況往往南轅北轍。

本書四部分中的一則則故事，講述著明代百姓如何利用各種策略應對國家勞役。在前面討論的基礎上，我將於本書結尾處，就中華帝國晚期及其後的「被統治的藝術」提出一些更寬泛的思考路徑和思考方法。

第一部

在鄉村

第一章　徵兵、軍役與家庭策略

服兵役賢弟勇代兄　分家產幼子竟承嗣

鄭家生活在泉州城中，離顏魁槐家不遠。十四世紀中期，天下局勢混亂，元王朝風雨飄搖。泉州地方軍隊叛變，反抗蒙古人的統治。效忠元朝的將軍鎮壓了叛亂，但隨即被新崛起的朱元璋擊潰。兵荒馬亂之際，鄭家族長不幸去世，遺孀帶著四個兒子逃離泉州，來到地界偏遠的漳浦縣避亂。直至洪武初年（一三七〇年代），世局稍穩，鄭氏遺孀與兩個幼子因「桑梓縈情」返回泉州。長子景華和次子景忠則留在漳浦的新家。

洪武九年（一三七六），漳浦的鄭家兩兄弟被編為軍戶，與顏家入伍同時，這很可能是大規模徵兵行動的一部分，但其中的詳情我們已無法知悉。鄭家因此必須為軍隊提供一名男丁，前往遙遠的衛所服役。兩兄弟中誰去當兵？這個不得不做出的決定，看似簡單，卻引起一系列複雜的協商。協商的問題，不僅在於參軍本身，還涉及財產的繼承權，即所謂的「分家」。

古代中國財產繼承的方式採取在父系繼嗣中分割繼承。當家庭成員決定不再繼續生活在同一屋簷下、不再繼續共用他們的財產和收入，此類決定經常出現於家長去世後，家產會在兒子間平均分配。家族可以視具體情況做出不同的安排，但一般都會遵循上述分家析產的基本原則，事實上這也是律法的要求。[1] 根據鄭氏族譜的記載，鄭家就採取了很不一樣的做法。

> 我舊鎮開基初祖光德公，南安裔也。配妣趙氏，生四子。長景華，次景忠，三景和，四景安，住居於南安雙路口。不幸公逝，母子相依，適遭元亂，群雄蜂起，兵燹孔熾。當道郎中行省柏帖莫爾守漳郡、迭裡彌實守泉路，兩項誅求，增納粟米傷於財，奉行力役困於征。當斯時也，誰不欲適彼樂國乎？時蓋元至正二年也，於焉挈家遠揚，負骸而走。自泉至漳，由漳而浦，求所為鞭長不及之地，於以息肩而托足焉。斯已幸矣！顧瞻周道，南至海濱，地名舊鎮，見夫山峰拱明，潮水環繞，為舟楫往來之區，商賈貿易之所，擬於泉之清源與有光焉。於是□□□居。
>
> 苟安數載，延師擇地，卜葬公骸，於後港尾，眠牛之山，坐癸向丁，形類左仙弓，祖塋在焉。時祖妣趙氏，念先墳既妥，而桑梓縈情，乃率景和、景安二公回泉州南安雙路口基焉，於今祀妣。我鎮獨祀考也。
>
> 開鎮祚者，唯景華公、景忠公二祖也。景華公生三子，長佑助，字仕俊，次仙福，字仕傑，三茂山，字仕明，開長房祚也。景忠公亦生三子，長仕英，次仕賢，三仕榮，開次房祚也。遂傳昭穆韻譜曰：景仕邦乾敦，華太汝以君。追奉明正朔，改元洪武。於九年編戶定

> 職，在七都二圖十甲。戶名鄭汝太，配軍籍，欽詔湖廣承天衛當軍。爾時兄弟推諉，即將所有山地、產業，議作四分均分。勇而當先者，得四分中之三。怯而不前者，得四分中之一。長房不敢與事，願得一分，是以仕俊公等共為一房也。次房應赴，將三分之業，即開為三分，是以仕英公等有二、三、四房之分也。
>
> 第軍征之後，仕英公材力不堪，囑弟前去，讓以房分。仕賢公不畏艱鉅，帶妣黃氏同往效力。軍名鄭佑助，捍禦有功，幸膺末職，任久而故。賴仕榮公隨彼為評事，偕其子邦育公，負骸回籍。斯時伯叔兄弟弗爽前約，遂以邦育公為次房，仕英公為四房。房分雖有改易，其實出自二世祖景忠公也。今祭二世祖墓，則仕英公派仍為宗孫，仕賢公派原為季子。而祀初祖廟，則仕傑公派咸居長房，仕英公等派即分為二、三、四房。蓋自三世時交易已然，子子孫孫不敢越俎僭分也。[2]

所有家產在漳浦的兄弟兩房之間分配，而返回泉州的兩兄弟則什麼都沒分到。漳浦的兩房也沒有按分家析產的基本原則平分家產。其中，長房只得到四分之一，餘下的四分之三則為次房所得。族譜解釋道，次房分得多半家產的原因是他代兄從軍，承擔起家族服兵役的義務。長房實際上是以半數應得家產做交換，免除了自己的兵役之責。

這個決定不只影響兩兄弟本身，還將影響他們的子子孫孫。這是因為，和兵役的世代相承一樣，兩兄弟的安排對後代依然有效。唯有次房的子孫要服役，而長房的子孫則與此事再無關係。

在此之後，由誰替役的問題被提上議程。兩兄弟各有三子；在漳浦的第三代族人中，男丁總共六人。根據最初家產的不均等分配，長兄景華的三子無須承役。因此，關鍵的問題是弟弟景忠的哪個兒子服役。第二輪協商開始了。鄭家或許可以直接沿用之前的解決辦法，讓應役的支派分得更大一份家產。但他們沒有這麼做，可能因為此時家產已不如昔日豐厚，誘惑力有限，不足以說服三子中的任何一位去當兵。和上輪協商不同的是，本輪協商完全圍繞著身分展開。

協商結果是由次房的次子服役，而他的房支則取代長子，成為次房的長房。雖然就出生順序來說，他是第二個兒子，但從他的子孫開始，他們這房便成為二世祖的長房與全家族的次房。由於材料的限

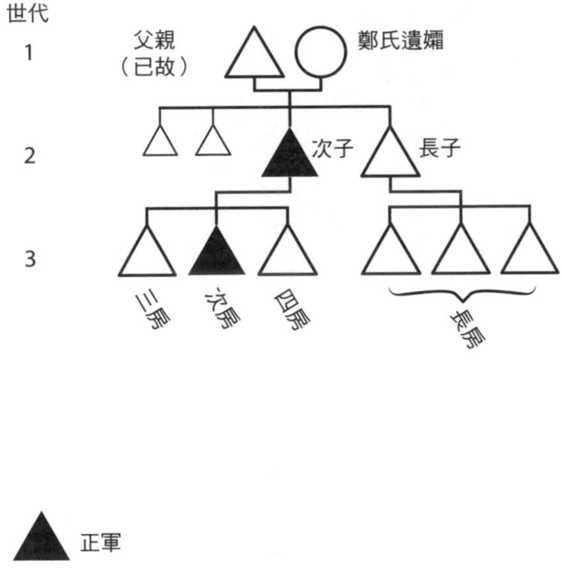

圖6　鄭家世代圖

制，我們無法知道更多詳情，但房支次序可能會影響到族內的政治、族內事務的決定，以及相關的權利與義務。我們會這麼認為，是因為既然文獻特別提到這點，必然是有一些區別。不過當祭祖的時候，次房未服兵役的長子，其後代仍是二世祖的宗孫，在禮儀上仍維持出生順序。同樣是透過換取免役，鄭家第一代人靠的是財產繼承的厚薄，而第二代人靠的則是房分次序的先後（參見圖6）。

論族譜

和本書導論中顏觀田的故事一樣，鄭家的故事來自族譜對如何因應世代兵役之責的內部記述。要面對這項挑戰的遠不止他們一家。根據一條被廣泛引用卻很可能誇大其詞的明初史料，軍戶占當時所有戶數的百分之二十。到了晚明之前，登記在冊的士兵有四百萬之多，而他們背後則是四百萬個軍戶。[3]管治這一龐大系統的辦法載於明代的各種條例法規中。這些律例究竟對普通百姓的生活造成哪些實際影響？唯有參考百姓自撰的文書（許多仍保存在後人手中）我們才能回答這個問題。族譜表明，對鄭家而言，編為軍戶的影響遠遠超出服役本身，它形塑了家族的財產繼承方式和產權關係、家庭內部結構甚至祭祀活動。

從包含的文字數量與書寫的人物數量來看，卷帙浩繁的族譜是明清史領域現存最龐大的史料。「族譜」一詞包羅萬象，可以指印刷精美、裝訂講究的多卷書冊，也可以指由一代代識字不多的族人所撰、唯有祖先姓名的手抄紙片。今天，「族譜」還包括宗族成員在研究型圖書館找到的較早族譜的重印本，用來代替在文化大革命中被毀的個人持有的版本，乃至只存在於網路世界的虛擬譜牒。一部典型的中國族譜，內容以該家族始祖以降的男性後代的世系圖譜與人物傳記為主，有時亦包括妻子和女兒。對家族的大多數後代子孫來說，這是祭祀祖先時最有用的資訊。典型的族譜條目只有祖先的生卒年月和墳塋方位。但很多族譜載有更為豐富的內容，如產權契據與合同，說明宗族成員財產狀況；名人所書之序言，反映宗族成員的社交圈子；各種主題的文章，記錄家族起源、宗祠鼎建，甚至錢糧差役。顏魁槐家族的故事即取自這類文本，漳浦鄭家亦是。[4]

不是每個明代的家族都有族譜，也沒有哪一部族譜是由所有家族成員共同編纂而成的。事實上，族譜是由某些家庭的某些成員帶著各自的利益完成的作品。這意味著，和對待其他史料一樣，我們必須十分謹慎地、批判性地閱讀族譜。如莫里斯・弗里德曼（Maurice Freedman）指出的，族譜是「一份對血統與關係的宣示、一部憲章、一幅反映家族開枝散葉的地圖、一個適用於各類社會組織的框架、一張行動藍圖。它是一篇政治宣言」。[5]每部族譜都由具體歷史情境下的具體人群編纂，受具體歷史關懷的驅動。族譜是烙印著實際和潛在之權力關係的文本。族譜並非單單被用來表達政治訴求，這不是它的主要功能，但它往往服務於此目的。因為族譜是軍戶成員自己持有的文本，其中的政治訴求便展現出從他們的角度軍戶和國家之間的互動，以及這種互動對他們的意義。[6]

我們無須將這類文本在字面上呈現的內容視為真實的記載。我們更應該將之視為澤蒙・戴維斯（Zemon Davis）所謂的「虛構性文本」（fictions）：它們不是假的文本，而是有意形構成敘述的文本。[7]一段本族如何應對兵役的記載，可能不是單純的事實描述，而是事後的建構或論述。這類史料反映出百姓用以解決問題的組織性資源和手段。策略出現在族譜裡，說明百姓至少認定策略背後的邏輯是合理的。我們能從中看到在文化和政治上可接受的解決辦法。同樣的策略也出現在法律文書裡，由此，我們知道有人真的使用過它們，且認為其邏輯合理且令人信服。明代推官的判例判牘中出現的有些做法，跟族譜記載的一模一樣。對我們來說，某個家族是否真的使用過某類策略不那麼重要。重要的是，每個家族都會使用某種敘事解釋他們的處境。我們要分析的核心問題是，他們為什麼採用特定的敘事，而沒有選擇另一些敘事。

明代軍戶

在本書中登場的家族有一個共同點：他們都被明王朝編為軍戶。他們可能還有著其他共同點（也是與現代家庭共同的地方）。他們肯定會為莊稼的收成而憂心，為家中的積蓄而發愁，為孩子的未來而煩惱。他們時而互相爭吵，時而歡聚一堂。歷史學家無從得知他們生活的方方面面。但是，透過族譜，我們可以知道不少他們共同經歷中的一個特殊部分，即明代國家將他們編入軍籍的方式。

「入籍」意味良多。[8]首先，它是一樁具體事項：家族之始祖（通常是生活在十四世紀末的那位先祖）的姓名被記錄在「黃冊」（一種特別的官方簿冊）裡面。黃冊的抄本和其他官方文書一起收藏於後湖黃冊庫。該府庫位於明初首都南京附近後湖（今玄武湖）的小島上，以防失火。所有軍戶理論上都被錄於黃冊。還有一套名為「衛選簿」的文書，用來登記擁有世襲軍職的軍戶。[9]圖7是一份衛選簿紀錄，起首登記的戶主是蒲媽奴。此種文書在戶部與兵部的庫房中各有一份。

從洪武十四年（一三八一）到明王朝覆滅的崇禎十七年（一六四四），成千上萬的官員和書吏負責維護貯存這些文書的大型國家冊籍庫，完成文書的接收、抄寫、更新、歸檔、轉發工作。朝廷運用各種技術保證資料的安全和完整。針對文書的保護措施，除了選取安全的貯藏地，還有製作充足的備份。戶籍資料被抄寫多份，以不同的形式存於多個地點包括軍戶最初入籍之地的縣衙以及正軍戍守的衛所，並定期更新，以確保各版本的錯誤能夠及時得到糾正。[10]同任何歷史文書一樣，一份人事檔案是一種物質性存在，檔案如何產生的故事包括它的流傳、校勘與抄寫，以及它的保存與傳遞，可以作為一種不同類別的歷史的史料。一份人事檔案同時也是一種策略性存在。檔案如何被利用、篡改、假造乃至蓄意銷毀，訴說著另一種歷史。本書可以有另一種寫法，即講述這些檔案的歷史，即它們被創造、保存、毀棄及在各地流傳的故事。

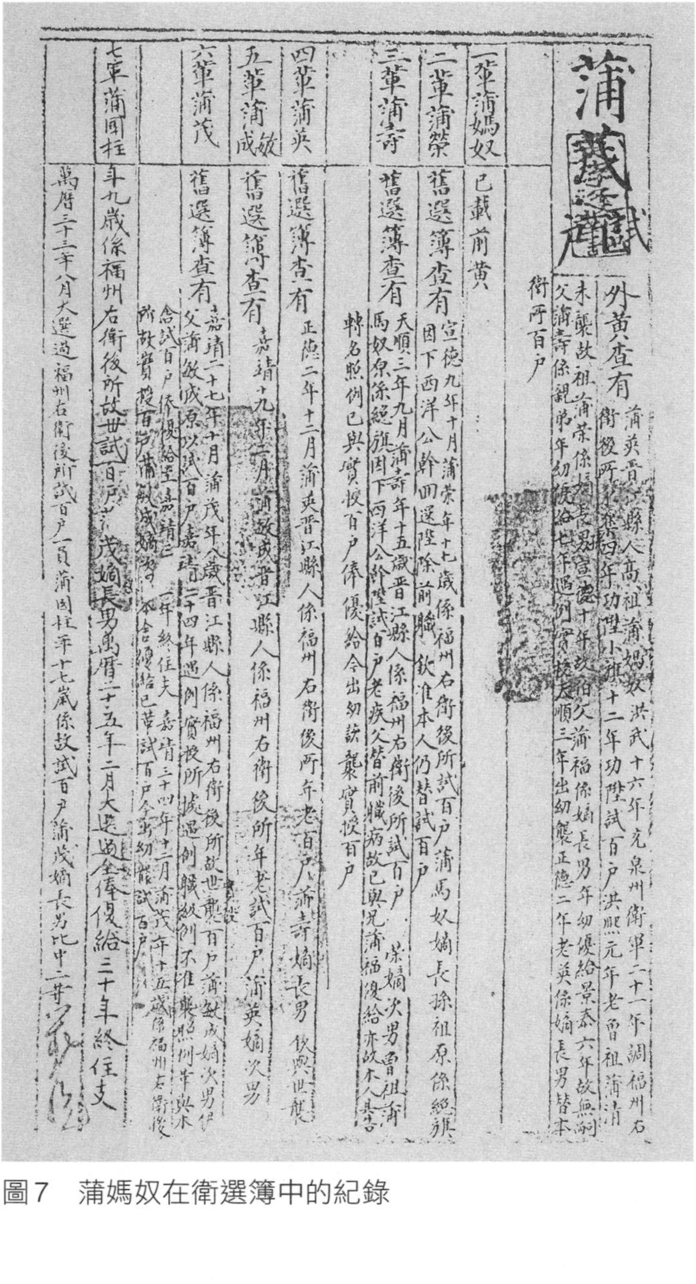
蒲

衛所百戶

外黃查有 蒲英晋江縣人，高祖蒲媽奴洪武十六年充泉州衛軍，二十一年調福州右衛後所，永樂四年功陞小旗，十二年功陞試百戶，洪熙元年老，曾祖蒲清未襲故，祖蒲榮係長男，宣德十年故，伯父蒲福係嫡長男，年幼優給，景泰六年故無嗣，父蒲壽係親弟，年幼優給，七年遇例實授，天順三年出幼襲，正德二年老，英係嫡長男替本

一輩蒲媽奴 已載前黃

二輩蒲榮 舊選簿查有 宣德九年十月，蒲榮年十七歲，係福州右衛後所試百戶蒲馬奴嫡長孫，祖原係總旗，因下西洋公幹回還陞除前職，欽准本人仍替試百戶。

三輩蒲壽 舊選簿查有 天順三年九月，蒲壽年十五歲，晋江縣人，係福州右衛後所試百戶蒲馬奴原係總旗，因下西洋公幹陞試百戶，老疾，父替前職，病故，已與兄蒲福優給，亦故，本人係嫡次男，曾祖蒲 轉名照例已與實授百戶，係優給，今出幼，該襲實授百戶。

四輩蒲英 舊選簿查有 正德二年十二月，蒲英晋江縣人，係福州右衛後所年老百戶蒲壽嫡長男，欽與世襲。

五輩蒲敏成 舊選簿查有 嘉靖十九年二月，蒲敏成晋江縣人，係福州右衛後所年老試百戶蒲英嫡次男。

六輩蒲茂 舊選簿查有 嘉靖二十七年十月，蒲茂年八歲，晋江縣人，係福州右衛後所故世襲百戶蒲敏成嫡次男，伊父蒲敏成原以試百戶嘉靖二十四年遇例實授所，後遇例革，職級例不准與，照例革與本舍試百戶，係優給，至嘉靖三十一年終住支。嘉靖三十四年十二月，蒲茂年十五歲，係福州右衛後所故實授百戶蒲敏成嫡次男，不合優給，已革試百戶，今出幼，襲試百戶。

七輩蒲国柱 年九歲，係福州右衛後所故世試百戶蒲茂嫡長男，萬曆二十五年二月大選過，全俸優給，三十年終住支。

萬曆三十三年八月大選過，福州右衛後所試百戶一員蒲国柱，年十七歲，係故試百戶蒲茂嫡長男，比中二等。

圖7 蒲媽奴在衛選簿中的紀錄

蒲茂：試百戶

外黃查有：

蒲英，晉江縣人。高祖蒲媽奴。洪武十六年，充泉州衛軍。二十一年，調福州右衛後所。永樂四年，功升小旗。十二年，功升試百戶。洪熙元年，老。曾祖蒲清，未襲，故。祖蒲榮，係嫡長男。宣德十年，故。伯父蒲福，係嫡長男。年幼優給。景泰六年，故，無嗣。父蒲壽，係親弟。年幼優給。七年，遇例實授。天順三年，出幼，襲。正德二年，老。英，係嫡長男。替本衛所百戶。

一輩：蒲媽奴

已載前黃。

二輩：蒲榮

舊選簿查有：

宣德九年十月，蒲榮年十七歲，係福州右衛後所試百戶蒲媽奴嫡長孫。祖原係總旗，因下西洋公幹，回還陞除前職，欽准本人仍替試百戶。

三輩：蒲壽

舊選簿查有：

天順三年九月，蒲壽年十五歲，晉江縣人，福州右衛後所試百戶蒲榮嫡次男，曾祖蒲媽奴，原係總旗，因下西洋公幹，升試百戶，老疾。父替前職，病故。已與兄蒲福，優給，亦故。本人具告轉名，照例，已與，實授百戶俸，優給，今出幼該襲實授百戶。

四輩：蒲英

舊選簿查有：

正德二年十二月，蒲英，晉江縣人，係福州右衛後所年老百戶蒲壽嫡長男，欽與世襲。

五輩：蒲敏成

舊選簿查有：

嘉靖十九年二月，蒲敏成，晉江縣人，係福州右衛後所年老試百戶蒲英嫡次男。

六輩：蒲茂

舊選簿查有：

嘉靖二十七年十月，蒲茂，年八歲，晉江縣人，係福州右衛後所，故世襲百戶蒲敏成嫡次男。伊父蒲敏成，原以試百戶。嘉靖二十四年，遇例實授，所據遇例職級，例不准襲，……至嘉靖三十一年，終，住支。嘉靖三十四年十二月，蒲茂，年十五歲，係福州右衛後所故實授百戶蒲敏成嫡次男……今出幼，襲試百戶。

七輩：蒲國柱

年九歲，係福州右衛後所故世試百戶蒲茂嫡長男。萬曆二十五年二月，大選過全俸，優給。三十年，終住支。萬曆三十三年八月，大選過福州右衛後所試百戶一員，蒲國柱，年十七歲，係故試百戶蒲茂嫡長男，比中二等……

被編入國家冊籍，有著現實的政治後果。這意味著當事人必須履行國家特定的義務。受編為軍戶，則須承擔一項永久性的、世代相承的義務：為軍隊提供軍士，戍守指定的駐地。生長於晉江縣的蒲媽奴於洪武十六年（一三八三）被徵入伍，駐守在家鄉附近的泉州，這是鄭家的原居地，也是顏家軍丁在朝廷實行自首政策期間短暫服役之地。[11]洪武二十一年（一三八八），蒲媽奴被北調到福州沿岸的衛所。十五世紀初，他服役於海軍，跟隨鄭和遠航至東南亞（本書第三章將進一步講述鄭和下西洋之事）。蒲媽奴的傑出表現讓他被擢升為百戶。百戶的軍銜可由後代世襲。只要滿足某些條件，該軍戶每個服兵役的成員都將居任百戶之職。

洪熙元年（一四二五），蒲媽奴退役。此時他的長子早已去世，長孫蒲榮頂替祖父參軍。衛選簿還記載了此後蒲家五代人的資料。蒲榮死後，蒲媽奴的曾孫蒲壽補伍，服役近五十年，而後依次由其兒子和孫子接替，一直到第七代的蒲國柱於萬曆三十三年（一六〇五）入伍。每次補伍，福州衙門會通知朝廷，朝廷掌管文書的書吏便更新相關資料。直到蒲國柱入伍之後，衛選簿才停止更新，此時已是明朝季年，整個王朝搖搖欲墜。[12]這類人事檔案和族譜頗有相似之處，皆將世系追溯到遠祖，並指明各代成員間的關係。它是一種特殊的、為明代國家服務的族譜。

入籍的兩層意義，包括具體層面的意義，即自己的姓名或祖先的姓名被記錄在特定檔案的特定簿冊中，以及由此帶來的服役的義務，有其社會影響。當時的百姓都明白軍戶家庭擁有哪些權利和義務。因此，「入籍」還有著第三層意義，即描述出一戶人家所屬的類別或階層。這種類別，當時就存在，並非史家在事後的發明。「軍戶」和「軍籍」是最常被用來描述這一類別的術語，明代百姓十分清楚這兩個詞的含義。第三層意義上的「入籍」，一方面是社會性的，因為它影響著軍戶之間、軍戶和其他類別的人群之間的社會關係；另一方面則是文化性的，因為百姓對具有這種身分的人群類別有共同的看法。

在本章和下一章，我將探索家庭如何回應軍籍帶來的多方面影響，以及入籍的各層意義的社會影響如何隨時間轉變。軍戶們謀劃著如何與軍籍制度打交道。本章將討論他們如何利用手頭上的組織資源和文化資源制訂策略，以及他們的行動如何又反過來影響著自己所掌握的資源。

倪家如何來到金門：明代軍事制度簡介

為了展開討論，我們需要更深入地瞭解明代軍事制度本身。與其枯燥乏味地透過綜述整項制度來介紹其運作機制，不如讓我們把目光轉向一個普通士兵的故事。他叫倪五郎。他不是一個虛構或特意編造出來的人物，而曾真實存在於歷史中，儘管我們對他知之甚少。在接下來幾個段落裡，我將補充倪五郎人生中的一些空白，來展現軍戶制度的基本運作方式。我希望借助倪五郎的人生軌跡，揭示出該體制的四個要素：徵兵與入籍制度、分派與調轉制度、補伍與勾軍制度、定居制度。在此過程中，我還將利用倪五郎的故事，解釋我在本書其他地方使用的一些專業術語。

徵兵與入籍

我們幾乎可以肯定地說，明代檔案中必有倪五郎的紀錄。然而這類檔案只有很小的一部分被留存下來，而非常遺憾，倪五郎的姓名不在其中。目前僅存的相關史料，是一篇簡略的傳記，收錄入倪氏後人編纂的族譜之中。倪氏族譜的最新版本，大約完成於一個世紀之前。裡面提到，倪五郎出生於福州城以東一個名叫鼓山的地方。

祖福州閩縣永北里鼓山人，祖行五。洪武二十四年，以防倭故，戍金門所，遂開基來浯。娶阮氏。忌辰在十二月初三日，葬金門城南門外，土名坑底俞。[13]

以上寥寥幾句話，是現存史料中對倪五郎的全部記載。文字雖然簡略，已足以讓我們一窺倪五郎與明代國家制度之間的關係。儘管族譜中沒有明文指出，但根據他被派駐金門所的事實，幾乎能肯定地說倪家屬於軍戶。[14]我們可以將家庭編入軍戶的過程視為明代軍隊徵兵的一個途徑。

明代徵兵主要有四種管道，即一戶人家被編入軍戶的四種方式。其中兩種管道只存在於明初。和中國歷史上大多數開國皇帝一樣，明朝的建立者朱元璋也是「馬上得天下」。一三六八年，朱元璋稱帝。多年來追隨他南征北戰的士兵皆入軍籍。他們被稱為「從征」。其中，一些人獲封世襲軍官。經過朱元璋晚年發起的清洗行動，那些倖免於難的世襲軍官成為衛所指揮官，駐守在諸如平海、金門這樣的地方。第二種管道則是收集為朱元璋所敗而歸降的敵軍，包括元朝及元末割據群雄的軍隊。這些士兵也成為軍戶，稱作「歸附」，被納入明朝體制之中。洪武元年（一三六八）之後，「從征」和「歸附」的數量基本上固定不變，即開國之後，沒有軍戶再透過這兩個管道被徵入伍。

一戶人家會因罪「謫發」，沒入軍籍。在明代，律法中一直都有「充軍」的刑罰。但大量罪犯家庭進入世襲軍戶系統的現象只發生於明朝初年。到了明中葉（西元十五世紀），一般情況下，「充軍」已不再株連後代，僅適用於罪犯本身，將隨著他的去世而結束。此外，面對罪責，明代百姓可以且愈來愈多地選擇以「納贖」（繳納贖金）或「罰役」（服一定時間的勞役）抵罪。[15]

第四種管道則是「垛集」。隨著朱元璋的部隊所向披靡、橫掃中原，「從征」和「歸附」之兵卒被下令留駐那些新攻占的地區。平定天下後，朝廷依然可以為了軍事需要而調動軍隊，但一地的軍隊被調出，勢必導致該地兵力短缺。另外，即使有人認為將罪囚沒入軍籍是一項好政策，此時已不再有大量可以被派駐各地的囚犯；何況並沒有人這麼認為。因此，為了給新收復的東南沿海等地區提供兵力，朱元璋手下的將領展開了大規模「垛集」徵兵。在「垛集」行動中，當地壯丁被強徵入伍，他們連同親屬則被編為世襲軍戶。[16] 倪氏族譜沒有交代清楚倪五郎是如何參軍的。但是，如果考慮當時的形勢，我們可以有把握地說，他是經由「垛集」而成為士兵的。

《明實錄》乃由在位皇帝手下的史官為記錄先帝的統治和事蹟而修纂的皇朝編年史，從朝廷的視角講述了東南沿海地區的「垛集」徵兵。根據洪武二十年（一三八七）初春的一條記載，周德興（我們在導論中曾提及他被後人追尊為平海城隍）在福建徵集了一萬五千多名軍士，建成十六座衛所，並讓士兵駐守其中。幾個月後，主持浙江防務、負責在浙徵兵的湯和上書稱自己也獲得了差不多的成就。「民四丁以上者，以一丁為戍兵。凡得兵五萬八千七百五十餘人。」在本書中登場的大多數軍戶家族，都是明初軍士的後裔。他們的祖先，要麼此時直接被強徵入伍，要麼隨著一三八〇年代的「垛集」徵兵隨家人一同成為軍戶，要麼則是受封的世襲軍官。[17] 倪五郎即其中之一。

分派與調轉

倪五郎入伍後，被分派到「衛」。「衛」是一個軍事單位，最高長官為指揮使。一個「衛」，按規定應有五千六百人，下轄五個「千戶所」，每個「千戶所」各有一千一百二十人。此外，還有「守禦千戶所」，它們受衛指揮，但不直接隸屬於衛。「千戶所」下設「百戶所」。低級軍官頭銜由其麾下士兵的數量命名。「千戶所」的指揮官為「千戶」，「百戶所」的指揮官則為「百戶」，蒲媽奴即一名「百戶」。[18]由於「衛」和「所」是和平時期主要的軍事單位，中國學者經常使用「衛所」一詞，作為明代軍隊的簡稱。

倪氏族譜告訴我們，倪五郎被分派到金門服役。金門是一個小島，在倪五郎位於福州近郊的原籍地以南約三百公里的地方（圖8）。金門是守禦千戶所，受永寧衛的指揮。倪五郎的後代今天依然住在那裡。我曾和他們聊天，他們告訴我，倪五郎是被「調」到金門來的。歷史學的訓練，令歷史學家對故事保持一定的警覺，百姓口中的自身經歷並不可靠，更不用說那些有關他們父母或近祖的故事了。不信任講述六百多年間家族祖先戎馬生涯的口頭傳說也許很合理。但事實證明，倪氏後人所講的故事多半是真的。之所以這麼說，是因為我們還可在《明實錄》中查到相關的記載。

根據《明實錄》，一三八〇年代的大規模垛集徵兵之後短短數年，朱元璋便開始收到令人憂

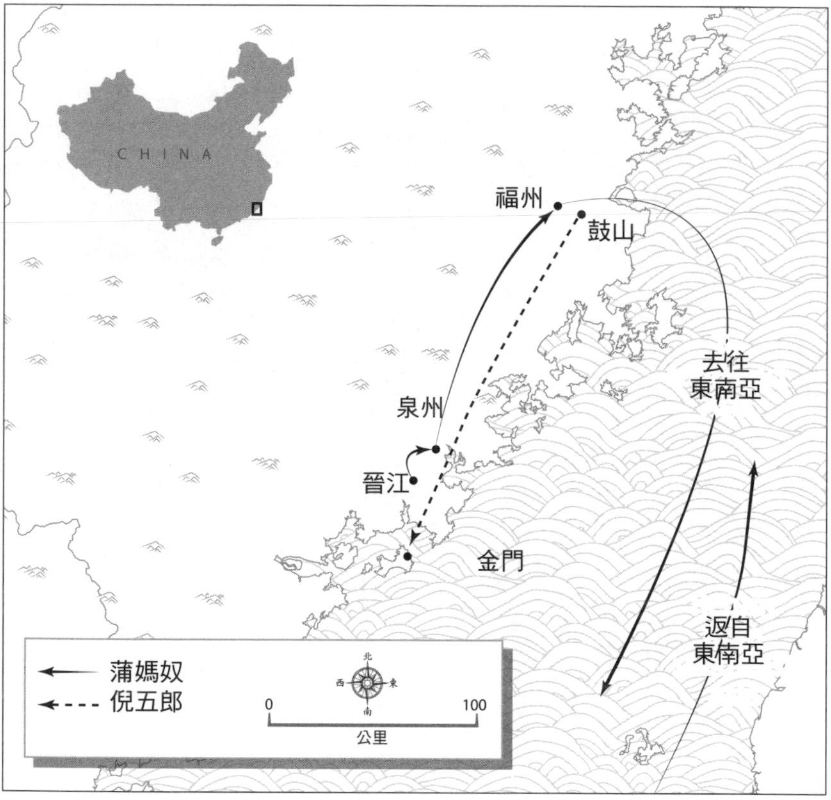

圖8　蒲家與倪家分派調轉示意圖

心的上書。由於駐地靠近家鄉，新兵與當地社會關係緊密，他們可以輕鬆地借機開小差乃至當逃兵，而神不知鬼不覺地溜回自己的村子，然後消失得無影無蹤。或者，他們會利用職務之便，在家鄉作威作福、滋擾地方。朱元璋果斷地採取行動。他在軍隊中推行「迴避原則」（該原則本是讓官員不得在本籍任職），下令將所有士兵調往遠離家鄉的駐地。他認為解決問題的方法在於讓新兵「解域化」，將他們從既有的社會網絡中連根拔起。但朝廷很快發現，實施這項政策的成本太高，令人望而卻步。於是，政策繼續調整。軍隊將在局部地區的不同衛所間輪番換防。士兵會被調往遠近適宜之地：一方面，保證他們與家鄉的距離足夠遙遠，從而解決駐軍與鄉里關係緊張的問題；另一方面，他們被分派的衛所又將盡量靠近各自的家鄉，從而避免新兵遠徙、勞民傷財。[19]這就是倪五郎如何來到金門的故事（在年分上，族譜與《明實錄》有所出入）。

倪家始祖自福州調來金門，類似的傳說，在前軍戶家族中十分常見。時至今日，許多生活在明代衛所故地的百姓，仍講述著祖先因軍隊的分派與調轉，於十四世紀末離開福建某地的家鄉，來到現在定居的地方。族譜和地方志證實了這些故事。它們提供的證據，讓我們得以追蹤該時期明軍在各地調動的軌跡，填補《明實錄》在細節上的空白（參見圖9）。明代朝廷除了將倪五郎所在的軍隊從福州地區調往金門所，還將莆禧所的駐軍南調至銅山所，將懸鐘所的駐軍北調至崇武所。鎮海衛的士兵被調往平海衛，泉州地區的士兵則被調往福建北部（如福州地區），他們接替了像倪五郎一樣被調往泉州的士兵。[20]口頭傳說、族譜記載和官方文書對該歷史事件的敘述互相吻合，這強而有力地說明，至少在某些議題上，我們不能草率地將口述史視為天方夜譚。

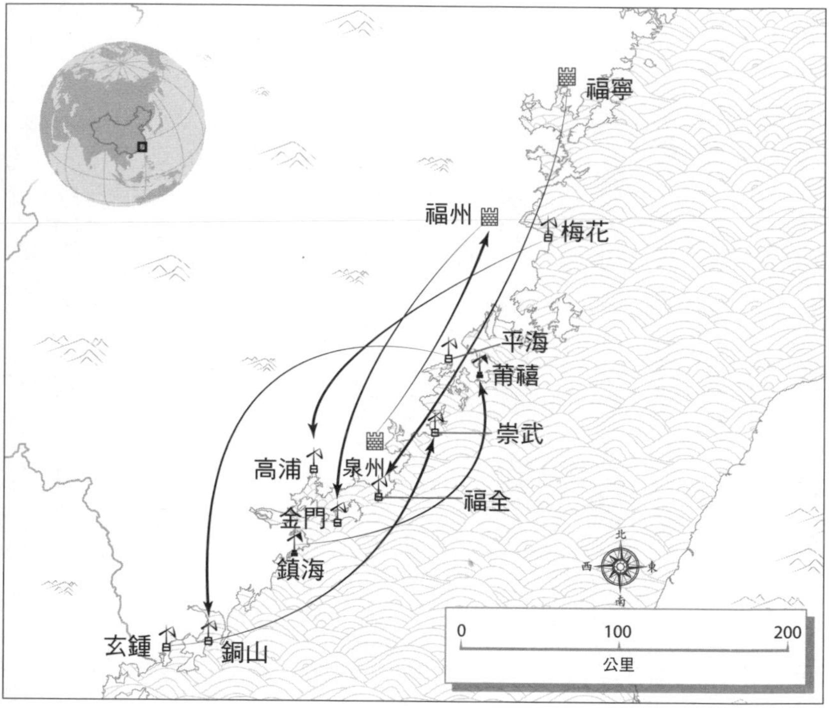

圖9　方志與口述資料中所示十四世紀福建的軍隊調動示意圖

補伍與勾軍

倪五郎被徵入伍後，地方簿冊必然會增添關於他的新條目，而京城的文書也會相應地更新。在簿冊紀錄中，每個條目最頂端的戶名，既可能是在伍服役之人的真實姓名，也可能只是化名或杜撰。倪五郎的文書沒能流傳到今天，所以我們無從得知他屬於哪種情況。如前所述，一家被編為軍戶，不是說所有家人都是士兵或皆須服役，而是說該家族有義務派出一名成年男丁參軍。這名男丁被稱為「正軍」。每個軍戶有責任確保本戶在任何時候都有一名正軍在伍。

派出正軍的任務沒有期限，這是一項永久的、持續的責任。當正軍去世，或因患病、受傷、衰老而喪失行動能力，乃至當了逃兵時，軍戶就必須遣人補伍。在某種意義上，簿冊條目創造出一個個插槽或位子，並規定當它們出現空缺時，軍戶必須負責補缺。我使用「勾軍」一詞，指稱勾取軍戶成員補充軍伍空缺的過程，換句話說，即正軍由另一男丁接替的過程。因此，一個家庭被編為軍戶，即被納入軍事體制；他們為國家提供兵員的實際行動，即一位成員被勾補充軍。我使用「正軍」這個詞，描述實際上正在衛所服役的軍戶士兵，從而將他們與透過其他管道參軍的士兵（如募兵與民兵）區別開來。

那些沒有真正去當兵的軍戶成員，處境又如何呢？根據軍戶的類別，朝廷使用不同名號指稱這些未親身參伍的成員。如果他們屬於世襲軍官家庭，則被稱為「舍人」；如果他們屬於普通士兵家庭，則被稱為「軍餘」。這些名號源於明初制度，當時它們指的是隨同在伍軍官或正軍來到衛所、為他們提供輔助的家庭成員。（事實上，更早的時候就有「舍人」一詞，但其古今含義已非常不同。）我將使用「軍眷」一詞統稱上述兩類群體。

軍戶缺伍時，必須遣人補伍。因此，編為軍戶牽涉的權利和義務，超越正軍本身，同樣適用於他的家庭和親屬，理論上還適用於在簿冊上留名的祖軍的全部後人。在這層意義上，軍戶的身分地位超越家庭成員一己之生命，其中的義務將由祖軍的子子孫孫依次繼承。

倪五郎死後葬於金門城的南門外。倪氏族譜沒有告訴我們他死於何年，但卻寫明他的忌日。這至關重要，因為他的家人需要知道每年何時為他上墳。他留下兩個兒子。次子離開金門，移居到附近的同安縣南門外銅魚館。倪家和他失去了聯繫，族譜也沒記錄他的下落。但對長子的行蹤，我們可以做出有根據的推測。後世稱他為「南所公」，也就是說，他在父親死後補伍參軍。

明帝國的每個臣民都必須入籍。正如一位十七世紀的福建地方志作者所寫：「國初，定閩中，即令民以戶口自實……令其各以本等名色占籍。」職業類別是固定且世襲的，最重要者乃民戶、軍戶、匠戶和灶戶（負責產鹽）。黃冊隔十年大造一次，每逢此時，其他類別戶籍的家庭應將本戶在過去的任何變化上報朝廷，但用於軍戶的條例則有些不同。他們被禁止分家。[21] 這不是說倪五郎的全部後人（到他的曾孫輩時，倪家已有二十多位男性成員）及其妻兒必須永遠生活在同一個屋簷下，共用同一份家產。而是指祖軍的所有子孫後代都必須留在他們所共有的戶籍之內。藏於南京的黃冊中，以倪五郎為名的條目肯定會明文規定，他的每一位後人都將肩負兵役之責，直到永遠。

此處，我們面臨一個術語使用上的挑戰，明代史料中的「戶」，既指承擔特定賦役的戶籍狀態，又指承擔賦役的社會群體。這在有關明初時期的討論中問題不大，因為彼時兩者基本重合。但到了明代中後期，問題便出現了，此時兩者已不盡相合。作為一個家庭單位的「戶」，是生產、消費以及擁有財產的主要組織。而承擔徭役的責任，則是在父系子孫中世襲，涵蓋了首位入籍先祖的所有後人，代代相傳。後一種意義上的一「戶」，可能包含多個前一種意義上的「戶」。為了解決這個問題，我將用「戶」（household）這個詞指稱承稅單位意義上的戶，用「家庭」（family）指稱社會群體意義上的戶。由最初的家庭繁衍而來的親屬群體可能日益壯大，包含幾個乃至幾十個各自生活的家庭。我使用「宗族」（lineage）一詞統稱這類群體。[22]禁止軍戶分家的條例，其真實含義是：一名明初士兵的所有後代，都必須留在同一個軍籍之中。因此，本章開篇提到的鄭家在技術上來說並未違法。他們只是在社會意義上分家了，但是依然同屬於一個戶籍。

禁止軍戶分家的目的在於讓軍隊兵力維持在明初的水準。假設一個軍戶的幾個兒子分家別籍，書吏就要為每戶立籍，並分別徵軍。這樣一來，明軍將會因為人口的自然增長而不斷膨脹，造成冗兵。我們或許以為，保持軍戶紀錄準確無誤本應是國家的目標。但朱元璋認為沒有這個必要。從中央的角度來看，更簡單的方式是禁止最初的軍戶分家，讓這些軍戶的後代共同解決補伍問題。實質上，這項政策把勾補正軍的行政負擔轉嫁給登記在冊的軍戶，從而減少管理成本。正是如此的決策，讓軍戶家庭有機可乘，以最有利於自家的方式應對兵役之責。

和其他士兵因死亡、受傷或逃逸而造成缺伍後的情形沒什麼不同，倪五郎去世後，勾補接替正軍的官僚程序開始運作。官差會翻查相關簿冊。卷首姓名之下是此人的充軍途徑、入籍地點、發派衛所與個人現況。根據現存衛選簿的內容，如前述蒲媽奴的衛選簿，我們可以重建倪五郎的條目。其內容無非如此：「倪五郎，福州鼓山人，某年充某衛所，某年調金門所。」到了十五世紀初，官差會在其條目中增添一「故」字，然後啟動勾軍程序。在明初，勾軍的第一步，往往是通知士兵原籍的衙門有缺待補。當地衙役會找出負責補伍的軍戶，安排補伍人選，將他解送駐地。在族譜中，倪五郎的長子被稱為「南所公」，暗示著倪家此次補伍的過程直截了當。倪家長子到軍隊報到，而官差則在官方簿冊裡將他的姓名加到倪五郎的後面。補伍過程如此順利，原因之一在於衙門無須跑到倪家原籍地進行勾軍。倪五郎的兒子早已隨父生活在衛所之中。此乃十五世紀初制度改革的結果。這項改革將對我們接下來要講的故事產生巨大影響。

定居與在地化

倪五郎的出生地福州距其駐地金門僅三百公里之遙。但在中國大部分地區，新兵的駐所遠離原籍，有時甚至遠隔千山萬水。不僅如此，來自一地軍戶的正軍並不一定會被分派到同一駐地。這可能是朝廷有意為之，旨在避免同鄉士兵一起服役；但也可能只是出於戰略上的考量，為因應眼前的軍事需求而抽調士兵戍守新建衛所。[23]位於華中的河南固始縣，簿冊中共有一千七百三十個軍戶。他們的正軍被分派到三百五十八個不同的衛所，如圖10所示，這些衛所遍布全國各地。因此，至少在明初，整個軍戶制度依照計畫運作時，雲南一名正軍的死亡，會引發勾軍的官僚程序，最終導致兩千公里之外的某個河南軍戶遣人補伍。明史大家黃仁宇將明朝強徵勞力的整個制度比喻為「從深井中汲水，不僅僅是一桶一桶地，也是一滴一滴地」。將該比喻運用到具體的徵兵制度，可謂十分切近。[24]

主張軍政改革的楊士奇（一三六五—一四四四）曾上疏痛陳明軍的制度性問題。對其中的內容，顏觀田肯定不會感到陌生：

> 切見今差監察路御史清軍，有以陝西、山西、山東、河南、北直隸之人起解南方極邊補伍者，有以兩廣、四川、貴州、雲南、江西、福建、湖廣、浙江、南直隸之人起解北方極邊補役者。彼此不服水土，南方之人死於寒凍，北方之人死於瘴癘。且其衛所去本鄉或萬里，或七八千里。路遠艱難，盤纏不得接濟。在途逃死者多，到衛者少。[25]

十五世紀初，永樂帝朱棣遷都北京後，分派政策開始改變。為了發展新的京畿之地，以保障自身安全，永樂帝命令在京郊勾取的新兵不得分派至遠方衛所（即軍戶原本服役之地），而應直接留守北京周邊的衛所。他的繼任者進一步推廣該政策，規定將新兵根據原籍所就近分派，但

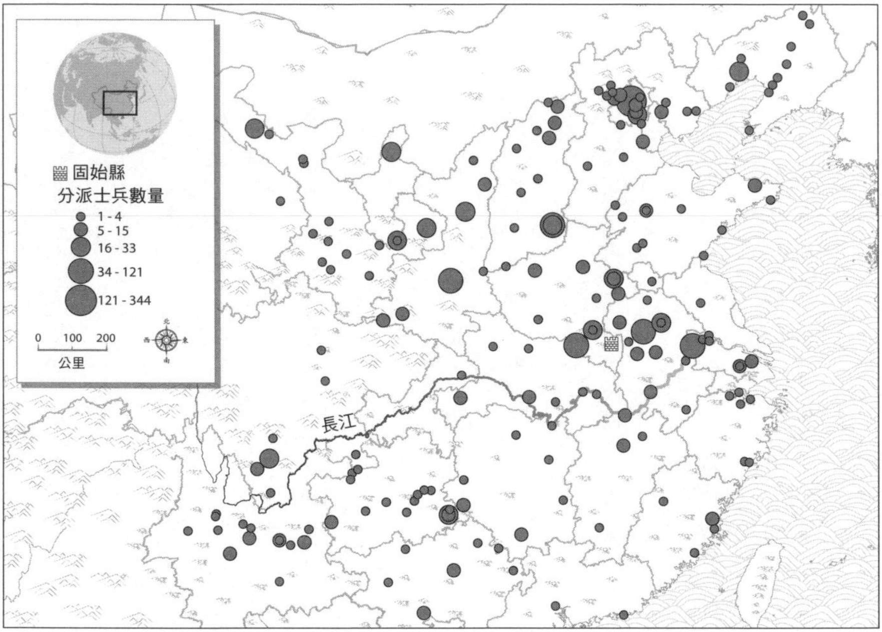

圖10 固始籍衛軍的分派示意圖（本圖資料乃于志嘉根據《固始縣志》整理，參見〈試論明代衛軍原籍與衛所分配的關係〉，60.2（1989）：367-450）頁409及其後）

家有逃兵者例外。楊士奇希望將此政策常規化。他的諫議被採納，新兵就近補伍的原則成為律例。[26]令顏氏族人顏良興避開西南瘴癘之地，得以在家鄉附近的泉州就役的「自首政策」，即濫觴於此。

明朝官員也為如何安置士兵之妻及其他隨行家屬感到煩惱。他們上疏皇帝，論難於朝堂之上。「隨軍眷屬」一直是世界史中軍隊都要面對的棘手問題，明軍概莫能外。簡言之，該問題牽涉到讓軍眷與其他平民住在軍隊附近的利弊。一方面，隨軍平民能夠為軍隊提供一些本來需要由軍方提供的服務，從而降低軍方的成本；另一方面，平民的存在使軍營社群規模膨脹，製造出新的補給負擔，並為從事非法勾當提供新空間。[27]早在洪武七年（一三七四），朱元璋就表明了自己的政策傾向：「凡軍婦夫亡無依者，皆送還鄉。其欲改嫁依親者，聽於是願。」十年後，朱元璋發現軍官的家屬、鄰居和隨從一窩蜂地湧入京師。他命令五軍都督府：「核遣其疏屬還鄉，唯留其父母妻子於京師。」[28]

但是，十五世紀初，軍隊的官員發現，將士兵及軍眷一道安置在衛所是件利大於弊的事。每當軍隊調至新的衛所，都會出現一大波逃兵潮。「因無家屢逃。」[29]鼓勵士兵落地生根，或許有助於減少逃兵的出現。而且，軍眷在衛所安家，當需要勾軍補伍時，事情也會方便得多。如果能在衛所找到正軍的兒子或弟弟，便會免去諸多繁瑣的官僚程序。勾軍官員只需給京師的黃冊庫和軍戶原籍的縣令送去一紙公文，通知他們更新簿冊即可。如此一來，向軍戶原籍發出勾軍命令，在當地尋找補伍之人，再把補伍者送至衛所這一整套煩瑣程序，便可通通免去。

到了宣德年間，地方官員鼓勵要去補伍的新兵娶妻，並攜妻前往衛所。正統元年（一四三六），這成了一項基本政策。先在衛所而非原籍勾取補伍者的做法漸成定例。嘉靖十年（一五三一），朝廷頒布一項新規定：若必須回原籍勾取補伍者，而補伍者又尚未娶妻的話，那麼他的親人應當為他操持娶妻，並為一道奔赴衛所的新兵夫婦準備盤纏。這項規定一直實行到明代滅亡。[30]

上述的一系列改革有助於我們理解倪五郎之妻為何也出現在金門。但是，倪氏族譜沒有透露她的背景資訊：她究竟原籍福州地區、隨夫來到金門，還是原籍金門、嫁給了戍守在此的倪五郎？族譜只提到她姓阮。今天金門姓阮的居民極少，而且都是近來的移民（包括一名來自越南的外籍配偶）。他們都沒有族譜。所以，我們無法利用族譜史料確認倪五郎之妻來自何方。唯一能夠確定的是，倪五郎偕妻子及家人基本上就在金門落地生根。他們開始和周圍百姓建立社會關係，完成了「再域化」的過程。他們的後人最終將會與當地民戶的女子通婚。譬如，據族譜記載，倪五郎的七世孫就迎娶了庵前曾氏家族的一女為妻。

戲劇插曲

晚明傳奇《雙珠記》表達了時人在王朝衰落之際對軍戶制度的看法。作者沈鯨（一五五三—一六一〇）是一位影響力很大卻不算特別成功的劇作家。故事的背景雖然設在唐代，但反映的顯然並非唐代的情況。沈鯨和他的觀眾心知肚明，劇中的世界正是他們身處的明王朝。第四齣、第五齣正是對前文所述過程的戲劇化再現。劇中角色甚至大聲朗讀了黃冊——看來在明傳奇中，為製造戲劇效果而引用官方文書乃無傷大雅之事。第四齣開場時，在戲臺上，一名官差十萬火急地前來拜見刺史。他讀出自己攜帶的文書：

荊湖道節度使司為清查行伍事

照得兵部勘合通查天下軍伍，舊管新收，開除實在……行據郇陽衛中稱，軍人王沂病故，見今缺伍。

查得本軍原籍涿州，合行勾補。

刺史招來里老，命他們取出黃冊，即南京所藏黃冊在當地的備份。他們查閱黃冊，得知王家除王沂外還有兩名成年男丁：其弟王津、其侄王楫。王津已故。「該王楫補伍，拘他夫妻起解便了！」

現在，舞臺轉換成王楫的家宅。年輕英俊的書生王楫正準備去參加科舉考試。觀眾知道，這樣一位飽學之士，必將得到考官的賞識，蟾宮折桂。但是，觀眾也預感到，無妄之災將要降臨到他頭上。官兵闖入王家，抓走王楫和他的妻兒。他們還沒反應過來，就已被押解著奔赴遙遠的邊地衛所。遵循中國戲劇的經典套路，這件事引發了一系列荒唐的悲劇性事件：王楫之妻被長官調戲；王楫前去理論，卻遭誣陷，以謀害長官罪被判死刑；王楫之妻走投無路，欲尋短見，神明突然現身，救了她一命；王家的命運出現轉折，王楫挽救了唐王朝，而他的兒子則狀元及第。[31]

只有在戲劇裡，故事才可能有完美的結局，但並非每部戲劇都會如此，現實情況就更不必說了。明代百姓熟悉勾軍制度，並且很清楚該制度一般不會給他們帶來什麼好事。軍戶家庭明白，官員和衙役會突然闖入家門，抓走一名家人充軍補伍，他們必須應對勾軍造成的實際影響。他們制訂出一套又一套策略，用以減少自家生活受到的傷害。官方史料多從負面角度描述百姓的反應，說他們努力逃避或推卸法定義務。傳統的制度史作品在討論體制弊端和明軍戰鬥力低下的問題時，已充分利用這類史料。但是，它們無助於闡明百姓的動機。幸好族譜的私人記述從百姓的角度講述了他們與國家制度的互動，展現了體制對他們的意義，以及他們如何在體制中見機行事。

家族策略

多數族譜對徵兵和勾軍的描述十分簡略。譬如，我們會讀到某個族人「入伍編入軍籍」，或者「其子從征未歸」。有時，表述甚至更為隱晦，如「遷徙入滇」，族譜的文字平淡無奇，但如果我們對照官方史料，會發現其所講的乃是福建士兵遠調雲南，平定當地的叛亂。這般簡略記述的背後，盡是個人或家庭的創傷與悲劇。

部分族譜提供了更多細節。在某個家庭，兩個兒子中的老大被派出補伍，因為父母「不忍與幼子別離」；但在另一個家庭，去當兵的則是年僅十幾歲的小兒子。然而，即便是這些篇幅較長的記述，也幾乎沒有告訴我們軍戶身分如何影響著百姓的內心世界。軍籍與效忠國家之間的關聯更鮮有提及。通常我們只能根據蛛絲馬跡，如家長在兒子被強徵入伍後感受到的內心煎熬，或老婦人在反對篡改家族習俗時表現出的義憤填膺，發現相關的證據。族譜能夠告訴我們的是百姓在面對問題時實際的解決辦法，以及他們認準時機、把握機會的能力。當然，族譜沒有直接書寫他們的策略，只是平鋪直敘地交代他們做了什麼，或僅僅抄錄一份成文協議或合同。所以，我們必須憑直覺判斷他們所作所為背後的動機與目的。

應對徵兵最簡單的策略是逃逸。但我在導論中已說明，本書不會討論這個主題。許多官方記述會涉及逃兵問題，推測其原因，並提出解決方案。在明代史料中，有一群漂泊不定的亡命之徒，他們或藏身於荒野山林，劫掠平民，或浪蕩於花街柳巷，聚眾鬧事。[32]他們很多就是逃兵。但我們已聽不到逃兵自己的聲音，原因顯而易見，他們沒有留下任何紀錄，他們沒有告訴後人自己為何選擇逃逸，又遭逢怎樣的後果。另一方面，在明代，數以千萬計的軍士並沒有當逃兵。族譜透露出他們如何精心謀劃補伍事宜，如何努力降低不當逃兵的代價，以及希望從中撈取怎樣的好處。因此，族譜能夠告訴我們軍戶制度在明代及其後所造成的更廣泛的影響。

明初福建軍戶有三種應對徵兵的基本策略，可以分別稱之為「集中」（concentration）、「輪替」（rotation）和「補償」（compensation）。它們不是互相排斥，而是互相重疊。許多家族會同時採取兩到三種策略。「集中」策略，即家族的共同義務集中由一人履行。該人或代表自己，或代表自己的子孫，承擔起整個軍戶的服役重任。我們之前已經見過「集中」策略的兩個實例：勇於代兄從軍的鄭家次子，以及精明貪財的朱尚忠（當然，兩人之所以形象迥異，是因為我們對前者的認識來自鄭家的內部史料，而對後者的認識則來自談及朱家的外部史料）。

「集中」策略的邏輯延伸是「代役」。軍戶很快發現，集中承擔本戶義務的人不一定非得是本戶成員。他們通常以支付酬勞的方式，說服外人代本戶服役。

第二種基本策略是「輪替」，即家庭和宗族（由最初的祖軍家庭開枝散葉而成）內部的不同群體輪流服役。「代役」策略幾乎毫無例外地涉及金錢上的報酬或「補償」，而「輪替」策略則並不一定要付出金錢上的代價。回過頭來看，我們會發現漳浦鄭氏同時採取了「集中」和「補償」策略，而顏家則同時採取了「集中」、「輪替」和「補償」策略。明代家族靠兩種基本途徑籌集資金，用作實行「集中」或「輪替」策略的報酬。其一，按人頭向家族成員收錢；其二，建立一份固定家產，用其收益支付補償金。

澤朗郭氏因罪沒入軍籍。洪武二十八年（一三九五），當地縣令被害，郭元顯的兒子郭建郎受到牽連，被判有罪，充入軍伍（郭氏族譜竭力辯解，此乃奸人陷害，令郭建郎含冤負屈）。在京師的黃冊中，郭家條目開頭的姓名是郭建，很可能就是郭建郎之名的縮寫。之後發生的事情清楚地表明，郭元顯的全部子嗣均被納入同一軍籍。郭建郎被遠調西北邊地，戍守在陝西的衛所（圖11）。他隻身前往，與子孫永別，於永樂三年（一四〇五）在衛所孤獨地死去。郭氏族譜與前述的《雙珠記》一樣，關注官僚體制細節。「營無次丁，發冊行勾。」勾軍官文隨即送發澤朗。

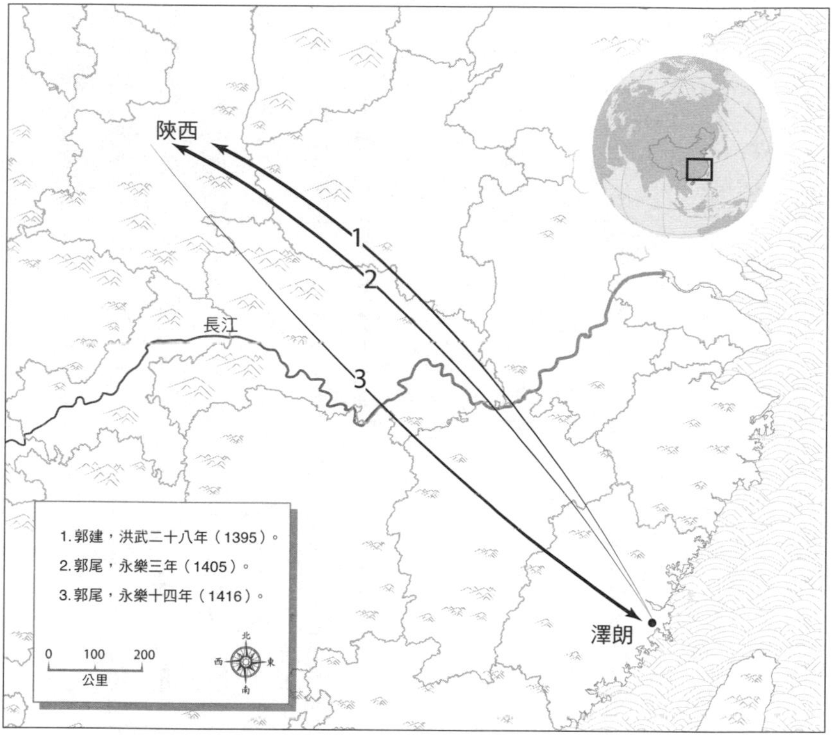

圖 11　郭家的故事示意圖

> 吾宗之軍始於人房祖建公代役澤朗寨弓兵。洪武二十八年，從本官楊巡檢毆康知縣，解部，以越遞公文，問發陝西甘州右衛軍。無何，張國公以南人不服甘州水土，奏調西安後衛右所百戶景琳名下，後又派輪守榆林邊衛，屯種武功縣馬午里青口村。
>
> 永樂三年，建公病故，營無次丁，發冊行勾。唯時熒公孱弱，地房尾公拈鬮赴補，合族嘉其義舉，津貼以壯行色。
>
> 尾公入伍後，擅改軍名郭建為貴輕。至永樂十四年，尾公回籍置辦軍裝，公議鳩銀五十兩，令尾公寫立收約，再不復來祖家取討盤纏。尾公遂攜胞弟貞公入陝，貞公之孫彪公、玉公、英公入籍西鄉，枝條蕃衍。[33]

勾軍制度的基本原則是父死子繼。但這在郭家是行不通的。郭建郎之子已故，他唯一在世的孫子尚幼。可是，郭家負有繼役之責。現今缺伍，他們必須遣人補伍。為解決這個問題，郭建郎的弟弟和侄子們一致決定，透過拈鬮的方式決定參軍人選。成年的侄輩皆參加抽籤。郭尾不幸中籤。郭家將他的姓名上報官府。官府立即將郭尾錄入黃冊，並知會南京的黃冊庫，使其同時更新郭建下的條目。郭尾之所以接受命運前去補伍，並非僅僅由於他遵循公平的精神，「合族嘉其義舉，津貼以壯行色」，也就是說，他因服役獲得了報酬。

被勾補軍伍、遠赴西北後，郭尾做出一個奇怪的舉動。「尾公入伍後，擅改軍名郭建為貴輕。」我們無法盡知他目的何在。一個可能的解釋是，此乃結合「集中」和「補償」策略的又一範例。他收到「津貼」，其作用類似於鄭家不平均分配家產。大家都心知肚明，此項「津貼」將世代相承，補償的不只是郭尾一人，還有自此承擔起本戶服役之責的一房子孫。郭尾所在支派將會依次補伍，而家族其他支派的後人則得到豁免。因此，郭尾更改黃冊上的軍名，是為了確保除本房外的郭家其他兒孫不再被勾軍騷擾。

十年後發生的事情，使這個解讀更具說服力。永樂十四年（一四一六），郭尾返鄉。「公議鳩銀五十兩，令尾公寫立收約，再不復來祖家取討盤纏。」郭尾帶著弟弟回到陝西的衛所，準備讓他在自己退役或去世後補伍。族譜中以「明志科公歷敘軍由」為題的一段文字講述了這個故事，但它不只是一則解釋事情來龍去脈的平淡無奇的故事，同時也是一份合同協議。[34]我們將在下文中看到，在之後幾百年裡，它正是作為合同而發揮效用。

和本章開篇登場的鄭家一樣，郭家有效地計算出一段無限期的、很可能是永久性的兵役的貨幣價值。家族指定一名族人承擔補伍之責，並支付等價的金錢作為交換。這將使祖軍的其他後人免於服役。責任「集中」在一人及其子孫身上，他們因自己的付出而獲得相應的「補償」。

郭家採取的策略，並非僅見於軍戶之中，更可被視為常見的家庭多元發展模式之一種。在明代的精英家庭中，可能一子讀書應舉，一子管理家產，一子下海從商。在貧寒之家，可能一子成為租地耕種的佃農，一子成為按日計酬的散工。對軍戶而言，則是一子肩負補伍之責，其他人因此得以另謀高就，經營家計。軍戶與眾不同之處在於，其多元化會透過家庭內部訂立的合同正式確定下來，並牽涉一筆錢財上的補償。

兵役之責並非一定要集中在正軍（正在服役的族人）一家身上。運用「集中」策略的家庭，還可以雇傭與自己毫無血緣關係的外人「代役」。實際上，這相當於找一個替身後裔。這正是溫州英橋王氏的所作所為。根據王氏族譜記載，王家在十四世紀末大規模徵兵行動中被編入軍戶：

洪武二十年，沿海築城，凡家有四人者，率出一人，附近從軍。樵雲翁鮮兄弟，乃以義男胡謙益及傭人吳轉僧，籍充寧村所軍，再調蒲岐所，三調寧波龍山所。胡謙益後裔永襲王姓，承繼軍役。翁置田三十畝，備軍裝云。[35]

王家以「義男」與「傭人」，「籍充寧村所軍」。他們個人無須再為洪武二十一年（一三八八）的垛集徵兵製造出的軍伍名額負責。雖然軍籍黃冊中仍有王家的名字，但軍戶之責已透過「代役」轉移到他人身上。[36]

「代役」策略太過普遍，以至於被有些人家費盡心機地濫用，而官員則採取措施，應對「代役」的氾濫。宣德四年（一四二九），一封事關「過房子女」頂補軍伍的奏疏上呈皇帝裁奪。該疏提議，若義子或女婿願意承擔其義父或岳父的世襲兵役，不妨「聽補親父之家軍役」；但是，義子或女婿去世後，補伍者必須來自原先的軍戶。[37]經皇帝批准，奏疏成為「條例」，具有法律效力成文先例與次級法規，並被收入法律彙編類書籍，留存到今。[38]官員就地方特殊情況提出一些看法並最終得到朝廷的認可，便形成諸如此類的條例。明代至少有兩部軍政條例彙編，分別頒布於嘉靖三十一年（一五五二）和萬曆二年（一五七四）。這些條例彙編告訴我們，明代法律如何應對百姓的策略。朝廷的條例，正是因應軍戶策略而生的對策。雖然我關注的是「家」而非「國」的策略，但在現實中，家庭和官僚的互動意味著制度總處於變動不居的狀態。問題的起因顯而易見：百姓竭力規避兵役，於是辯稱，既然祖軍留下的名額已由替身如義子或女婿填補，那麼世襲義務便已隨之轉移到替身的後人身上。

王謙益決定服役，使王家擺脫了作為軍戶的沉重負擔。但是，他們必須確保王謙益的子孫繼續承役。如果不這樣，王家將重拾補伍的責任。為了打消這方面的顧慮，王樵雲將一部分家產劃撥為固定資產，並承諾其租金收入永久性地用來資助王謙益及其子孫。[39]換句話說，不同於鄭家或郭家的一次性補償，王樵雲置辦了一份能夠持續提供收入的產業，用以為正軍提供津貼。如此一來，王家將「集中」和「補償」兩種策略合而為一。安溪縣湖頭鎮的清溪李氏也採取同樣的做法。李家在明初頗有權勢，家道殷實。第四代後人李則成科舉及第，做了一任小官。

> 四世祖固齋公〔李則成〕，主內黃簿，坐長官墨累不首，發謫戍湖廣五開衛。當日建國，法紀嚴密如此。
>
> 固齋公卒於戍所，其後頂當，則孫曹推一人焉承之。道之云遠，行役維艱。一卒本衛，一沒鄱湖，間關跋涉，不無人逸我勞之憚。六世祖樸菴公與道齋祖伯計久長，僉撥田租五十

> 籠，歲收八百栳，用為軍裝，俾頂當者羨衣食，無內外顧憂，往者安焉。其事在景泰六年。當日東派媽生，實膺此役，食此畝也。產分東西二房貽納，推公正一人掌出入，其贏餘以潤夫宗之士而貧者。田區悉隸在蘇化、跬步之間，徵收畢足，斯亦謂謀周而意盛矣。[40]

時乖運蹇，因上級被控瀆職，李則成受到株連，被發配充軍，一家沒入軍籍。「當日建國，法紀嚴密如此。」（與其說這是底層人民對制度敗壞自下而上的觀察，毋寧說是為李則成當時為何沒有納金收贖在事後找的理由。）他遠赴西南地區的衛所，駐守在桂黔湘交界處的偏遠山區，最終命喪於此。接替者之命運同樣悲慘，「一卒本衛，一沒鄱湖」。最後，六世祖樸庵公與道齋祖伯想出了解決之法。景泰六年（一四五五），他們捐贈了一份地產，用以滿足正軍日後的需要。

許多明代福建軍戶族譜都提到用以提供正軍報酬的產業。這類產業應是脫胎於過往的一些制度。啟發可能來自理學家提倡的旨在維護父系宗族凝聚力的族產，可能來自宋代百姓農村為繳納賦稅而設立的「義莊」，也可能來自捐贈產業用以支持佛寺、書院與村塾的傳統。[41]這些前代的組織性手段，都是明代軍戶在應對被國家統治的挑戰時可以參考的前鑒。

在前面的例子中，軍戶後人都力圖清楚明白地指定補伍之人，並為之提供充足的報償。他們的策略利用了簡單的體制邏輯與複雜的家族現實之間的出入。他們還利用了純粹基於親屬關係的徵兵制度與勞動市場的現實狀況之間的差距。

軍戶應對兵役的另一個基本策略是「輪替」。「輪替」之所以可行，是因為勾軍制度預期父死子承，而在現實中，至少在部分家庭裡，能夠補伍的子孫數量一代多過一代。「集中」策略承認市場原則——只要提供合適的報酬，就能雇到勞動力。「輪替」系統依據的原則是：繼承自祖軍的義務應由其全部後人共同承擔。和捐建產業一樣，輪替策略也可能脫胎於多個前代制度。它可能源自早期百姓管理公產的實踐，也可能是從明代平民輪役制度（我們將在第六章討論）演變而來。

居住在泉州附近的大侖蔡氏以「輪替」策略應對兵役。

> 其軍戶祖名蔡景鳳，洪武九年，戶抽充南京留守中衛。洪武十九年，調鳳陽衛。宣德三年，軍名蔡習，照奉勘合，將蔡習發泉州衛寄操，係中所第八百戶李某下。
>
> 此後繼當事例祖議。特優宗孫一人免與。支派衰微、三丁以下者特矜免。二十歲以下、五十歲以上者，念其老弱，亦免。子生員者，時獎併免。其父如應役，方入學者，即追役父子併免。餘依房分，長次輪當，率以十年一更。其該當房分以鬮為定。退役者，本房再拈鬮承當，期滿方過別房。其軍裝每年眾科貼銀若干，隨丁科派，亦責在戶長。二十歲以下、六十歲以上與痼疾者免出，生員特免其身出。餘通族不問雜職役及已仕者俱出。
>
> 成化二十年，勾丁，族仍會議，以十年交代為太聚者，於是易以一世三十年之說，特推長房丁蔡進應役，進即愈傑。嘉靖九年，將營丁蔡椿補役，裝貼依舊，後併其貼而亡之，抵今

> 役尚未有代也。此則祖法之變甚矣。蓋自愈傑出徙應役後，彼此久不相聞，八十年間，祭掃吊賀之禮廢，而相資助、相糾正之義亦固以不舉。[42]

蔡家於洪武九年（一三七六）被編為軍戶。祖軍抽充南京留守中衛。宣德三年（一四二八），正軍須要頂補。彼時在世的蔡氏族人商定，應根據「事例祖議」決定何人補伍。這些「事例」即白紙黑字寫下來的策略，允許部分人豁免兵役，包括：家族的宗孫、男丁稀少的支派、老人與幼童、生員及其父親。無論在什麼情況下，都不得強迫他們服役。其他人，則實行輪替式的補伍安排。此時，蔡家共分為六個支派。每支派均有責任推出一人，服固定時間的役。當輪到某支派時，能補伍的男丁則由拈鬮決定人選。若正軍在其所屬支派的服役期內喪失服役能力，該支派會再次透過拈鬮找出補伍者，以完成本支的役期。長房率先服役，然後根據房分先後依次輪流參軍。當六個支派均完成定期服役後，便開啟下一輪迴。因此，這個安排結合了輪替承責（在祖軍的後代支派中進行）和拈鬮定人（如澤朗郭氏的做法）。為了安撫正軍，蔡家約定每年給他一筆報酬，「每年眾科貼銀若干」。這筆錢由正軍所屬支派（也可能是整個家族，此處文本並未交代清楚）的所有男丁分攤籌集。

蔡家的這套系統順利運行了幾十年。成化二十年（一四八四），補伍之責再次輪到長房頭上。家族成員共聚一堂，商討修改規則。大家一致同意將服役期限延長為三十年。這對之後正軍的影響不言而喻。如今，拈鬮中簽即意味著要當一輩子的兵。後來補伍的蔡愈傑便真的服役近五十年。當他退役（或去世）之時，蔡家的系統又發生了變化，接替他的人不是來自另一支派的遠親，而是他自己的兒孫。鼓勵正軍攜眷入伍、安家衛所的在地化政策開始奏效。顯然，蔡愈傑已娶妻生子，且至少有一個兒子在衛所伴隨著他。

有時，即使族譜並未明確提及輪替策略，我們依然可以從族譜結構中的服役模式推斷出軍戶確曾用此策略。舉例來說，於宣德元年（一四二六）被編為軍戶的金門黃氏，其族譜的譜序指明本家入籍的管道「為抽軍事」，但這似乎不太可靠。如果年代無誤，他們更可能是因犯法而沒入軍籍（這可以解釋為何他們非要說清楚自己是如何成為軍戶——為了掩人耳目罷了）。最終，黃家被分派到金門千戶所。在那裡，他們肯定曾與倪五郎的後人同袍共事。

> 惟吾祖佛宗公，字廷誼，娶蔡氏，生六子。……為抽軍事，本戶六丁與本里十八都五圖謝來子孫共湊九丁，垛南京留守左衛軍。拈鬮係三房黃與解。當至元二十年，為監囚不嚴事，調山西大同左衛軍，故。解叔祖黃發補，故。復解叔祖黃臚補，故，繼歿。蒙冊清勾，將四房黃苗補伍。正統四年，調發廣東惠州龍州守禦千戶所，苗功侄黃灝在伍，後故。長房曾孫順英字懷武第五男黃澤補伍。[43]

黃家的第一個正軍是透過拈鬮產生的。他叫黃與，被分派到南京。後來，他因看守囚犯時怠忽職守，被調往山西大同，[44]並死於當地。黃與的一個叔叔頂補，也死在那裡。接著是另一個叔叔，死時沒留下任何子嗣。一道勾軍批文發來，這次被解送著伍的是黃與的堂弟。族譜沒有指明黃家選派這幾人當兵的緣由，但是我們可以清楚地從他們在家族中的房分發現，黃家實際上採取了「輪替」策略，由屬於三個支派的子孫依次服役。由此不難理解為何接替黃與當兵的是他的兩個叔叔，而非他的弟弟或兒子。當第二個叔叔在伍去世後，又輪到黃與所屬支派補伍。而在支派內部，很可能仍是透過拈鬮決定人選。

靖海戎氏肯定也採取了「輪替」策略。

> 萬曆七年，戎文權繼役……役滿，戎繼繼役，上梧州身故。萬曆十七年，戎端繼役。
> 萬曆二十七年正月初一日起，戎文植繼役。
> 萬曆三十七年，戎啟敬繼役。
> 萬曆四十七年，戎鳳繼役。崇禎二年，戎正繼役。
> 崇禎五年，戎衛宸繼役。
> 崇禎十二年，長房繼葉承伍……[45]

梳理戎家的服役紀錄就會發現，正軍退役與補伍的時間依次是萬曆七年（一五七九）、十七年（一五八九）、二十七年（一五九九）、三十七年（一六〇九）、四十七年（一六一九），及崇禎二年（一六二九）、五年（一六三二）、十二年（一六三九）。這只有一種可能，即戎家運行著輪替系統，直到明朝覆滅前夕（崇禎五年發生的不規則輪替，很可能是因為正軍提前身亡）。

軍政官員必然樂見軍隊沒有缺員，但輪替的方式易於被濫用。隨著日常政治的長時段影響日漸顯著，十五世紀早期，輪替連同勾軍其他方面的問題開始浮出水面。正統元年（一四三六），華北地區的一名官員發現，軍戶在用輪替系統規避兵役之責。「因私家父子弟兄不和，相互推調。其衛所受其買囑，容其替換。每人一年，往來輪流。在役者不過消遣月日，未滿即逃。連年勾擾，軍伍久空。」[46]

大侖蔡氏或靖海戎氏的安排，與其說是嘗試鑽軍戶制度的空子，不如說是努力以族人更易接受的方式服從制度。他們的策略，減少了兵役的不確定性，增加了其可預測性。當「輪替」策略按計劃實行時，無論是軍隊失額被填補的機率，還是正軍堅守崗位的紀錄，均能得到提升。同時，它減輕了國家代理人的負擔，降低了他們在監督和確保軍戶遵守制度中所付出的成本。部分官員之所以對該策略青眼相加，也許是因其與明朝「祖宗之法」的基本取向不謀而合：將維持國家運作的成本轉嫁到屬於社會最低階層的百姓身上，依靠地方的自發性搞定一切事務。但是，隨著策略濫用的變本加厲，嘉靖三十二年（一五五三），朝廷最終頒布「軍丁不得更番私替」的條例。該條例宣示：「直待其人老疾，方許告替更代。不許執信私約十年五年輪房，私自更替。」[47]

無論是「輪替」還是「集中」，都無法完全消除不確定性。因為總是存在這樣的可能：應當補伍的男丁拒絕參軍或半路逃逸。這也是為何「輪替」策略要靠「報酬」撐腰。在實踐中，軍戶給正軍提供報酬的方式多種多樣。（對我們來說，這些方式或策略看起來就像是處理同一問題的不同解決方案，但當時的軍戶家庭未必如此認為。）有的軍戶，如漳浦鄭氏，給的是一次性報酬，或補償一位正軍的終身服役，或酬謝家族一支的世代補伍。有的軍戶，如顏魁槐家，則承諾透過向在世親族籌錢，為正軍提供固定收入。還有些軍戶，會建立起公產。最後一種方式，則形同給正軍發年金。那些沒有公產的軍戶，如鄭家和王家，不得不逐年估算兵役價值幾何。套用一個現代的比喻，他們乃是選擇以浮動利率抵押貸款。建立公產的軍戶，如蔡家，便可避免鄭、王兩家面對的挑戰，無須一直估算補伍的實際現值。

實施策略時，報酬的多寡可能千差萬別。沒有證據顯示存在固定或標準的數額。[48] 如何比較李家公產帶來的收入和鄭家幼子繼承的遺產孰多孰少？給郭尾的五十兩津貼與義男胡謙益從王家公產獲得的報酬是否相若？中華帝國晚期的農業產量和生產力是中國經濟史研究中一個爭論不休的領域，但一些粗略的估算可以幫助我們理解上面許多例子。我們可以估計福建農業的平均產量為每畝二石，這大概是明代農業畝產量的眾多估算的中間值（儘管這些估算通常是基於江南地區附近的情況），平均耕地面積為二十畝。[49] 這樣一來，每塊耕地的收成在四十石左右。明代成年人一年吃掉約三石大米（朝廷認為一石大米足夠一個人吃一百天）。回想一下，給胡謙益提供酬勞的公產面積為三十畝，比平均耕地面積稍大，產量約六十石。如果我們假定佃租為收成的百分之四十，那麼這些公產就能帶來二十四石左右的租金收入，足夠一個八口之家的基本生活需求。湖頭李氏的公產收入為六百或八百「秚」（兩個資料都出現在族譜中）。「秚」為當地的計量單位，約等於半石。由此可見，這筆家產相當可觀，足夠養活幾十人。在軍戶家族中，富裕的成員顯然樂意用一大筆錢換取子孫免於服役；恰好，貧寒的成員也樂意為這筆收入承擔起當兵的義務。

明初軍戶家庭似乎明白永久性兵役的實際價值，而且有能力計算出一筆收入的淨現值。（當然，他們不會使用這樣的語彙。）其實，他們的計算比這還要複雜得多，因為總是存在下面兩種風險：首先，有對方不履行約定的風險。即使付錢讓人代役，家族的其他成員很難確保自己有朝一日不會被徵入伍。如果正軍當了逃兵，不見蹤影，衙門派來的勾軍官差便會上門，那麼付出的報酬就打了水漂。其次，軍隊如果急需兵員，可能會向軍戶勾取第二名正軍。我們將在下文看到，確實偶爾發生這類事件。因此，軍戶的實際計算，乃是將補伍之責集中在一人身上的價值，再減去某些風險因素。

服役之責和付酬之責不必同屬單一策略，百姓可以將兩者區分開來。這正是長樂林氏家族的選擇。

築堤家長林士恩等有祖樊諸郎，於洪武二十年，為防倭事，抽充鎮東衛梅花千戶所軍。二十七年，改調永寧衛高浦千戶所百戶王安下軍，一向出海。原籍分作八房，遞年共貼銀二兩四錢。至弘治十四年軍弟樊仲繼役，有叔廷選代赴丁海道告免出海，蒙准。在營充為旗甲。於正德元年，叔廷選思見原籍弟侄貧難，自將俸餘銀買得軍田一十四畝，坐產五都西亭洋，其田內子粒，遞年扣除納糧外，更有租銀四兩一錢，准為通家津貼軍裝盤纏。正德十一年，樊仲病故，樊統替役，掌管收租。[50]

林家的先祖樊諸郎於洪武二十年（一三八七）入伍。他起初在離家不遠的梅花千戶所服役，後來調入永寧衛的高浦千戶所。至少在正德十一年（一五一六）之前，林家一直在出丁補伍。據林氏族譜記載，八房宗親共同建立起一項制度，規定每年給正軍二兩四錢銀子的報酬，由各房共同支付。將服役和付酬分開存在弊端，因為這帶來新的不確定性：不僅正軍有可能不履行約定，而且應該付錢的支派也有可能沒有履責。問題的解決辦法是捐贈一筆永久性公產。家族中的一支家道殷實，還出了一位進士樊廷選。正德元年（一五〇六），樊廷選「思見原籍弟侄貧難，自將俸餘銀買得軍田一十四畝」。在繳納賦稅後，公產帶來了四兩一錢租銀的淨收入，數目可比一般的報酬高出不少。在林家，公產由正軍自己直接管理，這可能是為了減少他當逃兵的風險，從而確保家族其他成員免役。當正軍於正德十一年（一五一六）去世時，補伍者繼續管理著公產及其稅糧。

地方不測之事，使本就複雜的制度蘊含更多變數。在一些地方，正軍攜帶另一名族人前往駐地，這名族人被稱為「軍餘」，必要時將接替正軍之位。在一些其他地方，兩個或更多家族共同承擔出丁參伍之責，組成所謂的「正貼軍戶」。我們已經在顏魁槐的故事中見過這項制度。「正貼軍戶」是另一項元代的遺產。在元朝統治下，許多軍戶實際上是由兩個或更多家庭組成的複合軍戶，其中一戶被稱為「正」，其他戶被稱為「貼」。「正」戶在替補軍役中負主要責任。若「正」戶缺少役齡男丁，則出丁任務將臨時性地由「貼」戶承擔。另一個地域性差異體現在同時被編為軍戶和灶戶（負責為國家供應食鹽）的家族身上。溫州王氏即屬此類，受此編戶，可能是該家族有意採取的一種策略，旨在降低自家的稅務負擔。其他意圖擁有多重戶籍的家族，同樣希望借此鑽體制的漏洞。[51]

結語

在人類歷史上，不計其數的國家會要求部分國民服兵役。無論在什麼地方，士兵及其家庭都努力將服兵役的代價和不確定性降至最低，同時最大化所能享受到的種種特權。本章是對此一般性主題的具體描繪。

一個家族，無論是獨立軍戶，還是和其他家族組成正貼軍戶，抑或擁有著多重戶籍，其策略都有一個共同的目標，即將下述情況發生的可能性降至最低：正軍因死亡、負傷、衰老或逃逸造成缺伍，而軍戶卻無法以最小的代價立即自動遣員頂補。利用體制規則與現實處境之間的差距，及某一體制的規則與其他體制的邏輯之間的出入，明代家族得以讓替補軍役之事盡可能地符合自身利益。

碰巧，有一個經濟學術語與這類行為很接近：制度套利（regulatory arbitrage）。它自二〇〇八年金融危機以來被頻繁使用。有學者提出，正是金融部門的制度套利行為，導致房貸市場的崩潰。[52]然而，制度套利的理念由來已久，而且不難理解。從事套利行為，就是利用兩個市場之間的差異牟利。同一份資產、同一件東西可能在不同的市場裡擁有不同的價值。從一個市場低價買入，再到另一個市場高價賣出，就是最簡單形式的套利行為。「制度套利」指利用不同監管制度之間的差異，或者某人的真實處境與他在規制中的身分、與監管制度對他的定位之間的差異謀利的努力。在此不妨舉一個非常簡單的現代制度套利的例子：假設某人發明了一種新的草藥配方，如果以之作為藥物售賣，則會受到相應監管制度的嚴格約束；如果以之作為食品售賣，相應監管制度則寬鬆一些。因此，該人選擇了後者，儘管他明知大家是以藥用為目的購買配方。此時，他的所作所為就是制度套利（當然，導致房貸危機的行為比這個例子要複雜得多）。在本章中，我們一次又一次地看到軍戶竭力利用制度規則與現實情況之間的出入，優化自身的處境。這些策略性行為都是明代「制度套利」的表現。

明代國家從未徹底解決逃兵問題。大量士兵逃亡，且無人頂補。到了明代中後期，特別是在作為戰略要地的北部邊疆，衛所常年駐兵不足。久而久之，以重金招募的募兵成了常備軍的主力。正因如此，學者大多認為明代兵役制度十分失敗。但本書無意於解析體制的問題，而是將關注焦點集中在體制內的百姓：隨著制度的演變，在制度中的他們如何圍繞著制度生活？他們如何將制度的特點轉化為自身的優勢？

明代兵役制度開始時是以先朝的模式為基礎，設計為滿足定鼎之初的迫切需要，而後又因應世事變化進行改革，有其自身的運作邏輯。該制度依照律例是以譜系相承，且以一定的公式運作。律例明文規定兵役世襲，並概述應如何世襲。理論上，正軍退役或身故後，補伍者是誰將透過固定的公式決定。此公式最簡單的形式即父死子承。若開國之初的正軍都有且僅有一個兒子，這樣的公式就會以此極簡形式運作下去。但是，社會要比固定公式複雜得多。

軍戶的運作邏輯，則在公式的範圍之外。家庭內部關於誰該參軍的爭論數不勝數，每個都說出一套不同的邏輯。從軍戶的角度來看，選擇的機制正是謀劃與決策的目標。在一大群符合條件的族人中選出服役之人，被認為是宗族的內部事務。很清楚地，一旦宗族內部做出決定，國家代理人將會採納該決定，而如同許多爭論中顯現出來的，國家代理人甚至會予以執行。明代法律文本中與兵役相關的各種章程、條律和案例，基本上就是為了修正固定公式，以應對日趨複雜的社會。

在處理和國家代理人之間的關係時，軍戶也會運用策略，一方面，盡可能與他們保持距離，並設法以最低的代價服從他們的命令；另一方面，如隨後幾章所示，軍戶會操弄由循規蹈矩而獲得的資源，從而在其他方面獲得好處。這些策略有哪些共同原則呢？策略制訂的第一個核心原則是：將國家的要求具體化、集中化，將其盡可能地限制在一個愈小愈好的範圍內，從而使家族成員遠離國家的干涉。（我們將於第二章發現，與此原則相伴的是努力在愈大愈好的範圍內撈取並分配循規蹈矩帶來的甜頭。）我們看到的每個案例背後，都存在著多層面的利弊權衡和博弈協商。最終成為正軍的族人會斟酌服役的得失，盤算自身利益與家族利益。其他族人則衡量自己以其他各式各樣的可能方式與軍事制度打交道的代價與收益。

策略制訂的第二個核心原則是：提升可預測性，避免《雙珠記》男主角那噩夢般的遭遇。無論是雇傭宗族以外的人代役，還是爭取讓某位族人同意補伍，抑或是安排特定群體輪流定期服役，以上種種策略都是為了讓人更容易地提前知悉：誰將會去補伍，以及他將何時被解送參軍。

策略制訂的第三個核心原則是：始祖的全部後人應當共同承擔軍戶的世襲責任。我們可以稱之為「替補軍役的公平倫理」（儘管史料並未出現類似表述）。「輪替」策略即暗示出這種公平倫理。當一名族人承擔起兵役之責，令其他族人免於服役時，他應當得到補償。補償的形式多種多樣，或是一份財產，或是得到收入的權利等等。獲得補償後，他和他的子孫應一直承役。這一公平倫理並非絕對，而是受文化的形塑，如宗族會明確規定幾類人可以豁免兵役。它似乎也因家族而異。文書中隻字不提為國效勞或盡忠的倫理觀，這壓根就不是家庭內部關心的東西。

當然，策略不可能完美無缺，因為補伍之人可能逃逸，或無法勝任職責。有時，儘管本戶已遣派一名正軍，國家依然會強徵額外人員參伍。但是，這些旨在減少不確定性的策略整體而言肯定是成功的。不足為奇的是，它們和用來削減風險、降低意外的市場策略十分類似。選擇一名宗親或一個外人當兵，並給予報酬，是在將當兵的全部風險集中到該人身上，從而使宗族其他成員規避風險。輪替系統則降低時間安排上的不確定性，讓大家提前知道自己或自己所屬的支派何時承役。專項公產的建立創造出可靠的收入來源，讓大家提前估算自己對軍籍相關費用（包括給正軍的報酬及軍裝）的承擔能力。

訂立合同對控制風險十分重要。許多家庭策略的完成都要借助合同性質的文書。它們是有約束力的協議，其中一方同意透過做某件事以換取另一方的報償。本書登場的軍戶，他們的族譜大都清楚明白地寫出正軍的報償。但是，族譜中更常見的記述，卻是僅有「某某補伍」這寥寥幾字罷了。我們無從得知正軍獲取酬勞的頻率。史料經常提到，闔族上下都對正軍的貢獻心存感激。易言之，承擔家庭負擔有著道德上的價值。而對許多家庭而言，大家還承認服役也有著金錢上的價值，從軍獲酬，天經地義。它們共同指示出明代中國的道德經濟和市場經濟之間的關係。

在當今明史的標準敘事中，市場扮演著舉足輕重的角色。根據這種敘事，在十五世紀的中國，社會廣泛商業化，百姓習慣於市場活動，這帶來多方面的影響，包括大眾文化的改變，以及推動經濟發展的新技能的散布。從商品交易的角度處理世事的文化模式，早已成為福建人日常生活的一部分。當地百姓在制訂策略及以契約解決問題時，是否在將他們的商業經驗應用於處理政治關係？還是說，恰恰相反，他們為了處理政治關係的挑戰，基於實踐與論述上的努力設計出創新的解決方案，然後再將之應用於應對商業方面的挑戰？換句話說，是否是國家的賦役讓家庭尋找這些解決方案，而這些解決方案又可以很好地運用在市場經濟上？這當然是個「先有雞還是先有蛋」的問題，雖然沒有確定的答案，但卻有重要的意義。它使得早於市場存在、最終為市場滲透所破壞的自然道德經濟（natural moral economy）的概念複雜化。它表明，遠在現代國家政權系統性地滲透中國社會之前，普通百姓就已經發展出一套與國家互動的成熟的經濟模式、一套處理國家的索求和期望的應對系統。從族譜的字裡行間，我們可以看到他們如何努力尋找與制度共存的最佳方式，如何一邊遵從紙面上的規定，一邊最大化自身利益，以及如何利用順從制度的表象在其他協商中贏得優勢。

當士兵被鼓勵於衛所定居時，各方的利弊權衡出現了變化。定居政策的目標旨在將衛所士兵更徹底地納入國家結構之中，去除他們與原籍之間的關係（即「解域化」），從而方便朝廷的調度部署，滿足迫切的軍事需求。但是，隨著衛所士兵落地生根，建起新的社群，定居政策又反過來開啟新的「再域化」歷程。對原籍軍戶而言，關切的重點不再是出丁補伍，而是搜集證據，證明本戶並未缺伍。如第二章所示，相關證據在地方政治糾紛中派上了用場。策略制訂的第一個時代業已告終，接下來的焦點從原籍軍戶轉向衛所軍戶，而我們將在第三與第四章中看到這個時代策略制訂的模式。

第二章　士兵與親屬的新社會關係

藏禍心惡少誣富族　噤蜚語軍叔訪故親

葉向高（一五五九—一六二七）出生於福清的一個軍戶家庭。福清位於泉州和福州之間。葉氏先祖於明初被強徵入伍，派駐南直隸鎮江衛。後來，他的兒孫補伍，其孫卻被調到遙遠的北方衛所，很可能要麼是因應軍事需要的正常調動，要麼是針對作奸犯科的充軍發配。但在葉家的集體記憶中，原因卻與上述兩個猜想大相逕庭。根據葉家口耳相傳的家族史，十五世紀初，本戶正軍堅決反對朱棣的篡位之舉。新登基的永樂帝聞知後惱羞成怒，下旨將他斬首，然而轉念之間，又發現自己實在不忍失去這樣一位「義士」，於是最後僅讓他徙戍北疆。北部邊地環境嚴酷，如此懲罰，實則與死刑相差不遠。

宜與公七世孫曰大者，以洪武九年摘充鎮江衛軍，籍名葉大郎。大郎死，不嗣，行籍勾補。時族人多遷徙，其存者又竄入他籍，獨康公、宏公兄弟二人當行。而宏公幼，父母戀不

> 忍割。康公慨然曰：「我不可以憚役憂我父母，且我長也，我固當行。」於是攜妻子赴役。未幾調龍江右護衛，荷戈之暇，輒誦說詩書、忠孝大義。其曹偶皆傾聽悅慕之。
>
> 康公沒，季子貴公嗣。文皇帝入南京，下令軍中予我者左袒，不則右。貴公獨右。文皇帝怒命斬之。已而曰：「此義士也，其為我備北邊。」乃徙戍懷來。子孫遂世懷來為老家。屯田產亦蕃，至有牛數千蹄、羊數千角矣，然以遠故聲問絕。
>
> 而其時淮公父子以富名，諸惡少年屢要脅不遂，則恐喝之：「汝家軍也，何得久逋？」淮公無以辯，則腰百金，與所善者林確疾走懷來訪之。相見歡甚，解腰金為贈，辭謝數四乃受，留月餘歸。惡少乃罷不敢言。
>
> 而自是懷來軍每十餘歲輒一來視族人，族人輒斂錢為治裝，更相飲食畢歡而後去。諸兒童輩皆呼之曰「軍叔」也。嘉靖乙卯後，倭難流離，族人多貧困。軍叔來而意憐之曰：「我奈何復以橐裝累族子弟哉，且為是僕僕道路也。」遂去絕不來。
>
> 蓋貴公之後獨賢矣。貴二子，長全，次勝。全亦二子，長京，次恕。京三子，長佛受，餘皆失其名。而當貴公移屯時，康公有長子壹，次子貳，留居鎮江。其後有仲輝者，以孝廉同知吾郡。嘗一至雲山展墓去，今亦不相聞。[1]

「以遠故聲問絕」，葉氏族譜寫道。由於懸隔千里，福清老家的葉氏宗親和北方的正軍失去了聯繫。儘管族譜隻字未提，但我們可以根據第一章的內容得知，雙方失聯的真正原因，很可能是「義士」攜妻已於北境安家。補伍之時，勾軍官吏只需找到其生活在衛所的子嗣即可，不用再向原籍福清要人。在地化的改革，令衛所軍戶與原籍軍戶之間的聯繫日益生疏。

與此同時，福清的一些葉氏宗親變得腰纏萬貫。他們很可能是靠背地裡從事海上走私貿易發家。海上走私（本書第三章的討論重點）乃本地繁榮富裕的主要因素之一。明代中葉，一夥「惡少年」陰謀敲詐葉家一名富有的族人淮公。他們恐嚇淮公：「汝家軍也，何得久逋？」顯然，這項指控，或是意指淮公就是逃兵，或是在說葉家缺伍已久，而淮公不去補伍，乃是推脫責任。大概這些陰險小人是受本地官府委派向百姓徵收賦役之人，他們的要脅令葉家感到恐懼。能為葉家辯護的軍籍文書業已過期作廢。唯有設法證明「惡少年」所言子虛烏有，方能度過難關。

所幸葉家不缺果敢能行之人。他長途跋涉至帝國北疆，找到了本家的正軍。可惜族譜沒有記載他在路上的任何資訊，但我們可從其他史料處推知那肯定是一趟歷盡艱辛的旅程，歷時數月乃至數年之久。[2]他尋得失散多年的親人，受到熱情的款待，並贈予正軍一筆金錢。當他回到福清，必然會攜回一份文書，很可能是葉家軍籍黃冊的副本，證實了葉家正軍在伍，並未犯法，之後「惡少乃罷不敢言」。

自此，葉家兩邊的親人恢復聯繫，北方正軍開始回鄉探親（圖12）。福清宗族的孩子們把來訪者喚作「軍叔」。族人則籌錢相贈。衛所軍戶在沒有任何津貼的情況下一直補伍，已歷數代。如此看來，他們獲贈的銀兩恐怕不是一般為保證正軍服役的報酬，而是對他們願意證明原籍軍戶清白的謝禮。當然，這筆錢也可能兼有報酬與答謝之意。

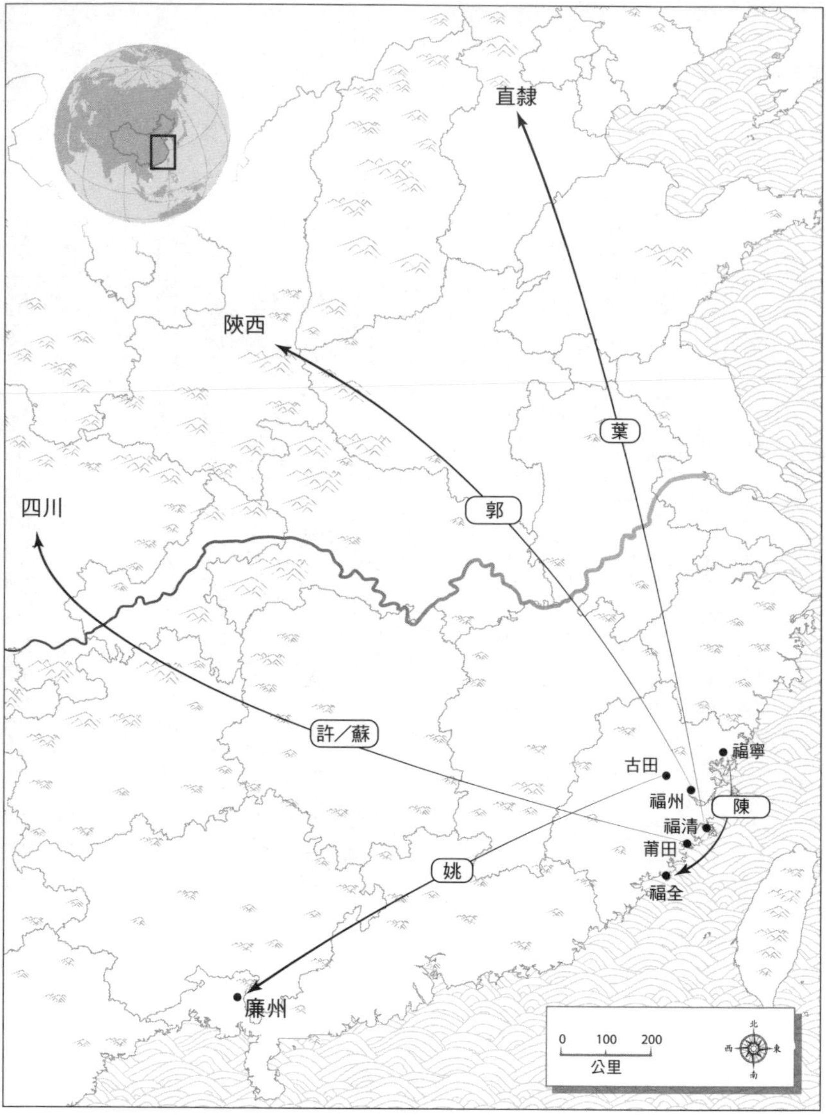

圖12　遠距離家庭紐帶示意圖

嘉靖中（十六世紀中葉），整個東南沿海地區飽受倭寇、海盜之患（對此第三章將有進一步的討論）。福清深受其害。當北方的葉家人再次回鄉時，發現原籍親族已是窮困潦倒，瀕臨絕境。來訪者依然獲得贈禮，但為此感到不安。他們無意增加原籍親族的負擔，於是決定終止探親之旅。這是福清葉氏最後一次與北方正軍聯絡。

我們在上一章看到，自永樂年間（十五世紀早期）以來，朝廷先是鼓勵、最後強制新軍攜妻共赴衛所。推行改革的官員，頭腦中想的是國家的軍政大事，而非士兵的婚姻問題。他們的目標，不是士兵一家的「花好月圓」，而是保證軍隊戰力，降低管理費用。這項改革使正軍扎根衛所，進一步削弱他們與原籍的聯繫。改革不僅影響著正軍及其在衛所的家庭，也波及原籍的親屬。現在，軍戶的命運開始朝著不同方向發展，原籍軍戶和衛所軍戶分道揚鑣。但是，他們的關係並未完全斷裂。懸隔千里的雙方又發展出新的關係。原籍軍戶利用這種遠距離關係實現各種目的：保護自己，對抗仇讎，豁免賦稅。本章講述的就是福建一些原籍軍戶如何利用自己與衛所軍戶的遠端聯繫為己謀利。

在衛正軍和原籍宗親可以純粹基於現實考量維持彼此的關係（或許也有情感因素，但在我們的史料中並不多見）。當士兵隨軍隊換防，調入遠方的衛所，並被要求在當地安家時，他們肯定對新政策將會維持多長時間毫無把握。政策有朝一日會廢除嗎？他們最終能否落葉歸根？如果他們在原籍擁有田地家產，則不得不決定何去何從：應該抱著終有返鄉之日的希望保留產業，還是應該將之變賣，懷揣現錢奔赴駐地？當士兵被調到距離原籍幾千里的地方（譬如北部邊地或西南叢林）時，變賣家產可能是更好的選擇。但朝廷在福建的徵兵方式：自一三八〇年代的抽軍到十年之後換防政策，再加上曇花一現的自首政策，意味著大多數士兵分派到的衛所雖與家鄉有一段距離，但又並非那麼遙遠。許多剛調入新駐地的士兵肯定認為，保留家鄉產業乃明智之舉。（而且短時間內也不大可能立即找到買主。再加上一下子調轉那麼多士兵，肯定會壓低當地市場產業的售價。）洪武二十七年（一三九四），福建北部的福寧陳氏家族有一名族人被徵入伍，派戍福建南部的福全所，他隨身「帶有合同鬮書，福寧墳地、厝地、山蕩、田業，俱載在上」。之後很多年，正軍在衛所的家人會定期返回福寧（約四百公里的路程，在明代要走幾十天）徵收那些田業地產的租金。

> 原舊本載吾祖自福寧州來往福全所，帶有合同鬮書，福寧墳地、厝地、山蕩、田業，俱載在上。歷年該當軍，往福寧收取租稅以及幫貼銀兩，計有百餘金。此乃先人設立，使後世子孫，源源來往，知為一脈聯貫，親親之意，即在是焉。
>
> 至永俟公，將鬮書合同盡付之火，僅存族譜一本。既無憑藉，是以不敢再往祖里省親戚墳塋矣。[3]

如我們在上一章所見，原籍軍戶經常給正軍提供津貼或建立公產，以物質上的酬勞激勵他堅守崗位，降低出現逃兵的風險。這類財務安排並沒有因為正軍安家衛所而消失。福寧陳氏便一直給福全的正軍提供幫貼。第一個前往福全所的正軍，隨身攜帶自家田屋地契外，還有一份幫貼合同的副本。陳氏族譜將此描述成陳家為維護宗族團結而做出的努力，這一安排「乃先人設立，使後世子孫，源源來往，知為一脈聯貫，親親之意，即在是焉」。福全正軍一家定期遣人回鄉，收取租稅和幫貼，前後八代，代代如此。但是，隨著正軍手中的合同和房契毀於一場火災，他們便不再返鄉。「既無憑藉，是以不敢再往祖里省親戚墳塋矣。」[4]顯然，促成宗族團結的高尚情懷需要以物質利益為依託。

原籍軍戶為在衛正軍提供幫貼，這類財務安排誠如某部族譜所言，「我族各房鳩銀，歷年解送到南京衛中，割付其支理辛勤力役，不勝勞苦」，可以無限期持續下去。[5]《醒世恆言》中有一則故事，講的是明朝宣德年間，一名年邁的正軍在兒子的陪伴下從服役的北京衛所出發，回山東老家收取幫貼，給妻子治辦喪事。故事開始不久，老兵就在路上去世。看至此處，讀者肯定納悶，為何老兵之子不擔心自己會被徵入伍，替父當兵？故事到達高潮時，謎團終於解開了：老兵的「兒子」原來是個女扮男裝的女孩兒。[6]

朝廷官員一邊鼓勵士兵在衛所安家，一邊仍樂意讓原籍軍戶承擔養兵的部分費用。明末，福建推官祁彪佳曾審理過一起案件，涉及持續數十年乃至更久的此類財務安排。

本府一件急救孤軍事　免罪　許廷春等

審得許之祖軍充於四川，每十年一次回莆取討軍裝。四十三年討裝，有合同為據。今蘇加祥同婦人吳氏來莆，稱四十三年之合同被奢酋作亂燒毀，只有萬曆十三年合同，眾因不認。許廷春等堅稱，無合同又無府縣印信，無以為據，其言亦似。然蘇加祥萬里來閩，決非假偽，況又歷指許氏之宗支，毫無差錯，而許廷春等又新立合同與之，則初亦信之矣。原例每丁三兩，共三十兩，合應與之。若恐後又有執合同來者，則十年之期，今年適當其時，決無有越年來取者矣。倘許族不之信，或一人同之至川，或眾人養之至明年。今堅不認，而使男婦流落，又必待已毀之合同，非法也，各免供。[7]

自從許廷春的祖先入伍並往四川服役以來，正軍就一直定期返回莆田，向祖家討取軍裝盤纏。到了萬曆四十三年（一六一五），雙方訂立書面合同，把此項財務安排正式確立下來。後來，一個名叫蘇加祥的人突然出現，向許家索要津貼。（判牘沒有解釋一名蘇姓人士為何會來討要屬於許家正軍的軍裝。可能他是受許家正軍所雇，代之來莆收錢。一個更有趣的猜想是，許家正軍將自己收取軍裝的權利賣給蘇加祥，這將意味著軍裝合同業已成為某種金融工具。）蘇加祥聲稱萬曆四十三年之合同意外被毀，但他手頭上有一份更早的合同，訂立於萬曆十三年（一五八五）。許廷春不承認該合同，並拒絕交錢，致使「男婦流落」。推官站在蘇加祥一邊，他質問許家：若不是有根據，蘇何以跋涉萬里來到福建？此外，蘇可以準確列舉出許氏各宗支，對照莆田這邊的族譜毫無差錯，這進一步獲得推官的信任。蘇加祥肯定看過許家的軍籍黃冊。許廷春敗訴，衙門命他付錢給蘇加祥。本案與很多其他涉及軍戶的案件一樣，推官判決的根據之一便是家族不同支派之間訂立的書面合同。

許家的故事說明了在衛所與原籍的遠程聯繫中，正軍一方的動機：獲取軍裝盤纏。如果這是維繫雙方的唯一因素，可想而知，原籍一方的積極性肯定不高。但是，原籍軍戶同樣情願與衛所遠親聲氣相通，他們的動機至少有二：其一，保護自己免受勾軍官吏的騷擾；其二，維護自己在稅務方面的特權。

儘管遠隔千山萬水、世事變幻無常，軍戶的兩支都希望與彼此搞好關係，最顯而易見的目的是管控勾軍的風險。在正常情況下，原籍軍戶成員本來基本上不用再受這種不確定性的影響。明代初年，如果軍戶家庭利用本書第一章討論過的那些方法，有效地制訂策略，他們就能預測官府何時前來勾軍並提前做好準備。隨著朝廷在衛所士兵中實行在地化政策，原籍軍戶知道，如無意外發生，補伍將由衛所軍戶的子嗣完成，而自己則免於被勾軍的風險。然而，如我們在福清葉氏的故事中看到的，原籍軍戶永遠無法享有絕對的安全。在勾軍官員眼中，讓老兵在衛所裡的子嗣補伍，肯定是更省事、更經濟的做法。但這些在伍正軍的子嗣，歸根究柢僅是軍戶家族的部分代表，只不過是官府更容易接觸到的一群人，而軍戶本身仍是在原籍地被編入軍籍的。正因如此，即便衛所軍戶已歷十數代人，最初安家於此的正軍已是一個枝繁葉茂的龐大家族的始祖，衛所的文書簿冊對正軍的描述依然是「原籍甲地，充乙衛」。這也是為什麼朝廷必須不斷更新藏於京師的軍籍黃冊。補伍的最終責任始終屬於原籍軍戶。因此，無論軍戶百姓如何周密安排，他們的策略總有可能只是白費心機。如果在衛正軍膝下無子，或一時軍情緊急，或勾軍官吏太過盡職盡責，抑或官僚程序中一個小小差錯，皆有機會招來勾伍人員，使某位族人被強徵入伍。當上述情況真實發生時，和本軍戶哪怕只有一丁點關係的人，都有可能遭殃。來自社會上下、體制內外的各種史料顯示，勾軍過程腐敗至極、臭名昭著。鄭紀是十五世紀莆田一名傑出的仕紳，在一封書信中，他痛陳朝廷新任命的一個「雄心勃勃」的官員如何為當地社會帶來災難性的後果：

去歲兵部勘合，有逃軍十分為率清出三分之例……郭繡衣按閩，欲立奇功，以徼顯擢。故將十年里老加以必死之刑。或婦翁丁盡，則報其女子，名曰「女婿軍」。或籍前軍，後則考其譜圖，名曰「同姓軍」。或買絕軍田產，則受爭田之人，首告曰「得業軍」。朝鍛夕煉，務足三分……併里老之家，丁戶俱盡，而根株猶未息。[8]

鄭紀所言不無誇張之詞，但同樣的問題也出現在官方文書的討論中。隆慶六年（一五七二），即鄭紀作書近一個世紀後，皇帝收到一封呼籲「禁止違例妄勾妄解」的奏疏。奏疏的部分內容與鄭紀所言如出一轍：與軍戶同姓卻並無血緣關係的人以及耕種正軍田地的佃農通通被強行勾補軍伍。

奏疏接著寫到，即使已有正軍著伍，勾軍官吏依然可能騷擾原籍軍戶。「至於軍不缺伍而復勾餘丁，則又衛官、正軍揹害戶丁之故也。」大概由於正軍調入另一個衛所並就地安家，但軍戶原本分配的衛所及負責的出丁名額並未隨之更改，相關文書也未及時更正。這既可能是無心之失，也可能是貪腐官吏從中作梗。原衛所的官吏出於一己之私，對軍籍黃冊的更新不聞不問。如果士兵調轉情況未被如實記錄，他們便可一直貪墨調走士兵的軍餉，以之中飽私囊。因此，為補充一個兵額勾取兩三個男丁，乃是明軍痼疾。據《明實錄》記載，早在宣德元年（一四二六），就發生過一個軍戶被強徵兩三名正軍之事，而皇帝則下旨要求手下官員從寬處理。[9]

原籍軍戶維持與衛所軍戶的聯繫，是一種證明本戶沒有缺伍的有效手段，可以避免額外勾軍。天順六年（一四六二），古田縣民送出的一紙訴狀表明，若軍戶被控未履行補伍之責，後果可能相當嚴重。發現這份文書的是李仁淵博士，文書收錄於申訴者蘇鐸所在家族的族譜中，李博士以之分析明代古田縣百姓應用的各類型書面文本。在這裡，我將從另一方向使用它，分析正軍和原籍軍戶之間的社會關係。

福建等處承宣布政使司福州府古田縣廿三都第二圖民臣蘇鐸謹奏，為妄指軍平民為軍，冒并戶籍等事。臣曾祖蘇文本，洪武四年關領戶部象字乙百三拾玖號民戶由帖，應當民差。洪武十四年蘇文本為戶。洪武二十四年叔祖蘇彰弟、永樂元年祖蘇呂昌、永樂十年父蘇瓊為戶，一向繼承民籍。

有鄰居二十都同姓人蘇凍才。洪武九年，為抽軍事，抽調南京金吾衛總旗身役。天順三年，有軍丁蘇廣回家取討盤纏，具狀二十都里長林建處，告稱伊都民得招賣伊基地。有里長林建同老人陳太富，追出原賣價銀給還蘇廣，回衛去訖。天順五年，復回到家，因見伊戶丁蘇宗、蘇祿，家遭艱難，臣頗有衣飯度日，意圖騙害。節次捏詞，具狀本縣並福建等處提刑按察司僉事清軍宋欽處告。蒙批縣拘集本都十年里老鄰佑人等結勘明白，二次保結，申繳去訖。

本丁不肯回衛，本年十一月內又具狀宋欽處告准，牌仰本縣拘提父蘇瓊並十年里老鄰佑陳永居、盧眉等。十二月二十一日差人解府，本官患病，聽候。至天順六年七月二十一日進司審問明白。此時本司官員俱不在堂，當有本官將十冬鄰佑發下丹墀聽候，叫父前去案桌下面審問。時父再三哀告：「雖與蘇廣同姓，委係各都異圖，另戶別籍，結無相干。」有宋欽向父說稱：「老蠻子，你不是軍，今到此間，可自分曉。你若知理軍役無干，不然定要承認并籍。」說訖，將父等并里老轉發本府候官縣知在。為因家財先被強賊劫掠罄空，無所從與，父命臣回家變賣田屋。又因山僻，一時無人出頭承買，措辦不前。

本官等候日久，發怒，九月初九日行取赴司，不由分說，百般拷打，又加法外之刑，連日用大夾棍將父並十年里老俱各夾倒，定要招認與蘇廣同祖共軍。父思屈抑，再四苦告，乞送布政司揭查冊籍，本官不從。十六日見父被打重傷，發出醫治。二十日轉加沉重身死。本官聞知，至二十二日寫成草稿，勒令同姓另籍十冬蘇伯愈、蘇仲溫抄謄。比時受刑不過，只得依從供認。有宋欽將各人并十年里老問擬杖罪的決，案仰本府遞發寧家。至十一月初一日本官到縣清理，將臣並蘇仲溫、蘇伯愈等戶人口，一概歸併蘇凍才戶丁蘇宗戶內聽繼，似此屈害。

臣切思各〔丟失一段一一五字〕巡按清軍監察御史等處告訴，有礙宋欽，不行受理。臣思平民一旦被其冒并為軍，負累子孫，委實冤枉艱伸，如蒙准奏，乞敕該部轉行南京戶部，揭查洪武年間軍民籍冊。若與蘇湅才果有干預，臣等甘願各另充軍。如係民籍，乞勅轉行福建布政司著落本縣，將臣等改正當差。庶免平民無辜，被其冒並為軍，委實枉屈。備情具本，躬親齎捧，謹具奏。

自為字起至捧字止計九百六十一個，紙壹張

右謹奏聞

伏候勅旨

天順六年十一月十七日福建等處承宣布政使司福州府古田縣二十三都第二圖民臣蘇鐸[10]

蘇鐸稱他的曾祖父在明初被編入民籍。附近另一戶蘇姓人家差不多同時被編入軍籍。軍戶蘇家的正軍蘇廣不久前回鄉收取津貼，其親族家道艱難，將本來用作提供津貼的產業變賣殆盡，而蘇鐸家則相對富裕。據蘇鐸所言，蘇廣圖謀蘇鐸家。他向官府舉報說，蘇鐸家也在軍戶之中，但他們一直推卸責任。蘇鐸之父及鄰居都遭到逮捕、審訊。蘇父抗辯道，自家和正軍家完全是獨立的兩戶。但衙門不相信他。蘇鐸家將唯一的希望寄託在收買勾軍官吏上。蘇鐸被遣回家變賣田屋。但他無法立即找到買家。官吏失去耐心，下令「百般拷打，又加法外之刑」。蘇父沒能熬過連日的刑拷，最終傷重而死。主要證人已死，衙門更肆無忌憚地處理案件。蘇鐸一家及其近親被判併入蘇廣所在軍戶，從此承擔服役的責任。蘇鐸不服，向上申訴，央求官府考慮「平民一旦被其冒並為軍，負累子孫」，呼籲查詢黃冊，證實相關紀錄，使蘇鐸一家「改正當差」。留傳至今的文書是蘇鐸的訴狀，乃他的一面之詞。因此，無論我們多麼自然地同情蘇鐸，還是應當保持審慎。不過，類似蘇鐸寫到的衙門濫用職權之事，的確時有發生。大約三十年前，一名官員曾經向皇帝上疏，說道：「軍戶有恃豪強因充糧長里老，每遇取丁，輒賄賂官吏及勾丁之人，挾制小民細戶，朦朧保勘，亦有里老俱係軍籍，遞年互相欺隱，不以實報者。」[11]

且不論本案真相如何，兩戶蘇姓人家中，家境較差的那個無疑在利用自己與從衛所來訪的正軍之間的關係牟利。若蘇鐸所言屬實，正是這一關係，使他的對手有機會實施陰謀詭計。若蘇鐸是在撒謊，那麼這一關係有助於蘇廣家減輕肩上的負擔，以更廣泛而公平的方式分配兵役之責。

明代中後期，指控軍戶因正軍逃逸而缺伍是謀取不義之財的慣用手段，而且相當有效。如我們在前一章所見，從十五世紀初開始，澤朗郭氏替補軍役的責任一直由他們居住在西北地方的宗親承擔。一百多年後，地方上的里長恫言要向官府舉報郭家當逃兵，陰謀勒索錢財。巧的是，當初被轉調西北的郭尾的曾孫郭雄前來探親（本章開頭葉向高家的故事或許能用來解釋這個非比尋常的巧合：郭家族人應該之前去找過正軍的後人）。

嘉靖六年，尾公曾孫雄公同軍伴游江、張鳳岐，回閩探親。其時我家族眾屢被裡書藉詞補勾，生端擾害。雄公以西陜現有餘丁，無容行勾本籍，赴縣呈明，給領執照。萬曆己亥年，雄公曾孫鴻宇貿易建陽，因來省祖，族中公醵一十一金以贈。四年後復來一次後，遂不復至矣。[12]

郭雄提出：「以西陝現有餘丁，無容行勾本籍。」他向縣令要到一份證明，可能就是謄抄一份縣令對本案的判決。如果將來再遇到麻煩，他的原籍宗親可以出示該證書，以免受官府騷擾。衛所軍戶的親戚為原籍軍戶提供寶貴的幫助：擔保他們沒有推卸當兵的責任。如此深恩厚誼，自然值得回報。萬曆二十七年（一五九九），郭雄的曾孫郭鴻宇再次回到原籍時，他額外得到一筆錢，應當是對永樂十四年（一四一六）其祖郭尾所獲報酬的補充。這顯然不是那種給正軍的津貼，因為郭鴻宇根本不是士兵。他是一個商人，來福建建陽做生意，只是途中順道探望宗親而已。（或許，他是趁機勒索他們？）

故事並沒有就此結束。和本書提到的許多家庭一樣，郭家也因明代中葉的倭患而家徒四壁。宗族中的大多數人離開了祖籍地，逃往相對安全的福州城。郭家移居西北衛所的後代和葉向高那些慷慨的親戚不同，他們對留在南方原籍的宗親沒有絲毫憐憫之心。

> 神宗癸卯歲，西陝軍丁齮齕宗人，科搜考軍由，使知所自，軍丁不敢家獵戶漁，詳議家矩，使知所守，戶丁不致偏甘獨瘠。[13]

萬曆三十年（一六〇二），北方的正軍來到福州，向宗親索要財物。郭志科利用過去兩百多年來積累下來的文書據理力爭，拒斥士兵的要求。「搜考軍由，使知所自，軍丁不敢家獵戶漁，詳議家矩，使知所守，戶丁不致偏甘獨瘠。」此處，原籍軍戶用合同抵制的不是外人的勒索，而是家庭內部成員的要求。郭志科告訴那位士兵遠親，他的祖先已同意承擔整個家族的兵役之責，並已獲得足夠的補償。陝西的衛所軍戶乃是繼承祖上的責任，與他無關。

李仁淵博士在古田找到了原籍軍戶與衛所軍戶維持或重建關係的又一案例。據瑞雲姚氏族譜記載，洪武九年（一三七六），姚家被徵入伍，調入廣東西部的廉州衛。本來去當兵的應該是家中的父親，但是年幼的次子捨不得離開父親。於是，哥哥姚子潤攜妻前往駐地。姚家故事的某些情節不太合理。明初徵兵，福建新兵一般不是就近服役，就是被調到都城南京，而不是廣東。

> 昔在住役時，多視軍為禍府。為其世世役不休，宗人索裝之費無已也。姚氏戍東粵，顯身行伍，貽族以安，是在外之榮與在內之佚兩相等也，作世伍。
>
> 姚氏子潤，豪雋也。洪武九年，朝讓防倭，摘姚氏戍廣廉州衛，潤父當行，而弟子容幼，戀不忍割。潤知父意，白父，攜妻赴廉州之役，尋守珠池，以軍功授指揮使。子孫蕃盛，為粵名家。然以遠故，聲聞絕不通。
>
> 古田以富聞，里惡以逋軍恐嚇之，白于直指，侯公逮捕補伍甚急。族人計不知所出，則斂百金為裝，使宗滋補伍，滋□知伍丁且貴，相見大歡，留歲餘，得百金歸，移文復直指，里惡乃不敢言。自滋歸，伍裝之費，一切解矣。
>
> 楊志遠曰：子潤公之後，其賢豪間耶，惜世次名位不傳，於古田賢子孫不無遺恨。宗滋樸

鄙人耳，受百金之饋，而不請譜牒，使明威世胄，疏若路人，其誰咎與？姑即所傳聞筆之左，後必有善印證者。[14]

由於古田和廉州之間路途遙遠，姚家兩房失去了聯繫。留在古田的支派於明初家和事興，引起鄰居的忌妒。里惡企圖以揭露他們的軍籍身分作要脅，敲詐勒索。和葉家或郭家相比，姚家的處境更加危急。他們根本沒有時間到廣東尋親再攜證據歸來，於是只好找到一位願意前往廉州頂補所謂「缺額」的族人，作為補償，給他籌集一筆軍裝盤纏。然而，當這名族人到達廉州衛時，發現根本不存在缺額。姚子潤在那裡發達了起來，甚至因軍功升任指揮使。「子孫蕃盛，為粵名家。」（這裡面可能有誇張的成分，明代官方史料中並沒有提到姚子潤。）族人在廉州住了一年多之後，才返回古田老家，除了原封不動地帶回當初宗親為自己置辦的軍裝，更重要的是，他還帶來證明真實情況的文書。這肯定是姚家軍籍黃冊的副本。勒索錢財的陰謀被當場拆穿，「里惡乃不敢言」。

姚氏族譜乃由一位外姓人氏受雇編纂。他偶爾會站在自己的立場上發表一些評論。（順便一提，他是福清人，和本章開頭提到的葉向高相熟，還請葉向高為姚氏族譜作序。）他對本故事有兩條評論，其中一條明顯語帶諷刺。他注意到廣東的姚氏支派已成望族，於是評論說，被派往廣東的族人在金錢方面倒是用心，卻忘了順便將那邊的譜牒抄錄一份帶回，實在是太遺憾了，因為這本可為古田姚氏支派的族譜增光添彩，光耀門楣。他的另一條評論則很有洞察力。大多數人將軍籍視為最糟糕的一種身分，「世世役不休」。但在本故事中，恰恰是承擔起兵役之責的廣東姚氏支派「貽族以安」，「是在外之榮與在內之佚兩相等也」。[15]

能夠證明本戶沒有缺伍，無論是為了避免官府的徵兵，還是為了保護自己免受地方仇家的陷害，並不是原籍軍戶和衛所軍戶保持聯繫所帶來的唯一好處。能夠證明自家是合格的軍戶，會產生很多正面效益。明史研究的傳統觀點認為，明人以負面的觀點看待軍籍，而軍戶的地位不高。但是，于志嘉和張金奎的研究顛覆這種觀點。他們指出，出身軍戶的人時常上升到社會與政治的上層，其比例之高令人驚訝。[16]來自福清葉氏的葉向高日後成為內閣大學士（順帶一提，他還扶持了耶穌會傳教士在華的活動），證明軍籍身分並不是一道不可逾越的障礙，不會阻止軍戶百姓在社會上獲得成功。

王唯楚在她的碩士論文中，透過分析明代進士名單，梳理出一萬多個明代精英階層人士的家庭關係。在這一萬多個家庭裡，擁有七名以上進士的只有十五個。其中，就包括莆田林氏這家軍戶。林家六代人，七進士，清楚顯示出軍籍身分沒有阻礙他們飛黃騰達（圖13）。很明顯，林家並未受到戶籍狀態的牽絆。

按照常理，既然每戶出一丁服役的義務固定不變，隨著軍戶人口的增長，對家族中每位成員而言，自己被徵入伍的機率將會降低，軍籍帶來的負面影響也隨之減少。但是，就連正軍本身都並不總是認為自己的處境不可接受。雖然存在著數以百萬計的逃兵，但更多的士兵留守崗位。如果軍籍地位低下，百姓肯定會盡量避免成為軍戶，然而事實並非如此。這必然意味著，軍戶身分

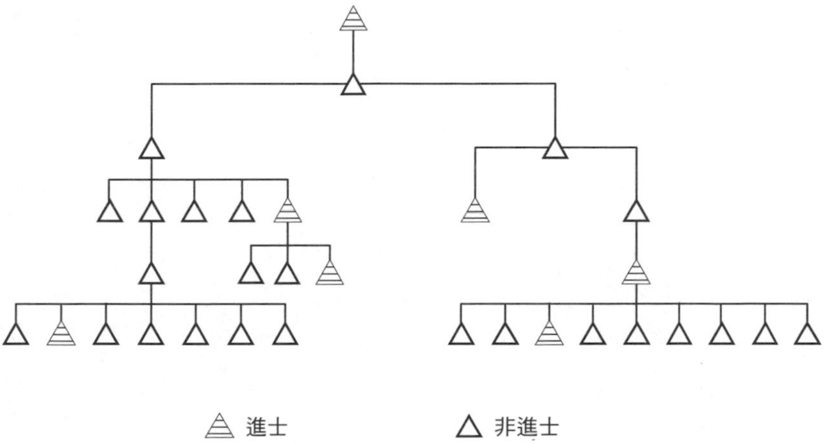

圖13　莆田林氏（改編自Wang Weichu, "Families and Regions of Ming *jin-shi* Degree Holders," 13）

能帶來一些好處，或者至少說，軍籍的弊端並非不可克服。

想瞭解軍籍對家庭成員的影響，我們就必須更深入地討論明代的賦稅制度。軍戶不是唯一一類必須世代服役之人。事實上，明代所有戶籍類別理論上都是世襲的：灶戶必須世代負責生產食鹽；匠戶必須世代為官家的手工作坊幹活；民戶則必須世代服徭役並以實物或金錢繳稅。明朝透過里甲制度協調徭役。根據第一次戶口清查的結果，全國人口被分為無數個由一百一十戶組成、稱為「里」的單位，每個里又進一步被分為十個由十戶組成、稱為「甲」的單位。[17]每個里最大和最富裕的十戶人家（事實上是納稅最多的十家）被任命為里長，負責協調各甲十戶人家十年一輪的徭役。給葉家、郭家和姚家製造麻煩的「里惡」，就是當地的里長。他們都是國家的非正式代理人，經常以權謀私。他們理當在國家與人民間居中協調，但卻也引起人民的反抗。理論上，國家每隔十年進行一次戶口清查和土地登記，里甲下轄的戶籍應當相應地調整更新。但實際上，一戶人家在明初被編為哪個戶籍，便不再改變，直到明代滅亡，儘管編戶齊民的人口或因數嗣興旺而增加，或因貧窶困苦而減少。

軍戶和民戶一樣，要為田產繳稅。但是，軍戶享有豁免徭役的待遇。就像明代大部分的制度設計一樣，徭役制度也旨在盡可能地降低朝廷的運作成本。普通農民輪流充當衙門的差役，負責徵收和運輸稅糧、維護地方治安等等。制度設立伊始，便以里甲為主幹、以每戶成年男性（「丁」）的多寡編徵差役。軍戶可免一丁的徭役，因為他們已經派出一名正軍在衛所服役了。免役的家庭小心翼翼地守護著自己的特權，乃至竭力拓展自己的特權。秀才也能豁免徭役，因為國家不可能讓一個讀書人當捕快或衙役。秀才的家庭經常操縱這項特權，要求將免役的範圍從個人擴大到全家。軍戶也採取相同的做法。他們要求全家人都得以豁免徭役，而非僅僅正軍自己。

明代朝廷先是將徭役、後來又將田賦合併徵收銀兩，即所謂的一條鞭法。徭役經歷了兩次轉換，先是從力役轉換成現銀，後來又被攤入田畝，從獨立的稅項轉換成田賦的附加稅。因此，軍戶享有的特權最終成為對附加稅的豁免。在明代，名目繁多的徭役（無論是提供勞力，還是折成銀兩）不斷增加。最終，相對於徭役附加稅，田賦只占到家庭整體稅負的很小一部分。因此，年復一年，徭役豁免權的相對優勢愈來愈大。這意味著軍籍身分加上證明自己已履行軍戶責任的能力，是大量賦稅減免的潛在基礎。有時軍戶百姓會對體制避之唯恐不及，但這項優勢，則會說服他們留在體制之內。

因此，姚氏族人從廉州攜歸的文書，除了可以驅除勒索，還有著其他好處。它構成要求豁免徭役的根據。日後，它還帶來另一個意外之喜。萬曆三十一年（一六〇三），縣令下令重新整理戶籍資料和捐稅清冊。彼時，姚家部分人已經搬入縣城，部分人則留在瑞雲村的老家，還有另一些人移居到鄰近的縣。這幾群人決定利用縣令重整簿冊的機會，分別登記為幾戶獨立的人家。這很可能是因為，繼續作為一家人共同承擔稅務對他們來說已經沒有意義。為何縣令允許他們這麼做？這難道不算違背禁止軍戶分家的基本規定嗎？答案是，從廣東帶回來的文書可以證明，對姚家而言，分門別戶與律法的精神並不衝突。相關律法旨在避免因分門別戶造成正軍缺伍和兵力不足。但姚家可以證明，他們的名額會一直有人頂補，不存在任何問題。既然廉州衛的支派已承擔起整個家族的服役之責，允許留在福建的人們分家定居也不會對其產生什麼影響。他們費盡心思，在相對簡單的制度規則與複雜的社會現實的夾縫間盡可能地優化自身的處境。

結語

對原籍軍戶和衛所軍戶均進行監督，顯然符合明代國家的利益，可以在正軍缺伍時，增加成功補伍的可能性。衛所軍戶希望和原籍軍戶保持聯繫，自有其動機。當年，始軍離開家鄉，攜帶著軍裝盤纏遠赴駐地。如今，他們的子孫希望繼續向家鄉的宗親討要報酬。儘管必須給付報酬，原籍軍戶同樣出於強烈的動機，希望與扎根他鄉的衛所軍戶打好交道。能夠證明軍戶的一個支派在履行著兵役之責，對於其他支派而言是日常政治中一項極有用處的政治資源。原籍軍戶可能受到他人的敲詐勒索，更糟的是受到勾軍官吏的騷擾，此時，相關憑證可以保護他們，這種政治資源就是他們的護身符。當軍戶憑軍籍身分向官府交涉，爭取賦稅、徭役方面的有利安排時，這種政治資源就是他們利用國家制度的複雜性為己謀利的手段。另一方面，原籍軍戶保持與衛所軍戶的聯繫，其中也存在著一定的風險。正軍也可能欺壓脆弱的原籍軍戶，榨取財物，讓他們為自己的證明買單。

國家代理人依賴官僚程序監督軍戶。但是，由這些程序產生的文書簿冊，既對設法監督軍戶的國家有用，也對登記在冊的百姓有用。本章登場的部分家庭深受敲詐勒索之害，正是因為原籍軍戶無法拿出可以反駁謠言的憑證，給這些陰謀詭計以可乘之機。明代體制下，普通百姓未必可以接觸到國家的文書簿冊，或是要付出一定代價才能接觸得到。這讓證明自己遵守軍戶律例的能力成為一種寶貴的資源。與此同時，許家和蘇家正軍的糾紛案例表明，家庭內部制訂的合同具有法律效力。縣令斷案依據就是這些由家庭以合同形式記錄下來的非正式安排。

於是，世襲兵役制度和安家衛所政策產生了意想不到的後果：形成相隔千里的宗親長期保持聯繫的動機。百姓絕對不是「自然而然」地維持這種聯繫。學者還注意到，幾百年後，散布在世界各地的華僑家庭也在設法維持聯繫。孔飛力（Philip Kuhn）等學者認為，中國人的這種能力，肯定是由在國內遷移、客居異鄉的士人、商人和勞工的長期經驗磨煉出來的。[18]明代的軍隊政策也帶來家庭行為模式的另一種先例，日後將形塑海外的華人社會。在「解域化」和家族離散的歷史經驗的背後，是國家制度；在鼓勵離散家族建立和維持遠距離社會關係的動機和策略機會的背後，也是國家制度。身處這些關係中的百姓確實是以「家庭」的名義行動，但是他們種種選擇的背後動機，不僅是出於文化趨向，也存在著策略考量。

三種不同的監管制度影響著軍戶的日常生活。其一，民戶監管制度。民籍家庭無須服兵役，卻必須承擔更沉重的徭役。其二，原初的勾軍制度。此時，原籍軍戶容易被強徵入伍。其三，改革的勾軍制度，即實行在地化政策後的制度。此時，原籍軍戶基本不必再當兵，徭役也有所減輕。軍戶成員透過這些監管制度間的正當和非正當手段，試圖確保自己在特定時刻處於最合乎自身利益的制度當中。在本章的故事中，人們橫跨帝國疆域，帶著合同、族譜或相關文件，以證明其家族的狀態，支持他們屬於某一種而不屬於其他監管制度的聲明，並且挑戰其他家族的類似聲明。這些都是明代百姓日常政治策略的展現。

第二部

在衛所

亂海疆倭寇混真假　犯走私官匪淆黑白

第三章　沿海衛所與海上走私

嘉靖八年（一五二九）的夏天，飢腸轆轆的浙江磐石衛士兵集體擅離職守。軍餉被拖欠數月之久，引發眾怒，數百士兵逮住了當地衙門的主簿，要求發餉。知府只好承諾動用官銀補發欠餉，說服譁變士兵釋放主簿，自行散去。譁變自然引起朝廷的注意，調查結果於這年冬天上奏嘉靖皇帝。這一消息令人沮喪，乃至令一位以不喜朝政聞名的皇帝龍顏大怒，要求從重懲處。磐石衛長官的怠忽職守，遠不止於拖欠軍餉、激變士卒。真實情況是，指揮梅畢、姚英、張鸞三人與走私者及「倭寇」狼狽為奸，允許他們非法買賣番貨，劫掠地方。眾軍官甚至可能直接參與了走私活動。[1]他們算是霉運當頭，一場本不相關的譁變，竟連帶曝光他們的罪行。（或許兩者並非全然無關。士兵也可能是覬覦非法貿易所得，想要分一杯羹，因而譁變。）

嘉靖二十六年（一五四七），皇帝又收到一份類似的奏章。同前次如出一轍，一件看似無關之事的調查，卻揭露出地方官員的瀆職行為。葡萄牙（被明人稱為「佛郎機國」）的船隻，侵擾漳州附近的沿海地區。沿海守軍成功將之驅逐。但是，隨後的調查顯示，當地官員包括浯嶼寨（金門所下的一個前哨陣地）的把總指揮，從葡萄牙人那裡收受財物。這些官員受到強烈的譴責，被指犯下「賣港」之罪。[2]

軍士和走私牽連在一起肯定令朝廷感到頭疼，但在明代實在不足為奇。這是明朝制度經長期演變而產生的一個合乎邏輯的，乃至不難預見的結果。本章將會對此做出解釋。在第一、二章中，我展示了原籍軍戶如何制訂複雜巧妙的策略，善用自己與國家的關係，以符合自身利益的方式應付兵役。而在本章中，我將展示一些衛所軍戶的子孫如何利用自己靠近國家制度的優勢謀利，儘管相關策略損害的正是他們所服務的制度。

沿海衛所的生活

傳統有關衛所的軍事史著作大概會描述衛所士兵參加的戰役，傳統的制度史著作則大概會介紹明代軍隊的組織結構及其在明代政府等級制度中的位置。[3]以上這些都不是我們討論的重點。我們感興趣的是，對於服役並生活在衛所中的百姓而言，軍事制度創造了怎樣的日常政治。

金門倪氏的故事能讓我們瞭解明初軍戶的歷史，而銅山所南嶼陳氏的故事則能幫助我們知悉家庭在衛所定居後又經歷了怎樣的發展。如同第一章的做法，我特意選擇的案例來自普通士兵，而非世襲軍官。軍官家族的族譜傾向於提供更多本家服役的資訊，這主要有兩方面的原因：首先，比起一般軍戶的士兵，服役經歷對軍官的聲譽更為重要。雖然也因此，族譜中的訊息通常如同「偉人傳記」。其次，對軍官家族而言，服役與其說是負擔，更是一種特權。因此，族譜往往成為表明這種特權按公平原則或按族規世代相傳的機制。基於上述原因，世襲軍官軍戶留下的族譜超乎其在軍戶中的人數比例。

銅山所南嶼陳氏族譜與眾不同，它詳細地為我們提供一個普通士兵軍戶的服役歷程，在時間上幾乎跨越整個明代。從洪武二十年（一三八七）周德興大規模抽軍、始祖陳苟住被徵入伍，到天啟五年（一六二五）後嗣陳平人考上進士，獲得免役的待遇，這一家族共有十三名族人先後在軍中服役。

> 明洪武二十年四月，始祖陳苟住由興化府莆田縣東廂龍陂社抽守平海衛莆禧千戶所……〔洪武〕二十七年九月，為兌調官軍事，由莆禧所調鎮海衛銅山千戶所……天啟五年，平人公登甲，以後軍役不受。[4]

陳家祖籍莆田，正軍最初被分配到家鄉附近的莆禧所。洪武二十七年（一三九四），在換防政策下，陳家正軍被調入南邊的銅山所。他們服了兩百三十八年的兵役，除了頭幾年，剩餘的日子一直駐守銅山所。雖然祖軍年老時回到自己的故鄉，但他的後人在銅山定居，漸漸在那裡形成一個龐大的宗族。

衛所軍戶到第七代時，族人已有一百多人。他們認為，是時候編纂一部族譜了。族譜的編纂者不太關心家族的服役史。他的記述似一筆流水帳：

〔洪武〕二十九年八月，丁〔二世祖〕陳德光故。丁陳宗積補，故。丁陳邦泰補，故。陳壽補，故。丁陳大英補，故。陳文元補，疾。陳元補，故。陳善長補，疾。陳曰清補，疾。陳曰慎補，疾。陳燁補，患病。陳可奇補。[5]

唯一比較精采的情節發生於萬曆十八年（一五九〇）左右，當時陳燁因病退伍，由陳可奇接替。但是，一名官員發現陳燁在裝病，於是命令他重返軍伍。

萬曆十八年十月，漳州府推官羅查盤，親審退役陳燁病痊，復充。又陳元瑞補。[6]

陳氏族譜沒有說明家族決定應役人選的方式。譜圖的結構也沒能為我們提供任何線索（參見圖14，數字表示正軍及他們的服役次序）。祖軍陳苟住有兩子，陳家從第二代開始分為兩個主要的支派，分別以祖軍的一子為始祖。曾服役的十二個人中，九個來自長房。很可能最晚遲至第五代，長房承擔起世代服役的責任。唯有在長房沒有合適人選時，另一房才出丁補伍。因此，這個家族實際上表現得很像一個正貼軍戶，家族中的不同支派有如對應著一般的正軍戶與貼軍戶。陳家大部分族人都不是士兵，我們將在下文看到他們所從事的不同職業。

鄭和與倭寇

正是日後被奉為平海城隍的周德興建立起本書所述的各個福建衛所，包括銅山所，陳家在這裡生活了數百年之久。周德興為何選擇在銅山建所？和書中的其他衛所一樣，銅山是明帝國防禦系統的一部分。這個防禦系統規模龐大，最終成長到五百多個衛、四百多個守禦千戶所。我和王迪安博士在地圖上標出五百個軍衛的位置，以分析它們的地理分布。結果顯示，明代軍事基地可劃分為五個主要系統（圖15）。北部邊疆和京畿地區的衛所分布最為集中。其次是西南邊疆的衛所。第三個系統是駐守大運河沿岸、維持運河暢通的衛所。廣泛散布於帝國腹地的衛所構成第四個系統。第五個系統則是沿海地區的衛所，亦即我們討論的對象。衛所的整體分布模式為明代國安威脅的認知與優先順序提供了精簡的摘

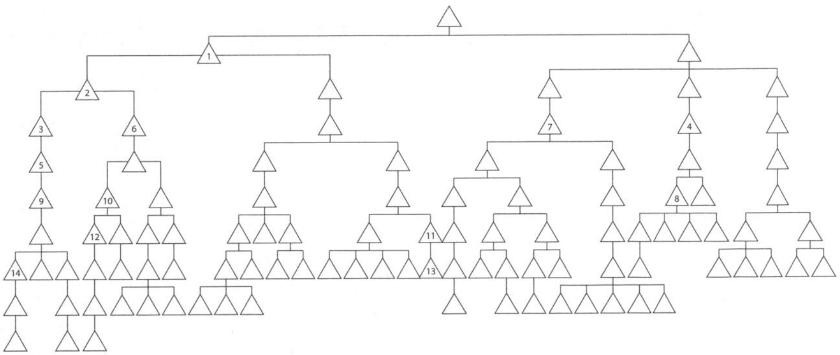

圖14　銅山陳氏的家族結構

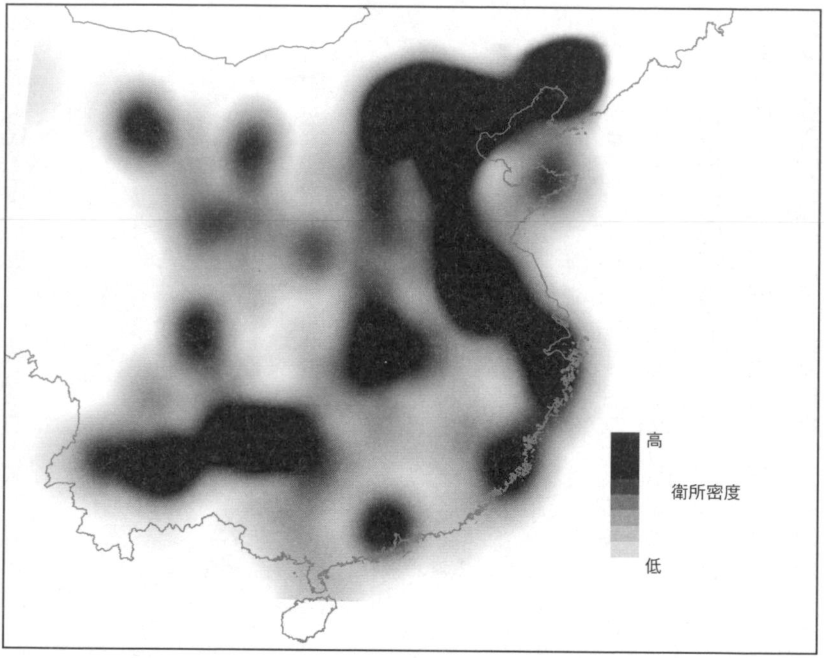

圖15 明末衛所分布熱區示意圖（本圖數據由王迪安搜集，基於Liew Foon Ming, ***The Treatises on Military Affairs of the Ming Dynastic History*** (1368-1644)一書中的資料。相關資料可在網站下載：https://www.fas.harvard.edu/~chgis/data/chgis/downloads/v4/datasets/ming_garrison_pts.html）

要：抵禦邊疆地區的遊牧民族和外國勢力的威脅、確保皇室的安全、護衛大運河上源源不斷向京師輸送的稅賦、維持國內的穩定，以及最後，在東南沿海地區，控制海疆的海盜和走私活動。

在今日的中國，海疆的軍事史總是與十五世紀的一名太監緊密相連。每個學童都熟悉鄭和下西洋的故事，知道他遠航至南亞、中亞，甚至可能到非洲東海岸的偉大航程。[7]（蒲媽奴便曾在鄭和的艦隊上服役，歸國後被擢升為百戶。我們在第一章討論過他的衛選簿。）鄭和下西洋通常被視為中國與海洋世界互動的巔峰，之後，明朝轉向閉關自守。毋庸置疑，鄭和的遠航結束沒多久，朝廷就重返重視北方和西北防務的傳統政策。但同樣不可否認的是，國家支援的遠航僅是中國海洋史的一部分。到洪武元年（一三六八）明朝開國之時，一個擁有數百年歷史的貿易傳統早已將中國南部沿海、日本和東南亞連接起來。成熟的航海科技如龐大、快速、靈活的船隻，讓從事海上貿易的商人滿足世界對中國製成品的需求，以及中國人對熱帶產品和白銀的需求。

朱元璋並不想完全切斷這類貿易，而是希望加以管制和約束。貿易，尤其是國際貿易，只會破壞他理想中自給自足的鄉土秩序，激起百姓的貪欲，鼓勵人員的流動。朱元璋還把海上貿易和外國勢力視為統治的直接威脅。他有理由這麼認為：在元末明初的征戰中，好幾個對手都曾動用強大的水師與他對抗，他希望確保這樣的威脅不再出現。隨著朱元璋猜疑之心日重，洪武十三年（一三八〇），他為了除掉丞相胡惟庸及其逆黨，發動針對滿朝文武的大清洗。胡惟庸的罪狀之一，就是裡通外國。

朱元璋的對外貿易政策有三大要素。第一，他將外國對華進口貿易限制在朝貢貿易的範圍之內。[8]第二，他嚴禁對外出口貿易。中國商人被禁止出海做生意。這兩項措施的實行未能盡如人意。聲稱自己是官方朝貢使節的外國人來到中國的港口，其頻率遠超明朝允許的限度。沿海居民常以出海打魚的名義繼續從事對外貿易，地方官吏心下清楚，若予以禁止，整個沿海經濟將會崩潰。當鄭和於十五世紀初來到東南亞時，就已經在當地港口城市發現福建商人的聚居地。由日本人、中國人和東南亞人組成的商隊繼續在中國海域活動。地方官吏大多對私人貿易睜一隻眼閉一隻眼。朝堂之上也長期激辯，討論如何最好地處理國家政策與貿易現實之間的矛盾。[9]

朱元璋對外貿易政策的第三個要素即沿海衛所制度，這也是本書的關注重點。該制度旨在落實前兩個要素，並維護明代海洋秩序。東南沿海地區面對一系列獨特的軍事挑戰。駐紮在此的軍隊和北疆或西南的軍隊不同。他們既無須面對欲侵略帝國疆土的強大軍事力量，也無須防止桀驁難馴的部落引發的騷亂。他們基本的軍事任務就是在海上巡邏，打擊非法貿易。

衛所士兵的任務皆圍繞此目標展開。位於海防第一線的是「水寨」，駐守水寨的士兵來自衛所。（前線的單位還包括「巡檢司」，但是巡檢司的人員一般由縣衙派遣，屬於另一行政體制。）沿海衛所的士兵定期輪流戍守各要塞。金門守禦千戶所（現在的「金門城」）是現存最完好的沿海衛所之一。建築史學家江柏煒可以利用現存的古城結構重建起倪五郎時代的社區布局（圖16）。

銅山所的軍卒被派駐於近旁的銅山水寨，這裡還有來自六鰲所和鎮海衛的士兵。駐守水寨期間，他們負責在附近水域巡邏，並且一年兩次汛防，前往海上要處巡防停駐，威懾企圖上岸的走

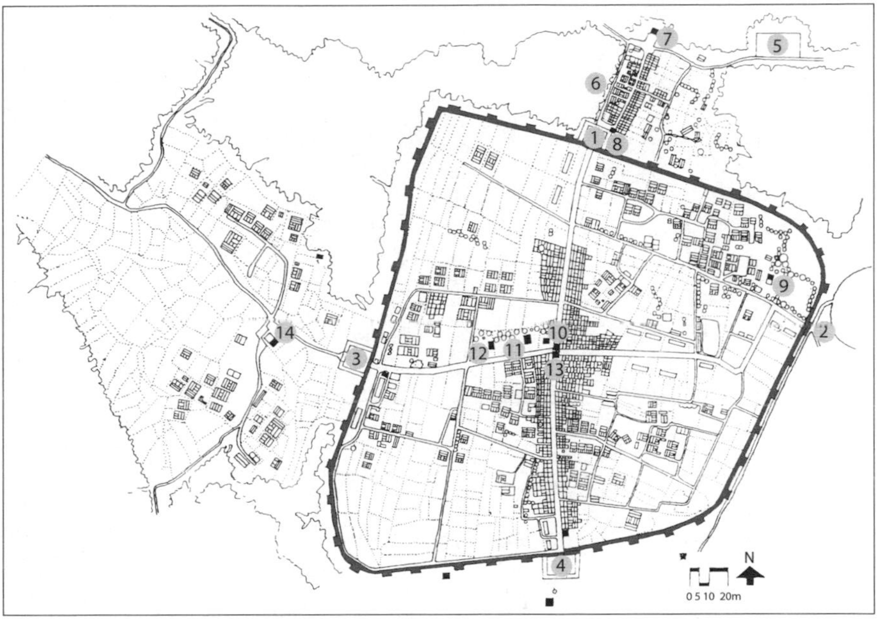

1. 北門
2. 東門
3. 西門
4. 南門
5. 校場
6. 北門外市街
7. 王公宮
8. 嶽帝爺宮
9. 邵氏祖厝
10. 俞大猷生祠
11. 千戶所署
12. 城隍廟
13. 關帝廟
14. 辛氏祖厝

圖16　金門千戶所示意圖

私者和海盜。沒有巡邏任務時，衛所的士兵主要忙於操練。有些衛所擁有船塢，為士兵製造巡邏用的海舟，在這樣的衛所中，士兵也會從事造船工作。

衛所裡的生活並不好。軍官貪汙腐敗，士兵經常領不到軍餉，類似於磐石的譁變事件屢見不鮮。軍官濫用職權，強徵普通軍戶的勞力，有時是出於官府的需要，但更多時候則是為了軍官的私利，相關的記載俯拾皆是。逃兵時有出現，更加重留下來的人的負擔。[10]到了十六世紀中期，情況開始惡化。

在幾乎沒有預警的情況下，東南沿海海域騷亂頻頻，愈演愈烈。一群又一群劫匪沿著海岸線燒殺擄掠，將村莊、鄉鎮、城市乃至衛所夷為平地。在許多沿海衛所的民間傳說中充斥著兩類故事，一類是軍民如何奮勇抵抗劫匪的襲擊，另一類則是抵禦失敗後當地遭受的滅頂之災。莆禧所軍戶的後人至今還講著這樣的故事：他們的城隍爺之所以身著御賜黃袍，乃是因為附近衛所相繼被劫匪攻陷時，唯獨莆禧所成功抵禦侵襲，因此受到朝廷的嘉獎。而在周圍一些村莊的村民中間，則流傳著一個悲慘的故事：他們之所以不養狗（時至今日依然如此），乃是因為劫匪到來時，狗吠暴露了祖先的藏身之處，引發了一場屠殺。[11]

朱紈（一四九四—一五五〇）是首位受朝廷委派處理沿海騷亂的官員，他一開始穩定住了局勢。然而，朱紈的所作所為，引起地方利益集團的怨恨。這些集團頗有權勢，都在暗地裡從事海上貿易。其中一人乃是出身同安軍戶的林希元（約一四八〇—一五六〇）。朱紈批評他與海盜和走私者狼狽為奸，認為他是福建士人中的害群之馬。（據朱紈所言，林家擁有從事東南亞貿易的大型船隊，卻假裝那些船隻都是當地的渡船，以規避嚴禁海上貿易的律例。）

又如考察閑住僉事林希元，負才放誕，見事風生。每遇上官行部，則將平素所撰詆毀前官傳記等文一二冊寄覽，自謂獨持清論，實則明示挾制。守土之官畏而惡之，無如之何，以此樹威。門揭林府二字，或擅受民詞私行拷訊，或擅出告示，侵奪有司。專造違式大船，假以渡船為名，專運賊贓並違禁貨物。[12]

因越權擅殺俘虜，朱紈遭到降職處分，悲憤自盡。海盜的突襲，沿著海岸線南北蔓延。一些襲擊規模之大，甚至造成幾個主要城市和沿海衛所的淪陷。

最終，一批精明強幹的明軍將領指揮以募兵為主力的軍隊，運用新的戰術平定了亂局。他們當中包括出身晉江顯赫軍戶的金門所千戶俞大猷（一五〇三—一五七九）。嘉靖四十二年（一五六三），俞大猷的部隊與名將戚繼光的部隊協力於平海衛痛擊海盜，獲得一場大捷。但是海盜問題的解決，最後在於放寬明初以來對海上貿易的限制。隆慶元年（一五六七），朝廷頒布新的執照制度，允許中國商人合法前往西洋（東南亞）和東洋（東北亞）。[13]沿海騷亂終於得到平息。

中國人將發動襲擊者稱為「倭寇」，字面上的意思即日本強盜（「倭」的字面義是「矮的」）。民國時期，中國歷史學家將明代倭患視為日本的對華戰爭，顯然，他們將歷史和自己所處的時代聯繫起來了。一九四九年後，中國大陸的學者重新將倭患解讀為階級鬥爭，也就是崛起中的商人階級對封建政治秩序發動的攻擊。今天看來，上述兩種解釋都缺乏說服力，但學界目前也還沒有共識得以取代這些觀點。一些學者將倭寇之亂歸咎於明朝未能維持一支足夠強大的海軍，另一些學者則認為問題根源於貿易各方的均勢遭到破壞。近來全球史引發大家的興趣，隨之出現一個新的論調：正是攜帶先進火器的歐洲人的到來，破壞了當地的非正式貿易秩序。[14]

「倭寇」到底是哪些人？大部分史料的回答清楚而簡單：矮小的日本強盜。該專有名詞的使用，乃是試圖將含混複雜的問題簡化為族群衝突，將一個固定範疇強加於流動的群體和變動不居的行為模式之上。即使在當時，「地方知識」（local knowledge）一再指出這個標籤並不準確。據南京湖廣道御史屠仲律估計，被指為「外國匪徒」的人當中，外國人真正所占的比例還不到十分之一，而另外十分之二的人可能來自明朝的藩屬國琉球。屠仲律急於闡明自己的觀點，以致數字統計有欠嚴謹。他繼續寫道，所謂「外國匪徒」者，半數實則來自浙江沿海地區，且其中多達百分之九十的人出身於福建三大沿海州府：漳州府、泉州府和福州府。「雖概稱倭夷，其實多編戶之齊民也。」[15]

認識到許多「倭寇」其實是中國沿海居民，只能部分地解決涉入人群的分類問題。將人群分類，不僅要看族群，還要看其行為方式。任何要將走私者、商人和強盜劃分清楚的嘗試，都將遭遇到實際上是同一群人同時在從事這三項活動的事實。如明人所觀察到的：「寇與商同是人也，市通則寇轉為商，市禁則商轉為寇。」[16]商人和走私者之間的界限是由政策建構出來的，並不取決於人本身。眾多當時知名的海盜主要從事非法的長途海上貿易，因此也是走私者。當時的南中國海處於沒有法律約束的自然狀態，想要經商乃至想要生存下去，就必須具備一定軍事能力。因此，商人也好，走私者也罷，無論世人從事的是合法貿易還是非法貿易，都必須擁有武裝力量。[17]當時機到來，水手們眨眼間就可以停止貿易活動，轉而打家劫舍。他們劫掠的對象，既包括其他水手，也包括沿海的居民。（英文翻譯更加複雜化了這個問題。安東尼・瑞德〔Anthony Reid〕指出，海盜「pirate」這個範疇是歐洲經驗的產物，但它被用來涵蓋中文在光譜上不同位置的詞。「倭寇」經常被譯為「pirate」，但他們並不像英文中的「pirate」那樣，主要活動在於劫掠合法船隻；他們生活在海上，登岸劫掠，抓取人質然後索要贖金，之後再跑回海上或近海的島嶼上。）[18]

不同情況下，同一群被貼上海盜標籤的人，既可以是國家權威的替代者，也可以成為國家權威的一部分。明代官員時不時會嘗試「招撫」海盜，也就是說服海上組織的首領，商人和海盜都是，臣服於朝廷，並受朝廷委派鎮壓其他海盜。[19]因此，有時一些海盜搖身一變，就成了國家的代理人。

此外，無論是走私者、海盜還是奉公守法的商人，都緊緊地嵌入沿海地區社會。如早期鎮壓倭患的朱紈注意到，海上貿易與沿海居民的生活福祉息息相關，乃至於「三尺童子，亦視海盜如衣食父母」。[20]幾乎各個階層的沿海居民，從貧窮的漁民到富裕的鹽商，再到林希元這樣的仕紳精英，都在某種程度上參與著非法海上貿易。

就連沿海衛所的軍官和士兵也置身其中，正如嘉靖八年（一五二九）和嘉靖二十六年（一五四七）皇帝看到的情況。《明實錄》的數十條記載（分布於明朝各個時期）可以證明。有些紀錄把士兵描述為非法海上活動這個普遍性問題的一部分。實錄中的官方文書經常指責「軍民」在從事非法貿易。嘉靖四年（一五二五），浙江巡按御史便上奏皇帝：「漳泉府黠猾軍民私造雙桅大舡下海，名為商販，實出剽劫。」[21]

但是，並非所有指控都採取普遍性的說法。《明實錄》也指名道姓地記錄了參與走私的軍方人員。既然朝貢貿易是唯一的合法貿易形式，凡從事其他涉外貿易的士兵，便都是走私者。這樣的士兵為數不少。明初，朱元璋曾有言：「朕以海道可通外邦，故嘗禁其往來。近聞福建興化衛指揮李興、李春私遣人出海行賈。」幾十年後，《明實錄》提到福建都指揮僉事張豫「坐困頓，置番國方物，不如法」。宣德九年（一四三四），漳州衛的一名指揮官被發現曾出國從事貿易活動，然後用帶回的貨物賄賂上級。[22]

士兵們有時反而會加入本應由自己鎮壓的走私團夥。朱紈發現，紹興衛的兩名士兵「各不合私自下海，投入未獲叛賊馮子貴船內管事，與伊共謀投番導劫」。[23]十六世紀的倭患平息後，當局業已允許百姓在獲得許可的情況下從事貿易活動，但軍方人士仍在繼續參與涉外貿易。一五二〇年代的一次官吏考課，指控澎湖游擊王夢熊有罪：他讓麾下的兩艘船滿載著牲畜和鐵器出洋「巡邏」，但事實上，兩艘船直奔臺灣島，將貨物售給荷蘭人。據說王夢熊還曾設宴款待一群海盜，與他們同席大吃大喝，並以厚禮相贈，包括糧、油及一個小唱。[24]

即使沿海衛所的官兵沒有親身參與海盜或走私活動，軍隊的部署模式則意味著他們往往與相關人士有社會關聯。在十六世紀中期平定倭患的戰鬥中，出身漳州的四名士兵偷偷潛入被包圍的海盜營寨，找到其中的漳州同鄉，答應他們，只要肯出錢，就能幫他們死裡逃生。當地的兩個所甚至出現在提督軍務王忬（一五〇七－一五六〇）所整理的「賊巢」名單裡：金門（即第一章提到的倪家安家的地方）與金門以北的崇武。[25]

在明代，官兵參與走私，與外國人做生意，並時而行事如同海盜。他們扮演著不同角色，或是推波助瀾，或是親力親為。他們的長官也沒閒著，恣意收受賄賂，對非法行為睜一隻眼閉一隻眼。這些人出現在朝廷的史書中，表示這批人被抓到，並且是被他們的上級機構抓到，而這些上級機構選擇透過官僚機制正式地處置他們。相比於這些有紀錄可查的人，未被逮捕的不法之徒肯定要多得多，更不要提還有那些被逮捕卻未被記錄下來的人。

官兵為什麼參與走私、成為海盜？無論是在明朝的福建，還是在其他朝代的其他地方，官兵參與走私的動機，很可能與其他走私者沒什麼不同：要麼是生計所迫，要麼是懷有野心，要麼是投機取巧。然而，對明代軍戶成員而言，還有一些獨特的壓力、誘惑及好處出現在他們的面前，將他們推入這潭渾水。這些因素都是明初軍事制度演變的直接產物。

人口的變遷是一個關鍵的長時段變化。在實行鼓勵士兵安家衛所的在地化政策之前，理論上各衛所的兵員數量是固定不變的。每當正軍退役，他會回到自己的原籍，同時，原籍的接替者會來到衛所。逃兵可能導致衛所兵力暫時減少，明初官員已然注意到這個問題。但經過清軍勾補，衛所兵力最終會回到正常水準。實行在地化政策之後，衛所成為士兵及其眷屬的安身立命之所，並最終成為他們子孫後代的家鄉。人口的自然增長，意味著經過一段時間，明初的一名士兵可能繁衍出一個人丁旺盛的家族。即使再有逃兵，也不一定會導致人口下降，除非祖軍的全部後人集體逃逸。隨軍眷屬的老問題肯定會反覆出現。官員意識到了這點，四川布政司左參議彭謙曾明言：「正軍餘丁一二人在營，其餘老幼有五七人，至二三十人者。」[26]當地人也看到了這點。晚明一個文人在描述福清的萬安所（位於上一章登場的葉家和郭家的原籍附近）時，寫道：「凡軍戶家始唯一人為軍，後子孫多。」[27]

人口結構轉變的最明顯證據來自衛所軍戶日後編纂的族譜。若以譜圖的形式記錄一名十四世紀初正軍的所有後人，其篇幅可能要填滿好幾冊族譜。前面討論過的銅山陳氏家族，到了第八代的時候，族人已有近三十人之多，而且還在不斷增加。才過了短短幾代，軍戶成員的數量就遠遠超出明代軍事制度設計者的預料，也遠遠超出體制的承載能力。

衛所裡，人口持續增長，卻沒有任何制度性機制來適應、記錄這一變化。從財政角度看，人口並沒有變化。一個擁有一千一百二十名士兵的所，始終保持著一千一百二十人的兵力。「官方」的人口數字甚至還有所減少，因為不是所有逃兵或退伍士兵都有人頂替——明中葉以來，官方報告就開始區分「原額」士兵數量和「現額」士兵數量。一個祖軍無論有多少後人，他們都會被籍入一戶名下，該戶只需派一人當兵，相應地只能領到一份軍餉。[28]

不僅如此，我們已在磐石兵變中看到，就連這筆初始財政負擔，在許多地方都成了問題。我們不知道磐石衛指揮為何拖欠軍餉。這可能要歸咎於後勤補給。本來用以供應軍餉的軍屯，不是被賣掉，就是被非法占有，或者因屯卒逃逸而日漸荒蕪（參見第五章）。問題也可能出在軍糧生產與發放的中間環節，一些機構與個人介入其間，暗中作梗。東南沿海（乃至其他地區）的官員，長期被指控挪用、剋扣軍餉，幹著各種見不得人的勾當。[29]然而，即便士兵一分不差地領取到個人應得的糧餉，依然無法解決隨軍眷屬的問題。他們也得有飯吃。

人口變化造成一個棘手的局面，明朝統治者不得不予以正視。朝廷屢次下令，給軍眷提供耕地，讓他們成為普通農民。[30]百姓的應對之道和朝廷的思路大同小異：軍眷要自力更生。他們投入各行各業之中。有記載稱，一名福全所的士兵出海打魚，意外撈到珍貴的宋代硯臺（也許他不過打著捕魚的幌子，暗地裡從事古董買賣）。[31]在與福全隔海相望的金門，軍餘楊廷樹「家貧業漁為活」，他遭遇海難，葬身魚腹，留下一個年輕的寡婦。楊妻在沙灘上痛哭三天，最後自縊身亡。[32]

精於海防的譚綸曾撰文探討沿海衛所駐軍戰鬥力的下降，文中列舉出官兵與軍眷從事的各種職業。他對該問題深感興趣，認為導致軍隊戰鬥力降低的罪魁禍首正是衛所居民職業的多元化。

> 衛所官兵既不能以殺賊，又不足以自守，往往歸罪於行伍空虛……然浙中如寧、紹、溫、台諸沿海衛所，環城之內，並無一民相雜，廬舍鱗集，登非衛所之人乎？顧家道殷實者，往往納充吏承，其次賄官出外為商，其次業藝，其次投兵，其次役占，其次搬演雜劇，其次識字，通同該伍放回附近原籍，歲收常例。至於補伍食糧，則反為疲癃殘疾，老弱不堪之輩，

軍伍不振，戰守無資，弊皆坐此。[33]

天啟五年（一六二五），西班牙耶穌會傳教士拉斯科特斯（Adriano de las Cortes）從馬尼拉前往澳門，在中國沿海遭遇沉船事故。他曾這樣描寫蓬州所守軍：「除了當兵，他們都毫無例外地做著兼職，來自兼職的外快是軍餉的補充，用來養活老婆孩子。例如，他們當中有搬運工、補鞋匠、裁縫師，或從事著其他類似的工作。」[34]部分士兵和軍餘還行如盜匪。如一份官方報告所言：「沿海諸衛所，官旗多剋減軍糧入己，以致軍士艱難。或相聚為盜。」[35]當然，衛所軍戶的職業多元化，無非是第一章討論過的軍戶職業多元化策略的變奏。而軍戶的職業多元化，則又是分布更廣泛的多元化策略的一種變奏。

但是，人口壓力及由此導致的職業多元化，並不是士兵鋌而走險、參與走私的唯一原因。畢竟該現象貫穿明代，反覆出現。還有另一因素起著作用：東南沿海軍戶成員，包括正軍、軍眷具備一些特質，使他們比其他人更有實力進入海洋世界。換句話說，他們在走私和海盜活動中享有競爭優勢。

首先，他們更容易接觸到船隻和航海技術。目前為止登場的絕大多數軍戶，都是在周德興或湯和大規模抽軍期間被徵入伍的。而明初參軍的人員中，有些與海洋有著長期的聯繫。朱元璋將手下敗將方國珍（一三一九—一三七四）的水師分派到各衛所，使許多長期從事海上活動的家庭成為軍戶。[36]洪武十五年（一三八二），朝廷決定將廣東蜑民籍入軍戶，有異曲同工之效。提出該建議的官員強調，這些生活在沿海島嶼的百姓非常不易管理，「遇官軍則稱捕魚，遇番賊則同為寇盜」。他們不僅精通於海事，而且慣於偽裝，矇騙當局說自己從事的是合法貿易。[37]成為軍戶並不會斷絕這些悠久的家族傳統和專門技能。

以海為生的家族傳統也許會逐漸淡化、消失，但是，各個衛所（這些家庭被派駐之地）始終是水師技術的中心。沿海衛所的守軍能夠輕易獲得相關技能，這是他們擁有的另一種競爭優勢。在明代的大部分時間裡，衛所是唯一可以合法建造大型遠洋船舶的地方。[38]閩南地區的懸鐘所，便以專門打造運船聞名於世。[39]就連衛所的戰艦都會被用來從事非法貿易。十五世紀中期，福建永寧衛指揮僉事高璹嘗「役所督海舟賈利」。其間有士兵溺水身亡，引起朝廷的調查，他的不法行徑才大白於天下。[40]此間的守軍還占盡地利。沿海衛所被有意設在各主要港口和傳統貿易樞紐，這就給士兵可乘之機。他們向往來商船徵收非正式的通行費，還為自己的買賣提供各種方便。

軍官擁有另一種競爭優勢，來自他們和當地精英家庭建立的社會網絡。這些家庭可以是商業活動的資金來源。嘉靖九年（一五三〇），海寧衛的兩個指揮官找到仕紳鄭曉（一四九九—一五六六），「言海中有番船多奇貨，借米二百石交市，明日即利三倍」。鄭曉拒絕了厚禮，向兩個軍官的上級和當地縣令舉報，卻如石沉大海，沒有下文。[41]這一事件卻提醒我們，其他仕紳未必皆能如鄭曉一般剛正不阿。

另一方面，如果地方勢族本身就在從事非法貿易，那麼在他們的施壓下，軍官很難秉公執法，甚至乾脆對走私者視而不見。「著姓宦族之人又出官明認之曰，是某月日某使家人某往某處糶稻也，或買杉也，或治裝買匹帛也。家人有銀若干在身，捕者利之……官軍之弊於獄而破其家者，不知其幾也。」久而久之，守軍也順勢與走私者串通勾結。「出海官軍不敢捕獲，不若得貨縱賊無後患也。」[42]

軍戶享有的最大競爭優勢在於，負責控制、取締非法海上貿易的人就是他們自己或他們的親戚。官方禁令中屢次提及此點。宣德八年（一四三三）的一份報告說，近來百姓「不知遵守，往往私造海舟，假朝廷斡辦為名，擅自下番」。舉報不法之徒，將會獲得罪犯一半的財產。但是，「知而不告及軍衛有司縱之弗禁者，一體治罪」。[43]管制貿易乃地方衛所的職責所在，但在現實中，顯然存在「酌情處理」的空間。

水師官員之所以睜一隻眼閉一隻眼，默許手下士兵參與海上貿易，或許是因為貿易所得被視為一種工作福利；或許是因為他們希望靠自己的網開一面來贏得手下的擁戴；或許是因為他們自己的買賣和手下士兵的買賣息息相關。成化五年（一四六九），有人發現福建都指揮僉事王雄收受屬下賄賂，「聽其與島夷奸闌互市。及領軍出海，遇番舶逗撓官軍，遂為所傷」。[44]在沿海地區，唯有軍士能以合法理由出海，他們要巡邏。但是，如明末〈議水寨不宜入廈門〉中所警告，除非軍官保持警覺，否則「甚至官軍假哨捕以行劫，而把總概莫聞知焉。使或聞知，勢至掩飾罔上，以自免過而不暇，又安敢發下罪以警後來，而圖後效哉？」[45]能夠掌握軍隊巡哨的路線和時間，並有把握當自己被抓時可以靠關係（甚至親人）開脫，這些都是從事非法貿易的巨大優勢。

而親自執行海巡任務，無疑是一個更大的優勢。

這給予士兵情報方面的優勢。如明末某個地方志的作者寫道，他有一個朋友，曾經擔任浯嶼寨把總，對海濱之民，「皆知其生業出入，貿遷何業，所藏貨物當往何夷市。」一旦他控制了這些人，便「可用為耳目」。[46]

軍官也會利用公務之便，在監督合法的朝貢貿易的過程中撈取好處。成化元年（一四六五），來自爪哇的朝貢使團到達廣東，一名從事走私活動的中國商人（「常泛海為奸利」）籌劃與使臣交易，購買其攜帶的私貨。使臣的船舶被引到潮州，商人的夥伴在這裡擔任指揮。指揮的職責是將貢品封存以備檢查，但他卻趁機監守自盜，偷偷拿走一些值錢的玳瑁。[47]

軍戶及其眷屬既有航海技術，又有社會人脈，因此在從事非法貿易時享有競爭優勢。在明末海防專家王在晉（萬曆二十年進士）憤怒的反詰中，我們也可以看到這一點：

> 夫艚艚烏尾船隻，明為下海入洋之具，喚工打造，非旬日之可成。停泊河港，招搖耳目，而地方不之詰？官司不之禁？偷度關津，守者不之覺？帆檣出海，總哨不之追？[48]

士兵及其家屬的「再域化」與他們在軍營周圍地區建立的新社會關係，違背了軍方強迫他們在衛所安家的初衷。他們作為國家代理人，享有特殊的政治地位。這種地位帶來的巨大優勢，讓他們在從事走私活動時肆無忌憚，甚至變本加厲。

蔣千戶夜襲倭巢　張把總暗結匪首

本章到目前為止，我都在使用官方報告和正史資料，這些史料毫無例外地對參與走私和海盜活動的士兵持批評態度。如果我們走進相關社群，細讀他們的族譜，還可從參與者的角度講述這段歷史。蔣繼實是福全所的千戶。據我所知，現存的官方文書中沒有他的姓名，但是我們可以在蔣氏族譜中發現他的蹤跡。他的故事太過精采，值得我們花點時間先討論一下故事的來源。《福全蔣氏四房北廳族譜》是一部手抄本族譜，最初編纂於十七世紀中葉，最近一次修訂於一九五八年，加入近年出生的族人姓名。和印刷本族譜相比，手抄本族譜是一種不同「形式」的史料。印刷本族譜反映出家族的權力和地位，至少某部分是為了外人而做的。而在蔣氏族譜中，則包含私通和私生子的故事，明顯不是為了公眾而寫。它是一份草稿，一部家族歷史的隱密紀錄，一本由普通族人記下來的原始資料彙編，作者可能寄望於日後有人根據這些資料重新編纂一部中規中矩的族譜。這恰是在提醒學者們，任何時候，一個家庭的族譜都有可能有多個版本流傳。戴思哲（Joseph Dennis）業已證明，將地方志視為穩定不變的文本是有問題的。這個結論同樣適用於族譜。[49]

> 七代祖繼實公，嘉靖元年壬午十月襲正千戶。到任，掌本所印兩院，兼出海捕倭盜，帶浯

銅遊兵把總。管所事，撫軍士以恩，凡出汛者，加例倍恤，兵卒用勸。於是戶侯閻君恭、陳君慶率闔所人民勒碑懷恩。撰文者黃公澄也，其贊曰：「偉哉君侯，引茲德惠，為山九仞，功在一簣，林林貔貅，始終用慰。」

公少負異才，為府諸生物色俞武襄大猷，以兄事焉。騎射精妙，頗長於海戰，能著釘靴繞哨船欄外，步走如飛。一夕，乘賊酋李文信擁姿姬酣宴，公駕桴突至，計擒之。眾咸失色，遂並其妻妹，生縛入所，急足報捷。會當道攘其功不已，仍督解賊贓番貨。同官忮妒，復媒其與酋妹結為兄娣，受珍珠一斗、金一甕、薔薇露萬觔。公恚甚，酋送之登艇，自脫去，公亦弗更俘之也。或有孽公留酋妹數日，陰挾質子者。當望益奢，公憤恨不應，落職聽勘，久乃悉輸所獲於酋者，分遺諸當道者。再復職，而公不能無後言矣。

都督侯公諱國弼嘗云：「習靜以計擒李文信，卻走林鳳諸酋，此異才也。」其高見在諸賊船貨都不足屬意，謹牽厥饒瓷二船以歸。賊酋鉤舡迎擊，公將兩船瓷器飛射銛碎，賊腳無站處。彼船漸重，我船漸輕，而彼坐受縛矣。公得酋貨，散給兵軍用命者，殊弗甚惜，可謂一時名將。唯性耽聲色，戰勝而挾酋妹，擊暹羅銅鼓，列陣進城，目無全軀保家之弁。蓋解厥考慎庵公之恭恪，而啟迺子龍谷之狼傲，居恆歎：「文官不盡武官之才，達拂初志，惜哉。」

公有知人之鑒，所交遊咸名士大夫。陳尚書我渡公微時，從父北沙公光節挾術家言至福全。公見北沙，即曰：「先生匪常人也。」留共飯。北沙舉七屬，有所遲，公叩之，答曰：

「小兒擔囊未早餐耳。」公遽出視，曰：「先生所以貴者，此兒爾，雙眸如電，台輔器也。」即許婚以妹。久而妹之母曰：「而乃以若妹字衎家子耶！」公曰：「妹福菲。」遂詣陳我渡讀書處（在山川壇），以宗弟繼倫之女女焉。缽山公為鳌妝，以嬪其年。陳以科儒，食餼聯第，後官至尚書，封一品夫人。[50]

福全蔣氏的始祖是朱元璋的老鄉，他們均來自濠州鍾離縣（今安徽省鳳陽縣）。普通士兵族譜對自家被徵入伍的記載往往十分簡略，令歷史學家束手無策。所幸蔣家是世襲軍官，因此蔣氏族譜為我們提供了更多細節。編纂者甚至將家族抄錄的衛選簿副本又謄入族譜。蔣家始祖於元至正十四年（一三五四）加入朱元璋的隊伍，隨之南征北戰。元至正二十三年（一三六三），他成為百戶，之後不斷得到擢升，直到洪武二十五年（一三九二）因年老退伍。退伍之前，他晉升為千戶，被調往福全所，戍守在這裡的都是來自福州地區的新兵。

他的後人一直擔任福全所千戶，多數均能恪盡職守，少數幾位還立下赫赫戰功。蔣繼實是蔣家七世孫，於嘉靖元年（一五二二）頂補他的堂哥成為福全所千戶。和他的祖輩與後輩一樣，蔣繼實的主要職責是保衛沿海地區免受倭寇侵擾。當地有夥「倭寇」，首領名叫李文信（「倭寇」居然起了個中國人的姓名）。蔣繼實充分掌握李文信的行蹤，趁他與手下大擺筵席之時發動突襲。這次突襲堪稱蔣繼實生平最冒險的行動之一。他最終生擒了李文信及他的妻子和妹妹，將他們帶回福全。蔣繼實還從本次行動中起獲「賊贓番貨」。其他軍官對這場大捷心存嫉妒，因此四處散播謠言，稱蔣與匪首之妹「結為兄娣」，並收下她家人賄贈的「珍珠一斗，金一甕，薔薇露萬斛」。蔣繼實一怒之下，索性放走李文信。但流言蜚語仍未停息。他別無選擇，只好「悉輸所獲於酋者，分遺諸當道者」——這裡暗示了他本來沒有想這麼做。有關他扣押李文信之妹作人質、向李索要更多貨物的言論，依然甚囂塵上。

在蔣繼實傳記後面的部分，「倭寇」的妹妹再次現身。此時的記述和前文有著微妙的不同。在前文中，她只是「謠言」的一部分，他人的風言風語都是為了中傷蔣繼實名聲。然而「謠言」背後似乎另有隱情，因為本傳的作者（亦即蔣家的另一名族人）批評蔣繼實「好色」，依據則是蔣繼實「挾酋妹擊暹羅銅鼓，列陣進城」。

族譜中還有一件軼事。有一次，蔣繼實打敗「諸賊」，起獲兩艘滿載瓷器的船隻。「匪首」不甘失敗，追擊蔣繼實的部隊，用鐵鉤攔截船隻。蔣繼實令士兵向敵船拋擲瓷器。瓷器破碎，殘片滿地，以致「賊腳無站處」。我們可能覺得這段記述很好笑，但編纂者卻是一本正經地將其錄入族譜。蔣繼實擊退了「倭寇」的反擊，生擒了匪首，並將作為戰利品的賊贓分給手下士兵。51

蔣繼實傳記中的軍人世界和其在官方史料的面貌大不相同。一方面，蔣繼實與來自晉江的金門所指揮俞大猷有八拜之交，和地方上的許多仕紳相得甚歡；另一方面，他和該區海盜首領之間的關係一言難盡，與匪首之妹更是不清不楚。他攻擊的賊船，滿載著瓷器，顯然不是那種令本地百姓望而生畏的戰船，反而更像是貨船或駁船。就像所有引人入勝的海盜故事一樣，蔣繼實的傳奇中總是出現金銀財寶。然而，寶貨的命運，並不是先被殘暴的海盜從主人手中奪走，之後再由英雄好漢完璧歸趙。無論是蔣家的下游還是上游，都存在著更加複雜的貨物流通。也許有的是李文信送來的禮物，有的則是李文信妹妹的贖金。蔣繼實起獲賊贓，既沒有物歸原主，也沒有上繳國庫，而是贈予上級或分給手下。上至軍官，下至士兵，都覬覦這些被稱為「番貨」的財寶，他們肯定有能力將之在市場上變賣。因此，當時肯定有一些必不可少的市場機構在為他們服務。

我們通常認為，只有當國家能力低下時，才會出現大量的非法行為。但近年來，魯大維（David Robinson）關於暴力的考察與艾力克・塔利亞科佐（Eric Tagliacozzo）對走私的研究告訴我們事情沒有那麼簡單。[52]劫掠荒無人煙之地，無異於竹籃打水。城市的財富和權力，為人的暴行創造機會，匪寇可在這裡「大展身手」。地方行政樞紐也可能成為滋生犯罪的「樂園」。多個行政體系交疊的地區容易藏汙納垢，不法之徒在其間作案，更難以被發現。對走私者而言，有國家官員的地方就有貪汙腐敗的可能。實際上，貪腐官吏只要保證關鍵時刻能讓國家機關對走私活動「視而不見」，就可以幫走私者降低風險。

把總張四維比蔣繼實更加肆無忌憚。他結交汪直（嘉靖年間最著名的海盜首領之一）。他曾送給汪直一條玉帶，「近則拜伏叩頭，甘為臣僕，為其送貨，一呼即往，自以為榮」。如這段記述的作者所言，上述行為顯示出「順逆不分」。[53]

正是在體制中的位置，讓蔣繼實和張四維這樣的人得以牟利自肥。軍官之所以能在履職的同時從事走私活動，靠的不是成功避開國家機關的監督，而是利用自己和國家機關的聯繫。蔣繼實之流，利用靠近國家的優勢和自己在軍中的地位，降低從事走私和海盜活動的成本和風險。明代軍事體制的演變，產生巨大的誘惑，賦予他們極強的競爭優勢，促使他們投身於這些領域。

顏推官稱病避案　黃船主撒謊服法

嘉靖四十五年（一五六七），先皇駕崩，新帝即位，成為當局調整政策、一勞永逸地解決倭患的契機。隆慶皇帝同意放寬海洋貿易限制，設立市舶司，由該司負責發放執照與徵收關稅。[54]沿海地區又恢復了往日的和平。在蓬勃發展的海洋貿易中，馬尼拉一躍成為主要轉口港，而葡萄牙商人則是發揮關鍵作用的中間商。但這一切似乎對沿海衛所官兵享有的特殊競爭優勢毫無影響。

一六二〇年代，顏俊彥在廣東擔任推官。此時，給商人發放執照的制度實行多年，海外貿易禁令已是陳年舊事。現在比以往更加強調走私與合法貿易的界限在於買家賣家的身分，而非流通貨物的種類，而顏俊彥審判過的最複雜的一起案件便涉及這個問題。

洋船闌入內地黃正等　二徒八杖

〔顏俊彥：〕看得外洋之船，假以飄風為名，闌入內地，業經前院具疏，奉有明旨：「詭異船隻潛伺賄放，違者處以重典。」茲據李參將所報，洋船壹隻飄入虎門，此正明旨所謂詭異之船也。沿路官兵，所司何事？聽其飄入。若有奸人叵測，亦可任其出入自如耶？事干封疆，非同兒戲。伏乞憲台嚴檄海防捕盜及該地方縣官，查其來歷，再議發落。若朦朧放入，報餉完事，似於明旨有礙，非職所敢與聞也。伏候憲裁。呈詳。

海道批：洋船擅入，官兵放行，昨已批府嚴查究處矣。本道所謂速查果係飄風別無夾帶，正所謂查其來歷，所謂盤驗封固候解審定奪，即所謂再議發落也。事係封疆，該府素著風裁，似難謙讓。若本船貨載，既不泊之內海，能保其無偺運匿贓？作何防守？應否盤驗？一併確議速詳。

〔顏俊彥：〕看得飄風之船，倘果係差官以宣諭紅夷飄風至此，其船上貳百餘人及裝載多貨，夫豈奉差宣諭者所宜有耶？奉憲檄府盤詰審究，職因病痢給假，不能即出。此等詭異之船，內無勾引，外必不入。所載重貨，不難賄通地方巧為搬運，恐盤驗稍遲，盡屬烏有。即嚴行哨守官兵加謹巡察，而此哨守官兵非能見利不動，則所稱巡察之人未必非即搬運之人也。伏乞憲台，行兩縣正官即時親往盤詰，庶幾尚有著落。且舊年郭玉興、高廷芳等船僅擬罰餉，此輩得志，遂複再逞。此審斷不可不重懲之，以杜其後也。伏候憲裁。詳蒙

海道批：船貨已行兩縣盤驗，差官黃正、陳鼎業押發查質。中間情弊，一審自明，確究速報。

〔顏俊彥：〕看得洋船既入，據報載有重貨，自應速委盤驗，免其私自搬運。但職既臥病不能前往，所以具文詳請，委兩縣正官親驗，非推避也。若遲之時日，恐便有不可問者。伏候憲台速賜裁奪。詳蒙

海道批：仰速行盤驗，繳。

〔顏俊彥：〕看得洋船突入，凡在守土，俱無所謝其責。職湊以痢病給假，僵臥不能出。奉憲檄，以三尺從事恐遲延時日，此輩狡計百出，已轉屬兩縣，據審明申報在案。或即聽院道發落，或併候制臺入境處分，統候憲裁。解詳，蒙海道轉詳。

察院批：閱黃正等所執福建撫院札付，止云偵探海上耳。乃竟聚眾三百餘人，入夷地，販夷貨，又違禁直逼粵省，而民間之住粵者，且為奔走，布置窩接。是豈無因而至，尚得以「飄風」二字為解耶？船中違禁之物，為番為倭，不可不亟行盤明，以免奸徒私運匿贓而併卸罪也。該道仍移福建海道查明，將人貨關發彼處定罪，併候新軍門定奪另詳。

〔顏俊彥：〕照得洋船突入一案，職湊以病給假，憲檄云及已行兩縣審明轉詳。此復若欲操不律以佐憲臺，三尺刑官事也。蒙批盤驗，職遵查《大明會典》載，各府推官，職專理獄，通署刑名文字，不預餘事。況職兼視府篆，一日之內，應接不遑。盤驗洋船，勢難一日兩日可以結局，豈能拋廢府廳諸事，往為料理。若不奉憲臺批定某衙門某官，彼此推卸，遷延時日，恐致耽誤。具詳。

巡視海道批：仰候按院詳示繳。

〔顏俊彥：〕看得洋船一案，奉憲檄委兩縣正官盤驗，兩縣具文，以盤驗實責成市舶司為言。詳蒙憲檄，本府會同兩縣參酌。查律例，糾通下海之人接買番貨，與探聽下海之人番貨到來，私買販賣蘇木、胡椒至壹千斤以上者，俱問發邊衛充軍，番貨併入官。又查前院條奏，奉明旨：「詭異船祗潛伺賄放，違者處以重典。」今據黃正等所執帖札，未辨真偽。然細看帖札首尾，從無「許其裝貨」字樣。據黃正等訴稱：將所有壓載碗銚向彼倒換胡椒、藤香、豆蔻等物，回需水稍家丁月糧、造船製器等費。夫軍需自有定額，貨販不入章程。朝廷律令閩粵一天，此不待移會而知其支離也。今若欲據律正罪，祇須著市舶司照單沒入其貨，問罪發落。此中院道為政，一言而決耳。若欲移會閩中，祇須行原經手放入將領，封固看守其船。一面移文閩中，關會作何發落。若一經此處府縣官盤驗，便是粵中私貨，萬無退閩之理。還閩而路上聽其搬運發脫，不免涉於賄放矣。府縣官原供上臺奔走，敢不東西南北唯命。但此事既經再四推敲，情事重大，上凜祖宗之法度，下遵憲令之森嚴。莊讀院批：「違禁通番，擅入粵海，以粵為壑者，即拿究解，以憑參題。」字字風霜，職輩唯知操三尺從事，若敢有游移，上臺以職輩為何如人？通國以職輩為何如人？義之所不敢出也。至胡吏目往看，有文申報憲台，據稱其船內裝有椒香、豆蔻等貨，在船且夥，多人擬似商人形境。胡吏目之原看語具在，黃正等已稱具單，初詞具在，不須職輩再查也。詳蒙海道轉詳。

察院批：駁洋必萬斛之舟，中藏不知何物。該道前後以盤明為請，本院亦屢批速盤。蓋速盤則貨免潛搬，罪無所掩。乃議論迭更，竟未歸著。今府詳既應就粵究沒，何容寬假，該道即便會同布、按二司議酌妥確，速委盤明，按法究擬通詳，毋再遷延，反啟奸徒潛搬脫卸之弊也。速速。

〔顏俊彥：〕查看得盤驗洋船，據廳縣會同稱：船上之人有兵無商，船上之貨有粗無細，欲盡數查驗，須半月餘，應否就一艙以概眾艙，早結斯局，此聽上裁，非職輩所擅議。具詳。

巡視海道批：既經廳縣會同，親詣抽艙盤驗，與冊報相同，似無欺隱。姑一面究擬詳奪，以遵毋再遷延之批可也。此繳。

〔顏俊彥：〕看得洋船之人，非經盤驗，則其船之為兵船，為貨船，與船中之貨為違禁，為非違禁，俱難臆擬。職初請盤驗，既請定盤驗之官，已蒙憲委兩縣正官。兩院以應責成市舶司，該司現無正官。既在地方，縣官亦無容推避。但據報其船既大，則所貯之貨必多。奉上委盤，必須徹底，不堪朦朧塞責，斷非一日兩日可以了事者。海防督捕，俱有責成。合無併委兩廳與兩縣，每人認盤幾艙或輪盤幾日，庶事得速完。其船應否喚令泊有公署之所，庶便盤驗。至於船中之人不許帶貨上岸，岸上之人不許到船攜貨，則須仍責之原奉檄防守之兵將耳。船中之人，據宋名臣手本，以絕食為請，併請行兩縣，於市上取米，酌給數日之糧。候盤驗完日，或即於貨內銷算，亦無不可。無聽其饑斃之理，亦無聽奸徒接濟之理。伏候憲裁。呈詳。

海道批：洋船既奉批速盤，準喚泊附近，如詳仰府轉行廳縣，徹底分盤，庶事易完而弊盡絕。糧米兩縣查給銷算，仍督防守官兵嚴緝攜帶搬運，違玩解究。

〔顏俊彥：〕審得黃正、陳鼎等之船，初據突然報到船上如許多人，以為必詭異之船，於地方不便，法所必討。今據廳縣會同盤驗，船係兵船，船上之人俱係兵役，無一商人，則其借巡海而行私販無疑也。夾帶私貨，托名飄風，突入粵境，黃正、陳鼎何辭越渡之律，擬

> 徒。黃國鉉、吳清、陳成林、孫李瑞、黃彩、程少宇、高廷炳奔走窺探，爭趨逐利，併杖不枉。其貨據廳縣約算，冊上近有萬金，而內有浥爛不堪變價，應否如議，或半沒，或量追價沒，尚聽上裁。屢查成案，俱取裁於上。以招擬責刑官，敢不據律例從事，持籌核餉非職分內事也。蒙批一面究擬詳奪，以遵毋再遷延之批。具招呈詳。
>
> 海道批：仰候轉詳示行繳。[55]

地方官員報告，一艘洋船停靠在廣州附近的虎門，自稱因風高浪急而偏離航道。朝廷此前有旨意下達，提醒各地官員務必注意「詭異船隻」，並警告說，若不仔細查驗，定將處以「重典」。正如文中所言：「事干封疆，非同兒戲。」本案頗為棘手，顏俊彥無意親自審理，於是一次又一次地稱病不出。但他試圖為上級建言獻策，告訴他們應當下達何種指示，以此彌補自己缺席之過。不排除顏俊彥此時真的身染沉痾，徘徊於生死之間。但更可能的情況是，他清楚本案極其難辦，因而決定能躲多遠就躲多遠。

洋船船主黃正一開始聲稱自己是「奉差宣諭者」，要去和葡萄牙人交涉。爾後又說自己受福建巡撫之命，在執行巡海任務。然而，他的供詞漏洞百出。該船有兩百多名船員，遠遠超出外交使團或巡海部隊的規模。船上滿載貨物，負責查驗的官員說，貨物數量之多，須花半月有餘的時間才能清點完畢。至於黃正所執福建巡撫的帖劄，不論真偽，並無一字一句允許該船運貨。當黃正再次被提審時，他供稱之所以載貨，的確有買賣之意，但這是為了應付供給船員口糧、維護修理船隻等開銷。辦案官員指出，按軍方律例的明文規定，軍餉由國庫支出，從未許可軍官私自透過對外貿易籌集。此外，黃正說洋船因遇風浪偏離航道，偶然來此，而當該船在岸邊停泊時，「民間之住粵者，且為奔走，布置窩接」。黃正的辯解蒼白無力，該船顯然既非官方使團，也未在執行巡海任務。

有官員提出，本案應由福建官府負責，呼籲將船隻和船員移交福建。也有官員力主在廣東就地審理。但他們一致認為，處理此案既要謹慎小心，又要速戰速決。拖得愈久，證據愈有可能流失。船員會設法偷偷賣掉船上的貨物。看管的士兵也可能監守自盜，把竊取的貨物轉售出去。「即嚴行哨守官兵加謹巡察，而此哨守官兵非能見利不動，則所稱巡察之人未必非即搬運之人。」又或者，船員會聲稱自己有斷炊之虞，要求在當地市場上變賣貨物以換取補給。後來真的發生了這樣的事。顏俊彥建議：「無聽其饑斃之理，亦無聽奸徒接濟之理。」（顏的建議會招來一個麻煩：如果禁止變賣貨物，那麼為船員供糧的責任就落到當地官員頭上。這一讓縣令自掏腰包養活嫌犯的建議，想必很難引起他的興趣。）若將船隻移交福建，則到埠之時，恐怕船艙裡已空無一物。即使船員沒有變賣貨物，看守的士兵也會這麼幹。

當務之急是清點船上的東西。衙役發現有大量的胡椒、豆蔻，這些都是東南亞的特產。此次清點，還促使官員們做出關鍵性判斷：「船係兵船，船上之人具係兵役，無一商人。」真相水落石出。嫌犯確係有罪，黃正等兩人發配邊疆充軍，其他船員被處以杖刑。[56]

本案十分複雜。我們沒有十足的理由認為官府掌握了全部情況，甚至也沒有十足的理由相信顏俊彥的記載準確地反映了案件的發展過程。但這都無關宏旨。最有趣的是辦案官員做出的各種假設與考慮的各種可能情況。一艘被風浪吹上岸的船隻，可能是商船，也可能是兵船。若是後者，那它可能是在單純地執行公務；或一邊執行公務，一邊私下做一些小買賣；又或在上官的默許下，打著執行公務的幌子從事海上貿易；也可能所謂的公務純屬子虛烏有，一切都是嫌犯事先為應對被捕後的審訊而編造的謊言。對官府而言，上述多種可能情況均有其合理之處。辦案官員假設與本案相關的各方，包括船員、看守洋船的士兵、卸貨以便查驗的搬運工，甚至洋船停靠地附近的居民，都具備買賣外國商品的資源、技巧、資金和市場知識。儘管官府努力對涉案人員進行分類，但在十七世紀初的海洋世界，商人、走私者和士兵之間的界線可能非常模糊。

在本章開頭的故事，嘉靖八年（一五二九），一次欠餉引發了士兵譁變，皇帝才發現當地的軍官在從事走私活動。一個世紀之後，明朝末代皇帝朱由檢看到的奏疏中，兩類事件再次交織在一起。官府在沿海地區攔下兩艘走私貨物的船隻。調查顯示，當地兩名軍官是此次走私行動的幕後主導。貨物扣押期間，衛所士兵受兩名軍官的眷屬煽動，以抗議欠餉為由鬧事。兵變期間，一名把總闖入指揮的營帳，搶走他的官印和被扣押的貨物。第二天，兩艘船隻的船員帶著失而復得的貨物重新啟航，他們在船上敲鑼打鼓，慶祝「勝利」。[57]

在這起事件發生前幾年，西班牙耶穌會傳教士拉斯科特斯曾寫道，那些「被派到戰艦上並奉命剿滅海盜、保衛沿海地區的士兵對沿海村莊發動攻擊，對窮苦的中國農民燒殺搶掠」。他們搶奪每一艘遇到的船隻，聲稱它們屬於「敵寇」。拉斯科特斯接著寫道，在澳門地區遭遇明朝海軍的人經常性命不保，明兵往往殺死船上所有人，謊稱受害者都是「海盜」和「賊匪」。「他們可以很容易地滿足上級官員——分給他們一些賊贓就好了。」[58]

終明之世，軍人利用自己靠近海防體制的優勢牟利自肥，以不同程度的「膽大妄為」參與走私。在王朝近三百年的歷史中，狀況並非一成不變。明代中葉，倭患一度加劇，隨後朝廷調整相關的貿易管制條例。歐洲人的到來使問題複雜化。但有一件事沒有改變：軍官及其部下利用自己在一個監管制度「軍隊」中的有利地位，在另一個監管制度「國際貿易體制」中撈取好處。鎮守東南沿海地區的士兵，主要的軍事任務是維持海上秩序、消滅走私和海盜行為。平定「倭寇」是他們的職責所在，但他們當中的一部分人卻正是「倭寇」本身。

結語

在東南沿海地區，許多官兵及他們的家屬利用自己在軍隊中的關係，透過走私或海盜活動發家致富。當然，並非所有官兵都是走私者，也並非所有走私者都是官兵。重點是，並不是說與執法機構和監管機制離得愈遠、分得愈開，才愈容易出現非法行為；有時正相反，士兵、官員和他們的家屬能夠從非法貿易中獲利，恰恰因為他們靠近國家機關。在「順從—抵抗」的光譜上，和前兩章提到的「優化策略」相比，本章登場軍戶的所作所為更近「抵抗」的一端。但是，諸如「抵抗」或「瀆職」之類的詞彙仍無法完全描述此類行為。這些簡單的詞彙沒能抓住關鍵的一點，即正是因為軍戶緊密鑲嵌在這些制度裡面，他們才可能有這些行為。在第一章中，軍戶試著計算替補軍役的成本，並想方設法地降低或重新分攤這些成本。在本章中，軍戶則計算著——雖然不是那麼明顯——透過繼續承擔兵役成本，他們能獲得什麼好處。他們調整的後果違背其所在制度的設立目的，但對身處其中者來說，這些似乎不怎麼在他們的考慮當中。

理解軍戶入伍時鑲嵌進去的社會網絡，有助於理解朱元璋及其繼任者為何堅持推動軍隊的「解域化」。之所以必須將士兵遷離原籍，不只是出於軍事上的考量，也是因為他們留在原籍更容易做出違背軍隊目標的事情。這一問題在東南地區最為明顯。在那裡，長期存在的非法貿易網絡是地方經濟的重要組成部分。但換防政策還是無法一勞永逸地解決問題。當士兵扎根於新的衛所，他們開始「再域化」，形成新的社會網絡，並讓一切重蹈覆轍。到了十六世紀中葉，類似福全蔣氏的衛所軍戶家族已被嵌入一系列新的網絡。他們利用這些網絡顛覆著他們所服務的制度。

明代官員經常試圖說服海上團體包括商人和「倭寇」的首領歸附朝廷，成為良民。招撫政策和此處討論的行為是一體兩面的。兩者是同一衝突的產物，衝突的一方是沿海地區百姓的模糊身分，另一方則是國家政策為百姓劃分的鮮明類別。無論是海盜還是士兵，都可以在服務自身目的的同時利用這種身分的模糊性。

根據采九德所述，當海盜在嘉靖年間擾亂沿海時，「多效吾鄉民裝束，又類吾軍裝束，混而無別，遂致常勝。」[59]其他史料亦提及同類現象。對該時期的一場戰鬥的描述如下：「賊佯為我兵裝束，繞出陣後……腹背夾擊。」[60]（這令我們不禁想到：海盜究竟是從何處得到官軍裝束的？有沒有這樣的可能：這些人身上其實就一套裝束，只不過當他們是官兵時，該裝束被稱為軍裝，而當他們行同海盜時，該裝束就變成了「偽裝」？）英勇的銅山把總張萬紀反其道而行之，偽裝成百姓，將賊匪殺了個措手不及：

> 每雨雲陰晦，意賊且出，輒駕小舟，身攜一劍，以驍勇數輩自隨，裝束如漁人，因以誘賊。賊相遇，手自擊殺之，或死或縛。[61]

軍戶成員與海上貿易之間關係如此密切，若說他們與中國人早期跨境出洋的風潮有關也是很合乎情理。蔣繼實家族譜記載蔣氏宗親曾跨海抵達臺灣島，這並不讓人意外。其他的蔣家人走到了更遠的地方，有的在東南亞的海外華人社群中落地生根，蔣繼實堂兄弟的後代則「流入東洋販貨為生，子孫頗蕃育」。李伯衍是永寧衛軍戶的九世孫，於十六世紀末移居呂宋。[62]明代福建軍戶的子孫是不是最早移居海外的中國人？雖然我不該過度強調這一點，畢竟福建民戶族譜中記錄著數十萬乃至數百萬曾移居海外之人，但「明代軍戶成員有可能是最早的一批海外華人」的這種想法仍然很吸引人。也許這要比鄭和的寶船更適合當成中國在歷史上作為海上強權的象徵，也更能體現明代軍隊與中國的全球史地位間的關聯性。旨在限制中國與世界各地之經濟互動的明代制度，事實上卻在構建這一互動的過程中，發揮至關重要的作用。而那些謀劃著在軍事制度中如何更好地生活、操縱著體制為自己謀利、決定著在何種程度上接受或拒絕國家控制的軍戶家庭，則在中國海外移民及全球貿易網絡的發展中扮演舉足輕重的角色。

第四章　衛所裡的新社會關係

結連理戍兵入鄉俗　辦衛學軍官傳書香

儘管只是一名下級軍官，陳用之已然成為永寧衛最受尊重的人物之一。衛裡的同袍漠視教育，令他憂心忡忡。他一戶又一戶地登門造訪，軟硬兼施，努力說服各家就學。至少文獻中是這麼記載的。

陳用之，成化中永寧衛知事。永寧濱海，弦誦聲稀。用之訪諸貴胄及戎籍子弟之秀者，勸使就學，諭之曰：「古人雖在軍旅，不廢詩書，人間唯此一種味最不可少。」且為敦請與化耆宿陳愈為諸生師，三年得可造者三十人。白當道乞如民間俊秀例，充附府學，均教育，以勸來者。自是永寧文風日進，學者立祠祀焉。[1]

陳用之勸告衛所的年輕人：「古人雖在軍旅，不廢詩書。人間唯此一種味最不可少。」想要永寧軍戶積極向學，單憑口舌之功遠遠不夠。十五世紀中期，陳用之決定辦學，於是創立永寧衛的第一所學校，即「衛學」。（或許所謂辦學，即陳用之獲得上級的同意與經費支持。）學校聘請一位興化府的讀書先生。而後陳用之又說服當地主管教育的官員對永寧衛學的軍戶學生與其他學校的民戶學生一視同仁。衛學中透過遴選考試的學生，可以進入泉州府學，並領到一筆津貼。在陳用之的不懈努力下，「永寧文風日進」。

清朝時，永寧的讀書人建立祠堂，祭拜陳用之。如今祠堂不復存在，但陳用之依然活在大家的記憶之中。永寧已無陳用之的後人，沒有親族為他掃墓祭祀，但當地另一個顯赫的陳氏家族卻在自家祠堂裡供奉著陳用之的牌位——該家族曾有許多族人就讀於他創辦的衛學。

既不是功勳卓著的將軍，也不是驍勇善戰的士卒，陳用之在一個軍事基地被隆重紀念，這似乎有些奇怪。然而，永寧除了是一座衛城，還是一個社區，陳用之的名望乃是來自他對該社區的傑出貢獻。

明初，周德興在東南沿海地區廣設衛所，同時也建起一個個新的社區，衛所中的士兵及軍眷成為新社區的一部分。平海和普門等地就是如此，雖然平海早在衛所設立之前就已有村落形成，而普門雖然最終被明軍放棄，但現在村落又在衛所廢墟之上重生。除了明末一段插曲（我將在第七章討論），這些社區一直延續至今。衛所社區的發展是軍事政策的非預期後果。然而，衛所體制畢竟意味著一定的限制，這些社區又是如何超越這種局限性呢？

新社會關係是明代軍事制度意料之外的副產品。本章旨在追溯衛所的新社會關係的發展，

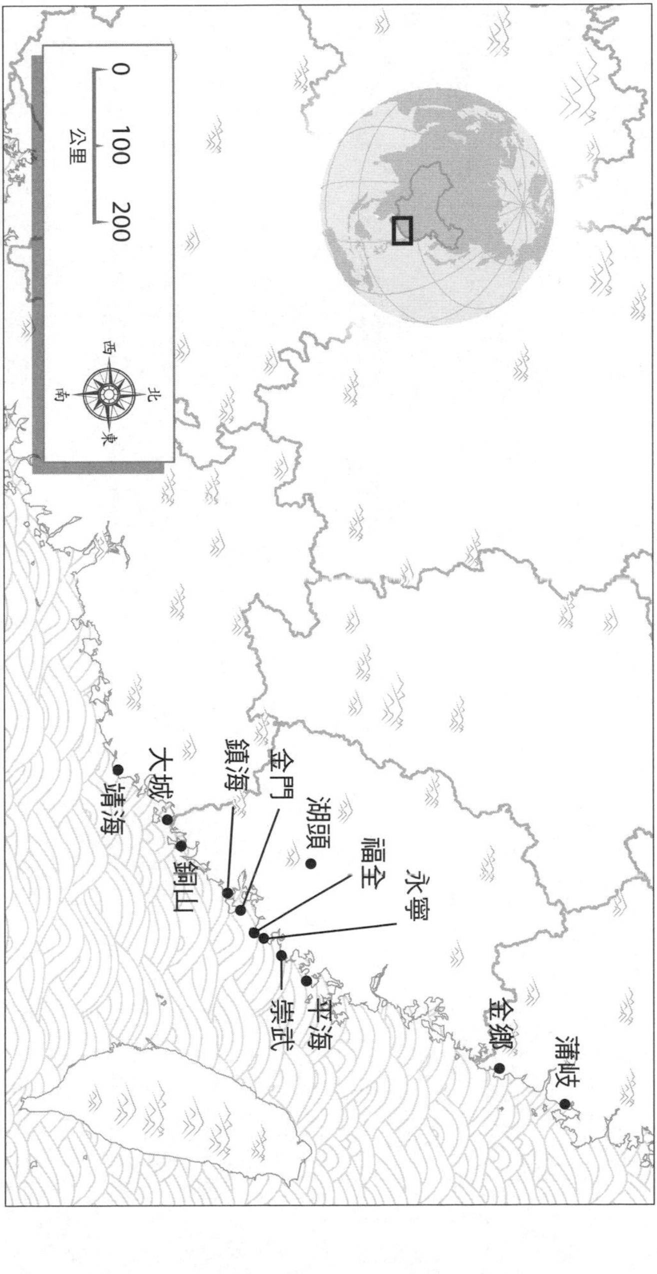

圖 17　文中提到的關鍵地點示意圖

特別是一些基於婚姻、寺廟、學校形成的關係，並揭示出在當初催生它們的制度早已消失的情況下，這些社會關係是如何延續至今。我們將探討來到衛所的士兵及軍眷如何創建、再造並維持他們的社區，如何融入自己所處的社會大環境。因此，本章講述的是另一種日常政治，即社區與社群建構的政治。

如我們在本書第一部分所見，士兵調入衛所，是被「解域化」。國家將士兵挪離熟悉的環境，根據軍事上的需要將他們安置在一個新的地方。鼓勵士兵安家衛所的政策，使士兵及軍眷「再域化」，他們融入了新環境之中。新社會關係的創建、「再域化」的不同表現，都是出乎意料的產物，但卻是明初周德興廣建衛所帶來的最深遠的影響。

何鵬娶妻：衛所軍士的婚姻網絡

嘉靖十年（一五三一）秋，十五歲的何鵬（一五一七—一五七七）繼任蒲岐所千戶（蒲岐所是磐石衛下轄的守禦千戶所。本書第三章開篇的士兵譁變就發生在磐石衛）。他是何家第八任千戶。

謹按來一府君（何鵬）於嘉靖十年九月內襲爵，即考掌印。二十六年，蒙溫處金衢嚴兵備副史曹委，築岳頭城牆，工完，行樂清縣給匾書「海防奇蹟」以嘉奬之。二十七年四月內，率駕兵船赴雙嶼江策應。六月，蒙統兵都司梁率剿夷寇，獲功三次。二十八年二月內，為五報海洋捷音事，蒙欽差巡按都御史朱案行溫州府宴勞，給賞花牌銀兩。……[2]

從時間上來看，何鵬的任職促使何家決定為他安排婚事。美好姻緣何處尋？他的曾祖父、祖父和叔叔都娶了所裡軍官之女為妻。而他的父親有所不同，與當地一名出身書香門第的女子，亦即何鵬的母親喜結良緣。[3]媒人建議，他應該效仿其父，婚配一位民戶之女。新娘比何鵬大一歲，和他母親一樣，來自當地顯赫的家族。何鵬是一名不折不扣的軍人，他驍勇善戰，屢立奇功，於嘉靖二十七年（一五四八）參與對雙嶼倭寇巢穴的襲擊，這是抗倭戰爭中規模最大的戰役之一。他因勇毅獲賞花牌銀兩（相當於受到通報表揚）。他的社會網絡遠遠不止於軍隊的圈子。透過母親和妻子的關係，何鵬及其家族成為浙南地方精英階層的一員。

幾乎每家的家長都會為子女安排婚事。當然，對生活而言，結婚本身並不「日常」，而是特殊的事件。但是，結婚的打算、婚事的籌劃與各方的協商，這一漫長過程則是日常政治的重要組成部分。這一點或許在軍戶身上尤為明顯。雖然在前現代中國社會基本上所有女性都會嫁人（一夫多妻和納妾習俗則意味著並非所有男性都能娶妻），然而軍戶家庭為女兒操持婚事時，卻經常遇到困難。潛在的親家會擔心與軍戶結親的種種可能後果。如若軍戶沒有男丁，補伍的責任是不是要由女婿承擔？對此等牽連的疑慮不無根據。在第二章登場的莆田文人鄭紀，便於一篇對清勾官吏的長串抱怨中寫道：「或婦翁丁盡，則報其女子，名曰女婿軍。」[4]

在一些地方，擔憂受軍戶牽連的疑慮可能造成整個婚姻市場的扭曲。黃宗載（洪武三十年進士）任湖廣按察使僉事時，發現武陵軍戶子女難覓婚配，事態十分嚴重。「武陵多戎籍，民家慮與為婚姻，徭賦將累己。男女至年四十尚不婚。」[5]

軍士於衛所安家，婚姻大事的挑戰沒有消失，反而變得更加嚴峻。一方面，潛在的親家害怕自身受到軍役的牽累；另一方面，可能的對象本就少得可憐。初到衛所時，軍戶是當地的陌生人，既沒有業已聯姻的家庭可以依靠，也沒有任何本地的社交網絡。可想而知，大部分情況下都是軍戶之間互相結親。而這正是史料告訴我們的事實。

三種史料可以幫助我們瞭解衛所軍士及軍眷的婚姻模式：我們可以用為數不多的詳載著婚姻資訊的族譜進行深入的研究；也可以進一步從地方志的傳記與一般性的評論裡搜集更多資訊；還可以在其他更多的文字史料中發掘與軍戶、婚姻相關的軼事。只有一小部分族譜收錄著較多對本研究有用的資訊，而且它們基本上都來自軍官。這不難理解，軍官屬於衛所精英階層，他們的婚姻網絡更有助於提升家族聲望。（但並不等於說普通士兵的婚姻沒有經過精心策劃。只不過士兵家族的策略和他們在衛所生活的其他方面一樣很少被記錄下來。）一些普通士兵家族的編譜者會收錄譜中男性的妻子以及女兒所嫁過去的家族的詳細資訊，但即便是最勤勉的編纂者如梅花林氏族譜的作者，都沒想過記下兒媳和女婿本來所屬何種戶籍。

蒲岐何氏的族譜與眾不同，它將族內男子和女子婚嫁資訊盡收其中（儘管篇幅上還是男子多、女子少）。這讓我們得以梳理出何家婚姻網絡的整體嬗變。何鵬的經歷，也是其遠近親戚的經歷。何家始祖是朱元璋的早期追隨者，最終獲封千戶之職，子孫世襲。始祖之子被調入蒲岐。因此，何家在蒲岐的首場婚事肯定是為始祖的孫輩（也就是何家第三代人）娶親。在整個明代，何家共有十六名男子迎娶的是其他軍官之女。在何家子孫中，繼任千戶者最有可能與衛所同仁聯姻。始祖之後的八任千戶裡，有三位的妻子出身軍官家庭。但是，何家後人（無論是否繼任千戶）以軍官之女為妻的比例一代比一代少：第五代的三人中有兩人，第六代的七人中有六人，第七代的十五人中有六人，而人丁興旺的第八代中只有兩人，此後比例更是降到零，第九代共有二十五名男丁，沒有一位娶軍官的女兒過門（圖18）。

何家女兒的婚姻模式大致相同。她們嫁給軍官的比例也是逐代下降。我們共掌握家族三十四名女兒的資訊。其中，有六人的夫婿要麼是在伍軍官，要麼是日後將任軍官之人，要麼是軍官之子。她們都是明初時人。家族第六代人中有兩個女兒，都嫁給軍官。而到第九代時，八個女兒沒一人嫁入軍門。[6]

何氏族譜並未說明自家婚姻安排背後的邏輯，但一個顯而易見的解釋是，隨著何家在衛所安居日久，潛在的姻親範圍不斷擴大。他們更多地與周圍地區的家庭通婚，無論軍戶還是民戶。換句話說，他們的婚姻行為與當地的整體狀況愈來愈接近。日漸一日，他們與民戶的差異愈來愈少。雖然軍官家族自有其特殊之處，但是漸進「再域化」的基本模式同樣適用於軍官家族和士兵家庭。[7]

族譜令我們得以深入觀察一個家族的婚姻網絡。若更廣泛地運用地方志的材料研究該問題，

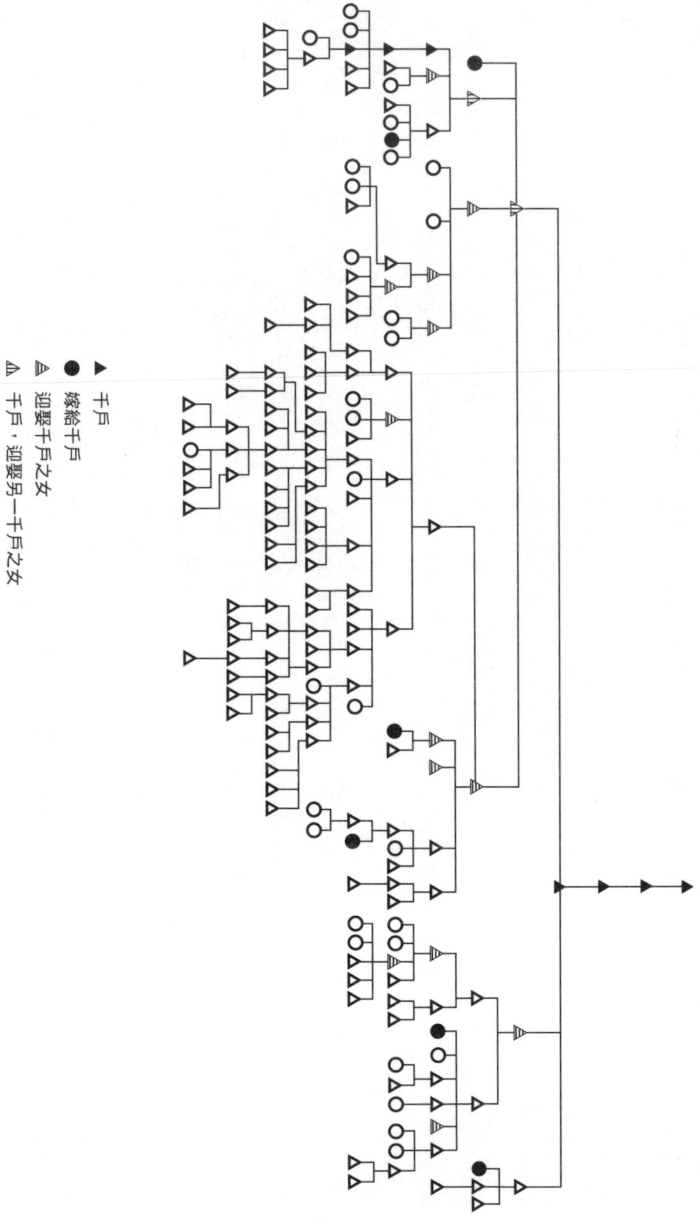
千戶
嫁給千戶
迎娶千戶之女
千戶，迎娶另一千戶之女

圖18 蒲岐何氏的婚姻

也會得到與上述觀察類似的結論。《滄海紀遺》完成於明末，是一本記載金門風土的地方志著作，有五篇介紹「貞烈節孝」之女的傳記，描寫的妻子或丈夫與衛所存在清楚的關聯。其中兩篇，夫妻雙方都來自衛所，即軍戶之間聯姻的事例。

> 李錦娘，金門所軍人女也。幼許配本所軍餘林繼賢；賢早失怙恃，李家撫成。年十六，諧伉儷。賢識字，以貧充戎幕，從軍三山。獲病而歿。訃至，錦娘痛哭絕粒，毀容誓殉……入臥房，少頃縊死。

當李錦娘還是個小女孩時，就被許配給本所的一個軍餘（正軍帶到衛所的親屬）林繼賢。在我們看來，他們的婚姻是一場悲劇。林繼賢的父母早亡，李家將他撫養成人。儘管他是軍餘，且受過教育，但仍被強徵入伍。朝廷會不時徵兵，以填補逃兵造成的缺員，林繼賢很可能就是這類徵兵的犧牲品。富家有能力透過賄賂官員逃避兵役，而他則只能「以貧充戎幕」，不久即「獲病而歿」。李錦娘隨即自殺殉夫。

其餘三篇表明，明代末年，至少有一些軍戶與民戶通婚，跨越了戶籍上的界線。蒲邊村的趙氏嫁給「所裡」的王如升。沙尾村的蕭氏也嫁給一位士兵，二十四歲時就成了寡婦。她將兒子培養為一個有功名的讀書人。當兒子在京城去世後，她又肩負起撫養孫子的重擔。她活到八十歲。據說，所城的全部軍官都十分敬重她。丘銀娘是一個貧家女，同樣嫁給所城裡的人。她的丈夫肯定是名正軍，因為他被調往遠方作戰。丘銀娘忠貞不貳地在家侍奉公婆。直到一天，丈夫因觸犯軍法被處死的消息傳來，她選擇自殺盡節。[8] 如同何鵬家族的所作所為，金門軍戶透過與民戶通婚，逐漸融入了地方社群。

軍戶在婚姻安排中遇到的挑戰，有助於我們理解載於另一部地方志的兩個故事。潘四娘，明初生於海壇島（一座沿海島嶼），幼時許配名門之子。尚未完婚，周德興即行垛集抽軍法，使當地陷入混亂。和之前登場的很多人一樣，潘四娘的父親被強徵入伍，奉命駐守永寧衛，潘家也因之成為軍戶。

潘四娘，生於福清海壇鄉。天性貞靜孝友，幼嘗許字名門。洪武二十年倭亂，江夏侯周德興沿海築城，抽丁防禦，奉命三司督遷。因折屋絞筏過海，族眾漂沒。惟四娘隨父四郎，母陳氏，兄良進、良養、良福登岸，遵守永寧衛伍。

永樂二年，入安溪留山屯田，因家于此。時四娘年已愆期，念父母仝經險難，萬死獲生，不忍遠離，且不肯以顛沛故移易素志。希北宮嬰兒子之為人，徹環瑱以事二親，至老不嫁。卒葬洙洋火炎堋，相傳有神人守烈女塚之異。[9]

最終，潘四娘放棄婚約，心甘情願地留在衛所侍奉父母。潘四娘會不會是在家族入軍籍又內遷安溪後，結成好親事有太多阻礙，因此也順勢獨身呢？

胡仙英的傳奇故事，在《安溪縣志》和胡氏族譜裡都有記載：

> 姑始祖繼基女也。性閑靜，嗜果實。年十八，郎家訂婚期。奠雁之夕，郎登堂，姑忽不見，家人驚焉。索達曙，見門外有所辟縷沿綴於路，循縷跡得之乎侯山之頂……上有降真香藤，交結如座，姑登坐而委形焉……里人探仰以為仙，築龍仙宮。[10]

洪武九年（一三七六），胡家和當地兩戶人家一同垛集充軍，奉命戍守南京衛。胡家祖軍之女胡仙英在新婚之日突然消失得無影無蹤。第二天，她又意外地現身於侯山之上。另一個版本的描述極富戲劇性：在迎親中，人們眼睜睜地看著她白日飛升。當地人將她奉為「龍仙」，為她塑像、建廟、祭祀。時至今日，她仍為當地人崇信。其實，在傳說背後，有沒有可能是因新娘家突然成為軍戶，而導致婚約破裂的故事呢？

在兩場未果的結親之後，我們終於迎來一場圓滿的姻緣。根據永寧衛碑刻記載，明初一位指揮沒有子嗣，於是招門納婿。來自當地家庭的男子娶了他的女兒，並入贅其家。

> 霞陳之由來舊矣……明洪武年間，詔功臣駐鎮衛城，吾始祖岳父張公以指揮軍奉使衛鎮之中，始祖滴江公從贅張氏妣，而因以隸籍永寧，爰始爰謀於霞陳，迄於今十有三世矣。[11]

女婿最終繼承他的軍職，並將兩家人永久性地連結在一起。一樁跨越軍、民鴻溝的聯姻，為軍官家庭解決了一個大問題。

我們討論的對象大部分是男性，原因很簡單：本書研究的制度，其本身就關注男丁。但是，當我們仔細考察婚姻問題時，會發現軍戶中的女性同樣在家庭策略中扮演了重要角色。歷史學和人類學的研究成果業已表明，正是女性透過她們的婚姻，將各個家庭和宗族聯繫在一起。明代福建軍戶也不例外。實際上，和民戶相比，軍戶女性的作用可能更加重要，因為軍戶面對著雙重挑戰：因軍籍身分而產生的婚姻安排方面的困難，以及因衛所調轉而產生的融入當地社會的需求。軍戶於新社群扎根之際，女兒和兒媳大大地推動了他們「再域化」的進程。

潘海安分香：衛所裡的寺廟

金鄉衛的潘家，始祖來自寧波，明初立下戰功，榮任金鄉衛的世襲軍官。他為當地做出許多貢獻，包括將護佑人民的神祇帶到這個小鎮。時至今日，兩位神祇依然守護著本地居民。

> 始祖海安公，職授指揮千戶，隨湯信國公駕到金鄉，升游擊，加授安遠將軍，並蔭世襲。遂居金鎮，為始遷祖也。公自寧波鎮海縣來溫之平邑金鎮，隨帶英烈齊天大帝、晏公元帥二神香火，迄今子孫分立神爐於中堂，為家堂神。[12]

引文中提到潘家始祖「隨帶……香火」，並不是一個比喻的說法。它的意思是，潘家始祖從供奉兩位神祇的寺廟或宮祠取得香灰，並將香灰放入金鄉衛新建宮祠的香爐，從而將神祇引入潘氏一族的新家鄉。這種做法被稱為「分香」。今時今日，人們在新舊寺廟之間建立聯繫時依然會這麼做。

和當地人通婚，是士兵及軍眷回應「解域化」的一種方式。另一種回應方式則是興建寺廟。和周圍鄉鎮一樣，今日的衛城或所城一般都有許多不同的寺廟，小至路邊的簡陋神祠，大至擁有精美石雕和壁畫的宏偉廟宇。舉例來說，一九四九年之前，銅山擁有數十座祠廟，一九八〇年代以來，已有十多座被重新修建。對首次到訪這裡的遊客而言，銅山乃至整個東南地區的寺廟看起來似乎大同小異，甚至千篇一律。每座寺廟一般都在中央神臺安放主神的雕像或畫像，神臺前面的桌子上擺著香爐，兩邊可能還陳列著次要神祇，而頂上則懸掛著信徒捐贈的紀念匾額。然而，透過圖像、儀式以及從過去到現在的神蹟與傳奇，每座寺廟都在講述著自己的故事。它們不是或不單單是永恆而普世的文化原則和文化結構的表現，還是具體歷史過程的產物。衛所的寺廟，不僅是供奉與溝通神明之地，而且是處理地方事務、行使領導權力、協商各方利益、調解矛盾糾紛的場所。如田海（Barend ter Haar）所言，對前現代中國幾乎所有地方社會組織而言，宗教信仰及其儀式發揮著重要的整合功能。[13] 一個社群供奉何種神明？何時以及由誰興建或重修廟宇？儀式的網絡如何建立與隨時間重塑？這些都可能作為接納或排斥的標誌。接納和排斥，是社群如何創造和再造的重要層面。在某種意義上，寺廟及其儀式信仰正是地方政治的中心。

銅山所的官兵參加著三種不同的宗教性組織：由他們或祖先帶到銅山的原籍地信仰、銅山本地的信仰，以及官方祀典信仰。[14]「九鯉湖仙公」信仰屬於第一種。九鯉湖仙公是傳說生活在漢代莆田的九個兄弟，他們最終白日飛升，成為神仙。在毛澤東時期打擊民間信仰之前，供奉九鯉湖仙公的九仙觀是銅山最大的廟宇之一。[15]今時今日，該神祇在莆田依然香火鼎盛，但除了東南亞莆田移民聚居之地外，在其他地區幾乎不為人所知。銅山是閩南唯一一個敬奉九鯉湖仙公的地方。這只可能是軍隊換防政策的結果：明初被調往銅山所的莆田籍士兵將九鯉湖仙公帶到了衛所。如同東南亞的一些港口城市，銅山也是莆田移民的聚居地。但兩者不同之處在於，銅山社群不是自願遷移的產物，而是源於朝廷的命令。[16]

官兵與軍眷還加入對本地神祇的信奉中。「三山國王」信仰即屬此類。它在銅山南邊的潮州地區流行。三山國王本是三位山神，最晚從唐代開始，就一直護佑著當地百姓，使之免受自然災害的威脅。[17]我們不知道該信仰是何時從潮州傳到銅山的，但是早在明初銅山所設立之前，三山國王信仰就已是當地宗教生活的一部分。士兵、軍眷及所城的其他居民在移居銅山後，肯定世世代代在那裡供奉著三山國王。[18]

我們還能在銅山找到官方祀典內的信仰。銅山的關帝廟就是此類信仰的一例。三國時代的英雄關羽，被後人神話為「關公」或「關帝」。作為神明，關公乃中國神祇中的重要成員。由於關公與軍事有關，朝廷規定所有衛所均須供奉。洪武二十一年（一三八八），銅山所指揮官首建關帝廟。約一百年後，後任指揮又重修廟宇。關公在士兵心中的分量一直很重。十五世紀的抗倭戰爭中，明軍屢屢將勝利的原因總結為關公的佑助。擁有無邊法力的關公，同樣受到普通百姓的熱誠崇拜。十六世紀重修關帝廟的工程，主持者並非銅山本地人，而是來自附近雲霄縣。[19] 明朝末年，關帝廟已成為銅山百姓供奉的主要廟宇，也是這座基於衛所發展起來的小鎮的身分認同符號。我們將在第七章繼續探討關帝廟留下的歷史遺產。

銅山的第二個官方信仰是城隍。[20] 城隍是城市居民的守護神，是本地神靈世界的管理者，也是陰曹地府的審判者。城隍廟遍布於中華帝國晚期的城邑之中。明初，朱元璋下令將城隍納入官方祀典。按照規定，每個縣城都必須興建城隍廟，縣令必須祭祀城隍。在軍事體制裡，城隍廟也無處不在。福建地區的每個衛、所都有城隍廟（且大多數留存至今）。[21]「有衛則有城有隍，有神以司之，廟之所由建也。」[22]

在長江下游的市鎮裡也經常可以見到城隍廟，其中許多建於明中期，即王朝經濟繁榮鼎盛之時。嚴格來說，這些廟宇違反了朝廷的規制，因為建廟之人僭行了官府的專屬特權。但是，如濱島敦俊的研究顯示，這些屬於商業精英階層的城隍廟捐建人自有繞開規制之法。他們宣稱，不是自己在僭擇城隍，而是鄰縣的「合法」城隍受邀入駐本地。如此一來，他們既能彰顯自身身分、提高本鎮地位，又不至於公開違反朝廷在行政管理和儀式等級方面的規制。然而，濱島敦俊以一種韋伯式的姿態在結論處提出：這意味著，這些市鎮裡的城隍永遠都無法充當新城市認同的核心符號。[23]

有一小部分沿海衛所城隍廟情況類似於濱島敦俊研究的市鎮，亦即衛所和鄰縣供奉同一城隍。舉例來說，福全所軍民供奉的就是安溪縣的城隍神。[24]然而，大多數衛所的城隍則擁有獨立身分，這種身分確認的顯然不是該社群在地方州縣系統中的位置，而是自身的獨特性和差異性。再沒有比以下事實更能說明這一點：衛所百姓供奉的神祇原型往往是周圍社群所憎惡之徒（直到今天依然如此）。

如導論所言，平海城隍乃十四世紀末廣設衛所的周德興。泉州百姓一直未能原諒周德興的所作所為，時至今日，他仍舊為人怨恨。當地鄉村流傳的民間傳說控訴著周德興如何刻意破壞泉州風水。泉州曾是風水寶地，若無人為干預，本應為龍興之所。本著對朱元璋的赤膽忠心，周德興果斷地將這種可能性扼殺在搖籃裡。在百姓口中，泉州隨處可見周德興的斑斑劣跡，包括拆毀古塔的廢墟、阻斷河流的遺跡以及破壞堤壩的遺址。百姓還津津樂道於自己的祖先是如何暗中嘲諷周德興，又是如何巧施妙計使他的企圖最終落空。王銘銘認為，這些故事既反映出朝廷對地方空間的政治支配，又反映出地方百姓對朝廷存在的批判反思。[25]

然而，周德興在平海卻獲得截然相反的評價。對於生活在這裡的百姓而言，他既是家園的創建者，又是永遠的守護神。這就是為何每逢過年，大家都要在一年一度的廟會上畢恭畢敬地向他上供。同樣是周德興率部拆毀黃石海堤的故事，在衛所外的村民口中，強調的是祖先因之遭受的巨大苦難，而在衛所內的居民口中，強調的則是拆毀海堤所得的岩石構成了平海城牆的基石，而高聳的平海城牆保護他們的祖先免受十六世紀的倭患之害。抗日戰爭期間，周德興還曾在城牆上顯靈，趕走日本的轟炸機。如今城牆早已不在，但百姓依然能夠指出周的顯靈之處。[26]

在一些社區，城隍甚至就是本地人，由當地軍戶成員化身而成。例如，作為金鄉城隍的原型王太公，乃是金鄉王氏家族的始祖。[27]他有兩位妻子，其中之一與當地的李氏家族有關聯。她有一次附身在一位靈媒身上，透露自己生前是李家之女，未婚夫去世，她自殺殉節，死後在陰間與王太公成親。靖海和大城也有類似傳說，即城隍之妻是本地家族的女兒。這些女性鬼魂於陰曹地府扮演的角色，和她們生前在人間的角色相差無幾。她們的冥界婚姻，正是現世透過婚姻實現「再域化」的超自然翻版，確認軍戶已然融入周遭更大的人群。

東南沿海各地興起的特定宗教信仰乃是地方歷史的產物。各種信仰的存在或許至少有一部分是明初軍隊分派模式下的遺澤。當大批同籍士兵被調入同一衛所，他們很可能會繼續供奉家鄉的神祇。而在士兵感到相對孤立的地方，他們先前信奉的神祇則不大會作為社群公共崇拜的對象而保留下來。

在諸如平海這樣的社區，城隍的原型是明初將官或軍戶成員，城隍廟的祭典提醒著百姓：他們和周圍村子裡的人不同。即使衛所被撤銷數百年，這一年一度的象徵性儀式依然存在。生活於此的士兵後人，從來都沒有被完全地「再域化」。明初國家政策製造的差異與社會大眾對差異的回應以不同形式被延續下來，直至今天。

衛學

衛所百姓幾乎都會成親，都會到寺廟燒香拜神，但只有少數人立志讀書應舉。然而，對於衛所社會的歷史而言，由科舉制度衍生出來的社會關係的重要性絲毫不亞於婚姻模式和寺廟組織。衛學，如陳用之創辦的那間，在作為社區的衛所的歷史上扮演著重要角色，這同樣是朝廷始料未及的。

衛學不是軍事學校，而是坐落在衛城裡的儒學學校，旨在為出身軍戶的學生提供教育。衛學設立的初衷是讓軍生備考科舉。但是，和其他官學一樣，衛學最終不再直接給學生授課，軍生都在家自學，衛學對他們而言不過是一個「配額制的中轉站」。[28]具體來說，一個有志於應舉的讀書人，必須「入學」，這樣才有資格參加正式的科舉考試，也才有資格領取國家的津貼。和一般的府州縣學不同，衛學起初沒有「廩生」（領取國家津貼的生員）或「貢生」（被推薦入讀京師國子監的生員）的名額。直到十五世紀中葉，亦即陳用之生活的年代，此種制度性歧視方被糾正，衛學獲得相應名額。[29]我們將看到，這一舉措對衛學本身、對衛學軍生乃至對整個衛所社群影響深遠。

如果沒有衛學，軍戶子弟一般要回原籍入學、應舉。譬如生於鎮海衛的周瑛，由於鎮海尚未興建衛學，他為了應舉，不得不返回祖籍莆田，在那裡報名並參加考試。[30]他作為讀書人的生活重心不在鎮海，而在莆田。

有了衛學，前途無量的軍戶生員便可留在衛所，其意義遠不止於為他們提供便利。和民戶生員一樣，軍戶生員最主要的抱負是入朝為官。和民戶生員一樣，他們實現抱負的機率並不高，因為僧多粥少。和民戶生員一樣，他們當中沒能如願做官的人以不同方法調解自我期許與殘酷現實之間的落差：有人寒窗苦讀，有人寄情文藝，有人放浪形骸，也有人遁入空門。還有一個常見的反應是：參與領導地方事務，包括主持公共工程（寺廟、學校、橋梁等）的募款、興建、管理工作；組織地方慈善活動；領導宗族制度的建構，發起宗族相關的活動，如編纂族譜、修建宗祠、制訂禮儀等等。

由此可見，設立衛學產生強大的附帶作用。它催生出一個扎根本地、服務本地的精英群體。在衛所演變為社區的有機發展過程中，這是一個非常重要的元素。軍戶的外地人身分、軍旅的漂泊不定漸漸消逝，取而代之的是安家立業與公共生活。長遠來看，衛學及其帶來的地方文人精英強而有力地推動了軍戶的「再域化」。

反過來，衛學的創立還以一種意料之外的方式強化了衛所軍戶與原籍軍戶之間的聯繫。我們業已透過大量案例說明，衛所正軍保持與原籍軍戶的聯繫，希望獲得物質上的支持，而原籍軍戶保持與衛所正軍的聯繫，則是希望借此證實自家履行了義務。衛學的貢生名額，成為原籍軍戶想要與衛所軍戶往來的又一動力。徐鎴出身於浙江軍戶。徐家正軍被遣往遙遠的西南地區，在貴州龍里衛當兵。徐鎴生活在原籍浙江，但他遠赴貴州，在龍里衛學報考科舉。他鄉試中舉，步入仕途。其子徐潞故技重施，於貴州先入衛學，然後參加鄉試。父子倆的所作所為引來衛所原居民的怨憤。對他們而言，此舉不僅無利可圖，而且損害到自家子弟的應舉機會。他們無疑會極力反對這樣的制度套利行為。[31]

和我們在第二章看到的家族一樣，浙江徐氏之所以不遠千里、世世代代地維繫著與貴州宗親的社會關係，至少部分原因在於這種關係讓他們有利可圖。以完整性聞名於世的中國父系宗族群體，有時會被視為國家缺席下，滿足眾人自保需求的產物。家庭發展各種策略以求將中舉機會最大化，整體來說則是又一例證，說明正是中國國家本身提供了父系宗族維持一體性的強大刺激。

除了永寧衛，福建沿海的另外兩個衛也興建了衛學（非常可能還有其他福建衛所曾經辦學，可惜未見於史冊）。三所衛學中，平海衛學歷史最為悠久，其培養的生員成就也最大。在明代，有六十四個舉人、十三個進士來自此衛學。正統七年（一四四二）或正統八年（一四四三），在平海衛指揮的命令下，衛學建立。三十年後，因現有府州縣學數量供不應求，衛學應當地一名士人的請求，開始讓民戶入學。嘉靖四十一年（一五六二），平海衛陷於海盜之手，衛學隨整個衛城被夷為平地。不久之後，地方行政官員（而非衛所軍官）重建衛學。顯而易見，它已被視為本地社會的有機組成部分。萬曆年間，衛學建築毀損，此次重建工程則是由政府親自主持。其他地方官員紛紛捐款，使位於校舍中心的孔廟煥然一新。附近佛寺的地產也被劃歸為衛學的永久校產。[32]

在永寧衛，陳用之創建的衛學同樣一直存留到明清易鼎之後。明朝末年（十七世紀中期），天下大亂，永寧衛學和衛城的大部分建築毀於一旦。清朝初年，天下甫定，永寧衛被撤銷（參見第七章）。但是，儘管衛城已不復存在，地方精英仍主動決定重建本地的學校。昔日的永寧衛學，此時則變為一家私人設立的書院[33]、一所不折不扣的地方機構，社區生活中的一部分。在整個清朝，它一直維持運作，甚至持續到清朝滅亡後。直到二〇〇五年，衛學的舊校舍還被永寧小學用作辦公樓。

衛所軍官必須別出心裁、另闢蹊徑，才能為衛學找到經費支持。十五世紀中期，蘇州地區的鎮海和太倉二衛獲准並建一所衛學。二衛軍官請求巡撫（一省的行政長官）提供經費。巡撫未能給他們撥款，但卻提出一個別出心裁的解決辦法。當地士兵（很可能是軍餘）會在衛城附近租賃民田。民田賦稅必須上繳到遠方的倉廩，舟車勞頓，產生費用，因此還要徵收額外的運輸費。其費率幾乎和租額一樣多。於是，巡撫安排士兵將賦稅上繳到附近倉廩，原來的舟車之費則被用作衛學的資金。[34]

衛學的行政管理和財務開銷，使民政系統的文職官員緊密地介入衛所事務。更重要的是，衛學培養出來的精英群體不再把衛所僅僅視為暫時棲身之地，而是以之作為自己安身立命、一展抱負的主要舞臺。隨著衛學對民戶開放，軍戶精英與附近地區的精英家族被聯繫起來。這一切，進一步為衛所社群的形成奠定基礎。

在上述的三個衛裡，十六世紀時學校的創建與廩生名額的設立對地方認同感產生了顯著的影響。當地文人向官府請願建立鄉賢祠，最終得到許可，致力於辦衛學者即在祠裡享受供奉。鄉賢祠後來成為精英群體活動的重要場所。衛所成為集體行動的場所與集體認同的來源，這並非出於任何事先的藍圖。引領這些變化的，是恪盡職守的衛所軍官，以及運用各種策略追求自身利益的衛所軍戶。到了明末，軍戶成員開始在文章裡稱自己為「衛人」。改朝換代之後，衛所已是明日黃花，但他們依然如此自稱。[35]

結語

本研究計畫一大樂趣，就是與年邁的村民坐在一起，一邊喝茶（或地瓜酒），一邊聊明朝歷史。他們侃侃而談，祖輩隨抗倭大軍英勇殺敵、與收稅官吏鬥智鬥勇等事蹟是當地人引以為豪的談資。近年來，軍戶後人中有人積極熱衷於重溯與祖軍原籍之間的聯繫，並和那裡的遠親一同編纂族譜。但對他們而言，始祖的原籍並不是家鄉。他們的家鄉是他們現在生活的地方，圍繞明代衛所發展而來的沿海社區。（該觀念是否也適用於他們在廈門、深圳等城市工作和學習的子女，就要另當別論了。）這些社區是如何成為「家鄉」？隨著士兵家庭與衛所同袍、與地方民戶喜結連理，這裡漸漸成為家鄉。隨著衛學設立並培養出一批擁有地方認同感的文人，而他們又進一步將此認同感散布到社會的其他階層，這裡漸漸成為家鄉。隨著村民運用可獲得的組織、社會和文化資源開闢出一個處理地方事務的場所，這裡漸漸成為家鄉。

在一些地方，昔日衛所已與周圍社區融為一體。但在另一些地方，時間長河未能泯滅衛所的獨特痕跡。某些前身是衛所的地方，今時今日仍是語言孤島。這種獨特的方言被稱為「軍話」，與周圍社群的用語大相逕庭。[36]在沿海地區，遲至明代末年，依然存在以軍家方言島著稱的衛所。當地的語言學家堅稱，所城百姓與周圍農村百姓之間迄今在語詞和音調上猶有差別。[37]自衛所創立到現在已有六百多年的時間，所城後人居然還保留著獨特的語言、文化、社會和宗教元素，這本身已是個異乎尋常的現象。要知道，自清初裁撤衛所，衛所已經消失了三百多年，考慮到這一點，上述現象就更不得不令人矚目。可想而知，這些遺產肯定是各衛所建立後形成的新社會關係的產物。

兩個鄰近的衛所，各自和周邊社群的關係卻可能大相逕庭。永寧衛下轄的福全所和崇武所相距不到五十公里，沿著海岸一南一北，隔著永寧。今天的福全已和周圍村莊水乳交融，不存在任何隔閡，福全百姓和周圍村莊的百姓聯姻，有著相同的風俗習慣。相反地，崇武在許多方面保留其獨特性。我們之前說過，崇武百姓極少和所城外的人通婚。雖然崇武坐落在惠安縣境內，但惠安人的習俗並不見於崇武。譬如「不落夫家」的婚姻習俗（即女性在婚後一段時間依然住在娘家，直到生孩子後才名正言順地搬入夫家），我們現在還能在惠安農村地區看到這一婚俗，但在崇武卻完全看不到。在崇武城牆劃定的界限內，如果某個女性身著特色的「惠安女」服飾——頭巾、短褀、寬大的黑褲，馬上就可認出她是外人。[38]崇武所被撤銷了數百年，當地依然是一座「婚姻孤島」。

大大小小的偶發事件有助於解釋這一不同。在衛所中，衛學的設立對於地方文人精英階層的形成至關重要，這很可能同時催生出一種對衛所的認同感。當一地受到海盜侵襲而衛所成為附近百姓的避難所時，此地的衛所與周邊的關係一般較為密切，甚至直到今天。

「再域化」的進程在各個衛所不盡相同，在衛所內部亦存在差異。對世襲軍官的家族而言，捍衛軍職的繼承權及其帶來的津貼、地位及升遷機會乃是最重要的考量。擁有這類戶籍的人，享受著特殊地位帶來的特殊待遇，並擁有很多途徑利用他們的地位，因此他們更傾向於保持自己的與眾不同，相較而言，他們嵌入社群的程度較低。對於普通士兵的軍戶家族來說，規避兵役更有吸引力，因此融入當地社會是一個更好的選擇。這也能解釋為何軍官軍戶在歷史文獻中所占比例高於他們在明軍中所占比例，無論是官方史書，還是地方文獻，情況都是如此。和普通軍戶的族譜相比，軍官家族的族譜自然更可能提及自家的軍戶身分（而且軍官家族也比普通軍戶更有可能編纂族譜）。一個數百人乃至數千人戍守的衛所，地方志卻說只有數十名駐軍在役，那麼我們可以很有把握地假定，這數十人指的是軍官而非普通士兵。而在單一軍戶中，家族服役的正軍與軍官相對而言更大程度地被軍事行政體制吸納，而軍餘和舍人則更有可能融入周邊環境。

當衛所中的男女成婚時，不論對象來自其他軍戶，還是當地家庭，他們建立起的新的社交網絡，促進軍戶在本地的「領域化」。隨著衛所社群人口增長、日趨複雜，單憑衛所本身的組織能力已無法對之進行有效管理。這些社群不得不運用手頭上的政治及文化資源尋找新的自我管理方式。創立學校，興建廟宇，他們的努力給所屬社群帶來一系列非預期後果。與其他城鎮和農村一樣，衛所的廟宇經常充當進行地方管理的主要場所，百姓在這裡處理衝突、調解糾紛。衛所百姓供奉的神明經常有別於周圍地區的神明，這可能是衛所獨特性得以長期維持的另一根源。總體來說，官方帶有軍事色彩的祀典會逐漸被民間宗教信仰取代，這些信仰或由士兵從原籍帶來，或本來為本地百姓所尊奉。清初，作為行政單位的衛所被撤銷，供奉民間神祇的廟宇有效地取而代之，成為主宰當地人生活的基本單位。我們將在第六章、第七章繼續追溯這些廟宇在清代及以後的歷史，藉以瞭解明代國家機構留下哪些影響深遠、延續長久又出乎意料的遺產。在一些地方，廟宇實際上成為地方自治的場所。它一直扮演著這樣的角色，直到十九世紀末、二十世紀初人們開始對民間宗教大肆撻伐為止。

第三部

在軍屯

遭構陷家門逢厄運　詛書吏屯卒雪冤情

第五章　軍屯內的制度套利

透過一張又一張冗長的譜圖、一篇又一篇公式化的傳記，族譜背後的麟陽鄢氏家族史充滿戲劇性，部分情節甚至令人難以置信。故事以飛來橫禍降臨興旺之家開篇，而這只是噩夢的開始，禍殃接踵而至，鄢家幾乎傾覆。幾名倖存族人臥薪嚐膽，最終克服種種困難，東山再起。我們要講述鄢家的故事，就必須把目光轉向明代軍事制度的另一組成部分：為衛所駐軍提供官俸軍糧的軍屯。

〔第一世〕

入閩始祖奉議大夫金華公，諱識，字知幾，江西撫州府臨川縣人，家於四十七都中天堂。以經術起家，登明洪武甲子科舉人。初選四川嘉定州榮縣知縣，升授浙江金華府同知，旋署知府事。故稱為金華公云。

公涖郡，治聲為諸郡最。適寇警鄰疆，鄰疆失守。公先與於川穀理事，至是聚委咎於公，迺論公戍延平中衛，一時知者咸為扼腕。公不為辨，怡然曰：「君猶天也。天命之矣，又何辭戒？」家人束裝就道，會遘疾，先行期而卒，葬撫州原籍。

始祖妣杜氏淑真宜人，原籍名家女，事金華公，聿全婦道。公卒時，有子三人：法真公、舍孫公、法春公。妣攜之以入尺籍，戍延津。至永樂二年，奉紅牌例，改調分屯吾永之麟陽（初名利洋），有田三十畝，營室限柄坊居焉。草昧之初，險阻備嘗，實稱首功云。葬麟陽榜裡，坐丙兼午。

男：法真、舍孫、法春。〔中略〕

〔第二世〕

法真公，字伯定，行三。金華公長子，生卒葬難後莫詳。妣劉氏，原籍人。生卒葬難後莫詳。

男：瓊、璥。女一，適洋尾林棠子嵩（嵩於吾門難後，贖回法春公子璶於連江，是有功德於吾宗者，故書之。）

公狀貌魁梧奇偉，一飯能如廉將軍，而性喜剛克，以故不諧井里。嘗與鄉豪顧瞬有隙，又與二十都陳子希爭名山院檀樾主。希不勝，兩人嘗切齒，欲齕公而無繇。會鄧茂七騷亂沙尤，時瞬為都司吏目，希本都司吏也，因合謀誣公黨賊具首。〔中略〕

〔第三世〕

璇公，字仲章，行五。舍孫公子。生宣德丁未，卒宏〔弘〕治己酉六月初六日，壽六十三。

妣白灣張氏，生卒莫詳，合葬草坪尾，坐丑兼癸。男：鋌、鐸、銅、欽。

正統戊辰之難，公已出行，至鄭坑。張妣止之，曰：「可去矣！行，罪且不測，如宗祀何？」乃與男鋌二人馳走白灣，並得脫，尋復故業。成化甲午，建大廈五間於限柄坊，至今賴之。（族孫材筆）[1]

生活於明初的鄢家始祖被稱為金華公，因其曾於浙江金華做官。鄢家正是在金華遭逢第一場大難。浙江賊寇猖獗，金華公是當地唯一成功剿滅賊寇的官員。同僚忌憚，合謀構陷。金華公被彈劾，因一個莫須有的罪名沒入軍籍。就在鄢家動身前往駐地時，金華公去世了。這對他而言或許是件幸事。他是個好人，卻沒有好下場。

金華公遺下妻子和三個兒子。他們「入尺籍」，被調入閩江上游的延平衛。[2]永樂二年（一四〇四），鄢家又被調往附近的永泰縣，奉命耕種屬於延平衛的一分屯田（參見圖19）。屋漏偏逢連夜雨，鄢家再次厄運臨頭。金華公的長子鄢法真性格剛烈、脾氣火爆，「嘗與鄉豪顧瞬有隙，又與二十都陳子希爭名山院檀樾主」。不幸的是，鄢法真的對手都是當地有權有勢之人。他

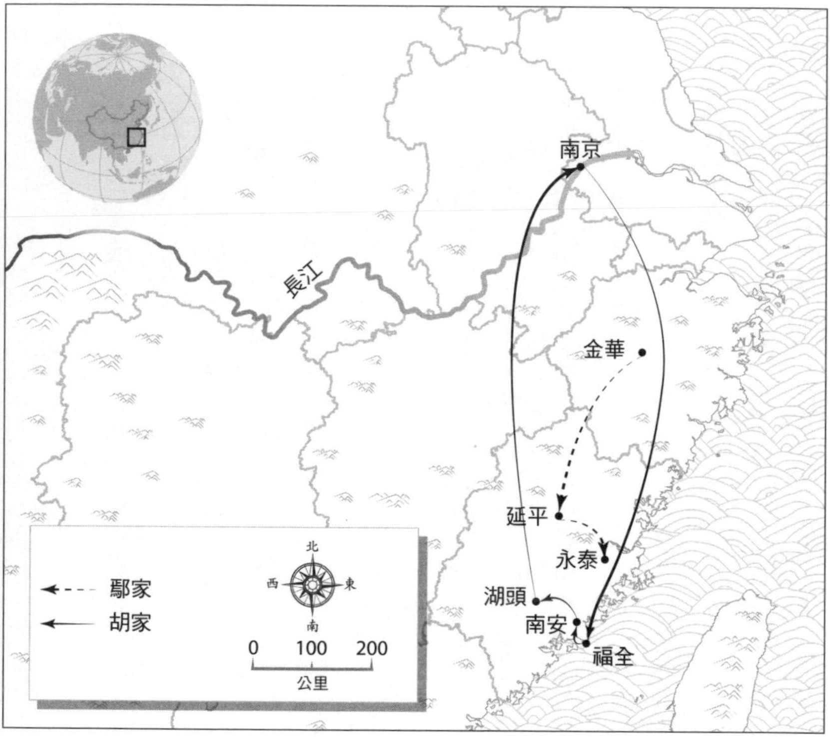

圖19 鄢家與胡家的故事示意圖

們也出身軍戶，任管屯書吏。兩人對鄢法真懷恨在心，伺機報復。正統十二年（一四四七），鄧茂七發動起義，兩名書吏趁機誣陷鄢法真勾結叛軍、意圖謀反。

審理此案的判官，讓鄢家雪上加霜。判官直言，只要鄢家肯出錢打點，事情不難平息，但他沒有想到的是，鄢法真與其父一樣為人耿直、剛正不阿。鄢法真拒絕行賄，坦然接受審訊，最終罪成判死。臨刑之時，他向天發下誓願，死後定化成厲鬼，將陷害自己的兩名書吏繩之以法。言畢，引頸就戮。[3]

鄢法真犯的是滔天大罪。「謀反」位列「十惡」，乃明代律法中最嚴重的罪行。除了鄢法真本人，他的「九族」也慘遭株連，同時被處以極刑。經此一案，鄢家數十名族人罹難。只有幾人僥倖逃脫，一名鄢家少年逃往附近城邑躲藏，一戶人家先是收留了他，而後卻又將他出賣為奴。鄢法真的侄兒鄢璇是鄢家第三代中唯一逃出之人。根據族譜記載，他聽從妻子的勸告，為了保存鄢家血脈，帶著長子到妻子的娘家暫避風頭，最終倖免於難。[4]

數年之後，鄢法真沉冤昭雪。倖存的鄢氏族人得以回歸永泰老家。在那裡，他們恢復了軍籍。鄢璇也「復故業」，重新獲撥鄢法真的那分屯田。否極泰來，鄢家迅速復興。鄢璇之子生於家道中落之時，如今則做了商人，家財萬貫。鄢璇之侄（亦即鄢法真孫輩中的另一人），同樣靠經商賺了大錢。在往後的日子裡，鄢氏後人還將讀書應舉、步入仕途。

鄢法真的仇家下場如何？詛咒應驗了。他肯定在陰曹地府告了他們一狀（此類冥府官司是中國民間宗教的常見元素），並最終勝訴。根據一個世紀後編纂族譜之人的記載，鄢家「嗣續至今，而三氏〔兩名書吏加上索賄判官〕子孫反無噍類」。鄢法真的死後復仇遠不止於此。判官死後，其身患殘疾的弟弟流落街頭，以乞討維生，最終竟是靠鄢家的施捨度日，身後也未能留下子嗣延續香火。[5]

鄢氏族譜是否可信？對先人進行誇張的，甚至子虛烏有的描述，在族譜中屢見不鮮。但此類描述一般都在彰顯家族積極、光榮的一面。令家族蒙羞（哪怕是蒙冤）的記載則不尋常。因此，這則故事應該有值得挖掘之處。不過，我沒有找到任何相關的佐證。[6]然而，即使我們摒棄金華公遭人陷害、鄢法真死後復仇的情節，仍留下如發配充軍、運乖時蹇，然後東山再起等可信的核心故事。無論鄢家背景為何，無論他們是家道中落的地方精英，還是被徵入伍的平頭百姓，被調往福建便意味著徹底的「解域化」，他們被迫背井離鄉，於一個陌生的、艱苦的地方安家。「解域化」催生出「再域化」的反作用力，新環境滋生出新關係，有些和諧融洽，有些則劍拔弩張，如鄢法真與兩位書吏之間的恩怨糾葛。

我們可能認為，幾經滅頂之災的鄢家會當逃兵，從軍事系統中徹底抽身而出。鄢氏族人卻不是這麼看待問題的。鄢家一經平反，他們立即找回自家獲分的屯田，重拾在軍事制度中扮演的角色。儘管屢受朝廷官吏的陷害，他們依然沒有脫離軍籍。此後鄢家的家族史，成為本書第一章所示策略的一個極佳的闡釋。鄢家努力讓軍籍帶來的好處盡可能惠及更多的族人，同時將其帶來的負擔盡可能限制在一個最小的範圍內。他們顯然認為身為軍戶有利可圖。數百年後，明王朝行將就木之際，他們依然在表面上盡職盡責地執行著軍中的任務。[7]

制度

明代軍隊的士兵，大多數其實不是真正的士兵，至少不是大家想像的那種從戎之徒，而是務農之人。即使是在明初，各衛所中僅有少數正軍做著我們通常認為的士兵工作：練武、出操、巡邏或偶爾奔赴戰場。其餘正軍都是面朝黃土背朝天的農夫，做著通常被拿來當作對比的民戶的工作。

想要理解這一表面上的悖論，就必須追溯到明朝開國皇帝朱元璋身上。一個剛建立的國家在解決徵兵問題時，要在幾個方案中做出選擇，軍隊財務及補給問題的解決也同樣如此。其中一個極端是「征服型國家」（conquest state），它將戰利品作為軍隊主要的乃至唯一的收入來源。形式更為複雜的國家一般則會向平民徵稅，以此滿足軍事開支。[8]

「吾養兵百萬，不費百姓一粒米。」[9]這句長久以來為人津津樂道，但很可能是後人捏造的話，很好地概括了朱元璋解決軍隊後勤補給問題的方針。世襲軍戶制度的設立旨在確保明軍擁有持續而穩定的兵源。軍隊的後勤補給體制則致力於確保軍隊能夠自給自足。上述兩個方針，實際上是同一計畫的兩個部分，其背後的邏輯是相同的。朱元璋希望他的軍隊成為一個自給自足的封閉系統，既不需要投入新的人力，又不需要提供額外的供給。有能力餵飽自己的軍隊，必然是一支亦兵亦農的軍隊。

為了實現軍隊的自給自足，明初，朝廷恢復了一項歷史悠久的制度：屯田制。「屯田」一詞的核心含義便是由士兵開墾並耕作田地。據估計，明末時，軍屯面積占到全國耕地總面積的百分之十至百分之十五。[10]在各個衛所，部分士兵負責墾殖屯田，為執行軍務的同袍提供糧米。這些亦農亦兵的屯兵沒有生活在衛所裡，而是和其他農民一起散居在鄉間。他們的社交世界非常不同於那些居住在戒備森嚴的衛城或所城裡的士兵，在軍屯及其周邊地區的微生態中，他們有著自己的策略，追求自身利益的最大化。

為了更好地瞭解屯田制的實際運作，我們還是先來看一戶軍屯人家的具體經歷吧。胡家和第一章的倪家一樣，並非出於虛構，而是真實存在的，他們生活在明代福建，他們的後人現在依然生活在那裡。明初，胡家生活在安溪縣湖頭鎮外。正如倪家僅有隻言片語的資料，我們對胡家亦知之不多。他們於洪武九年（一三七六）入軍籍。當時，周德興在福建大規模垜集抽軍，胡家被徵入伍，在「胡六仔」名下編為世襲軍戶。類似於之前登場的一些家庭的情況，胡家屬於「正貼軍戶」。該軍戶由胡氏、王氏和林氏三家組成。胡氏族譜不惜筆墨地將各家在軍戶中的身分寫得清清楚楚，因為不同的身分承擔不同的義務。理論上，王家為正軍戶，軍戶的具體義務要由其承擔，王家無法履行時，義務將轉到林家和胡家身上。林家為貼軍戶，率先承責。胡家為湊軍戶，只有在王家和林家均不能完成義務時，才會輪到胡家出面。

明洪武九年，抽充南京留守左衛軍。二世詒齋公，以胡六仔姓名，與林遂幫、王丙仔輪

> 當。王為正軍，林為貼軍，胡為湊軍。至宣德三年，照例撥回永寧衛福全千戶所寄操，後收入李世康名伍屯田。至嘉靖十四年，三姓合約，輪各十年，租輪收，米輪納。至隆慶四年十月內，本衛所分給二帖，一付林遂，頂種故軍王拱政田；一付王丙仔，頂種故軍倪宗顯田，不登胡六仔名字。[11]

明初，三家輪流出丁補伍。[12]胡家的第一個士兵胡六仔抽充南京。宣德三年（一四二八），該正貼軍戶被調回福全所（亦即在第三章登場的蔣家擔任千戶之地）。這次換防，肯定是拜「自首政策」所賜（導論中的顏氏族人也透過同一政策得以回到福建）。胡家所在軍戶沒有長駐福全。不久之後，他們又經歷一次調動。此次調動的性質與之前不同。他們依然在福全所轄下，而非調入另一個衛所。這純粹是一次功能性的調動。他們如今奉命耕田，為衛所駐軍提供軍糧。

這令胡家進入了軍屯體制。明帝國的各個衛所均配有耕地，並會撥出一定比例的士兵前去屯種。比例視當地情況而定，考慮的因素包括衛所的戰略地位與區域的土地肥力。軍事威脅愈嚴重的地區，承擔作戰任務的士兵便愈多；土地愈貧瘠的地區，負責屯種的士兵便愈多。一般而言，在邊地，屯軍數量占總兵力的百分之七十；在腹地，這一比例上升到百分之八十。[13]

福全所的部分屯田坐落在南安縣，胡家即被調入那裡的軍屯。胡六仔（也可能是另一位胡氏族人）在南安獲派一塊屯田，畝數也要視當地情況而定。福建的標準是一軍受田三十畝（大約兩公頃，差不多有兩個足球場那麼大）。每塊屯田都會授予一位特定的正軍或軍餘，這些田地有時也被稱為一「分」屯地或一「名」屯地。它們都被記錄在屯田黃冊中。這些黃冊好比民政官吏用來記錄民戶土地所有情況的魚鱗圖冊。

無論被分配到衛所還是軍屯，世襲軍戶的核心原則始終如一。每戶人家必須按定額派出一名男丁到軍屯耕地——他的姓名就被登記在屯田黃冊上。當他變老或去世時，軍戶需派出替役者。上任正軍的軍屯分地將由替役者繼承，後者的姓名也將加入屯田黃冊。久而久之，和衛選簿一樣，屯田黃冊看起來就像一部族譜，一部記錄軍屯軍戶為明代國家服役的族譜。但是，耕種軍屯和戍守衛所之間存在重要差別。衛所正軍通常是軍戶中唯一一名當兵的人，而軍屯正軍則實際上並不是獨自承擔屯田的全部農活。和中國歷史中的所有農民家庭一樣，他和家庭成員共同勞作。

根據第一章中粗略估算的畝產資料，三十畝的軍屯分地應該能夠生產六十石左右的大米。明初數十載，朝廷規定福建屯軍每年向官府上繳二十四石米糧，比總收成的一半還少一點。半數上繳的糧米會發還屯軍，作為其每月的口糧。這一半糧米被稱為「正糧」。另外一半則被稱為「餘糧」，會運至衛所，供給官兵，作為其軍糧。每個士兵每月的官俸軍糧應是一石大米，理論上屯軍和衛所駐軍待遇相同。永樂二十年（一四二二），為了鼓勵屯軍恪盡職守，朝廷將餘糧減半，每名屯軍每年僅需上繳正糧十二石與餘糧六石。官吏還發現，整個安排根本不需要這麼複雜。與其先繳納收成再逐月發還，還不如讓屯軍自我管理，顯得更為合理。正糧被取消了，屯軍只需上繳六石大米。令人費解的是，儘管「正糧」之名不再使用，上繳的六石大米依舊被稱為「餘糧」。就這樣，到了十五世紀中期，福建屯軍對官府的主要義務是交出六石糧米，大約相當於他們軍屯分地平均收成的十分之一。[14]

胡氏族譜並未提及胡六仔和另外兩個家庭起初是如何協商分擔軍屯義務。但在一百年後的嘉靖十四年（一五三五），他們約定「輪各十年，租輪收，米輪納」。換句話說，他們用以分配納糧責任的原則和衛所軍戶用以分擔兵役的原則如出一轍。此時，三戶人家的後人已不再親自耕作，而是將田地外租，交由佃農打理。胡家甚至搬回安溪老家。正如勾軍官吏只關心缺額是否有人頂補，而不管頂補之人來自何方，管屯官吏最關心的是餘糧是否按時上繳。至於正軍人在哪裡，或屯地由誰耕作，則都是次要的事情。

胡家一直很重視自家的軍屯分地，並認真對待監管體制的規則和程序。我們之所以知道這一點，是因為胡家將兩份隆慶四年（一五七〇）的「帖」抄入族譜，記錄著他們獲得兩名已故屯軍的軍屯分地。兩名屯軍很可能沒有在世親屬，管屯官吏乾脆將屯地轉到胡家名下，保證餘糧的繳納，從而省卻尋找替役者的麻煩。萬曆十二年（一五八四），朝廷勘合土地，相關文書有胡家軍屯分地的紀錄。當時，胡家族人已將這份文書收入族譜，在接下來的五百年裡，該文書被抄入各個版本的族譜中。他們的一絲不苟，使我們有機會一窺來自明代地方冊籍庫的官方文書，雖然文書本身與收藏該文書的府庫已湮沒於歷史長河中。當前的版本經過重新打字排版，我們已無法看到文書的原始樣貌。但我們可以從內容推測出其最初的格式。它很可能類似於現代的表格，上方是印刷的抬頭，下方是手寫的正文。印刷體抬頭闡述文書主旨，並說明該如何填寫，此外還包括永寧衛指揮奉旨丈量土地的命令。抬頭後面是主要內容，在原始文書中肯定是手寫的，記錄土地勘合的結果。

至萬曆十二年，奉文丈量，再給二帖，分管如舊。抄給付王丙仔文帖：

永寧衛指揮使司馬，為丈田畝、清浮糧以更民困事。准衛掌印兼管屯指揮使干，關蒙欽差督理屯鹽兼管水利道福建按察司僉事劉憲牌准，布政司照會，奉按、撫院案驗題奉勘合，丈量過通省屯田糧額，備案行司，即使轉行屯田道，（通）行所屬，將今次丈過屯田，逐戶查造（源）〔原〕頂故軍姓名，開載坐落地方四至號段，各軍（田）〔由〕帖另填撥換執照等因。到道除通行外，為此票牌仰本衛管屯官照依事理，即將所丈過實在四至號段填送衛用印，赴道掛號給照等因。蒙此，理合就行。為此，遵將原撥丈過各軍實在屯田畝數四至號段文冊，逐戶依式照填由帖，依蒙呈送掛號，給付本軍執照，務遵今丈過實在屯田畝數四至號段管種，依期納糧，毋致拋荒，亦不許詭寄冒頂。如違查出，本田追奪，決不姑息。須至帖者。

計開福全所屯軍王丙仔，係本所百戶柳毓芳所屯軍，頂故軍倪宗顯本邑屯田一分，坐貫南安縣九、十都土名等處。今丈實田七段共三十畝，（辨）〔辦〕納本邑糧六石。後田被水拋荒，止實納五石三㪷五升五合。

一田，佛內壟一畝五釐五毫三丘，東至雷君貞田，西至楊鳳鳴田，南至李春田，北至李繼宗田。

一田，佛內乾一畝四分三毫三丘，東至澄獻及李春田，西至楊鳳鳴田，南至李繼芳，北至山。

一田，門口壟不等丘七畝二分八釐二毫，東至侯家田，西至李繼芳田，南至山，北至楊鳳鳴田。

一田，鋪後五畝一分五丘，東至黃以敦田，西至山，南至雷中田，北至楊鳳鳴田。

一田，崎坑壟不等丘八畝七分五釐五毫，東至自田面，南北至山。

一田，烏橋壟二十九丘五畝三分五釐，東南至侯家田，西至戴以選田，北至山。

一田，至黃埔山地園一廂一畝五釐。

共三十畝，東北至林鳳翔田，西南至山。

萬曆十二年十二月□日，給付王丙仔執照。[15]

屯地共有七段，表格列出它們的方位和面積。正如我們所料，屯地總面積為三十畝，共需繳納六石餘糧。由於洪水導致部分田地受澇，官府稍微減少了相應的稅負。

洪武初年，胡家成為軍戶，被納入軍事制度。永樂時，他們成了亦兵亦農的屯軍，或撥一分屯地。萬曆初年，他們除了負責最初的軍屯分地，還獲得更多屯地。事實上，他們與屯地的關係將持續到明亡之後。我們會在第七章看到，直至清朝的乾隆年間，世襲軍戶制久已廢除，胡氏後人仍在繳納與軍屯體制相關的賦稅。

大多數官方史料對軍屯制度持負面評價。早在永樂年間，就已有朝廷大員抱怨軍屯制名不符實。戶部尚書郭敦（一三七〇—一四三一）在奏疏中寫道：「各衛所不遵舊例……雖有屯田之名，而無屯田之實。」軍屯稅糧遠少於規定數額，意味著衛所軍糧供給不足。數年之後，江西左布政使上報：「各處屯種衛所下屯軍人，百不遺一。」[16]數字肯定有所誇張，但問題無疑十分嚴重。有些屯軍被徵調去作戰，他們留下的名額卻一直無人頂補；有些則當了逃兵；還有些要被迫為軍官或其他官員做苦役。屯田要不是荒廢，就是被他人非法侵占。

此後的事態依循稅收赤字的一般規律持續惡化，陷入虧空愈來愈大的惡性循環。泉州本地人朱鑒（一三九〇—一四七七）在請求賦稅減免的上疏中道出這個問題。急於完成徵稅指標的官吏不擇手段，對屯軍敲骨吸髓，以致「無力者典賣妻孥」，造成更多屯軍的逃亡，並使得餘下屯軍的負擔愈來愈重。面對虧空，官吏的對策是重新分攤稅負，從不考慮屯軍擁有多少軍屯分地。其結果是，有些屯軍儘管已不再耕種屯地，卻仍舊必須為之上繳餘糧。[17]

為了確保稅收，地方官尋人替代逃兵耕作荒廢的屯地。「軍餘」——正軍在軍屯的眷屬——是逃兵現成的頂替者。官員們開始允許乃至強迫軍餘耕種屯田，是為「頂種」。這就是倪宗顯名下屯地歸入王丙仔名下的來龍去脈。

來自軍屯的餘糧日漸減少，愈發難以滿足衛所官俸軍糧的需求。在明帝國的部分地區，官府透過「開中法」解決軍糧短缺問題。該政策規定，商人若想取得鹽引（食鹽貿易許可證），必須向邊境地區輸送糧米。[18]福建官吏也曾實行過該政策，並多方嘗試，反覆調整。有段時間，軍隊的軍餉甚至就是食鹽。但軍餉不足的應對之策主要還是仰賴抽取民戶賦稅。這無疑嚴重違背了開國皇帝朱元璋的初衷，但此時官員認為沒有其他的選擇。官府命令民戶將部分賦稅上繳到附近衛所。早在洪熙元年（一四二五），鎮東衛就已在向福清縣百姓抽稅了。最終，在福清縣令的堅持下，衛所糧倉搬入縣城，從而免除百姓為繳稅而長途跋涉之苦。久而久之，民政系統和軍政系統相互交織，且如同民戶的賦稅愈來愈多地使用白銀，軍屯「餘糧」也逐漸以白銀上繳。[19]

在北部邊疆，屯田大多都來自開墾荒地。每分屯地皆由一整塊耕田組成，而屬於同一衛所的屯地則連成一片。福建是另一類型的邊疆，這裡沒有可供開墾的廣袤土地，沒有可資開拓的邊疆界域。在福建，屯田大多是元明鼎革之際的荒廢之土與明初強徵的寺院之地。因此，一分屯地往往由零零散散的多塊耕田拼湊而成，與民田交錯相間。[20]官府只能將閒置的隙地和荒地劃為屯田，因此軍屯很可能會遠離其所屬的衛所，甚至往往跨州越縣。不少沿海衛所的軍屯都分布在內陸山區（見圖20）。朱鑒寫道：「所撥旗軍屯田，俱係深山窵遠處所。山嵐瘴氣所侵，軍民亡故不少，以此懼怕前去。名雖下屯，實在衛所。」[21]屯軍不願親至軍屯，並非僅是因為害怕瘴氣。他們都來自沿海地區，缺乏開墾高山土地所需的技能。即使他們或他們的子孫掌握了這些技能，當地惡劣的環境條件依然讓農事困難重重。農具、種子、肥料只能靠人力運輸，部分地區甚至連灌溉用水都要肩挑背扛到山上。（有一次，我和永春縣的一位老人聊天。他是屯軍的後人，熱心地幫我尋找晚明一份遺囑提到的軍屯方位。老者仍然能夠辨認出大部分屯田的所在地，並一一為我說明。他舉手指深山，那裡濃霧繚繞，布滿山坡的層層梯田依稀可見。）

我們有理由說，軍屯體制的歷史就是一個持續衰落、最終失敗的故事。畢竟從長期來看，軍

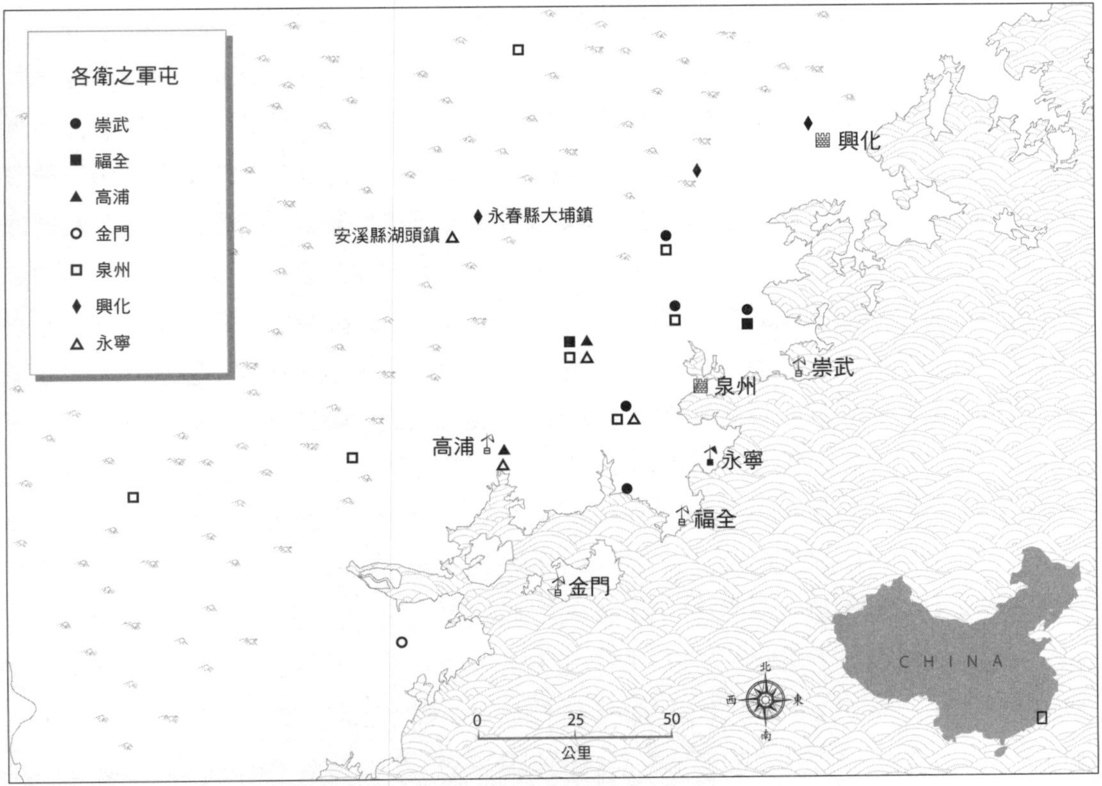

圖20　部分軍屯及它們所支持之衛所的大概位置示意圖

屯制確實未能實現令衛所自給自足的預期目標。但是，我們在這裡無意探討軍屯制的失敗原因，也不想描述其衰落過程，正如我寫本書的宗旨不在於展現明代軍事制度的失敗一樣。我的興趣是展現，隨著明代軍事制度演變，百姓如何順勢變通地與之打交道，如何在力所能及的範圍內利用制度的具體特徵實現趨利避害。即使軍屯制沒有實現其初衷，它勢必對一般民眾，無論軍戶還是民戶的生活影響深遠。

徐仕盛訐告書吏　祁彪佳怒斥刁徒

存世文獻中有關土地的訴求和糾紛的紀錄，有助於我們瞭解十四世紀入伍屯軍的後人如何與軍屯的制度遺產打交道，如何以他們自己的方式一邊規避制度，一邊利用制度。我們之所以能夠再現這些家庭策略，乃是因為它們被記錄下來，正如第一章討論過的那些「優化處境」策略的情況一樣。因此，雖然盜竊、偷懶等行為也是制度運轉的必然組成部分，但我不會討論它們。部分相關文書，如賦役黃冊，產生於屯軍與軍屯行政機構之間的互動；其他材料則產生於他們與法律體系之間的互動。明朝百姓常常透過司法系統解決土地糾紛，記載當時家庭將大量時間、精力投入法律訴訟的史料相當豐富。福建軍戶也不例外。軍戶將來自這些互動的文書抄入族譜，有時甚至至將之刻上石碑。地方推官的判牘則構成另一類訊息來源。由兩位著名推官刊印的判牘，就收錄著事涉屯田糾紛的案件摘要。我們已經遇過這些推官：顏俊彥，這位在第三章中告病推脫審案的廣東推官；祁彪佳（一六〇二—一六四五），第二章的四川訪客案件就是由他辦理的。判例判牘既描述訴訟當事人的所作所為，又記錄他們的辯護之詞，因此可以幫助我們挖掘當事人的行為動機。

從上述多種多樣的史料中，我找出二十六份文書，它們均涉及東南沿海地區軍屯土地糾紛的問題，其中多數發生在萬曆年間（十六世紀末與十七世紀初）。二十三份來自福建，三份來自廣東。[22]它們通常會提供豐富的背景資料：地契的文字內容回顧了土地產權的變化，而公正的案件判決要求推官掌握糾紛的來龍去脈。因此，這二十六份文書所透露的訊息，實際上可以追溯到它們產生之前很久很久的事件，涵蓋的範圍也遠遠超過它們所處理的具體問題。

在文書中，土地被買賣，被抵押，被繼承。但同時土地也被擅自挪用，被非法佔用，或被以虛假的名義登記在冊。藉由到官府註冊或提交書面資料的方式，土地所有權有時候會被保有、強化或爭奪。捲入事端的各方並非總是自願的參與者，他們有時甚至到事後才意識到自己的相關權利發生什麼變化。「交易」一詞無法囊括以上種種可能性。因此，我會用不那麼直接的土地轉讓「事件」一詞，來描述土地所有權或使用權的轉讓以及對這些權利的訴求。二十六份文書提供了總共八十一起事件的資訊。表2列出部分事件。將這八十一起事件合在一起看，我們便能拼湊出一幅描繪人員、土地與制度在本地軍屯中互相作用、互相影響的圖像。

不同文書有著不同體裁，為不同目的而生，旨在支持某個特定立場。其內容並不公正客觀。判牘固然可能如實闡述案件的來龍去脈，但它們被書寫下來，主要還是為了突顯判官對案情的洞

表2 軍屯土地轉移的實例

標識	事件	來源	時間
1/5/01	徐君愛（及其兄君道）以六十七兩的價格將軍屯分地售予汪二觀	祁彪佳，《莆陽讞牘》，頁107	約1624-1628之前
1/5/02	汪二觀將所獲土地在官府註冊，得到土地所有憑證（「屯道帖」）	祁彪佳，《莆陽讞牘》，頁107	約1624-1628之前
1/5/03	判官准許徐君愛加價二十五兩贖回售予汪二觀之屯地	祁彪佳，《莆陽讞牘》，頁107	約1624-1628之前
2/21/01	黃建昭獲撥軍屯分地	顏俊彥，《盟水齋存牘》，頁537	約1630年之前
2/21/02	黃建昭將屯地租給李代滋和伍世懋耕種	顏俊彥，《盟水齋存牘》，頁537	約1630年
2/21/03	黃建昭將屯地轉讓予壬德	顏俊彥，《盟水齋存牘》，頁537	約1630年
2/21/04	黃建昭尋求從壬德手中贖回屯地	顏俊彥，《盟水齋存牘》，頁537	約1630年
4/24/02	倪宗顯獲撥軍屯分地	〈祖屯〉，《安溪胡氏祖譜》，頁1417-1418	明初（？）
4/24/03	倪宗顯將屯地轉讓予王丙仔	〈祖屯〉，《安溪胡氏祖譜》，頁1417-1418	1584年之前

察力和判斷力。當一戶人家將官府判決銘刻於石碑之上時，他們實則在表達對案件的某種特定理解的公開支持。文書涵納人們的指控、訴求和解釋。但如本書所參考的大多史料一樣，我們利用上述文書時，並不需要接受這些指控、訴求和解釋的字面意義。在訟事中，即使原告對被告的指控純屬揑造，但原告顯然認為提出這些指控將很可能令推官做出對己方有利的判決。無論指控之事是否確鑿無疑，它們或多或少都有可能曾經真實發生。

從天啟四年（一六二四）到崇禎元年（一六二八），祁彪佳任興化府（即平海衛和莆禧所所在地）的推官。他也常到福建其他地區審理案件。他在職業生涯中碰到過許多紛繁複雜的案件，其中之一，乃是一位名為徐仕盛的貧寒屯軍指控兩位負責文書記錄的書吏唐璉、夏茦（他們和陷害鄢法真之徒從事同類工作）。本案涉及十三項不同指控。祁推官展開調查。兩名書吏對指控一一給予回應，表明自身清白無辜。他們的辯解看似合理，但整起事件顯然似乎另有蹊蹺。祁彪佳得出的最終結論是：徐仕盛因失去軍屯分地，對兩名書吏懷恨在心，所以才草率地對之提出訴訟。他拒斥徐的每一項指控，宣判兩名書吏完全無罪。將孰是孰非的問題放到一邊，祁彪佳對每項指控的調查和分析透露了大量的資訊，可以告訴我們明末福建軍屯體制如何運作，以及人們如何在體制中籌謀算計。

屯道一件勢占事　杖罪　徐仕盛等

審得唐璉、夏茦係屯軍，非操軍也。國制屯與操異。屯軍所入之正賦俱解給操軍，故操舍一人只許一分，戶只許二分，而屯軍不然。查例稱屯冊見在之數縣，僅屯軍、屯戶有壯丁三四十名，雖撥與十餘分，亦不許諸色人告爭退佃。蓋明詔所限，原不為屯丁設。屯丁足數，方許操舍頂補，載在屯誌，班班可考也。

今徐仕盛訐告唐璉一款，稱璉將徐繼賢名屯私改唐揚。今查璉侄唐揚兑徐繼賢一屯，用價五十八兩。其先繼賢與其兄頂自故軍謝祿者，徐仕陞係賣主，現在可質。前僉契時仕盛且為作中，乃不告之於萬曆三十七年，而告之於今日，何也？

一款稱璉將湯國選名屯私改唐瑞，近經府斷，唐璉收利已多，量減原價，令百戶湯鎔取贖，無容再議。

一款稱璉將湯國屏一屯私改汪政初，查本屯現為政初管業，即仕盛牽證之魏如玉係本屯小甲，其催糧俱至政初家，且不識唐璉為何人，乃云璉之私改，誣甚矣。但屯政原有聽贖之例，今百戶湯鎔備銀願贖，應將湯國屏原典價八十五兩還政初，贖回原屯。至於湯國屏代糧五年，計米三十石，相應折作贖價。

一款稱璉將徐君愛名屯私改汪二觀，查二觀於十三年前出價銀六十七兩，係故軍郭壽仔屯，壽仔兑之徐恕，恕故，徐君道退兑二觀，小甲劉健聰可質也。

一款稱璉將屯詭寄陳吉，查吉係本縣書辦，小甲僧細只至吉家催糧，倘唐璉營三窟於其中，可以欺他人，必不可以欺五年催糧之小甲，此理之極彰明者。

一款稱璉將張亞善名屯私改唐何，查本屯係福清，唐璉執稱，並無唐何之帖。即仕盛又云復改林用矣。夫屯帖之改，申自衛所，給自本道，此豈私契之可以屢改者？何仕盛忽云唐何，忽云林用，無定名耶？

一款稱璉將李生奴名屯私改唐瓚祖，查此屯系璉祖屯，相傳已久，生奴之所從來即頂屯之，璉且茫不可問矣。

一款稱璉將余鄉名屯私改唐瑚，查唐瑚一屯李若中居半，唐瑚一半賣與李宗熹，後若中一半並歸之宗熹，買者、賣者授受昭然，即使果係唐璉影匿，而今已明為李生有矣。

一款稱璉將唐義一屯詭寄游經，查本屯亦屬福清，未據屯帖難以審究。

又徐仕盛訐告夏業一款，稱業將徐甫名屯私改夏姓，查項朝衡原兑自仕盛，出銀六十兩，後朝衡開墾，復兑與夏業，兑銀七十五兩。仕盛之告，蓋利本屯開墾之後，非復原業之填沙者，欲歸之為己業，其如項朝衡之若執何？

一款稱業將蔡亞興折屯私改夏環，又一款稱業將李關仔折屯私改夏環，據環稱原只一帖，因本屯沙擁水衝不足一屯，遂將別屯歸併，另立夏環一帖，舊帖未換，遂有兩帖。此語出自環口，因未可深信，然多項無礙之例，正為環等屯軍設也。不然環正宜匿其一帖矣，乃昭然二帖同名，以開告訐之門耶？環雖愚，不若是也。

一款稱業將龐亞安折屯私改夏雲，查夏雲親伯夏文，使夏姓不宜多屯，則錯在文不在環也。況夏文又原應有屯者乎？

總之，唐璉、夏業之詭寄寧必其無。然而執有道帖，認有正丁，證有小甲，可以無深求

> 矣。徐君愛等祖屯雖不忍俱拋，然當賣之時有價有契，今復何言？計惟有贖之一路，而君愛、仕盛等又窮軍也，將何以贏金慱寸土乎？仕盛蔑憲刁逞，杖之。[23]

首先，儘管官員們長久以來持續強烈批評軍屯制的衰頹，但直到明朝末年，該制度的核心內容依然運作如常，並被祁彪佳視為理所當然。軍屯分地依然劃撥給一家又一家軍戶，屯田黃冊依然更新著一代又一代屯軍。至少在部分軍屯，餘糧依然被大力徵繳，當數額不足時，依然會引起各方的關注。書吏還在謄抄並更新軍屯文書，祁彪佳因此得以透過查閱「屯誌」釐清某塊屯地的混亂歷史。當屯地被轉讓時，都會登記入冊——以類似於胡家族譜所載表格的形式，並往往製成一式多份。耕種屯地之人需要時刻持有一紙憑證，以證明自己是屯地的合法擁有者。祁彪佳否決徐仕盛的一項指控，正是因為他拿不出相應的憑證。在另一起案件中，一名士兵向祁彪佳同時出示新舊兩分憑證，新帖是對舊帖的修訂和替換。祁彪佳對這件事做了些推斷，畢竟該士兵可以只出示對己有利那份，而隱藏另一份。若非他所言屬實，又何必拿出兩份憑證，甘冒不必要的風險呢？他「雖愚，不若是也」。[24]軍屯成員各司其職，至少在某些時候，他們都恪盡職守。為了核實另一項指控，祁彪佳招來軍屯小甲（負責督促屯軍上繳餘糧的管屯官吏）問話。雖然軍屯制不斷墮落，但只要還在運作，就能為置身其中的人們創造各種「戰略機遇」，而這正是徐仕盛一案的題中之義。

不過，即使整個體制運作如常，事情還是分明出現變化。其中一個顯著的改變是人口。正如衛所軍戶人口不斷增殖，使他們面臨生計上的挑戰，經過數百年發展的軍屯軍戶人口也大幅增加，出現類似的危機。王朝的官員們清楚地意識到，無論是衛所還是軍屯，人口增長都會帶來大麻煩。[25]這引發了是否應該將軍屬遣回原籍的激辯。衛所軍屬的就業問題難以解決，但軍屯軍屬卻別有他法。留在軍屯體制中的人家，可以接管那些或逃之夭夭，或拖欠餘糧，或財務困難的屯軍的軍屯分地。屯地的接管存在多種途徑：透過官方正式登記獲受耕田，透過購買獲得屯地的使用權，或透過欺騙巧取豪奪。

明王朝建立伊始，百姓就開始自力更生地處理問題。在四川及其他偏遠地區，屯地不足以養活衛所和軍屯的所有人，因此部分軍屯軍戶的成員會到府州縣落戶。這種做法被稱為「附籍」或「寄籍」，以表明它並未違反禁止軍戶分家的律例。雖然嚴格來說涉嫌違法，但軍戶的此類安排卻似乎最大限度地利用了自身的困難處境。[26]

如果一個軍戶家族持續壯大，那麼即使部分族人改入民籍，問題還是會反復出現。祁彪佳必須借助「屯志」才能明晰事態，這令我們不可能無視以下事實：彼時，一個軍戶可能有多達數十名成年男丁。易言之，明初獲派軍屯分地的家庭，現在已然發展為人丁興旺的龐大宗族。此情此景，令一個軍戶只能擁有一分屯地的限制變得毫無意義。祁彪佳便屢屢忽略這個限制。在他看來，一個軍戶擁有十多分屯地並沒什麼不妥之處。顏俊彥曾提到一個軍屯軍戶擁有十八分屯地。[27]推官承認制度已經隨著變化中的現實做了調適。

判牘中明顯透露出來的第二個新情況是，軍屯土地與私有土地之間的界限愈發模糊。屯地在許多方面被直接視為私有土地。屯地地契本身一般不使用「買」與「賣」的說法，因為屯地正式而言歸屬衛所，但土地的使用權則顯然在各方人士之間流轉。祁彪佳曾審過一樁案子，早在原告提出訴訟之前，屯地的使用權實際上業已經過兩次買賣。第二個購買者抵押屯地，以換取貸款，而貸方則暫時獲得該塊土地的使用權，因此有權從佃農那裡收取租金。[28]轉讓屯地使用權和所有權的可能性為套利策略創造空間。事實證明，軍戶成員非常善於利用這一空間。

然而，軍屯土地和一般土地之間仍存在一個至關重要的區別。當軍戶和民戶就屯地發生糾紛時，一般情況下，推官會更傾向軍戶一方，因為他們本來就是負責耕種屯田之人。在剛剛提到的案件中，一名李姓士兵（甲）將屯地使用權賣給林姓民戶（乙）。之後林姓民戶又轉而將之賣給劉姓民戶（丙）。劉姓民戶抵押屯地，向郭姓民戶（丁）貸款。根據郭姓民戶（丁）與劉姓民戶（丙）之間的約定，若貸款未及時償還，則郭姓民戶（丁）將獲得其永久所有權。然而，儘管合同上有這樣的規定，推官依然裁決李姓士兵（甲）的後代有權重新獲得該屯地的所有權。這意味著，即使屯軍或其後人已出售屯地，乃至土地易手數次之後，他們依然保有對屯地的某些權利。

薛良言貪利爭土　張三郎破財免災

薛良言的祖先是一名屯軍。倭患期間，他當了逃兵，回到原籍，負責的軍屯分地自此荒置。後來，一位名叫張三的軍餘花了一大筆錢，重新開墾那塊屯地。萬曆四十七年（一六一九），張三在軍屯書吏處登記屯地，獲得憑證，確認自己享有使用土地的權利，履行上繳餘糧的義務。拿到憑證之後，他又將屯地租給佃農。佃農對過去的情況一無所知，只認為土地歸屬張三。數年間，他們向張三交租，沒有任何意外發生。

如今，薛良言突然出現，並索要屯地，理由即這是自家祖軍獲撥的軍屯分地。他一紙訴狀將張三告上官府（也可能是張三對薛良言提出指控），要求取回自己的合法遺產。案件最終交由祁彪佳審理。

屯道一件滅屯異變事　杖罪　陳雲標

審得屯田地瘠糧重，故屯種之軍有拋荒以逃者。如軍餘出頂，屯一分即認屯軍一名，每恐以輸糧貽子孫之累。故屯不易頂，亦有不肯頂者。薛良言之祖軍薛孔安原有屯田三十畝。自嘉靖倭變之後，以田久荒無利，遂付鄭均玉耕種，而孔安逃回原籍長泰縣。均玉人故，田復拋荒，屯乃屬之張三矣。其時開墾已費五六十金，兼之原搭陳敬榮一分，共四十三畝五厘。今佃戶黃世傑等皆只知佃張三者，不知三已（以）前事也。良言原係應捕之丁，已經長泰縣查明，則是良言應早到衛，頂其原屯入籍，乃數十年來何在？今以有尺土之利方始出爭耶？此良言之當罪也。百戶陳云標原係管屯，薛孔安一軍久缺，應蚤清勾，何待今日？且近無勾軍之文，而以尺土餌之來爭，此云標之當罪也。本道萬曆四十七年之帖，係張三之帖也，黃世傑歷來承佃輸租係張三之佃也。仍付張三、震夏管業，尚復何辭？然卑館又有說焉，邇來各衛屯政廢弛，屯軍零落，故以民戶而冒軍田者有之矣，以一人而兼數分者有之矣。閱屯誌，開詔書內一款，官舍軍餘名下占種係故軍之田，仍與領種代納糧草，如軍見存無田者，即令退還本軍為業。近又新奉明旨申飭。若良言者，非軍之見存者乎？其願頂一屯，則永籍一軍於該衛矣。倘後日田瘠糧累，良言且任之。以良言之祖軍所拋荒，而撥與其子孫耕種，此亦理之當然者。況震夏之父為管屯指揮。司屯者，而割己之業以還故軍之子孫，不又為屯政之美善也？然張三開墾已重有所費，且請帖輸糧亦已年久，豈宜盡為良言所有。正應撥十畝，令良言管業。請本道新帖仍與張三、震夏，一體照下則例納稞價，良言、云標杖之。29

祁彪佳調查發現，原來的屯軍（亦即薛良言的先祖）逃逸後，官府曾下令徵召替役者。若薛良言履行義務，當時就到軍屯報到的話，他自然而然會繼承屯地，也就不會出現現在的局面。然而多年以來薛家蓄意違抗勾軍命令。祁彪佳指責管屯百戶怠忽職守，因為該軍官一直沒有採取任何行動追查薛良言的行蹤。薛良言之前東躲西藏，「今以有尺土之利方始出爭耶」？

祁彪佳推測，張三對屯地開墾的心力已使荒地的價值增加，而薛良言希望趁機撈一筆油水。他的解決方法，恰似將軍戶應對服役的策略搬到司法領域：將薛良言對土地的特別訴求量化且貨幣化。祁彪佳允許張三保有土地，但命令他撥給薛良言十畝地。儘管這看起來對張三有失公允，但祁彪佳認為，要使整個體制得到應有的尊重，就不得不如此。

判牘中好幾起事件的基本敘事模式皆類似於薛良言與張三之爭：一名屯軍在過去某個時刻將

自己的軍屯分地轉讓給另一方，而如今則希望重新索還屯地。在徐仕盛的案子中，他指控兩名管屯書吏，稱自己過去將軍屯分地轉讓給第三方。該人開墾屯地，而後又以一筆更高的價格將之轉賣給其中的一名書吏。而徐仕盛因「利本屯開墾之後，非復原業之填沙者，欲歸之為己業」。推官祁彪佳對個中原因一清二楚：徐仕盛不過是眼看著土地的價值增高，想要從中謀財圖利罷了。

黃建昭是一名擁有多塊屯地的屯軍。他把其中一塊租給兩名佃農，租期三年。後來，佃農又將屯地轉租給另一人。黃建昭對他們提起訴訟，要求取消租約。他為何要這麼做？唯一符合情理的解釋是：土地升值了。這也可以解釋兩名佃農決定轉租屯田的原因。30

擁有土地是一種穩健、低風險的投資。這為制訂策略創造了可能性。如我們所見，獲授軍屯分地的軍戶日後可能出於各種原因失去對屯地的使用權：或是為規避賦稅負擔而逃逸；或是被部署到其他地方、投入其他任務；又或是自願出售、轉讓屯地以換取現金。若土地的價值提升，他們便會努力索還屯地，從而大賺一筆。為達目的，他們在一個獨特的監管制度內申說自己的特殊訴求。易言之，他們是在利用軍屯土地與一般私田之間的差異進行套利。

上述做法在某些方面類似於當時普遍存在的「活賣」制度。在明清時期的土地買賣中，賣方往往以低於市場價的價錢售出土地，並在一定時段內保留退還款項、收回土地的權利。買家如果希望獲得完全的土地控制權，就必須拿出額外的款項，一次性或分成多次地付給賣方，具體金額由雙方商定。步德茂（Thomas Buoye）認為，至少十八世紀之前，推官和訴訟人都把從祖輩繼承下來的土地視為不可讓渡的遺產，和一般商品不同。因此，無論何時，賣方贖回地產的訴求都應當獲得准許。步德茂認為，長久以來將土地別於一般商品的認知，是對商業化的最後回應，或是即將消逝之道德經濟的殘餘。[31]

屯地交易與一般的「活賣」之間存在關鍵差異。軍戶竭力索還失去的屯地，是企圖將土地與純粹受市場力量支配的商品區別對待。但在這種例子中，其區別不是社群中一致共有的準則。事實上，屯地是由另一套監管制度管轄，與普通土地不同。屯地交易中的對比，並非在市場經濟與道德經濟之間，而是在官營經濟與市場經濟之間。我們的兩位推官也意識到此點，一再指出屯地性質不同於一般土地。祁彪佳寫道，「軍屯與民田不同」，因此要區別對待。[32]訴訟人在官營經濟中提出訴求，以求在市場經濟中獲得優勢。

當屯地使用權有所爭議時，兩名推官都傾向於將之判給軍戶一方。兩部判牘中，爭奪屯地的雙方明確分屬民戶和軍戶的案件共有六起。[33]其中兩起，推官直接把屯地判還軍戶。另兩起中，推官准許或命令軍戶以賣出價贖回土地。還有一起案件，推官判土地充公，將之交給軍屯，再由軍屯重新撥派給另一軍戶。只有在薛良言這一起案件中，推官允許民戶一方繼續擁有土地，即使如此，他還是命令民戶向軍戶撥還部分田土。樣本數量雖然不多，但暗示性很強。推官竭盡所能地將屯地保留在軍屯體制之內。明朝推官與他們的清朝同行一樣，多半已經認識到窮苦農民也有生存的權利，在威脅到某戶人家生計的土地交易案件中，他們很可能會採取另一套標準。但是，他們是否擁有學者所謂「道德經濟」意識，在我們所見的史料中並非問題所在。推官之所以認為屯軍即使在變賣屯地之後，依然保留索還的權利，乃因為這是軍屯的監管制度撥派給他或他祖先的土地。儘管明代福建的政治經濟發生著種種翻天覆地的變化，屯地的持有者欲轉讓土地權利仍然受到限制。軍戶利用此種司法傾向為己謀利。

當軍屯士兵實施一個讓人哭笑不得的糟糕陰謀（至少推官如此描述），這項特權更是顯露無遺。陳進是廣州衛的一名軍官，他將一塊屯田的長期使用權賣給名叫居兆覺的民戶。[34]之後，陳進和親戚陳元岳串通起來，將居兆覺趕走。

> **刁軍陳進** 杖
>
> 審得陳進以左衛旗軍與陳妙遊告爭贍軍屯田，三道有詞，見批戎廳，未經審決，而即以所爭之田得銀七兩二錢批佃鄉民居兆覺，原中唐秀宇可證也。乃串族元岳詭認新軍，奪其佃而並賴其銀，覺能默然而已哉？合照數還本銀，田聽戎廳案結。仍加責擬杖示懲。[35]

陳元岳聲稱自己不久前被徵入伍，成為屯田兵，分得那塊屯田。因此，居兆覺必須將屯田讓出。陳進和陳元岳希望迫使居兆覺放棄田地，同時拒不歸還他購田的款項。推官無奈之下，感歎道：「覺能默然而已哉？」陳進根據一套管理制度的條例將土地轉讓給居兆覺，然後企圖根據另一套管理制度的條例迫使他放棄土地。根據適用於一般土地的監管制度，沒有理由阻止陳進轉讓那塊田地。但反過來，他和陳元岳又辯稱屯田的監管制度適用於這塊田地，基於此，居兆覺對土地所有權的訴求不可凌駕於軍屯將土地分配給陳家的事實。[36]

民戶也可以利用兩種管理制度之間的差異套利。民籍蘇祥五的土地位於深山之中，毗鄰軍籍蔡孺仲的屯田。蘇祥五陰謀奪取那塊屯田。

按察司一件抗占事 杖罪 蘇祥五

審得蔡孺仲之屯田與蘇祥五之民山連毗，蔡孺仲田一派二十畝，成熟已久，其道單與佃戶俱犁然在也。祥五以其田連己山且近己房，欲攘奪之。於是誑該縣給開荒之帖，內載五畝餘。夫縣帖之不若道單明矣。且田久有主，何為開荒？祥五於此伏吞噬之謀，情詭而計狡矣。及令祥五開五畝之佃人李太九等，則皆其祖若父佃之蔡氏者，與蘇絕不相干，被佃戶納租，其厚薄彼此均焉，何仇於蘇？何親於蔡？而認蔡田不認蘇田，祥五即百口，何以自解乎？武斷橫民，恃刀謀業，一杖猶未足蔽辜，田仍歸孺仲收管。

蘇祥五在縣衙門取得開墾荒地的執照，宣稱蔡孺仲的田是他執照中的荒地。他似乎盤算著蔡孺仲拿不出土地所有權的證明文書。但是，蘇祥五的如意算盤落空了。蔡孺仲拿出了「道單」。而且他的佃農，也就是蘇祥五聲稱自己雇來開墾土地的那些人，證實了蔡孺仲的說法。既然佃租沒有差別，除非他確實擁有屯田的所有權，否則那些佃農沒理由站在他一邊。祁彪佳看穿蘇祥五的伎倆：蘇祥五希望利用軍屯當局缺乏詳細紀錄的空子，透過非法手段將軍屯土地轉換為民田。「田久有主，何為開荒？」[37]

兩名男子開墾三十畝田地，這正好是一分標準屯田的大小。其中一人前往當局登記土地，並承擔相關的稅負。現在，另一名軍戶男子企圖占有這三十畝地。

本府一件勢占事　杖罪　葉鳴益

審得王民瑞墾田五畝零，謝童墾田二十五畝零，受業五十餘年矣。謝童之田原係民田，因與化衛折色缺少，故墾熟撥助軍糧，與民瑞之田相去亦遠。葉鳴益一旦欲奪而有之，據稱萬曆四十五年經前縣王與，何至天啟五年方給帖？明係假帖混爭，況王、謝輸糧已久，鳴益向嘗在夢中，今始告爭耶？原田應還民瑞與童管業，鳴益假帖附卷，杖之。[38]

他聲稱這些田地是萬曆四十五年（一六一七）分配給他的屯田。但是，他能夠出示的最早的文書，是一份署年於天啟五年（一六二五）的登記執照。祁彪佳認定這份文書是偽造的。（更準確地說是以不正當的手段取得，執照本身很可能是一份真的文書，但卻是當事人透過賄賂弄到手的。）他將田地判給開墾的兩名男子。那塊田地的地位有些模糊。它起先登記為民田，但後來又有如屯田的地位。這使它成為兩套獨立監管制度的管理對象。軍戶士兵嘗試利用自己在其中一套監管制度的特殊地位，從中漁利。祁彪佳拆穿他的詭計：軍戶或許享有索取屯田的特權，但這種特權不適用於他們假稱為屯田的田地。

屯田既給持有者帶來好處，即耕作田地或收取地租的權利；又帶來義務，即上繳餘糧的責任。一些策略便是透過將兩者剝離營私舞弊。這就是廈門附近馬鑾村中一段碑文背後的故事。碑文為林希元所撰，內容是慶祝（並且保持住）杜家克服逆境的勝利。我們已經好幾次提到林希元了。雖然林希元從未做過正軍，但他出身於同安的一個軍戶。抗倭指揮官朱紈曾指名道姓地指斥他，說他是與海盜和走私者狼狽為奸的最卑劣的福建文人。[39]

杜家於明初被徵入伍，調入德化縣的一個軍屯。正德十三年（一五一八），他們頂替某個絕戶的軍戶，接收另一分屯田。不久，杜家又失去這兩分屯田的使用權。他們聲稱被地痞流氓霸占田地，當然也有可能是他們自己將使用權出售了。不過，杜家並沒有因為失去土地的使用權而豁免相關稅務，他們依然為兩分屯田繳稅。他們央求軍屯文員豁免稅務，卻徒勞無功。此時人丁興旺的杜家，設立了一個旨在合理分擔稅務的內部機制。這並不意味著他們對自己的處境感到滿意。到了嘉靖十九年（一五四〇），杜家的一名長輩決定行動起來。

同安杜氏復業記

安人杜氏之先，有曰得祿公者，從戎遠衛。宣德中，寄操吾泉，出屯種於德化。其田在德化萬山中，土豪虎食其地，吏治弗能究，屯田沒者十之六。屯軍郭良觀絕，正德十有三年軍餘杜楚又頂種其田，田盡沒於豪右，實即空名。二田稅糧，每歲族人輪輸，有因之傾產者。後先胥沿，莫能改也。嘉靖一十九年，其家之老有曰嚴者，毅然曰：「田在豪右，稅在吾家，國法其謂何？杜氏子孫誰任其咎？予不能甘而食矣！」乃選其族之才者三人，曰喬繹，曰汝椿，曰庸朝，以收復之事責成之，以親楊旺為之相。三子欣然受命，相與謀曰：「田不復，咎誠在我。然訟形靡常，費不可豫，族產貧富不一，頭會門斂，不亦難乎？」日嚴曰：「必待眾舉，終弗舉矣！吾四人者，當任之耳。」迺以身先之。於是咸捐囊以應，遂訟於屯道僉憲曾公，受牒下縣推理。土豪機變，事沿之，枉羈累三年。匪特靡財，幾亡其身。日嚴語三子曰：「功不成，匪特吾家世受其敝，且取笑於人。子其勉之！」迺益勵志，懇訴於曾公，案行二府尹侯，始執其豪，鞫還荒熟田一百三十六畝。由是故物始復，官租歲輸，無空賠之患。族眾日信等相與議曰：「非四人，不及此。吾儕受其庇，寧有既乎？今其勉矣，功不可泯。盍以田歷年與之，其租出入皆歸焉？匪特償費，且酬功也。」日嚴與三子曰：「始議復田，本為門戶除敝耳。受若田，是商賈也，固讓不可。」日信等曰：「田復而償不受，匪特有功，義可尚也。其可忘乎？」乃相與詣予，乞言勒之石，以彰其功。次崖子聞而歎曰：「四子其賢乎？復百有餘年之業，勞己之力，費己之財，而不自以為功，謂非賢者能之乎？昔魯仲連卻帝秦之議，聊城之將封爵不受，萬世高之。予觀四子，其聞仲連之風而興者乎？昔孔子相魯，齊人懼，乃歸所侵魯鄆汶陽龜陰之田以謝過。魯築城於此，以旌孔子之功，因名謝城。今勒石以紀日嚴及四子之功，亦魯人意也。予奚辭？」乃備始末，為之記。明嘉靖二十五年歲次丙午十月谷旦，林次崖敬撰並書。[40]

杜家質問：「國法其謂何？杜氏子孫誰任其咎？」杜家決定籌錢打官司。他們的對手詭計多端，百般阻撓。案件被拖了很久，來自各地的官員都牽涉其中。最終，杜家取得部分勝利。官府下令將土地歸還杜家，使杜家得以「官租歲輸，無空賠之患」。

馬鑾杜氏遵循軍屯的運作體制爭取免除他們認為的不公平的負擔。杜家之所以要承責，乃因屯田的賦稅已經和其使用權分離開來了。有人也許會問，杜家為何沒有申請豁免賦稅，或請求將稅負轉移到當前的土地占有者身上。我們不難看出，這種做法將會徒勞無功。當地軍屯的官員，只關心能否收齊賦稅。他們沒有豁免杜家賦稅的動機，因為那只會給自己添麻煩，迫使官府從他處填補缺口。因此，杜家唯一能打動這些官員、引起他們興趣的方法，便是聲稱自己處境艱難，可能沒有能力繳納賦稅。這樣一來，官員們就產生將土地使用權歸還給杜家的強大動力，唯有如此，才能使杜家更有可能在未來的日子裡上繳賦稅。

有一種可能性是杜家沒有說出真相，他們在此前某個時候出售了土地，但繼續承擔稅負，這能讓他們抬高地價。但是，假設杜家人所言屬實（沒有理由拒絕這種假設），我們可以揣度對方，也就是「土豪」的想法。明代，對於任意一個企圖非法侵占土地的投機者來說，屯田具有很大的吸引力。因為屯田沒有被記錄在縣衙門定期更新的魚鱗冊上，侵占土地的非法行徑不易曝光。此外，不法之徒之所以覬覦屯田，可能還有一個更有誘惑力的原因。如我們在第二章所見，世襲軍戶有資格豁免徭役，因為軍戶的一名成員已透過服兵役的方式，履行著為國家提供勞動力的義務。根據明朝的律法，這種豁免權有一定的限制，報告本戶必須承擔的徭役時，軍戶可以少報一名壯丁；但事實上，軍戶一直無須承擔任何徭役。即使在徭役被攤入田賦，成為一項附加稅之後，軍戶依然享有這種豁免權。既然負責耕作屯田的軍戶無須承擔徭役，這意味著獲取屯田所有權不會帶來徭役附加稅。在明代，徭役附加稅有增無減，所以豁免權愈加寶貴。

如果以為每戶人家都能夠採取一致行動，在和軍屯制度打交道時總是以集體利益為先，那就大錯特錯。祁彪佳的判牘裡有一個案子，說的是一戶人家的個別成員以對自身有利的方式在軍屯中工作，甚至不惜損害族人利益。

> **本府一件占屯大慘事**　笞罪　易天養等
>
> 審得鄭元輝隨母至易國器家，因冒屯三分。元輝死，國器之子文雪已得一分矣。前審以文雪無俱得之理。國器尚有弟國名、國慶，名子禹卿應得一分矣，慶子舜華亦應一分。舜華無子，禹卿子天養繼之，則天養得舜華一分，亦情理之當然者。已經族眾處明，兩造以親相訐，薄罰懲之。[41]

鄭元輝的母親在丈夫死後嫁給易國器。易國器因此成為鄭元輝的繼父。鄭元輝擁有三分屯田，他去世時，易國器的親生兒子易文雪認為自己有權得到這些田地。但易氏族人不同意（圖21）。他們決定，屯田應在易國器和他兩個兄弟的後代中平分，每個支派獲得一分田地的所有權。儘管鄭元輝當初並非以光明正大的方式得到這三分屯田，易文雪還是毫不猶豫地請求縣令審理這起官司。實際上，他告了兩次狀，令祁彪佳不勝煩擾。祁彪佳寫道，平分屯田的辦法「已經

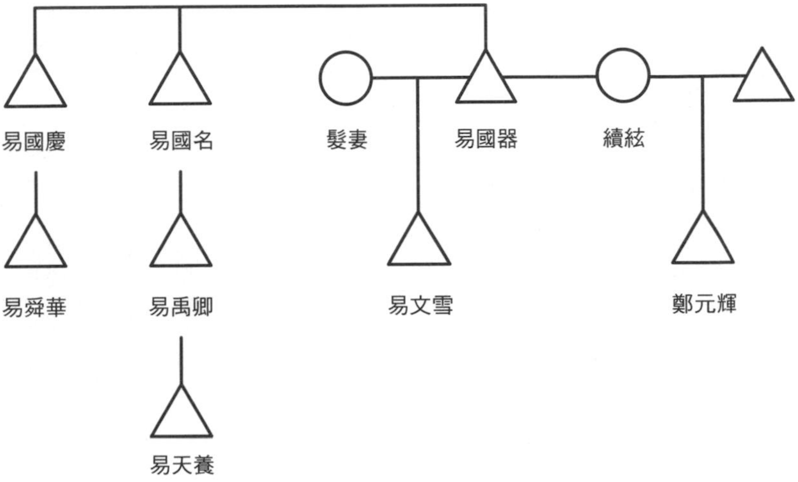

圖21　易家

族眾處明」，是「情理之當然」。而易文雪則以滋生事端被處罰。

族人努力透過非正式的內部調解處理家族糾紛，這讓我們想起黃宗智的研究。他的研究顯示，非正式調解和正式法律行動之間存在著複雜的關係。縣官經常試圖將案件推回非正式領域，而百姓則利用正式法律行動的威懾力，以求在非正式的調解中得償所願。易文雪的案子可能就是如此。他對非正式調解的結果非常不滿，希望以向縣令告狀為要脅，使族人更改決定。當他們拒絕時，易文雪決定將威脅付諸行動，但卻弄巧成拙。

儘管祁彪佳對本案的記載非常簡略，我們依然可以從中瞭解雙方的論點。易家本身肯定屬於軍籍，因為易文雪在打官司的時候，顯然不認為屯田有被沒收的風險。易文雪認為土地繼承應當遵循挑選補伍正軍的基本模式。他頂補了同父異母兄弟的正軍身分，因此也應繼承這個身分帶來的權利和義務。他的親戚反對套用這一模式。他們可能辯稱，屯田的所有權屬於易國器之父留下的祖傳地產的一部分，應該公正而平等地在他的後嗣之間分配。他們也有可能從屯田條例的角度考慮此事。根據條例，沒有任何屯田的軍餘，只要願意承擔稅負，都有資格得到屯田。當然可能兩種論證模式均為他們所用。本案各方的共同點是，他們都希望借助體制的規則，借助軍屯田地與私人土地既類似又不完全相同的特徵，從中撈取好處。贏家非此即彼，本案雙方無疑都力爭勝訴。

李仁淵博士從一戶人家中找到兩份十七世紀初的文書。文書顯示，當事人有意利用行政方面的調整撈取好處。核心策略成功的關鍵在於，官員們傾向於將屯田分配給和軍屯有關的人，無論是正軍還是軍餘。第一份文書於萬曆三十四年（一六〇六）由建寧左衛軍屯指揮使發出，內容關乎古田縣（位於閩江中游，距離福州不遠）的一塊屯田。這塊屯田曾經屬於一位名叫高興的軍屯士兵。高興死後，屯田歷經兩次移轉，最後到了高胡二等人手中。但是，高胡二等人長期欠繳餘糧，「歷久屯種，蒙縣追並莫納」。因此，本身也是屯軍的胥元照「頂種」了高家的屯田。換句話說，田地已被軍屯收回並轉交給胥元照。

建寧左衛軍政管屯指揮使王，為乞恩更帖事。據本衛前所屯丁胥元照狀告，緣照本所屯丁，先年有附屯軍人高胡二、高志□、高炫□，共頂故伯高禮明原頂故軍高興屯田一分，載糧四石五斗一升二勺，坐落古田縣三十四都，土名大石壠等處地方，田段坵畝四至，載在冊

> 帖。為因歷久屯糧蒙縣追併莫納，當官告退，蒙撥與照頂種。因照居住建寧府城，去縣隔遠，不便納糧，隨蒙將糧撥赴本衛秤納，殊□近便。見奉明文清查屯戶的名住址，合情告乞更帖執照，以便管種輸糧等情，據此。案照先為督徵屯糧事，蒙欽差巡視海道帶管屯鹽水利福建按察司副使沈憲牌前事，備仰本□速查屯種人戶，務要的名住址，方許頂種等因，蒙此。除□照外，今據前因，除候顏詳本道外，合行暫給帖照，為此帖。仰本丁即便前詣屯所，查照丈量屯田，逐畝沿坵，用心布種，依期輸納糧儲，毋得拖欠及賣弄界至□相典兌，不許抛荒失額。如違取究不恕，須至帖者。
>
> 右帖給屯餘胥元照執照
>
> 萬曆三十四年三月十三日給帖

到了某個時候，古田縣衙門要徵收這塊屯田的餘糧（如前所述，當縣令著手填補附近衛所的賦稅缺口時，這種情形並不少見）。胥元照本人居住地距離建寧左衛更近。顯然，他沒有親自耕作屯田。他人在建寧，地在古田。所以更準確地說，他只是在管理這塊屯田，且很可能將之租給佃農。這份文書附載胥元照的請願，他祈請縣衙門允許自己直接向衛所上繳餘糧。胥元照要求回歸軍屯制的初衷，乃是希望將餘糧直接交到衛所，以供正軍之需，而非徒費周折地透過當地縣衙門繳糧。

徵收軍屯餘糧與提供衛所軍餉的錯綜複雜，導致兩種互相重疊的賦稅制度的出現。在原制度下，餘糧直接上繳衛所；在另一種混合的制度下，餘糧由州縣官員徵收，然後和補貼一道送往衛所。胥元照希望將適用於自己的賦稅制度從後者轉變為前者，因為這能節省時間和金錢。他希望利用某種監管制度（而不是另一種）以節約開支。這就是最清楚的制度套利示範。他的要求得到批准——從衛所的角度來看，關鍵的是納稅人上繳餘糧，而不是到哪繳糧——但需要由上級頒給執照。

二十四年之後，事情又有了改變。雖然繳糧地點的問題已被解決，但他認為異地管理地產還是不太方便。如今，他想放棄屯田的所有權，將其轉讓給另一個人。毫不意外，接手田地的是一名軍餘。

> 立轉根屯契，人係建寧府左衛前所軍餘胥元照，上年頂得古田縣三十四都三保高禮明屯田一戶，坐落三十四都三保秋竹坪等段，共田七百台，載糧四石五斗三升。且照路途隔遠，管業不便，托得中人韋廣，引進三十四都四保屯餘陳顯現出頭承頂。三面言議，根出價銀五十兩正，親手收訖一完，無欠分釐。其田崇禎四年退還陳家管業納糧。其有官帖一張，付與陳家為照。其有田糧，約過辛未冬，係是陳家往府秤納。其上年田糧，胥家知當，不涉陳家之事。其田不明，係胥家知當。二家甘願，各無反悔，今□口說無憑，立字親筆根契一張及由帖，付與陳家子孫永遠為照者。
>
> 崇禎三年九月□日立根契人胥元照

表面上，紀錄是次屯田轉移的文書和普通地契無異，但兩者之間存在著一些有趣的差異。「售賣」一詞沒有出現在文書裡。普通地契大都會說明賣主取得土地所有權的方式，包括繼承、購買或其他途徑。這份文書也不例外。胥元照解釋自己透過「頂種」取得屯田所有權，而當前的買主願意出錢「承頂」。這些用語顯示，屯田並非一般的私有土地。它依舊接受一個不同的、擁有自身官僚要求的行政系統監管。儘管買賣屯田是違法的，但實際上，大家一直在這麼做。[42]

並非所有的案例都涉及制度套利行為。有時，發生的一切用「貪汙」這個簡單的詞彙描述更適合。如同軍戶被登記在專門的簿冊裡一樣，屯田的相關文書也被收藏在專門的冊籍裡。這些冊籍的存在，既是推動系統運作的部分因素，又為書吏和其他官員創造著既得利益。白德瑞（Bradly Reed）對四川巴縣檔案的研究，首次向世人揭開相關書吏和官員的神秘面紗。正是他們，書寫了我們今天賴以做研究的大部分文獻。白德瑞的研究主要基於十九世紀的案例。但在祁彪佳的判牘中，這些人物罕見地在那之前三百年就出現了。

屯道一件贓盡事　杖罪　楊修

審得楊修係永春縣書辦，時有屯軍林節者新帖未領，以修指之也，故致訐告。今兩造駢詞求息，將舊帖先付節收回，候申詳印發換新帖，似當准從。然楊修索賄之情不能盡洗，姑杖懲之。蕭老春一帖亦未領，修官銀未納，新帖未發，似亦有據，令其與林節一同領換可也。[43]

林節是一名駐紮在永春縣的屯軍，他與該縣書辦楊修因為新帖的事情打官司。兩人雖然達成和解的協議，但祁彪佳表示書辦收取賄賂，仍須查辦，因此將書辦處以杖罪。祁彪佳同時發現林節不是唯一的受害者，對另外一人也曾收取費用卻未發給新帖。這表示書辦趁換發新帖，收取額外的規費或賄賂並非單一事件，而可能是種積習。

但是，更新屯田制度的文書並不僅僅是文員和官員為了撈取油水而強加於不情願的人民的苦差。遵守制度的規則，顯然有助於強化地產主人對土地的所有權，即使日後出現官司，縣令審案時也不會輕易否定這種所有權。登記制度認可人人對地產的所有權，因此大家明白時刻更新相關文書的價值。

結語

明代初年沿海防禦系統剛建立的時候，數以萬計的家庭被重新安置在新設立的衛所中。為了給衛所提供補給而創辦軍屯，意味著進一步將大量軍戶轉移到周圍的腹地。和中國其他邊疆不同，東南沿海的屯軍不單純是開墾空地。他們被分派到的是充公或廢棄之地，零散地分布在民戶的私田中間。他們必須與新環境打交道，努力安家立業。他們所面對的挑戰，他們與附近的居民群體之間的關係，完全是朝廷製造出來的問題。這個問題透過日常政治得到解決。無論是原居民還是外來者，無論是民戶還是軍戶，都利用管理制度的重疊和漏洞，在地方經濟中占盡便宜。

制度套利就是利用差異謀取好處，或是自身的真實處境和自己在管理制度中被認為的處境之間的差異，或是多種管理制度之間的差異。在本章中，我們為上述兩種套利類型提供好幾個案例。薛良言是軍屯士兵之後，嘗試索回其祖先荒廢的土地，祁彪佳對該案的判決顯示，他自己很清楚薛良言的所作所為屬於制度套利。起先，薛良言置身於軍屯的監管制度之外，因為這麼做對他有好處。如今，他又發現身在軍屯制度之中有利可圖，因此要求回歸。祁彪佳擔心，如果將屯田歸還薛良言，他日後可能還會出爾反爾，再次嘗試退出體制。如果忽略張三的權益，似乎也不合情理，畢竟他承擔了開墾土地的費用，並一直上繳餘糧。祁彪佳的判決，意在防止原告利用制度套利，既享受軍籍帶來的好處，又規避其負擔；同時，他又承認薛良言身為軍戶所有的特殊權利，甚至以量化的方式讓他收回部分土地。

許多官員，包括祁彪佳以及批准胥元照請求的管屯官吏在內，意識到軍屯田地愈來愈趨同於私有土地。但他們依然堅持兩者並非全然相同，而是分屬不同的監管制度。他們承認軍戶有索回這些土地的特權。他們試圖對抗軍田「民田化」的趨勢，然而恰恰正是他們的所作所為，使制度套利成為可能。軍戶十分清楚這一情況，並試圖以之牟利。我們屢次在文書中讀到，一旦發現有利可圖，軍戶便會要求行使特權。祁彪佳對此類要求心存疑慮，有時亦會斷然拒絕。但是，軍戶要求索回屯田的事實表明，他們將制度套利視為一種可行的、合法的策略並廣泛使用。

明朝覆滅後，顧炎武撰寫了一部體大思精的歷史地理著作，表達對明朝滅亡的無限惋惜。他總結了明朝後期福建軍屯制的種種弊端，寫道：「或有田無軍，或有軍無田。」顧炎武之意，顯然不是說真的沒有田地或士兵。他以士大夫的語言，指出現實情況與監管位置之間的差別。簡單來說，「監管位置」指的是監管人員眼中的情況。顧炎武發現，監管人員眼中的現實與日常的現實之間存在差異。他繼續寫道：「或一軍三四屯、一屯而二三軍共者有之。」[44]無論明代經濟經歷怎樣天翻地覆的變動，開國之時建立的監管制度一直左右著經濟的運作，直至王朝滅亡。

在特殊的土地登記制度下，屯田無論怎樣私有化，都始終有別於一般的私有土地。軍戶經常試圖利用自己可以索還屯田的特權渾水摸魚。他們把屯田當作私有土地賣給民戶，然後憑藉自己的軍籍身分，不用掏任何費用就能討回土地。有時，他們會等地價上漲後，再以最初的售價贖回土地。有時，他們則將土地的收入和稅負分開來算，從中漁利。有一種更普遍的模式是將土地有條件地典賣，而在土地價值上漲後，賣家要求額外的「找貼」，而軍戶的諸多努力就是這種模式的一部分。但有所不同的是，他們在進行套利，他們從監管現實中「所有屯田的販售都是有條件的」這一點中獲利。這些策略的共同特色是善用明代在規制管理土地的擁有與使用權時，不同制度重疊處所創造出來的落差與漏洞。軍戶的策略顯示，在明代中國東南沿海地區的社會環境中，制度套利行為層出不窮。

雖然很多人選擇當逃兵，但是還有不少人選擇留在體制內，為何如此？這些策略有助於解釋個中緣由。根據太平李氏族譜記載，李家祖籍在邊遠的四川，始祖是一名「從征」，他的哥哥是太祖朱元璋的支持者，戰功赫赫。哥哥去世後，他繼承下級軍官的軍銜，最初被派駐福州衛。

十五世紀初軍屯重組期間被調至永春縣。在那裡，他擔任軍屯系統下的下級軍官，耕作自家的屯田。他的兒子、孫子和曾孫都「繼總屯事」。曾孫那一代，李家變得十分富裕。李家始祖的曾孫積累了龐大的地產，達五千畝之多。地產收入為李家提供鉅額經費，用以為祖先祭祀、供子侄讀書。再過幾代，家族中開始有人考中科舉。[45]

經濟史專家業已證明，中國人善於利用土地所有權維持並提高自身地位。農村居民發展出各種策略，以類似於當代金融工具的手段「金融化」自己的土地使用權。擁有屯田的軍戶在此基礎上更進一步。[46]他們不僅利用自己的土地使用權，還利用特定土地和特定戶籍所享有之權利的模糊性，盡可能地為己謀利。民田和屯田的管理制度，各自獨立卻又相互重疊，為他們創造了套利空間。

儘管享有特權，軍戶成員面臨的挑戰仍不容小覷。他們必須解決很多大問題：如何融入周圍的本土社群？如何在一個全新的、時而充滿敵意的環境中為自己和子孫後代創造一個光明的未來？他們絞盡腦汁、想方設法：有時，他們會滲入並接管如寺廟等已有的社區組織，從而在社會中發展並維持獨立的社群認同；有時，則以個人和家庭為單位，融入當地社會，成為其中的一分子。我們將在第六章討論這些策略。

施巧計軍戶取民籍　聯鄉誼一廟奉二神

第六章　屯軍與百姓社會關係之處理

到一座偏僻地區的小廟及一個更加偏僻的山村尋找明代軍戶生活的線索，聽起來似乎有些古怪。但是，湖頭侯山廟的儀式與達埔林氏家族的族譜，讓我們得以一窺明代軍事制度如何在數百年間形塑當地的社會生活，以及這些制度的遺緒又如何持續影響著當地的社會關係，直到今天。

故事始於湖頭。湖頭鎮位於安溪縣東北部。從泉州城和永寧衛出發，往西北內陸方向走即可到達。這裡是一個直徑六公里的圓形河谷盆地，周圍盡是陡峭的山丘。清溪橫貫其中，經泉州入海。自古以來，湖頭便鍾靈毓秀，名士輩出，包括康熙皇帝的親信李光地（一六四二—一七一八）。在前文中，我們已見過本地幾家軍戶。如第一章登場的清溪李氏，他們即是李光地家族的一個支派，為了補償「道之云遠，行役維艱」的補伍族人，家族於是為他置辦產業作為補償。此外，湖頭也是屯軍胡六仔的故鄉，我們在第五章中講過他的故事。

朝廷既從湖頭徵兵，又將來自其他地方的士兵分派湖頭，因為湖頭是永寧衛下轄一處軍屯的所在地。要瞭解湖頭屯的歷史，就不能不走訪侯山的一座小廟，它是我們最好的史料。*湖頭是來蘇里數十個村子中的一個，當地人以清溪為界，溪東為來蘇里，溪西則為感化里。二〇一四年二月初，大年初六，為了準備一年一度的遊神儀式，當地百姓把侯山廟的「大王公」和「上帝公」的神像請出，暫時移到山下的上田村。「大王公」的正式尊號是「英武尊王」，他滿面虯髯，眼神兇惡，令人生畏。「上帝公」的正式尊號是「玄天上帝」，他皮膚白皙，鬍鬚修剪得整整齊齊，手持寶劍，頭戴朝廷官員的烏紗帽，比「大王公」要面善多了（圖22–25）。

上田村是單姓村，男性村民都姓李。今年的儀式將由該村負責籌辦。以前眾人會在遊神的前一晚將神像安置於李氏宗祠。[1] 如今李氏宗祠早被拆除，改建為小學。於是，只好委屈神像在貨倉休息一晚。這個貨倉是籌辦委員會的會首所有，他同時也擁有一間炮竹工廠。

大年初七，村民在天亮之前列好陣隊。走在最前方的是一夥打扮成清朝兵勇的男村民，他們舉著象徵縣令權威的沉重木牌，告誡旁觀者要「肅靜」、「迴避」。為迎合現代男性的審美，在他們之後是一隊穿著緊身旗袍、濃妝豔抹的妙齡女子。緊隨其後的是一支由一百多名村民組成的隊伍，他們手持燈籠、旗子、陽傘和鑼鼓。接著是村民雇來的表演者：舞獅、雜技、樂手，演出地方傳統戲曲的「南管」演員則乘車隨行。再後面是四名身披精美刺繡禮服的村中長者，以及幾位受雇做法事的道士。他們後面跟著一輛卡車，神像即安置其上。為整個隊伍殿後的是「炮車」，這是一輛載著火炮的敞篷小貨車，是現代人對傳統習俗的改良。「炮車」放出陣陣炮響，可以在煙花爆竹燃完後繼續烘托起現場的氣氛。轟鳴、火花和煙霧是節慶必不可少的元素。

遊神的第一站是近十公里外的關帝廟，眾人在那裡舉行「擷火」儀式，以祭拜關公。寺廟太小，無法容納整支隊伍，所以只有神像和一小群核心成員可以進入。寺廟住持是一名香花和尚[2]，他會在門口迎接眾人。住持的妻子（香花和尚可以娶妻）從旁協助，在丈夫誦經時，準備點燃煤燈。她發著牢騷，抱怨遊行隊伍來得太早：「大王」和「上帝」拜訪「關帝」，既然幾位都是帝王，身分尊崇，大可不必如此著急忙慌地趕在天亮之前到達。而後，煤火被引到香爐裡，在搧風助燃下，火焰熊熊燃燒。整個儀式至此圓滿結束。遊行隊伍啟程返回湖頭。

清晨時分，遊神隊伍分成「內鄉」和「外鄉」兩組。「外鄉」隊沿著湖頭平原的周邊行進。在接下來兩天裡，他們將每日步行好幾個鐘頭，前往更偏遠的村莊。核心成員留在來蘇里，組成「內鄉」隊伍，沿著事先擬定的路線從一個村莊來到另一個村莊（圖26）。即使作為想像的參與者，但我們和村民一樣，在某一時刻只能出現在一個地點。就讓我們跟著「內鄉」隊伍走吧。美溪村是頭幾個停留站之一。在平日用來曬穀、打穀的場地，神像被安放於一排桌子的上位，各家各戶都將自己的祭品擺到桌上。村中婦女負責呈送供品，這是她們首次於本場節慶活動中現身。家家戶戶帶來一盤盤食物，大家爭先恐後地搶奪最好的位子，[3]這也是我們在本場活動中第一次看到村民虔誠信仰的展露：女人們摯切地向神像行禮，她們伸手觸碰神明的座椅，將點燃的線香

＊審訂者注：侯山在地方文獻中有鱟山、礐山、猴山、緱山等寫法。在引用地方文獻時照該文獻原來的寫法，此外都寫成現在通用的侯山。

圖22　侯山的玄天上帝

圖23　侯山的英武尊王

圖24　侯山廟

圖25　侯山遊神時的供品

插入香爐，張開手掌，輕輕呼搧，將縷縷輕煙撲到自己臉上。

在各個村子，村民都行禮如儀。道士們搭建起一座簡單的神臺，在音樂伴奏下誦經、鞠躬、獻祭、舞蹈。表演雖然隆重，儀式的核心內容卻並不複雜。百姓向神明上供，自報家門，祈求神明的保佑。然後，以村為單位，各村的男子抬起沉甸甸的轎子（神像就坐在轎子裡）繞著神臺奔跑，開始一場競技性的表演。他們躍過劈哩啪啦作響的鞭炮和熊熊燃燒著的香灰冥紙。一圈又一圈地跑，整個場面熱鬧非凡。等上一隊大汗淋漓、精疲力竭後，下一隊將接過轎子。東道主竭力讓到訪者全部累趴在地。該環節結束後，隊伍重新整裝，繼續前行。神明享用過的供品則被本村村民打包帶走。回到家中，他們大快朵頤，津津有味地享用這些美味佳餚。

接下來兩天，遊神隊伍穿梭於來蘇里的各個村莊，上述流程將重複十數次。第三天，神明回到上田村。學校操場上，上田村民置辦的供品之多令人咋舌，包括每家都要拿出一頭豬來。經過一整天的祭拜儀式，人們最後一次燃放煙花，道士隨即宣布節慶圓滿完成。村民迅速將供品拿走。眾人作鳥獸散，學校操場再次恢復往日的冷清。夜幕低垂，神像被抬回侯山廟。整個遊神慶典至此告終。

和神明所在的廟宇一樣，遊神慶典的很多內容看起來大同小異。對於任何一個過去二十年在華南農村地區生活的人來說，這些一切都很熟悉。但事實上，具體的儀式細節背後自有其歷史淵源。我們今天所見之儀式的許多方面，皆是明代軍事制度帶來的新社會關係的產物。雖然制度早在幾百年前已土崩瓦解，但儀式仍經久不衰、流傳至今，並為我們提供一個途徑，得以更好地理

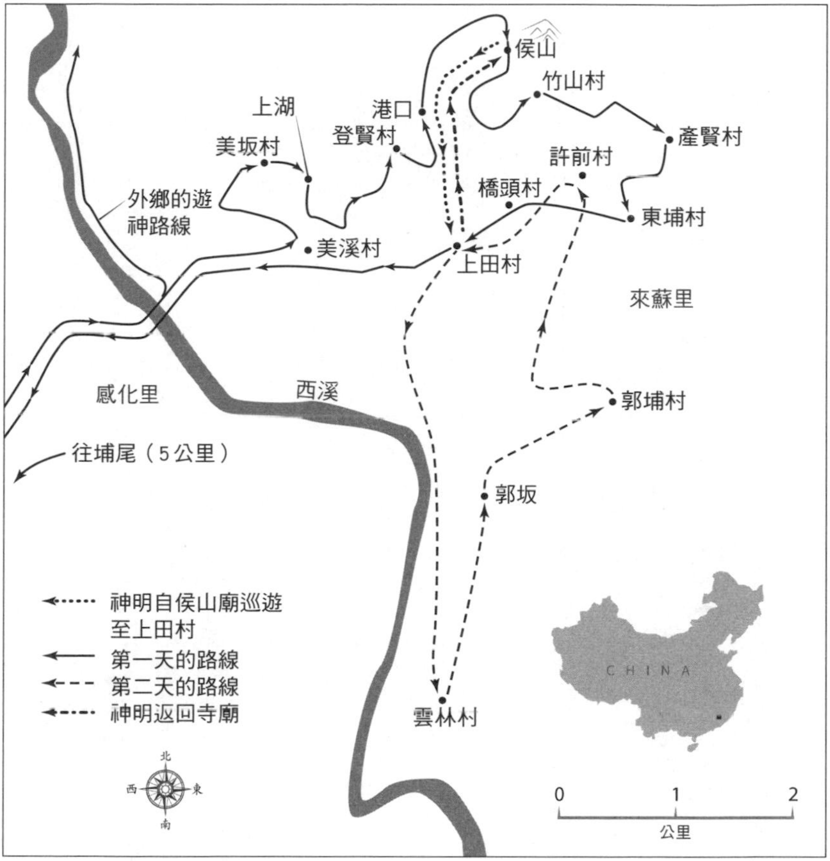
侯山
竹山村
港口
上湖
產賢村
登賢村
美坂村
許前村
橋頭村
外鄉的遊
神路線
東埔村
美溪村
上田村
來蘇里
感化里
西溪
郭埔村
往埔尾（5公里）
郭坂
神明自侯山廟巡遊
至上田村
第一天的路線
第二天的路線
神明返回寺廟
CHINA
雲林村
北
西
東
南
0
1
2
公里

圖26　湖頭遊神示意圖

解歷史中的日常政治。它們構成一種不同類型的檔案，記錄著地方政治的歷史面貌。

本章將透過兩則故事探索軍屯軍戶的社會生活。第一則故事載於族譜，講的是一位身世不明的神秘男子突然來到軍屯，旨在揭示軍屯軍戶如何利用並操縱明代戶籍制度。第二則故事則有關侯山廟，旨在說明初來乍到的軍屯軍戶如何設法融入本地社群。乍看之下，兩則故事唯一的關聯不過在於它們的發生地相距不遠。實際上，它們各自展示了軍屯日常政治及其影響的不同側面。無論在軍屯還是衛所，軍戶都必須適應周圍的社會環境並建立新的社群。這是一個複雜的過程，涉及形形色色的日常政治，但在史書中卻有蛛絲馬跡可尋。本章的兩則故事會將日常政治採取的兩種形式呈現在讀者面前。

生人歸故里　相見不相識

十六世紀中葉的某天，一個陌生的年輕人出現在達埔鎮（隸屬於湖頭鎮東北緊鄰的永春縣）。隨行的兄弟兩人則與村民相識。他們解釋道，陌生人是自家失散已久的侄兒春仔。他們的父親佛生老來得子，可惜這第四個兒子英年早逝，他留下一個孤兒，是為春仔。（如同族譜常常出現的情況，春仔在不同文書裡的稱呼有所不同。為方便起見，我會一直使用「春仔」這個名字。）遺孀改嫁，攜春仔離開，從此音信全無。如今兄弟倆費盡周折，終於尋得侄兒下落，將他帶回家來。

這則溫馨感人的故事見於十九世紀完成的林氏族譜，編纂者乃林家後人林良煥。他堅信自己手定的家族史準確無誤，因有「軍繇」，也就是兵役登記簿為證。這只能說明，林良煥擁有明代軍籍黃冊中有關林家的紀錄，亦即林家所留存的軍籍黃冊副本（原本則藏於京師的黃冊庫）。根據「軍繇」，林良煥寫道，原籍同安的林家於洪武二十年（一三八七）被徵入伍，派戍永寧衛。七年之後，各地駐軍換防，他們調入興化衛。林家在永寧所屬百戶，由駱氏家族世襲百戶長之職。永樂二年（一四〇四），該百戶被派到達埔耕作屯田，於是百戶長駱果毅、林家正軍林尾仔和另一位叫馬得的士兵來到了達埔。

洪步林氏世系參考

譜系紀：「安公洪武二十年充永寧衛，一十七調興化衛，安傳尾仔，始宅永春九十都猿步居焉。」又紀：「尾仔傳普濟，濟傳觀，觀傳佛生。」查永樂二年甲申尾公入永，正統三年戊午而佛生公生尾公。雖無年紀可憑，然按軍繇載林安仔已故、勾丁林尾仔頂補情節推之，極至五十餘年左右，恐未必多此世次。且明載：「林尾仔偕男林赤毛、林普濟、林觀等，受本折色屯田九十都桃源里。」並本所旗甲馬次怡嘉靖十一年壬辰控聰公狀供有：「祖馬檜，永樂二年蒙撥永春九十都屯種，生父馬榮。」時次怡供年五十二。以供年推之，次怡係生於成化十七年辛丑。上溯至馬檜入永之年，共七十八年。以同撥屯永之旗甲馬檜，傳馬榮，傳馬次怡，明係三世。而我祖尾公又是旗丁，係同是年入永，正統三年戊午年生佛生公，成化九年癸巳生聰公，比馬生較早八年。此例恭參觀。並按軍繇，蓋尾公至聰公當是三世，應無五世之理。閱崇輝公辨疑，駁天啟丙寅譜錄普濟為三世祖，觀為四世祖，誤修兄弟為父子者，確非臆見。更查宏〔弘〕治六年癸丑鬮約，載林文積生有三男，長男永華，次男永昱，三男永昭。內云：「上祖房屋田園，分作三鬮。」年月下一出「情願分田人林彥明」，一出「情願分田人林永昭」。又正德五年庚午鬮約載：「林赤毛生有三男，長男彥明，次男彥遠，三男彥花，作三鬮分。」年月下出「林彥明」，列為禮字號。正德十年乙亥鬮約載：「林佛生生有三男，長字曰彥明，次曰彥遠，三曰彥花。」內云：「先年不幸父故，明頗年長，二弟尚幼。」年月下俱有花押。按佛生公成化二十二年丙午卒，至宏〔弘〕治六年癸丑巳作八年，故文積鬮約一出彥明，一出永昭，難未一見，可知佛生兄弟有三人矣。其聰公兄弟三人，兩次鬮約，一載父林赤毛，一載父林佛生，是赤毛即佛生公諱，無疑也。再查次怡供有云：「本所林聰，正德十五年庚辰將伊新墘門口及後壟田二段立約與次怡，對換猿步地基，前去起蓋房屋住居。正德十六年辛巳，次怡將原換田及地基盡戶立契，繳賣與林聰。至嘉靖元年壬午造冊，次怡見父馬榮已故，戶籍難除，林聰要得入籍收產，議將林安立戶。今遇重造黃冊，林聰徑將馬榮戶籍倒除，就以林安立戶等因。」按安公傳尾公，即文積，即尾公字也。尾公生赤毛、普濟、林觀等，永華、永昱、永昭是其字也。兄弟三人，彰彰明矣。赤毛，佛生公之諱，永華蓋其字也。是佛生公系尾公之子，生本祖聰公、祖叔發公、美蘆公三人。至正德十五年庚辰及十六年辛巳，聰公方始買明猿步地基，立祠祀祖。嘉靖元年壬午，聰公乃買得馬姓所籍陳福甲內，班列林安，立戶收產。年紀實據，昭昭可考。詳查細按，庶得其真因。前誤混世次，謹將的查鬮約及供狀，恭按軍繇年紀事情，特筆錄此，以俟明者，其共鑒之。

嘉慶十一年歲次丙寅瓜月之吉，十六世孫良焌頓首拜，謹錄。[4]

洪步林氏世系

林氏基祖諱尾公者，譜傳為同邑同和里四都康順人也。同之先世，有可益、可賢二公，明賜進士理學名宦次崖先生諱希元公，舉本祖安公同派。安公於洪武丁卯年從軍永寧衛，甲戌年調興化衛。安公傳尾仔公。永樂甲申年，尾公奉文屯種永春九十都，始卜居闊步山麓池仔後田中，以為肇基始祖。追祀安公祖考，禮不忘其所由生也。尾公軍繇，傳赤毛公、普濟公、觀公，而赤毛公生聰公、發公、美蘆公三人。本祖聰公生道淵、道浦二，淵公生和靖、和舉、和順三。浦公生和中一，是為長房。發公生媽養、光福、光進三；媽養生祖生、祖才二，光福生祖居、祖應二，光進生和仲、和季二，是為二房。美蘆僅生媽成，成僅生公養，是為三。事體是而傳至文維、崇伍、祚源、裕允、中興，今復見芳行，一十有九世矣。克昌厥後，其兆於斯乎！本鄉洪步，遺傳舊名緩步，為宋休齋陳先生從紫陽朱子所卜遷。自尾公肇基以來百有餘年，俱是守舊田廬，至聰公始克光大前業。乃於正德庚辰，偕弟美盧、侄媽養，復買得馬姓所承陳家地基，增建祠宇。有睥睨者，公極力詰爭，而後得之。今我子孫等獲以光前裕後者，皆其功也。厥後兵燹之變，堂宇傾圮。萬曆庚子年，本祖春公同存興、存義公力定大謀，改立癸丁今向，而鼎新之。桃陵顏廷榘先生發曰：「高山仰止水長流。」美哉！猶昔儒臣勝地，良田可耕，書載讀久矣。為今哲士芳規二聯，寓意深遠。凡我後人，景而仰之，增而崇之，繼繼繩繩，以引以長，則蕃衍盛大，丕振厥緒，為無窮矣。

嘉慶十一年歲次丙寅瓜月之吉，十六世孫良焌頓首拜，謹識。[5]

聰公小傳

林聰公，佛生公長子也。公生而家政寖熾，公干蠱艱，不辭勞瘁，凡可為燕詒計者，極力以身圖之，創立戶籍，增廓堂構。其事曾為仇家馬姓所睥睨，幾阢隍者數矣。公偕姪媽養公朋協維持，嗣是版圖可風，鐘虡無恙，皆公之力也。非有才而能如是乎？故林姓於公稱鼎興焉，而林之子孫得有今日者，咸頌公德於不衰云。

外元孫邑庠生陳泰拜撰。[6]

我在本書中反覆使用的方法之一，就是將官方史料中的一般內容和私家族譜中的具體資訊放在一起對比參照。達埔諸家族為此類比較提供了異常豐富的機會。本書登場的大多數家族並未見於任何傳世的官方史料。但是，駱氏百戶長、林尾仔和馬得很特別。他們不僅出現在林氏族譜中，而且還於明代的永春縣志露面。該縣志完成於十六世紀中葉，編纂者正是我們的老朋友林希元。縣志記載：

> 興化衛後所百戶駱果毅屯，在九、十都。見在屯種二名：馬得，今馬次怡；林尾仔，今林聰。[7]

由此可見，林家對本族歷史的記述和十六世紀的官方縣志內容沒有出入、完全吻合，且依林良燰所言，乃是將「軍繇」摘選抄入族譜。

林聰是林尾仔之孫（在族譜的其他版本中，一說是林尾仔的玄孫）。身為正軍，他名義上承擔起林家在軍屯的義務。在林聰的努力下，林家家道興旺。但他同時與馬家結下仇怨。馬家不只是屯軍，還是軍屯的一個小官（「旗甲」），負責徵收屯田餘糧。最遲至正德十年（一五一五），兩家人猶相安無事。當時，馬家的馬次怡還為林家的分家畫押（遺囑涉及軍屯分地的分配，因此可能需要旗甲畫押才有效力）。但兩家的和睦並不長久。問題出在林聰振作家聲、招惹嫉恨。兩家人的糾紛圍繞著馬氏族人的一塊地與這塊地所登記的戶籍。根據馬家的說法，林聰以其他田土換得馬家的地，在上面蓋屋，並在嘉靖元年（一五二二）造冊時，打算以林家祖先林安的名義立戶，以「入籍收產」。但在嘉靖十一年（一五三二），林家利用重造黃冊的機會，不僅立了戶，還「徑將馬榮戶籍倒除」，取代了馬家的戶籍。而根據林家的說法，他們買了馬家的土地蓋祠堂，之後「乃買得馬姓所籍陳福甲內，班列林安，立戶收產」。也就是他們是出錢買了馬家的戶籍，並非私下動手腳。兩家為此構訟，林家「幾阨隍者數矣」。按照慣例，林家將判決書抄錄下來，若日後糾紛再起，他們便可以之示人，平息事端。直到十九世紀初，林家依然存有該判決書副本，因此林良焌在編纂族譜中得以參考。

明代中葉後官方准許購買民地的軍戶以民地登記，在縣中附籍。馬家雖也是屯軍，但這塊地是「所承陳家地基」，應是馬家首先購得民地，並在縣中附籍。然而隨後林家取得這塊地，無論是購買或欺騙，林家在造冊時取得馬家在縣中的附籍，因此讓馬家不滿。對林家來說，取得縣衙中的附籍有好處，最直接的好處就是由官方確認他們擁有這些土地的權利。也就是說，在符合自身利益的考量之下，林家從一種監管制度跨越到另一種監管制度。對地方官員來說，只要賦稅的事一清二白，有人按時、足量繳納餘糧與田賦，那麼接受類似安排也未嘗不可。如我們在第五章所見，地方官員十分清楚軍屯人口增加帶來的挑戰，只要稅收不中斷，對百姓的非正式安排，他們都睜一隻眼閉一隻眼。[8]

在力所能及的情況下，明代福建的許多軍戶往往會做出類似於林聰的安排。如第五章提到的被誣陷勾結鄧茂七的屯軍鄢法真，他的兩個後人就透過這種手段取得不同戶籍。鄢法真的一個孫兒從商並成為富裕的地主，然後利用「附籍」的相關規定，到縣衙將自家入籍。另一個在事業上取得更大成就的孫兒也採取同樣的做法。鄢家依循可預測的上升軌跡蓬勃發展：商人將自身的商業資本轉化為文化資本，透過子嗣的「學而優則仕」，再進而將文化資本轉化為政治資本。[9]

在族譜的描述中，本戶從一個監管體制跳到其他監管體制的行為，要麼是奉公守法的無心之舉，要麼是面對當權者暴虐無道的逼迫而無奈採取的應對之策。然而，在官員的查勘中，有時現實完全是另一副模樣。嘉靖二十一年（一五四二），一名廣東官員在更新龍川縣賦稅清冊時，發現一種複雜的情況：

又有守禦所富軍收買民田，秋糧幾二百石者，多以女口寄籍畸零避差。苟隨宜增加，則丁糧通融支應，里甲答應均平。但軍屬衛所，民屬有司。若以軍餘立戶，縣與所皆有征役，是二差也。查得各縣軍職置買民田，則以官繫籍；餘丁置買民田，則以女口繫籍。今宜欽遵明詔，官舍、軍餘置買民田，一體坐派糧差。正軍不許立籍，止以餘丁一名承戶，明註軍由來歷，以杜逃避之奸；應當民糧差役，以絕包陪之累。[10]

龍川縣富有的正軍擁有大片土地，本應相應地承擔起沉重的徭役。但是，他們將土地登記在自己的妻子和家族的女眷名下。正軍本人享有徭役豁免，家族中又沒有其他成年男丁和這些田產有關，希望借此得以規避徭役。縣令解釋理想的狀況是「但軍屬衛所，民屬有司」，可惜現狀並非如此。許多家庭實則兼軍戶和民戶於一身，因此要有一些新的處置。[11]

在兩種監管體制間左右逢源，是旨在逃避各自義務的策略。十五世紀的一名官員注意到，一些「寄籍」的家庭擁有十多名成員。但是，其中只有一兩個真正在籍，其餘皆「隱瞞在家」。

各衛所官軍戶下多餘人丁，比先有例，除存留幫（貼）正軍外，其餘俱於附近有司寄籍納糧當差。中間有等奸詐之徒，一家或五人十餘人，止用一二人寄籍有司，俱各隱瞞在家，衛所執稱寄籍。有司拘役，卻稱尚在軍伍。及至正軍役缺，買囑該管官吏，朦朧造冊，原籍清勾。[12]

當州縣官吏前來徵召徭役時，衛所軍戶成員會聲稱自家正在軍中服役，因此擁有徭役的豁免權。當衛所官吏試圖將他們登記入冊，以備日後補伍清查時，他們便轉而聲稱自家已入民籍，正在承擔相關的里甲徭役。當勾軍官吏威脅要告發他們，他們則會賄賂書吏，混淆視聽，期望勾軍官吏放其一馬，向原籍軍戶要人。這當是制度套利行為的一個經典案例。

讓我們現在回過頭來繼續講林春仔現身達埔的故事吧。還記得嗎，春仔是在兩個伯伯（林發和林美蘆）的陪同下歸來的。兩個伯伯向鄉親解釋，這個陌生人其實是他們已故父親林佛生的幼孫。他們找到他，將他帶回家。到目前為止，這仍是一個闔家團圓的感人故事。但接下來的情節發展更加精采。早在春仔歸家數年之前，亦即嘉靖元年（一五二二），達埔的三兄弟平分了父親林佛生遺留下來的產業。不同版本的林氏族譜收錄著不同版本的分家文書。十九世紀的族譜編纂者林良煥所見版本僅提及佛生三子，即林聰、林發和林美蘆，他們的姓名和族譜記載完全吻合。但是，在另一版本的文書中，三兄弟將一份產業留存，以待他們日後可能回鄉的侄子（即過世四弟之子）前來繼承，「今思長成回家」。也許這裡面沒什麼鉤心鬥角的算計，或即便有，至少三兄弟最終回心轉意。他們未必想將侄兒的遺產占為己有，他們甚至未必知道侄兒尚在人世。但當春仔有下落時，他們馬上修改了分家文書，讓四弟的遺產物歸原主。於是乎，突然出現在達埔的年輕人，不僅回到了家人的溫暖懷抱，而且收穫了一份應得的產業。

現在的達埔林氏為自家與同安林希元的關係深感自豪。誰又不希望能與一位聲名顯赫、富甲一方的士大夫沾親帶故呢？達埔林氏之所以肯定兩家有血緣之親，乃是因為在明朝時，達埔的一位林氏族人曾到林希元宅邸拜訪，與之「認族」（即根據族譜提供的證據，確認兩家出自同一先祖）。現代林氏族譜的編者將林希元所撰有關同安林氏的一篇文章照搬入族譜，卻沒發現該文實則在質疑達埔林氏的說法。

〔同安林氏〕國初分為三，曰上頭，曰下頭，曰向邊。下頭在吾家之左，背空向滿，坐午面子，為予家左輔。上頭即予家，下頭因予家而得名。向邊與予比肩，而居其東，故曰向邊。自國初分戶為二，上、下頭予一戶也，祖曰林可益。向邊一戶也，祖曰林可賢。可益分為里班，從軍北京武清衛。可賢分為甲首，從軍永寧衛。軍民異籍，而祭業猶共之。祖遺田若干，在官田海蕩九分，坐麝圃埭外。下頭子孫有曰清保者，避軍役，逃入永春卓埔，聞其枝葉亦繁庶。先大夫嘗令人求之軍，軍不認。予修永春志，求之不得。予為寺丞，曾來認族，予在京，族人納之。13

林希元的文章寫到，其家的一名正軍當了逃兵，跑到達埔。如我們在第二章中知曉的緣由，正軍逃逸勢必會令整個家族憂心忡忡。林希元之父心急如焚，害怕此事一旦被官府發現，勾軍官吏將會上門索人。他找到逃兵，卻未能成功勸說其重返崗位。幾十年後，林希元應永春縣令之邀編纂縣志，曾試圖再覓逃兵下落，但求之而不得。後來，逃兵的子嗣自發回到原籍「認族」。

考慮到兩個故事的發生時間以及其中的共同細節（包括「認族」），林希元筆下的那名逃兵會不會是村民稱為春仔的男子？這位達埔的神秘訪客究竟是何方神聖呢？他只是一名設法混入名門望族的逃兵嗎？他真的是林佛生的孫兒、隨母親改嫁來到林希元所屬軍戶的嗎？也許林希元及父親將正軍的達埔之行誤認為是逃逸，而他其實僅是回家探親罷了。一個有趣的可能是，史料零散的記述背後隱藏著本書第一章談到的「代役」策略。完整的故事也許是這樣的：林希元家族收養了春仔，目的是讓這名孤兒承擔本族的兵役。我們已經見過有些家庭實行過此策略。林希元一家認為，春仔有責任補伍，因此從他們的角度看，春仔返回達埔無異於臨陣脫逃。又或者是達埔林氏安排春仔服軍役，作為補償，他獲得了林佛生的部分產業。（若春仔的身分確如族譜所言，則達埔林氏採取的是「集中」策略；若春仔是一名外人，則林氏採取的應是「代役」策略。）[14]

不幸的是，我們缺乏足夠的證據來對這些充滿矛盾的敘述做出判斷。這位明代「馬丁·蓋爾」（Martin Guerre）的真實身分注定是一個不解之謎。但無論事情的真相如何，謎團本身反映出明代百姓如何策略性地運用多重戶籍身分，最大限度地降低自己在國家戶籍制度中所要付出的成本。他們在兩個互相重疊的監管體制間來回搖擺，置身於他們認為對自己最為有利的體制之下。這是明朝風格的制度套利。

作為社群的軍屯

在第五章中，我們看到軍屯軍戶如何制訂並實行策略，以獲取、持有土地，同時接受、限制或逃避稅負。本章的第一部分展示他們如何靠各種策略管理自己的戶籍身分。上述這些經濟和行政方面的策略只不過是他們歷史的一部分。當初林尾仔及其眷屬、百戶駱果毅和另一名屯軍馬得初到達埔之時，他們除了要設法應付自己所身處的國家體制，還要籌劃如何與彼此、與當地居民共同生活。衛所制度讓人遠離鄉土，不得不開創新生活、建立新社群。屯軍和軍屬的定居之所，並非是在一道圍牆之內，他們不是生活在大體同質的軍事社群之中，而是必須融入已有的社群，和這些社群建立關係，與左鄰右舍和睦共處。由此可見，軍屯制催生出新的社會關係。

當地居民肯定不會歡迎這些初來乍到的屯軍和他們的家屬。他們肯定認為，這些軍人和軍眷將會和自己爭奪有限的資源。這些軍人和軍眷在國家的地方體制中的特殊地位給予他們不公平的優勢；和一般百姓相比，法律似乎對他們有所偏袒。莆田一部族譜對明代初年屯軍的到來頗有怨言。「兵久野處，漸橫習亂。掠民財，毀民室，官不能禁。」最終該家族組織一支民兵隊伍，武裝對抗這些士兵。[15]

某些地區屯軍和當地居民之間的緊張關係持續數百年之久。根據明代末年祁彪佳的記載：

> 前件看得，詔邑軍驕而民悍。如沈姓之與南詔所軍暱皆成怨，疾若寇仇，鬨而散，散而復鬨，凡三閱月矣。最後山川壇一舉，輒以生死分勝負，橫矣哉！刀箭叢生，即不復睹清寧世界矣。首先持刀刺傷沈教者，非韓旺乎？蓋旺為爭烏首禍之人，其凶憤似較餘人為倍甚。雖陳一元一矢相加亦稱致命，而此處當已先後分重輕。微一元之貫矢，而刃傷儘足奪教之生矣。重創以為亂民之戒，固亦法所必懲者。[16]

侯山兩塊斷裂的石碑

對於調到湖頭的屯軍和左鄰右舍之間的關係，官方史料隻字未提，而族譜也幾乎沒有著墨。但是，我們可以從侯山廟的故事中一窺他們之間的交流互動。換句話說，我打算在下一節裡講述這座鄉間小廟的歷史，不是作為中國宗教永恆的、歷久不衰的精神的體現，而是作為六個世紀以來地方政治的產物，以及數百年來不同廟宇信眾交流互動的產物，甚至到現在當時信眾後代仍舉行相關儀式。

重現這段歷史，需要我們利用某種獨特的「檔案」，也就是從觀察當代儀式中產生的「檔案」。和該地區大多數的鄉村廟一樣，侯山廟最重要的儀式是一年一度的遊神遶境。一九四九年之前東南沿海地區鄉村廟宇的遊神遶境一般都會在農曆正月舉行。在臺灣，這些節慶活動大體上沒有中斷。在中國大陸，這些節慶活動在一九八〇年代開始復興。遶境的空間規模各不相同。有些神明只在本村遊行；有的則到訪與本村保持特殊關係的社區；還有一些神明舉行長達數天的巡遊，到訪周圍數十個甚至數百個村莊。神明定期到訪該地區的各個村莊，並不只是反映某些既有的社會結構。遊神遶境還帶有「展演性」（performative），它能夠創造、強化或挑戰社會關係。任何一個遊神遶境的路線，都是信徒群體被定義與重新定義之過程下的產物。換句話說，廟宇慶典就是區域史的產物。遶境路線是政治想像的具象化。

當然，將二十一世紀初舉行的儀式用作描述數百年前歷史的史料，是一種冒險的行為。當代儀式很容易地被放入「傳統、古代或前現代模式的遺物或殘存」的架構中，忽視這些儀式的當代性和歷史性。[17] 如果儀式可以作為社群內不同個人和群體進行政治或物質競爭的平臺，它就能反映出當代的動態，也可以反映出歷史的動態。然而有其他原因讓我們對這種歷史連貫性的假設有所警覺。當今中國村民舉行儀式時，他們會有意識地根據國家政策來架構這種表演儀式。儀式舉行的方式必須讓他們可以宣稱是「宗教」（即符合國家對宗教的定義），或者是一種「文化遺產的表現」。如果他們不把儀式放入這樣的架構，或者他們的架構缺乏說服力，那麼政府就有可能視之為「封建迷信」或者貼上一些更加負面的標籤。

但是，另一方面，傳統主義（traditionalism），也就是把傳統傳承下去的想法，意味著節慶活動的主辦者都會盡可能地複製他們所記得的儀式。儀式的參與者認真對待儀式的效力。我們無須詳細列出具體的效力，無論是祈求神明保佑，還是強化或挑戰社會秩序，來指出效力對參與者來說的確是至關重要。因此，決定儀式是否正確舉行的各個環節，包括遴選領導或限制參與權的規則，或者遶境隊伍必須經過或避開的某些地方，都是必須認真對待的事情。對於這些環節，眾人不得敷衍了事，更不得輕易改變。

我們把當代的儀式展演和其他種類的史料（包括民間傳說與重建廟宇的捐款紀錄）結合起來，有時能夠挖掘出這些規則如何與時而變。一間廟宇的儀式不僅像可供人閱讀和解讀的文本，還像一個可供發掘的考古遺址。每一層沉澱物都是特定歷史時刻的產物，而每個歷史時刻又是隨後儀式組織和行為的基礎。透過這種方式研究區域史，盡可能重構某種儀式在不同歷史時刻的不同環節，實際上是在挖掘一段層層累砌的歷史。

湖頭鎮的居民或許不會對我採取這種研究方法感到意外。他們很清楚儀式在自己生活中的重要性。人類學家王銘銘搜集到當地一首打油詩，很好地反映出該地區的文化地理。「長坑一虎蛇鹿鮎貓，湖頭一花鑼旗鼓槍，下安溪一鱔魚鱉鱟螃。」[18] 湖頭鎮因其豐富多樣的儀式而著稱，而這一點都不奇怪，因為儀式正是不同群體建立彼此關係的一個主要手段。

我們的第一個任務就是盡可能確定在湖頭各歷史時期扮演不同角色的人們是誰。當朝廷於十四世紀湖頭設立軍屯時，湖頭並非一片荒無人煙的空地。今天生活在湖頭鎮的好幾戶人家都是明代初年湖頭本地居民的後代。他們當中的多數人是民戶，一些人則擁有軍籍。在明初，軍戶的一名成員會被強徵入伍並調到他的駐地。如我們所看到的，從此以後，他的直系後代將會履行本戶替補軍役的義務。因此，在一般情況下，留在湖頭的原籍軍戶將會隨著時間的推移變得幾乎與當地社群的民戶沒有區別。為了使文字表達更簡潔明瞭，我將把他們稱為民，以便和調到該地區的屯軍區分。

我們在第四章開頭讀到胡家的故事，而作為派駐軍屯的軍戶，他們就屬於這類家庭。我們知道，早在明初，胡家就已經生活在湖頭，因為那是他們被強徵入伍之地。[19]

林家也屬於這類家庭。和胡家一樣，他們的一名男丁被強徵入伍後，先調到南京，然後又調到南安充當軍屯士兵，為永寧衛提供軍糧。那名正軍從此定居南安；林氏族譜並未記載他和他的後代與侯山老家的家人之間的任何聯繫。[20]到了明代中期，當林家初次編纂族譜的時候，他們已經無從追溯林家早期的歷史，而族譜中對林家來到侯山的記載也自相矛盾。[21]但是，所有材料一致指出，林家始祖很久以前曾在泉州當官。這名官員的兒子被稱為八郎，他不是文質彬彬的君子，只是一介武夫。林八郎三十多歲時，受命組織民兵隊伍，剿滅實力強大的匪幫。他往內陸方向追擊匪徒，在湖頭侯山山麓和匪徒戰鬥，但被匪徒殺害。林家族人找到他的屍首，並把他安葬在侯山（即鬻山），後來在附近一個叫儒林的地方定居下來。

> 世清公官任泉州路同知，而世清公之男名福龍，生居宗行第八，號為八郎，始遷居於清溪來蘇。年三十有五，都督府嘉其勇敢，授搭命封為保義郎，同領義兵，隨帶章公香火，剿捕賊首薛世沖。至本里長圳嶺，與賊交鋒，中矢殞命。及男尚春公收其柩，與妣卜葬鬻山麓，結草廬，於場居焉。嘗游於鳳山石岩，築靜室以居，後遷於下蓮，號地為儒林。捨鬻山之

地，付里人建廟，崇奉真武上帝，塑章公神像祀於廟東，塑八郎公像祀於廟西，額書林氏祖祠，今人稱曰「開山地主林八郎公」是也。[22]

儒林林氏族譜所記載八郎的故事還提到另一個重要的細節。當他在湖頭英勇殉難時，「隨帶章公香火」。具體來說，和第四章提到的潘海安一樣，林八郎隨身攜帶香灰，取自供奉一個名叫章公的神明的寺廟香爐。籠統而言，他把章公視為自己的守護神供奉。[23]

在侯山，章公被世人稱為英武尊王。林八郎死後，包括林八郎後代在內的當地居民初次興建供奉章公的寺廟。章公粗獷的外貌印證了當地的傳說。在章公被神化之前，他的地位十分卑賤。他燒炭維生，以致他面色全黑、性格粗暴。除此之外，我們對他所知甚少。但重要的是，他最終修道成神明。他被稱為「尊王」，表明他被八郎帶到湖頭之後就成了當地的守護神，也就是負責當地社群福祉的神明。這或許是這個社群首次迎來守護神；另一種可能是，侯山本來就有一位無名的守護神，直到現在才被追認為章公。我們可以想像，村民供奉尊王，祈求保佑家人平安健康，本年風調雨順、五穀豐登，請求神明保佑當地免受災異影響。當地村民會為祂舉行慶典（很可能在農曆正月舉行），供奉祭品並大擺筵席，可能還會遊神和請戲班來演戲。林八郎把章公帶到湖頭，厥功至偉，因此大家又在廟裡為他立祠。這間神祠被稱為「祖祠」。因此，林八郎的後人在侯山廟的組織裡享有特殊地位。[24]

這樣來看，到了十四世紀中葉，至少兩戶人家（或許還有更多）已經在當地扎根。[25]幾代人在那裡生活，有祖墳、農田和其他產業。這一切都受到守護神的看顧；他們為守護神修廟，受其庇佑。

來蘇里的社會結構在明代初年發生翻天覆地的變化。許多土地都被衛所接管，劃為屯田，分配給軍屯士兵。[26]和附近的達埔不同，我們目前看不到相關的官方紀錄，因此無從得知這些屯軍是誰。但田野調查能提供一些線索。今天好幾個宗族的文字資料顯示，他們的祖先是屯軍。根據洋頭顏氏族譜記載，顏家始祖於明代初年來到洋頭，他的玄孫被強徵入伍並調到廣東。顏家始祖肯定是一名正軍，而他的後代是軍餘。上仕洪家講述了同樣的故事，他們家從前也是屯軍。[27]

我們還可以從其他家族講述的族人遷徙的故事，得知他們的祖先大概也是屯軍。產賢村村委書記為我轉述了該村董家代代相傳的故事。故事提到董家祖輩很久以前從石獅遷移到金門，再來到湖頭。今天的石獅即從前的永寧衛，金門是永寧衛下轄的千戶所，湖頭則是永寧衛下轄的軍屯。他們的故事其實是一系列軍事調遣的歷程。[28]

其他家族的族譜聲稱本族在明代初年就來到來蘇里，但未提軍役的事情。竹山林家聲稱本家始祖在洪武年間來到來蘇里；族譜的其他資料，包括宣德元年（一四二六）購買墓地的地契，都充分地證實這一點。至於林家始祖為何選擇在竹山安家，族譜只寫道他從內陸的龍岩前來安溪遊學。[29]這或許是後來才出現的說法，以取代他們原本不那麼出色，可能是軍士應役的祖源故事。生活在侯山山麓的另一戶人家鄭家也有一部十分簡略的族譜。鄭家最後一次編纂族譜是一九四一年。族譜中有較多細節留下的第一個族人，是生活在該地區的鄭家第四代成員，他生於成化十二年（一四七六）。[30]這確實很難說明什麼，但是我們至少可以據此總結出，他們可能在十四世紀末定居侯山。

我們可以據此大致推測出湖頭屯軍後代的家庭。他們包括洪家、董家和顏家（這幾戶人家肯定是屯軍的後代），以及竹山林家和鄭家（這兩戶人家有可能是屯軍的後代，參見表3）。這份名單並不完整，只包括那些被調到此地屯田、後代仍住在這裡，且保有族譜的軍戶家庭。毫無疑問還有其他斷了香火或遷移到別處的軍戶家庭。我們走遍湖頭鎮數次，我想上述表格大概包括了所有後代依然生活在該地的軍戶。

現存所有史料都沒有清楚講述原居民與軍屯士兵及其家庭交流互動的情形。無論是法律檔案還是判牘，都沒有記載來蘇里的案件。但是，侯山廟的歷史本身為我們揭示了這段過去。侯山廟一間廢棄的外屋裡藏著兩塊石碑，每塊石碑都已經裂成數塊。第一塊石碑刻成於天啟元年（一六二一），碑文作者是莊際昌（一五七七—一六二九）（圖27）。莊際昌是附近的永春縣人，萬曆四十七年（一六一九）狀元，他是一個享譽全國的知名人物。他在碑文中稱侯山廟為「真武廟」，意味著該廟建立至今已發生了重

表3　侯山各家族的戶籍地位

屯軍	可能是屯軍	民戶／原有居民
洪氏—上仕村（現已被納入上田村） 董氏—產賢村 顏氏—洋頭村（現已被納入橋頭村）	竹山林氏—侯山 鄭氏—竹山村	胡氏—侯山 儒林林氏—竹山村

圖27　第一塊侯山石碑的碑銘

要變化。儒林林家用另一個名字指稱侯山廟。他們為了紀念章公，將該廟稱為「英武廟」。若將「英武」和「真武」翻譯成英文，差別似乎不大，但是在中國宗教的世界裡，兩者差異非常大。「真武」這樣的名號並不用來指稱像章公一樣的當地小神，而是神明譜系中最強大的神明，即歷任明代皇帝的守護神北方玄天上帝。「真武」（或「玄武」）作為神的名號來崇祀，自古以來代表的是北極星，不僅賦予人形，且整合進道教的神明譜系。作為修身鍛鍊、斬妖除魔的武神，在明代皇帝的護持下其信仰達到高點。儘管明代以前的華南，只有少數幾個地方崇祀真武大帝，皇帝的護持則讓真武信仰迅速擴散。[31]真武廟在中國各地衛所如雨後春筍般湧現，並且經常由高級軍官捐助。其中一間真武廟就興建於永寧衛，而永寧衛的軍士又被派到湖頭屯田。

林氏族譜的記載和莊際昌所撰碑文還有兩處重要的差異。根據莊際昌記載，初次興建侯山廟的並非林八郎的後代，而是林八郎本人。莊際昌還寫道，侯山廟一直都供奉著真武大帝。眾人請莊際昌撰寫碑文，是為了紀念重修真武廟。鄭仙養是主持這項工程的關鍵人物，鄭氏族譜收錄了他的生平傳記，而我們之前推測鄭家可能是軍屯軍戶。

> 仙養公，字有育，號次宇，彬山公之次子。生隆慶辛未年十一月初五日戌時，卒崇禎癸酉年三月初七日酉時。娶傅氏，生萬曆癸酉年八月二十日寅時，卒崇禎辛巳年八月廿七日申時。合葬本鄉崎路尾蜈蚣牙，坐子向午。
>
> 子二：華瑛、華璿。

公少負豪邁，不專精舉子業……萬曆庚申年，同兄聲宇公築室蕭厝前，才落成，適值裡中議葺帝廟。眾難之，公毅然董其事。期年，黝堊並拓楠西堂，置爐盂祭器於中，而施薄產，令祝者每歲中元祀廟之功神。公歿，鄉送公像於廟。

鄭仙養生於隆慶五年（一五七一）。重修真武廟的時候，他是一名年屆天命、德高望重的富人。他在當地舉辦多項慈善事業，這項工程不過是其中的一項。鄭仙養的生平傳記提到他確實主持了這項工程，並慷慨解囊，為擴建真武廟、購置祭器提供經費。鄭仙養傳記接著提到，當地人感念他生前做出的巨大貢獻，因此在他於崇禎六年（一六三三）過世之後，也在廟裡為他設像。在今天的寺廟重修工程中，所有的參與者都希望自己的貢獻能夠得到承認。這類工程一般都由多人集體主持，以確保人人都能沾光。明代末年的情況大概也是如此。因此，儘管真正主持真武廟重修工程的是鄭仙養，紀念重修工程的碑文則是由上仕洪家的兩名當地男子請人撰寫並雇人刻上碑的。我們知道，洪家人也都是屯軍。這樣來看，目前已知主持這項工程的三個人當中，其中兩個人肯定來自屯軍的家庭，而第三個人大概也不例外。[32]

至於林氏族譜記載和天啟元年（一六二一）碑刻有所出入的原因，我們可以從兩組人，當地居民以及初來的屯軍的交流互動中找出答案。如其他地方的情況，後者的到來肯定使湖頭當地社會陷入混亂。初來者的其中一項影響是改變了侯山廟的性質。他們將自己的神明帶到侯山廟。我們之所以知道這一點，是因為當鄭仙養和兩位洪家族人重修侯山廟時，章公像旁邊已經有一尊真武大帝的神像。侯山廟成了同時供奉兩位神明的寺廟。這兩位神明的地位並不平等，大家後來供奉的真武大帝在眾神當中的地位遠遠高於當地居民一開始供奉的章公。在被屯軍帶到侯山之前，真武大帝和當地社群並不存在任何紐帶。他的故事和傳說，主題並不是湖頭地區的繁榮昌盛；它們所強調的，是尚武精神與忠君愛國。作為一位英勇善戰的神明，真武大帝是湖頭屯軍彰顯他們自己的最佳媒介。這位新來的神明所象徵的無非是他的信徒，即新移居到這個地區的屯軍之特質。

因此，我們可以將莊際昌的碑文理解為混淆侯山廟起源的嘗試。它聲稱侯山廟一直都供奉著真武大帝；這一點和我們所知道的真武大帝信仰在該地區傳播的時間以及林家自己的記載完全不符。碑文表明侯山廟一直都供奉著兩位神明；實際情況是，儘管第二位神明更強大並且為更多人所熟悉，他卻是一個外來者，在世人初次興建侯山廟數百年後才被引入湖頭。

民間傳說為這個解讀提供了理論支撐。村民們為我們講述一則故事：很久以前，來自外地的一尊真武大帝神像遊神到湖頭附近。當遊神隊伍到侯山廟的時候，真武大帝對侯山非常滿意，再也不願離開此地。神像奇蹟般地變得無比沉重，以致他的轎夫無法將他抬起。但是，當地人不願這位外來的神明留下來。經過一些協商，英武尊王嘗試捉弄真武大帝。英武尊王告訴真武大帝，只要他能夠使附近的一條小溪倒流，就會允許他留下來。英武尊王失算了，對法力如此強大的神明來說，這易如反掌。真武大帝使那條小溪倒流。因此，英武尊王和林家別無選擇，只好允許真武大帝進入侯山廟，甚至將最尊貴的神位讓給他。[33]

當地道士的科儀書也為這個解讀提供強而有力的根據。當地一名道士的手稿收藏包括題為「什事咒等等破胎收雲科」的一篇文本，內容如下：

王公孩子時砍柴燒炭，手脂〔指〕砍著，所以雙手抱著，有人叫燒炭王。森林興盛，白落坑溝而亡。當時很靈驗，住猴山後，就此地建一塊岩，叫新岩垵。很顯赫，識風水。王公香爐飛到侯山廟來，眾等才建侯山廟，越來越顯。

又忠義廟，現叫關帝廟。上帝到侯山廟請火，上帝識風水，抬不動，不回。眾怒氣，王公跳肢〔乩〕童開口，落須定有穀殼流落忠義廟的，流起侯山廟的，神助碰起風流起。這一條又不同意，再落須石板條，如果沉忠義廟的石板浮，才決定侯山廟的。所以大殿讓上帝公坐，王公讓左邊殿。當時越顯越強，所以眾等越並越多，全來蘇里稱里祖尊王。各姓人丁太盛，分九甲，上到下鎮、白瀨，下到五社大演、淵兜、田頭、山門、當埔。時□年二月十一日。[34]

這篇文本收錄了最詳細的英武尊王生平傳記。身為燒炭翁，他出身卑微，在深山老林中不慎失足跌入山谷，傷重而死，之後便成了神明。他的香爐飛到了侯山，於是當地人便為他興建一間寺廟。有一天，眾人抬著真武大帝神像前來侯山廟請火（就像今天的擷火儀式一樣）。真武大帝來到侯山廟之後，便拒絕離開。這令當地人十分惱火。但是，英武尊王透過一個乩童表示，應該讓真武大帝顯靈證明法力高強，他就主動讓座。結果真武大帝「越顯越強」，信徒愈來愈多，被視為來蘇里的「里祖尊王」。「所以大殿讓上帝公坐，王公讓左邊殿。」

根據這個解讀，天啟元年（一六二一）重修侯山廟，具體地表現出外來的屯軍家庭在侯山廟的權力結構以及周邊社群的地位。就如當地居民在數百年前將林八郎像安置在侯山廟一樣，這時大家也把鄭仙養像安置在侯山廟。根據林氏族譜，林八郎的子孫也在天啟元年修葺了林八郎神祠。[35]由此可見，天啟元年，侯山廟並不只有一項工程，而是同時有兩項工程。兩項工程彼此相鄰，齊頭並進，如果當時侯山廟的布局和今天完全一樣的話，它們還共用一堵牆——這一切都隱約反映出兩個群體之間的緊張關係。兩篇記錄這兩項工程始末的文本都對另一項工程隻字不提。

在林家人看來，他們被排除在規模更大的真武廟修葺工程之外，必然讓整個狀況看起來像是廟的領導權落到這些後來崛起的家族手中，這些家族的祖先在明代初年時才以屯兵的身分搬來。侯山廟原有的神明，即英武尊王，被迫退居次要地位，這樣的差別也延伸到祂們的信徒身上。原有的居民必須反擊。他們確實也這麼做了。他們和整個地區實力最強大的家族，西溪對岸的感化里李家，締結盟約。

莊際昌碑文所在寺廟附近一間廢棄的小屋裡，還有另一塊石碑。這塊石碑同樣裂成數塊，散落在地。碑文被分成兩段（圖28）。第一段碑文寫於雍正二年（一七二四），作者是李光地之侄李鍾旺。李鍾旺的碑文紀念的是十八世紀初的另一項寺廟修葺工程。李鍾旺筆下的侯山廟與之前的相關敘述又非常不同。李鍾旺將侯山廟稱為「開山廟」。根據李鍾旺的說法，村人告訴他「時

圖28　第二塊侯山石碑的碑銘

有林姓者，號曰八郎，卜居於此，力穡自勤。歿則人以為有道，而俎豆之」，而廟裡的神是「為一里境內之主，啟祥毆癘，節和雨風」。

礐山廟碑　李鍾伍篆額，李清滋書，李周祜董事。

礐山，亦名猴山，以山皆帶石而大。《爾雅》：「山多小石，磝；多大石礐」，故謂之「礐」；以山前昂中坦，如獼猴據地匍行之狀，故謂之「猴山」。下有二廟：一為開山廟，一為龍仙宮。開山廟神者，鄉傳時有林姓者，號曰八郎，卜居於此，力穡自勤。歿則人以為有道，而俎豆之。龍仙宮神者，明洪武初胡氏女仙英，夙有仙趣，值婿來迎，騰空自升，不知所往。翌日坐寂於山巔絕壁上，而座下異藤盤結如椅形。人競奇之，塑像以祀。今之二神，所以福湖鄉水東西之民者，從茲無既。開山廟為一里境內之主，啟祥毆癘，節和雨風，實司其職；而龍仙宮分祠別山者，靈濯以昭，為鄉人療瘵，久顯神功，祈請者殆無虛日，故二神之表跡於斯山也。廟有修無廢，報賽之禮式薦維時。夫吾鄉山之居溪左者，巖然以高相望也，礐山特培塿中聳立者耳，而郡、縣志各載其名、列其事，截然以高者並不得與焉，非以靈異之跡存耶？夫山與神相憑以永，此自事理宜也，亦山下居人之志也。為作歌曰：有廟有廟山之灣，背負巍　石巑岏。廟庭木葉青與丹，春深日照神光寒。出戶香煙尚盤桓，新燭繼燃舊燭殘。案掃紙灰酒不酸，巫報神醉歆且歡。神歸神出悄無端，月上樹梢風偃管，今年民樂稻蟹蕃。

大清雍正二季甲辰閏四月穀旦，康熙戊子科舉人、充性理精義館分修、吏部揀選知縣、感化里李鍾旺敬撰。[36]

碑文作者李鍾旺死後二十年左右，他的兒子經歷的一起特殊事件，促使他們重溫父親撰寫的碑文。乾隆十三年（一七四八）秋天，神明決定「降乩」。所謂「降乩」，意即神明附身在乩童身上，並透過扶乩傳達資訊，這在中國是與神溝通的常見形式。在今天的湖頭，乩童用一根長叉（或者懸掛著毛筆的袖珍型轎子）在地上或沙盤上畫符；接著，專家就解讀並轉錄那些字。乾隆十三年，神明認為必須降臨凡間，向李鍾旺的兒子傳達資訊，澄清他們父親的某些誤會。神明解釋，李鍾旺實際上誤會他的身分。他不是林八郎，而是英武尊王章公。他接著提供侯山廟早期歷史的另一個版本。侯山廟實際上始建於宋代，也就是他被神化之後不久，在宋末的動亂中被毀，最終由林八郎在明初重建。如今這位神明顯得更加神異了。他的信徒「殆將萬人，其威靈所加，跨州越郡，洎乎臺灣、海外」。

透過一系列的揭示，英武尊王重申自己是福佑地方的侯山廟主神。面對屯軍及其後人的勢力，這無疑代表當地傳統的復興。但是，這時英武尊王已經無力重奪侯山廟的主導地位。澄清侯山廟的起源是一回事，將真武大帝這樣一位在當地享有舉足輕重地位的神明請出侯山廟，難度則大得多。因此，十八世紀的侯山廟便成了供奉兩位神明的寺廟，而兩位神明各自代表著不同的社會群體。

自那時起，侯山廟眾神的地位顯然沒有太大變化。英武尊王章公端坐在侯山廟右邊，侯山廟左邊則是林八郎塑像——某種程度上，林八郎恢復了他昔日的風光。今天，真武大帝端坐在侯山廟正中的神位，從明代初年以來一直如此，左右兩側排列著他的助手。屯軍的中心地位已經削弱了，他們的代表鄭仙養被請出侯山廟，而這可能是後來這些重申下，雙方衝突的結果。

今天侯山廟遶境路線經過兩個群體的後代居住的村莊，在一個曾經分裂的社群裡展示雙方和睦共處、團結一致的現狀。[37]易言之，我們今天看到的侯山廟與遊神遶境，代表著兩位神明及其兩群信徒經過數百年鬥爭之後的妥協。

如此妥協在民間傳說和當代儀式中留下其他隱約的痕跡。一般人的理解既維持兩位神明的獨立性，又使之模糊化。我們不妨回憶香花和尚的妻子的怨言：她抱怨，遊行隊伍無須這麼早抵達侯山廟。在她看來，一位神明拜見另一位神明的時間是由兩位神明的相對地位決定的。一位地位較低的神明必須適當地對一位地位較高的神明致敬，舉例來說，拜見的時間可以安排在清晨時分。據她所言，侯山廟遶境至此實際上是兩位地位相等的神明會面的儀式，一位帝君（玄天上帝）與另一位帝君（關帝）會面。兩位地位相等的神明無須如此誇張地表達敬意。因此，隊伍本來可以選擇在更合適的時間抵達關帝廟。但讀者們必須注意到，真武大帝實際上並沒有到訪關帝廟。英武尊王是侯山廟的唯一代表。在和尚妻子看來，章公僅僅是真武大帝的使者。

在遊行路線的第四站上湖，村廟諸神被請出來迎接來訪者。其中最主要的神明是一名紅臉官員。一般情況下，這種形象肯定讓人聯想到關帝，但他並不是關帝。他是詹大師（詹敦仁），亦即安溪在十世紀末設縣後的首任縣令。當地流傳著一則故事：在很久以前的一年春節，詹大師正在巡視安溪各處時，他的隨從隊伍偶遇侯山廟眾神。詹大師看到英武尊王的黑臉，知道他是個身分卑微的燒炭翁，便傲慢地表示拒絕讓道。詹大師做夢也想不到真武大帝就在英武尊王身後。眾神受到詹大師侮辱，便透過各種手段實施報復，導致詹大師諸事不順、處處碰壁。詹大師為了消除霉運，便答應侯山眾神，他們只要外出巡遊，他就一定會親自向他們請安。即使在他去世並被神化後，他的塑像依然要出來向侯山眾神請安。我們也能從這則故事中看到一些蛛絲馬跡，顯示侯山的兩位神明在和外界打交道時，實際上是合為一體的。

當然，我在二〇一四年目睹的儀式並不能簡單地視為自清代以來固定不變的傳統的體現。實際上，它是儀式在歷史中持續演變的新篇章。侯山廟的儀式網絡在二〇一四年戲劇性的擴張，增加了我目前幾乎沒提到的「外鄉」部分。這是一項創舉，但也引起很多抱怨。即使是外來的訪客也感覺到事情不太對。當遶境路線到上田村，也就是會首的本村時，幾群人坐在路旁打牌，有意忽略遶境隊伍，以表達不滿。人們報怨遶境分開後，慶典的焦點被稀釋了，沒有該有的熱鬧。請來展演儀式的人品質不佳，也看不出熱情來。許多人抱怨兩條遶境路線的創舉並非神明真正想要的，而視之為會首貪心的表現。因為他自己有炮竹工廠，愈多遶境也就消耗愈多炮竹。這一個當代的社會衝突提醒我們，村中的儀式總是由地方的微政治所形塑。儘管儀式的展演者一般都希望延續傳統，他們的儀式一直都很容易受到影響而改變。就連儀式的一些基本環節，譬如參與的村落聯盟範圍多大，都可能發生變化。但是，「內鄉」遶境的核心村莊，恰恰就是當初參與興建侯山廟的村莊，加上那些明代初年的屯軍構成的社群。時至今日，遊神遶境建構並強化儀式網絡，既肯定該地區居民的團結一致，又承認兩個對立的社群在歷史上的分歧。

侯山廟是一座偏僻的小廟。一九四九年前的中國有數百萬這類的小廟。重現一間寺廟與其周邊社群的歷史是可行的。每次修葺寺廟，並不限於修補破舊的牆面和漏水的屋頂，它可能還涉及重組寺廟供奉的神明和被神化的歷史人物。韓明士（Robert Hymes）分析了華蓋三仙的民間信仰，總結出中華帝國晚期世人與神明互動的兩種不同的模式，即官僚政治模式和個人模式。世人與神明互動時，往往必須在這兩種模式之間做選擇。[38]在湖頭，神明本身就是當地人的選擇。重建和修葺寺廟的工程、將神明請進和請出寺廟、儀式網絡的擴大和收縮、在年中行事中加入或刪除活動，這一連串的事件實際上是地方政治的檔案紀錄。每一次調整和更動反映出社群權力結構的變化，同時也是當下社群內微政治的反映。從表面來看，祭拜不同神明的儀式，以及由專業的道士或和尚執行的遊神遶境、祭祀和法事，彼此之間可能差別不大。但是，要供奉哪些神明是地方歷史的產物。為何今天湖頭那些斷裂的石碑依然散落在地上，遲遲沒有得到修補、再自豪地展示出來？歷史中的緊張關係以及不同敘事之間的矛盾很好地解釋了這一現象。

結語：湖頭和達埔

我在本章講述了兩則故事，分別發生在兩個地方。第一則故事旨在揭示軍戶如何在明代國家的戶籍系統內制訂最符合自身利益的策略，第二則故事則旨在揭示被調到某個地區的軍戶如何形成出新的社會關係。儘管這些故事中的日常政治幾乎沒有受到國家大事的影響，有時外頭世界的歷史可能會產生直接的影響。從藏有兩塊石碑的湖頭到神秘陌生人春仔的老家達埔只有區區幾里路。但是，這兩個地方卻存在天壤之別。達埔周圍的平原要比湖頭小，山丘也更陡峭，而且也沒有通往大海的航道。因此，達埔一直都比相鄰的湖頭貧困和封閉。這兩個地方之間的另一個差異和本書的主題有著更密切的關係。在明代州縣行政系統下，軍屯所在的縣分屬泉州府管轄。但是，軍屯在軍事系統裡的地位並不一樣，因為他們分屬不同的衛管轄。湖頭的軍屯負責給永寧衛提供軍糧；達埔的軍屯負責給沿海岸線更靠北的興化衛和福州衛提供軍糧。對於調到這兩個地方的屯軍而言，這些地理和行政等級的差異有著深遠影響。幾百年後的今天，這些影響依然清晰可見。

達埔屯軍後代的集體記憶當中最黑暗的時刻，是他們的祖先接受徵召，成為現役士兵的十五世紀中葉。鄧茂七起義時，衛所正軍被調到閩北地區鎮壓起義軍，而他們接替正軍駐守衛所——讀者或許會想起，這就是第五章提到的給鄢家帶來滅頂之災的政治動亂。這些家庭世代耕作屯田，儘管名義上附屬於某衛，但此時實際上與之已沒有多少聯繫。這時候衛所的軍官來到軍屯，將他們集合起來。軍屯軍官也受命要警醒，保證軍屯到衛所、再到前線的軍糧供應。這意味著他們必須找人接替那些剛被調回衛所的士兵。軍官及其前任一直都疏於調查軍戶的最新狀況、更新相關紀錄。本來軍餘是接替這些士兵的不二人選，然而軍官已經無法查到軍餘的下落。軍官最終將各色人等都強徵入伍，軍屯因此陷入混亂之中。

> 福州左右衛屯，則在惠安、永春者也。凡諸令甲，具載會典。第田多在叢山中，軍士率從他郡調至，水土不習，以漸逃亡。至末年，沙尤寇發，暫調回屯軍備寇。寇亂日熾，田畝日荒，於是始撥餘丁，補種故軍土田。顧名之曰「餘丁」者，豈必故軍之子孫房族？而冒頂之弊起。[39]

當士兵們解甲歸田之後，他們發現了問題的嚴重後果。當地居民趁他們不在，乘機霸占田地和房產。「舊址殆盡，築舍無存，被民間侵占，只留一跡。上無以趨公，下無以日食。……日與民間爭田，年年不休……屯軍有賠貱之苦。」[40] 官員們屢次嘗試整頓，卻徒勞無功。當初分到屯田的家庭當中，官府只查到其中幾戶人家的下落。[41]

和湖頭相比，達埔寺廟組織對當地社會結構，特別是民戶和屯軍之間關係的影響小得多。達埔既不存在明顯由軍戶後代構成的社群，也不存在將這些群體和原有居民聯繫起來的、清晰可見的結構。在達埔，明代初年屯軍融入當地社會的過程實際意味著逐漸融入民政結構，尤其是民政賦稅和徭役的結構。更加有挑戰性的當地生態環境以及十五世紀中葉的動盪，導致大多數的屯軍家庭逃出軍伍或者斷絕香火，最終消失在歷史長河裡。當地軍戶家庭並不足以形成群聚效應，讓他們構成一個群體，像湖頭軍戶奪取侯山廟主導地位一樣反客為主，奪取當地組織的主導權。由軍戶形成的宗族必須設法適應自己所處的當地社群，但是他們究竟如何適應，在很大程度上取決於當地條件。

朝廷的政策使屯軍面對全新的環境；人口增長讓他們需要與本來就居住當地的人們互動，他們被迫要對這樣的挑戰找出解決的辦法。我在第五章探討了他們採取的一些具體策略，也就是他們如何利用制度套利在當地土地市場爭取好處。軍戶還必須克服一個更大的挑戰，即融入周圍已經存在的社群。本章其實探討了該課題的兩個面向。這兩個面向看似非常不同，實際上卻都和突破該社群建立的限制緊密相關。部分軍戶（主要是那些有能力向社會上層流動的軍戶，但不限於他們）運用制度套利的經典模式，在名義上不相從屬的兩種戶籍系統之間轉換。他們取得民籍，逃避來自當地軍官的壓力以及被徵入伍的風險，並企圖保護自家財產，使自家子弟可以更方便地參加科舉考試。在屯軍達到一定數量的地方，他們則會爭取包括寺廟在內的社會組織的領導權，並在此過程中改造這些組織。

由此可見，屯軍使用多種方法和手段，有時滲入現有的社會組織並反客為主，從而在整個地方社會中發展並保持某種獨立的群體認同，有時則作為個人和家庭融入地方社會，成為當地社會的一分子。當地條件和地方的歷史形塑他們選擇的策略。在某地，他們和書吏勾結起來修改戶籍紀錄；在另一個地方，他們建立一間供奉著兩位神明的寺廟。

第四部

餘音

第七章　明代軍事制度的遺產

認同宗異姓成親族　作始祖關帝顯神威

今天，大多數前銅山所的居民住的不再是傳統四合院，而是新式的磚瓦房。但是，他們依然在白天敞開房子大門，家庭生活也並不僅僅限於門檻之內。婦女在狹窄的巷子裡做飯洗衣，老人則坐在凳子上閒話家常、含飴弄孫。同樣地，儀式生活的公共和私人區別依然十分模糊。大多數住家的神臺放在面向大街的前廳，街上行人可以透過門道一覽無遺。在銅山所的古城牆之內，神壇中央的主神位上，安放的是一尊巨大的關帝神畫像，而不像該地區的其他地方那樣擺放祖先牌位。關帝占據主神位，大家並不覺得奇怪，一名年老的廟祝告訴我：「我們銅山所的居民敬奉關帝為祖先。」這種看法，其實是明代軍戶制度的遺產。

如今的關帝廟，是整個銅山所最有活力的寺廟。前往關帝廟燒香拜神的信徒總是絡繹不絕。關帝的遊神遶境是當地年間宗教儀式的焦點。與此形成強烈對比的是隔壁的城隍廟，門可羅雀、香客寥寥，城隍神也從不出來遊街。現在，銅山所的居民意識到自身的與眾不同。他們知道，在距離銅山所咫尺之遙的那些鄉鎮，人們大張旗鼓地舉行城隍遊神，如平海、福全和其他前衛所社區的村民一樣。他們解釋，因為城隍神身上的陰氣太重，所以最好對他敬而遠之。[1]但是，無論是附近鄉鎮的居民，還是全中國不計其數的、每年熱烈慶祝城隍遊神會的城鎮居民，似乎都對城隍神的陰氣不以為意。實際上，關帝在銅山的地位如此令人矚目，與居民的宇宙觀或家族淵源沒多大關係。一切都關乎歷史，關乎明代軍事制度在清初消失後留下的遺產。

前朝制度遺緒制約著每個國家的選擇。即使是一個透過征服戰爭建立起來的國家政權，都會受制於被征服之前的政權的制度遺緒。即使新政權廢除或改易前朝制度，制度性遺緒可能依然形塑著新政權人民的選擇。舊制度的殘餘元素在脫離其原有制度背景後，可以作為新局勢下日常政治的一部分煥發新生。

明王朝的覆滅，意味著明代軍事制度的終結。該制度的某些部分被廢除，其他部分則併入了民事行政體系。這是一個緩慢而漸進的過程，從崇禎十七年（一六四四）明朝滅亡開始持續近一個世紀之久。但是該制度依然留下許多遺緒，影響所及，甚至不止於那段過渡時期。它們當中的一部分，例如持續徵收特定的稅項，是一種自上而下創造的遺緒，乃官員們為了應對過渡階段的挑戰而創造的。其他的則是自下而上創造的遺緒。體制內的人及其後代，力圖保有舊制度賦予他們的特權，或者試圖調整該制度的某些部分，以應對新的情況。如果他們成功了，這些遺緒便成了可以在不同背景下重新利用的政治資源。因此，即使在該制度正式走進歷史之後，它依然繼續製造著新的社會關係。這類將舊的制度安排用於新的制度背景的嘗試，我們可以稱之為「訴諸先例」策略。

新生的清政權面臨統治一個複雜社會的挑戰，剛打下江山的滿洲人自然而然地借鑑了距離自己最近的明代模式。清政權的合法性，部分地建立在接受天命、恢復秩序的基礎上，而使行將崩潰的制度復甦，正是證明這一點的其中一種方法。因此，無論是出於現實方面的原因，還是出於意識型態方面的考量，滿洲人沿用許多明朝的制度。實際上，早在順治元年（一六四四）清兵入關、清王朝正式建立之前，滿洲人就已經開始採用明朝各種制度了。入關不過是加速了這個過程罷了。

傳統觀念視清朝為全盤漢化的政權，而明清兩代組織結構的相似性是其中的關鍵。近年來，所謂「新清史」的學者強調了清朝及滿洲人獨特性的延續。不過，即使是「新清史」最堅定的擁護者也不可能同意清政權的一切都是新的。在制度上，明清之際的移轉既有延續的一面，也有斷裂的一面。但軍事制度的情況有所不同。就組織原則而言，征服四方的滿洲軍隊和它的手下敗將明軍存在本質差別。清軍的核心是八旗，這是一支世襲制的部隊，建立於十七世紀早期。入關後，清政權設立了另一支軍隊，即綠營，由歸降的明軍組成。部分綠營士兵來自軍戶，其他則來自各種級別的職業軍人，也就是雇傭軍。明代末年，明軍的相當一部分乃由雇傭軍組成。綠營並非世襲制。清代大部分的時間裡，一直維持著這種「八旗—綠營」並立的基本結構。清初統治者似乎從未考慮保存明代世襲軍戶及衛所的制度，或者將它整合成為國家的第三支軍事力量。[2]清統治者從未認真討論過這一話題，我們無從知曉他們為何沒有這麼做，是因為他們認為明代制度弊端百出嗎？還是因為整合的艱巨任務看起來不可能成功？無論基於什麼原因，明代制度必須廢除。衛所被取消了。取消的過程在某些地方十分迅速，另一些地方則緩慢得多。世代為兵的軍戶制度也隨之廢除，「軍籍」正式走進歷史。[3]

這並不意味著從前的衛所就這麼消失了，或者衛所社群和其他社群混為一體，也不是說從前的軍戶就這麼銷聲匿跡於一般百姓之中。本章討論的就是明代軍隊遺留下來的制度性差異在清代及之後的延續。在這裡，如同本書其他部分一樣，我著重討論的不是狹義的軍事遺緒——募兵、補給、作戰等方面，而是給普通百姓留下的遺緒。我們在前面幾個章節讀到的家庭和他們的後人，依然生活於一個早已被正式廢除的體制之內。但是，由於眾人繼續在日常生活中發現舊體制的有用之處，它在被正式廢除後依然以意想不到的形式繼續存在。瞭解這些遺緒，不僅有助於我們理解明代制度更綿長的歷史，還能幫助我們理解清代歷史。這是因為，清代制度不僅包括從漢人王朝繼承下來的制度，也不僅包括滿洲人獨特的制度，同時還包括各種制度性遺緒。儘管舊制度已被正式廢除，但依然存在於清代百姓的日常政治之中。

苦難深重的過渡時期

東南沿海地區的居民在考慮制度性安排之前，首先必須順利度過十七世紀末的嚴重動盪時期。「平定」倭寇之後，東南沿海享受數十年的繁榮太平，而王朝的更迭再次使這裡兵荒馬亂。

順治元年（一六四四），首位清朝皇帝在北京登基，之後清朝用了整整四十年才結束動亂，恢復太平。

這段時期的大部分時間裡，清王朝的主要威脅來自「國姓爺」鄭成功。鄭成功出身富商家族，鄭氏家族的商業活動曾經橫跨日本到東南亞的廣大區域。一六五〇年代，鄭成功打出「反清復明」的旗號，率領部隊攻占沿海大部分地區，包括金門和銅山這樣的昔日衛所。鄭成功的軍隊占領銅山超過十年之久。

鄭成功在缺乏籌劃的情況下，於順治十六年（一六五九）不自量力地北伐南京，最終兵敗，被迫撤到臺灣。雖然鄭氏始終聲稱效忠明朝，但從那時起，直到康熙二十二年（一六八三）降清，鄭成功及其繼任者一直維持著實質獨立的政權。今時今日的臺灣島上，還有好幾個宗族聲稱本家始祖原是沿海衛所居民，跟隨鄭成功的軍隊來到臺灣。[4]

為了切斷鄭氏政權的物資補給，清政府下令將沿海地區的所有居民強行遷到距離海岸數十里的地方。前面章節中討論過的大多數社群都處在「遷界」的撤離範圍內。在銅山，清軍「推城焚屋，居民逃竄，慘甚不堪，祖祠焚毀，屋舍邱墟，而墳墓亦復淒然」。[5]至於遷離沿海地區的難民下落如何，以及他們如何在內地安頓下來，我們所知甚少。即使如一些歷史學家認為的，部分人留了下來，他們肯定要偷偷摸摸地躲避巡邏的清兵，過著提心吊膽的日子。[6]

直到鄭氏政權覆亡後，清政府才撤銷遷界令。從前居住在沿海衛所的居民開始陸續回家。他們這時才發現，家鄉早已滿目瘡痍。在福全，當地「宮室宇舍煨燼無餘」。居民「後漸歸復，始得草創第宅，然不及曩昔萬分之一」。[7]銅山陳家的祖墳「前後茂草，被人鋤盡」。[8]現在銅山仍流傳著一則故事：在荒廢數十年之後，銅山所毒蛇為患，以致當地居民不得不請道士作法，驅逐毒蛇。

清代兩戶人家為明代賦稅交惡

毋庸置疑，和行政上的重組相比，強制遷徙、房屋毀壞、財產流失對衛所居民而言是更直接、更嚴重的威脅。但是，地方衙門改革以及衛所的廢除，最終將對當地社會影響深遠。在福建，衛所的消亡過程分為兩個階段。在第一階段中，衛所本身被解散了，而軍屯卻依然得到保留。到了十八世紀初，軍屯也被解散並納入民州縣系統。作為一種制度的衛所，至此不復存在。

許多清代和民國的福建地方志，往往用「因明之舊」四字概括清初的賦稅制度。[9]這些看似簡單的記載傳達了一項基本事實：清朝統治者既沒有徹底改革賦稅制度，儘管經歷明清鼎革的混亂，也沒有實行全面的人口普查或土地登記。即使在鄭氏政權的威脅已經解除後，清朝統治者依然不認為掌握主要的賦稅資料有多重要。在我們看來，這實在難以理解。現代國家將全面、準確地掌握人口統計資料視為有效統治的一個先決條件。前現代中國的官員則並不這麼想。清初的絕大多數官員認為自己已經接手了必要的資訊，足夠應付工作需要。留存下來的明代文書規定每個地方行政單位都必須承擔一定的稅負。如果當地居民順利上繳賦稅，官府就能夠獲得所需的收入。如果入不敷出，那麼現存的文書就提供了徵收附加稅的根據。

因此，一般來說，前屯田軍戶的子孫依然必須承擔他們祖輩的稅負。如今相關賦稅被攤入軍屯所在的縣分。即使在明亡清興多年之後，安溪胡氏依然在上繳「餘糧」。（如前所述，「餘糧」是明初制度的遺產。這項制度剛實施的時候，士兵們必須上繳「正糧」以及作為衛所駐軍軍糧的「餘糧」，「正糧」會再以軍糧的形式退還給他們。後來「正糧」被廢除了。）第五章中，我們追溯了胡家的歷史。萬曆十二年（一五八四），他們領取了一塊軍屯。這塊軍屯本來在王丙仔名下，因為胡家、王家以及另一戶人家共同組成合戶軍戶。這塊軍屯地處南安縣，然而胡家早就回到他們湖頭老家，屯地顯然是被租出去了。軍屯士兵不再是農民，而成了地主（至少他們不再耕作軍屯，我不知道他們在湖頭靠什麼糊口）。他們向租戶收取軍屯佃租，並將一部分佃租作為「餘糧」上繳衛所。三戶人家輪流管理軍屯，收取佃租，並繳交賦稅。清初，軍屯制被廢除，他們將佃租上繳南安縣令。

> 至清康熙六年，奉旨裁各屯歸縣徵糧，王丙仔屯歸南安縣。康熙四十年，因惠安、安溪二縣屯米缺額，南安屯米溢額，將本邑屯米五石三斗五升五合，內撥二石一斗四升補惠安縣林佛保戶內，撥三石二斗一升五合補安溪縣陳堯時、林大梁戶內，內補陳堯時戶內二石三斗一升五合，補林大梁戶下九斗。
>
> 〔中略〕

> 王丙仔一戶屯糧田貫南安縣九十都佛內壟等處，租被佃抗，糧歷賠納。租上雖與本里王族幫當，但冊只載王姓名字現管。乾隆十四年王寅淑等自相推委，赴縣呈控，胡安淑、迎淑、訓等族議具訴。至十六年三月十七日，督捕廳朱查前後冊載，無胡名字，訊名詳振，蒙周爺批斷，押令王寅照額完納結案。是年龔仁觀作中，胡安淑僉知邀同王寅淑將此屯田出兑與安九十都黃浩舍、侯開老，掌管納糧，約無致累，附識備考。[10]

十八世紀初，附近的安溪縣和惠安縣屯米徵收不足，而南安縣卻是溢額。為了平衡財政，南安的部分屯米轉撥安溪、惠安。和之前的王朝一樣，清代政府並未考慮先將各地賦稅集中到中央，再進行分配。他們的措施反而是讓曾由某個縣徵收的某塊田地的賦稅改由另一個縣徵收。王丙仔之田所納賦稅也在轉調之列。該田地原屬永寧衛福全所軍屯。但現在無論永寧衛抑或福全所都已不是實際存在的行政單位。軍屯亦被撤銷，唯有繳納賦稅的義務留存了下來。更確切地說，縣衙簿冊的一份文書上清楚明白地記錄著應納稅的田地、稅額以及承稅之戶口。明清易鼎，徵稅的機構也從軍事系統轉移到民政系統。如今，又從一個民政轄區轉移到另一個民政轄區。這具體顯示出曾屬於明代軍事體制一部分的軍戶後代如何依然受到該制度的實際影響。現在，他們向新的民政單位上繳稅糧，或更可能的是等價的白銀。這實際讓他們的生活更加便利，因為新納稅地恰好就是本地的民政單位。

三戶人家收取佃租，繳納賦稅，數十年時間相安無事。乾隆年間，問題出現了：沒人繳納賦稅。王家控告胡家，稱該由胡家付清積欠稅款。與之前的幾個案例一樣，我們只能看到胡家的一面之詞。胡氏族譜記載，真正的問題出在佃農身上，他們拒交佃租，導致無收入可用來納稅。可是，王家為什麼不去告積欠佃租的佃農，而是將矛頭指向胡家？唯一合理的解釋是，王家在打官司時，援引了三戶人家訂立的舊合約。根據合約，他們承諾輪流負責管理田地。王家肯定聲稱，既然稅負積欠出現在胡家負責的期間，那只能是胡家自身的問題，和王家毫無關係。官司打了好幾年。最終，胡家翻出了萬曆十二年（一五八四）的軍戶黃冊並指出，雖然他們從前也許協助過王家繳納賦稅，但胡家的姓名實則沒有在黃冊中（自然這也有助於我們瞭解胡家為何決定將黃冊錄入族譜）。

這場官司的關鍵在於三家輪流承稅的合約是否依然有效。王家主張合約仍有效力。在王家看來，前軍屯田地依然是一種特別的田產，應繼續受到前朝賦稅制度的約束。原先組成合戶軍戶的三家應繼續共同承擔稅負。欠稅是胡家之過，因為當時輪到他們營田。胡家則認為，時間已過了兩百年，再加上改朝換代，當年的軍戶籍冊應與一般地契無異。王家擁有田地，自然有繳稅之責。這是一場關於田地適用哪個監管制度的糾紛。兩戶人家都試圖把田地置於對自己最有利的監管制度之下。對胡家來說最理想的情況是：收取佃租時，大家履行合約；繳納田稅時，合約則宣告無效。他們還是在利用兩個重疊體制之間的差異行事。

縣令被胡家說服了。他判胡家勝訴，命令王家付清積欠的稅款。但故事沒有結束。縣令畢竟洞悉整起案件的內情。他下令王家付清欠款後，應立即將田地賣掉。他希望一勞永逸地解決問題，確保自己或繼任者不再受到煩擾。各方對田地所有權的訴求紛繁複雜、漏洞百出，他希望堵住這些漏洞。這塊田地與一種特定的賦稅相關聯，但監管制度模糊不清，該由誰承擔稅負存在不同的解讀。無論是王家還是胡家，都希望利用明代管理制度的某些部分為自己謀利。出售田地之後，買家便不能再鑽這些空子。他們與前朝軍戶制度毫無關係。買下土地之後，他們必須承擔稅負。地主依然必須繳納被稱為「餘糧」的特別稅，而這項特別稅的許多方面是早已被廢除的明代軍屯制度留下的遺緒。縣令希望透過消除稅負責任的模糊性解決由誰繳稅的棘手問題。他的判決，旨在消滅制度套利行為在未來出現的可能。

窮則變，變則通：田家族產轉作他用

隨著世襲軍戶的廢除，圍繞它形成的各種制度理應一併淘汰。至少表面如此。但這些制度構築了對物資的權利和取用機會，尤其是財產。正如胡家的稅負，這些資源並沒有因為清朝皇帝在北京紫禁城登基而消失。大眾仍須管理它們。這又製造了另一種遺緒。

在我們主要關注地區以北的杭州附近，蕭山田氏和本書第一章討論的軍戶相似。在明初被徵入伍後，田家為了解決何人擔任正軍的問題，建立起由各支系輪流補伍的輪替制度。為了鼓勵正軍履行義務，田家撥出一部分族產收入用作正軍的軍裝。到了萬曆年間（十六世紀晚期），家族的內部糾紛引發了一場官司，結果縣令判定在役正軍有權獲得來自族產的收入。如族譜引用一段判決結果說：「其他軍產，田捨中（即田氏當時正軍房支的家長）每年收花管業，毋得混擾。」[11]明朝覆滅、衛所廢除、軍戶取消都沒能改變這一點。康熙十六年（一六七七），曾經的田家正軍回到原籍，要求獲得來自族產的收入。沒有人質疑他這麼做的權利。他和整個宗族擬訂了一份協議，以確認自己的權利。顯而易見，來自族產的收入現在已完全和其原有功能徹底分離，不再和軍役有任何關聯。

……又閱我曾祖子受公所錄萬曆二十六年台州田捨中勾補訟詞云：洪武二十年，始祖田貴和三丁抽一軍，役台州海門衛桃渚所。祖有合同，盟二十年一度，六房輪枝接補。捨中年已五十，男伯敬病，弱不堪差操，思得聽繼軍丁田應龍在籍，逆盟布脫，叩乞電鞫以全蟻命等語。望川公亦控縣申訴。縣主沈公審，據田舍中與應龍，雖系同宗，截然兩戶，毫無干涉，況田貴和子孫現有繼丁田宗憲在冊，議杖舍中以警刁頑，具由申覆，厥後伯敬嗣役貴和公云，即是士信公之祖，實無可考。

向有本邑平屋十六間、軍田十二畝被捨中陸續賣去，僅留軍田數畝，每年其子孫旋里收花。至康熙二十年間，有桃渚所長官字憲榮，齎符來族收花，偶失其符，被舒章公拾取。長官無憑，後不復來，因將此田助為文道公祭產。伯成公向稱匠籍匠田，吾族向稱軍籍軍田。由是觀之，伯成公與士賢公同宗而非嫡派明矣。[12]

簽訂合約的各方同意，正軍（現在這位正軍只不過是名義上的而已）每年可以回來「收花」。作為安排的一部分，他們製作了一份特殊的憑證。正軍可以將憑證交給他委託的代表，而田家會以此確認代表領取薪金的資格。此項安排本應為正軍帶來不少便利。然而，實際上卻事與願違。正軍不知何故遺失了那份憑證。（很可能是有人蓄意搗鬼，因為家族的另一名成員奇蹟般地「拾到」那份憑證。）當正軍於康熙二十年（一六八一）再次回到原籍時，他沒能出示憑證，因此宗親們讓他空手而歸。遺失的憑證就在他們自己手裡，他們知道正軍不可能再來討錢。這給了他們決定如何處理那筆收入的機會。如果在族人之間平分，每個人就只能收到一些零頭。於是，他們決定以之繼續作為共同財產，但改變了用途。它成了祭祀本家遠祖的族產。就這樣，在明代劃出來用作正軍薪俸的族產，如今成了田氏家族的部分物質基礎，保證儀式的延續性並加強成員之間的凝聚力。[13]

這類轉換軍戶族產用途的故事，在清初十分常見，揭露出軍戶制度的一個完全意料之外的影響，那就是增強宗族內部的凝聚力。我之前基於鄭振滿的相關研究成果提出一個觀點：總體而言，軍戶比民戶更有可能發展成為有組織性的宗族團體。我的論證是，軍戶的身分使與父系相關的親屬團體更有可能組織起來，以履行他們的共同義務，而宗族恰恰構成了適合的組織平臺。[14]我依然認為這一論證是正確的，但現在可以提供另一個理據。軍戶很早便採取設立族產的做法，以履行他們的共同義務。當族產原先的用途不復存在時，它們為理學精英在思想上的願景提供了現成的物質基礎，作為一種方便的媒介，讓他們可以藉此實現以親族力量改造社會秩序的理想。

但並非中國各地都如此，所以我們必須承認，光以多餘的財產和理學精英不足以造成宗族的興起。

大城所「士兵」援引先例，請求豁免賦稅

粵北大城所城隍廟裡豎立著一塊石碑，上面的碑文撰寫於雍正八年（一七三〇）。石碑為「紳衿、里老、軍民人等」所建，永久地、公開地記錄了當地縣令的一個決定。

> 饒平縣正堂周為城居例免力役、所地籍屬軍伍、再叩移銷雜派，以除積弊，以均同仁事。本年八月初六日准大城所正堂加三級張備移到縣，准此合就示諭東界大城所內軍民知悉，嗣後凡奉公務雜派，應照以前豁免，如敢違擾，爾等赴縣指稟，以憑究處，宜凜遵毋違，特示。時雍正八年歲次庚戌臘月大城所內紳衿里老軍民人等仝立。[15]

碑文的背景是一次稅賦豁免的請願。長期以來，大城所的百姓一直向縣令申訴稅務官員強徵代替「力役」的附加稅。他們請求基於一個長期遵循的先例免除相關賦稅。「所地籍屬軍伍」請求縣令「移銷雜派，以除積弊，以均同仁」。這次縣令終於同意了百姓的請求。「示諭東界大城所內軍民知悉，嗣後凡奉公務雜派，應照以前豁免。」

這裡的大城所，指的是從前設立在大城的衛所。雍正八年（一七三〇）時，衛所早被撤銷了。當地居民就以「大城所」作為前軍事基地上形成的鄉鎮的名稱。明亡清興，並沒有抹殺該地區的戰略意義，清廷在附近設立了綠營軍營。但是，碑文中的「軍」字指的不是清朝的綠營兵，而是明初駐紮在大城所的軍戶的後代子孫。

他們援引的先例比他們所透露的還要複雜。大城所百姓主張，儘管改朝換代，祖輩在明代戶律下享受的特權應該依然適用。前面提到，明代軍戶已經透過服兵役為國家提供勞動力，因此得以豁免徭役。他們沒有理由和民戶一樣再承擔徭役。否則，他們便繳納了雙重賦稅。明代朝廷禁止這種做法，倒不是出於保證公平這樣的抽象理由，而是因為如此沉重的負擔將導致士兵逃逸。明初，「豁免民戶徭役」的特權正如其字面義般是對徭役的免除。但是，到了康熙年間（十八世紀早期），中國幾乎沒有人還要服徭役。明代中期的「一條鞭法」將大部分實物稅和徭役皆折算成現銀。因此，清代所謂的「徭役」，實際上只是附加稅的委婉表達。碑文的作者們要求豁免徭役，實則指的是豁免某些附加稅。但是，撰寫碑文之時，當地居民也不再服兵役了。大城所已被撤銷，「軍戶」這類戶籍亦不復存在。向縣令請求豁免賦稅的人，實際上一方面在說他們享有與祖輩相同的特權，一方面又一字不提他們已不用如祖輩般替補軍役，而特權恰是軍役換來的。

石碑故事背後還另有內情。大城周邊是產鹽區。在明代，一些世代相傳的灶戶富甲一方，他們將錢財投入教育，從而使子孫進入當地的士大夫階層。他們移居到城裡，在社會生活中擁有一定的影響力。他們以及他們後代子孫的姓名被刻在這塊與其他石碑上，為他們在明清交替之前與其後的領導地位留下紀錄。[16] 因此，要求免稅的百姓中，很多實際上並非軍戶之後。這些人的根據則是，大城所駐軍曾享受某些特權，而他們又恰恰居住在駐軍生活過的地方。

表面上看，縣令該駁回他們的請求。他為什麼沒有這麼做呢？有兩種可能。第一種可能是，縣令決定利用明代留下的紀錄評估當地居民的稅負。這些紀錄肯定詳載了應當徵收的稅額，以及各稅目徵收的理由。如果他不用這些紀錄，則需要編纂新的籍冊取而代之。搜集新資料超出他的行政能力。而且，這麼做只會招致地方精英的反對，並給手下的書吏創造貪汙和勒索的絕佳機會。利用已有的資料無疑是更簡單的辦法。但這意味著他必須維持從前朝繼承下來的先例，即使訂下這些先例的初衷已煙消雲散。另一個可能是，徭役作為附加稅攤入常規田賦，大城所的百姓業已繳交。這樣來看，他們業已承擔了恰當的稅負，而他們反對的是那些額外的要求。

故事裡的所有人都在制度套利。昔日的軍戶家庭請求維持他們在明代制度下享有的待遇。移居到城裡的富裕灶戶則請求給予他們軍戶的待遇。就連縣令也採用前朝的管理制度（或者僅是接受該管理制度的邏輯，將自己的決定正當化），因為他發現別無選擇。眾人要求享有舊體制曾賦予他們的特權，這是明代制度的另一個遺緒。之所以存在這類制度套利行為的可能，乃是因為兩種監管制度被默許同時存在：清朝的體制，存在於朝廷發布的法律和制度彙編之中；明代的體制，則殘存於日常的政治互動之中。

舊瓶裝新酒：關帝如何成為銅山所居民共同的祖先

清帝國的臣民，和皇帝一樣，重新調整了業已廢除的明制的原則、做法和紀錄，以應對新處境下的新問題。關帝在銅山既是神明又是祖先的故事，正是這類嘗試的結果。

如我們在第三章所見，自銅山所設立以來，就一直有關帝廟，最早名為關王廟。明朝季年，關公已經獲得了現在最為人熟知的名號：關帝。銅山所最初的居民大多是士兵及其眷屬，而明末時，當地人口結構多樣化。士兵逃逸或不知所終。外人移居銅山所，利用當地的機會，包括海外貿易的機會。銅山發展成為一個繁榮的沿海社區。明代的銅山地方志雖已失傳，但其序言倖存下來，記載著：「銅城之中，軍民始雜。」[17]這些廣泛的變化，在當地社群的宗教生活中也有所反映。和中國各地無數鄉鎮一樣，最初由銅山所軍官興建於洪武二十一年（一三八八）的關帝廟，如今成了一個更大社群的宗教活動場所。關公崇拜起先是官方的國家祀典，現在，銅山所及其周圍地區的普通居民也到關帝廟燒香拜神並貢獻香油錢。

接著是明清易代時的戰亂。經過數十年的艱難歲月，康熙十四年（一六七五），銅山居民終於獲准返回家鄉。不久之後，銅山所被正式撤銷，並被納入周圍的漳浦縣。重建工作異常順利，或許是因為破壞並不如史料記載的那樣嚴重。南嶼陳氏是駐守銅山兩百多年的軍戶，在遷海令廢除後的短短十年內，他們就在銅山重建了陳家祠堂。

清初，當返鄉居民著手重建地方社會秩序之時，官員也開始重建地方財政秩序。最近，劉永華和鄭榕的研究為我們解釋了這個複雜的故事。[18]如果想要完全理解，就必須更深入地探究明代賦稅制度的運作。大城所碑刻昭示著軍戶豁免徭役的特權，進入清代，這實際上意味著他們豁免根據徭役分配的附加稅。如我們在第二章所見，明代徭役透過里甲制度分配。在每個里和甲中，最富裕和最龐大的家族被稱為「里長」和「甲首」，負責評估並徵收轄下所有家庭的賦稅和徭役。原則上，「里長」或「甲首」每隔十年要重新評定。但實際上，每戶在明初時的評定在整個明朝都沒有更動。不僅如此，我們還發現「戶」這個詞的意義隨時間推移而改變。明初，「戶」既是社會單位，也是財政單位。隨著人口自然增長，最初的家庭變得愈來愈龐大，數量眾多的家族成員分屬不同的社會單位意義上的「戶」，卻依然同屬一個財政單位意義上的「戶」。確實，一個「戶」也許包括由當初立戶戶長繁衍而來的一大家子人。戶籍系統裡的「戶」，最終變成評估徭役的主要計算單位。但是，久而久之，財政和社會差異透過另一種方式融為一體——里長和甲首一般都是當地社群的精英。[19]

儘管財政制度發生許多變化，里甲制度的基本功能（協調當地繳納賦稅的工作）一直持續到明亡之後。清初官員繼續維持這個體制。財政和社會的分離依然存在。根據清初漳州的一段記載：

縣中應里長者，皆丁多糧多之戶，素已欺凌弱戶。……里戶老少，皆稱里長，目甲首為子戶，為圖民。甲戶雖班白（斑白）垂老，見孩童里戶，必稱為叔行。甚至甲戶沒故，其遺下子女，里戶徑為主婚買賣。[20]

正是這些社會差異帶來的煩擾，加上地方仕紳的抱怨，促使福建官員大舉改革賦稅制度。鄭智輝（順治十四年舉人）是個飽讀詩書的文人，科舉及第並當上一個小官，他的家族在明代某個被遺忘的時刻被登記為里甲制度下的低級家庭。康熙二十六年（一六八七），他致函縣令，投訴里長仗勢欺人。他請求縣衙重新整理戶籍紀錄，給予自家應得的財政地位以及社會地位。他的請求被緩慢地一層一層上遞，最終在總督那裡獲得批准。總督的批准意味著全省戶籍紀錄都要重整，引起各方的反對。恐怕正是出於這個原因，該名總督不久即被調往別處。但是，他手下的官員繼續著他發起的這項工作。

陳汝咸（一六五六—一七一四）便是總督的一名屬下，他於康熙三十五年（一六九六）擔任漳浦縣令，即前銅山所所在地的父母官。[21]為了解決里長和甲首濫用職權的問題，他希望在鄭智輝建議的基礎上更進一步，撤銷相關職位。他的目標是完全廢除整個作為仲介的里甲制度，直接把稅務責任攤派到每個紀錄中的「戶」上。這就要求官府清楚瞭解各戶的實際情況，而陳汝咸也下令展開新的人口與土地的調查。但結果是，這超出他手下吏員的行政能力，並且無疑激起地方上既得利益者的反抗。因此，他改變了最初的立場，被迫利用現有的戶籍紀錄。現在，每戶不用再與介於自己和衙門之間的里長和甲首打交道，而是承擔所屬地區一定比例的稅額，並直接向稅官納稅。陳汝咸意識到，所謂「戶」，既是估算稅負單位，又是社會組織單位。他發現，簿冊上登記的戶從明初以來人口增長，成為更大的繼嗣團體，彼此間有親戚關係。換句話說，他們已經發展成我們所謂的「宗族」。對於作為社會組織的「戶」，這一點意義重大；但對於作為納稅單位的「戶」沒有什麼影響。只要同屬一「戶」的宗族合理安排內部事務，能夠繳納賦稅，一切都相安無事。

這個解決方案之所以吸引陳汝咸，因為它看似有能力應對未來的變化。定期更新戶籍資料已經是屢試屢敗，陳汝咸不希望重蹈覆轍。只要一個戶籍登記中的「戶」，其後代繼續繳納他們共同的稅負，作為社會組織的「戶」會怎麼樣並不重要。當然，陳汝咸還是觸犯到部分既得利益者。從前的里長受到改革的負面影響最大，一些里長群起抗議，引起騷亂。但陳汝咸不為所動，使改革得以貫徹下去。[22]

因為這項改革以同戶子孫作為分派稅負的依據，因此改革也被稱為「糧戶歸宗」。如劉永華和鄭榕所表明的，改革將世系關聯及宗族組織和法律規定的納稅狀態聯繫起來。一個意料之外的影響是強化了宗族在地方社會中的作用。

但是，改革也製造了新的問題。不是每個人都屬於一個戶籍。在這個制度底下，沒有戶籍的人便沒有位置。他們無法參加科舉考試，因為他們無法登記。他們很容易被有戶籍的鄰居占便宜。這種處境下的人積極尋找出路。有些人「尋同姓里長附合」，與他們協商如何分擔稅負，以換取入籍帶來的好處。[23]

昔日的銅山軍戶便屬於被排除在新體制外的群體。和他們在大城所的同袍一樣，所城和軍屯的士兵，不是民戶，也從未被入籍民政系統，他們只存在於軍戶名冊裡。在明代，這種區分有其道理。但進入清代，他們的地位卻成了問題。在銅山以北的晉江縣，一個別出心裁的縣令允許被排除在新體制外的人重新入籍，再根據致使他們入籍的情況分類。其中一個特殊的類別是「軍甲」，指入籍為民政納稅人的前軍戶。[24]

有些人找縣令交錢入籍。明代人有時也這麼做。在永春，湯家下定決心，必須想方設法使自己的地位正常化，以應對舊軍屯強加的額外賦稅。康熙三十年（一六九一），湯家出錢買到民籍，並將湯珪登記為戶主。湯家在數十年後編纂族譜時，清楚地記載了湯家的監管地位隨時間推移的變動。「祖之始，民轉而為兵，兵又轉為民。軍民兼理，富貴無虧。」[25]

在漳浦，依然被排除在正式戶籍系統之外的前銅山所軍戶也在尋求解決之道。陳氏族譜顯示，將自己附在其他在籍家族名下已經有一段時間：「吾族與通銅諸姓，自洪武二十七年調軍以來，俱是軍籍。所有田地，係就別戶輸納錢糧，從無納丁。」康熙四十年（一七〇一），陳汝咸重整稅務之時，他擴大了這類傳統，將銅山各戶分配到現存里甲系統中已有的戶籍下。

銅山各戶編作六都一圖一甲、二甲。一甲諸姓附入雲霄李隆戶內，二甲諸姓附入龔謨烈戶內。本族即係二甲，內陳姓共配八官丁，即以本族陳得光之名，為八官丁戶頭名。[26]

這段文字不太容易解讀。（該文作者沒有故弄玄虛的意圖，不過是假定這篇文章的潛在讀者足夠熟悉文中討論的制度，可以毫不費力地讀懂。）作者希望傳達的主要資訊是，他的宗族接受並履行了繳納賦稅的義務。根據新體制，登記在明朝課稅清冊中的「戶」被確認為一個納稅單位，如登記為龔謨烈的「戶」。接著，稅務官員找出未入民籍的宗族，即沒有被列入「戶」的宗族，把它們分配到有入籍的宗族之下。這個戶籍的稅負由分配到此戶的所有宗族分攤。「戶」的稅負以官丁的形式表示，這必然是徭役附加稅的計算單位。某種意義上，從事該工作的官員及書吏都以自己的方式制度套利，他們透過操縱多種戶籍體制，確保官府賦稅收入不會中斷。

即使陳汝咸的改革取消了里甲的中介角色，但也引進了新的中介角色。現在，前軍戶與國家賦役之間的中介者，是那些已經取得民戶戶籍，並讓前軍戶編入的人們。

銅山居民對新安排並不滿意，也許是因為社會分層的舊模式死灰復燃，也許是因為新的仲介並不公正，甚至橫徵暴斂，當然，也許兩者皆是。十年後的康熙五十年（一七一一），課稅清冊再次更新，昔日的銅山士兵採取了行動。

要清楚他們做了什麼，我們必須回到關帝廟。關帝廟大殿的一側豎立著一塊石碑，碑文撰寫於康熙五十二年（一七一三）（圖29）。碑額所刻標題為「公立關永茂碑記」：

> 考上之世，吾銅乃海外島嶼，為漁人寄足，民未曾居焉。迨明初江夏侯德興周公，沿邊設立，以此壤接粵境，為八閩上游之要區，設為所，以銅山名之。調興化莆禧眾來守此城。官與軍咸襲封，是為軍籍。里甲丁糧，世莫之聞。

圖29　關帝廟中的石碑

> 至國朝定鼎，凡天下衛所，仍舊無易。[27]唯閩地熾於海氛，故棄之有籍，反散而為無。天下豈有無籍之人乎？故莘庵陳公於康熙四十年將銅地戶口編入黃冊，而銅至此有丁糧之事焉。然泛而無宗，傍人門戶，實非貽燕善策。
>
> 因聞詔邑有軍籍而無宗者，共尊關聖帝君為祖，請置戶名曰：關世賢，納糧輸丁，大稱其便。
>
> 五十年編審公議此例，亦表其戶名曰關永茂，眾感謂可。遂向邑侯汪公呈請立戶，蒙批准關永茂頂補十七都六圖九甲，輸納丁糧，不但得劃一之便，且幸無他戶相雜，是散而復聚，無而又有，將來昌熾可甲於前。[28]

關帝廟的這部分碑文，講述的其實是銅山人拋棄仲介，與清廷建立新關係的故事。在另一個戶名下繳納賦稅存在許多問題，再加上聽說附近縣分的前軍戶也遇到相似的問題，銅山軍戶聯合起來，直接向縣令要求入籍。在清朝，這意味著註冊為「戶」。受他們自身的軍事背景的啟發，這些軍戶便以「關」為姓，並創造出一個虛構的共祖：「關永茂」，充當其他家族的明初立戶始祖所扮演的角色。

在關帝廟初次會面之後，各家族的代表前往縣衙門。根據其中一名參與者的族譜記載，他們「承買十七都六圖九甲蔡子昕戶名，以為銅山盛戶」。[29]族譜沒有解釋蔡子昕的戶籍為何出售。可能是蔡家已香火斷絕、無人承嗣，或逃往外地、音訊全無，也可能是蔡家子孫同意將戶籍賣給銅山軍戶。總共花了兩年的時間和一百兩銀子，這筆買賣最終成交。

就這樣，銅山軍戶終於可以透過更合理的途徑繳納賦稅。但他們很快發現，自己的安排有一個潛在的問題。似乎有人居心叵測，想要潛入這個新的組織並圖謀不軌。碑文接著寫道：

> 第適因查縣府司戶冊，而有一戶關永茂，即黃啟太等，其間大有移花接木、藏頭漏尾之虞。夫事方三載，即如此互異，又安能保其後來不無桀黠輩從中滋蔽，蠹我子孫乎？於是公諸仝人，當神拈鬮，分為七房。
>
> 小事則歸房料理，大事則會眾均勻，叔伯甥舅彼此手足，並無里甲之別，終絕大小之分，不得以貴欺賤，不得以強凌弱，個茍有異視萌惡，許共鳴鼓而攻。此方為無偏無黨，至公至慎，爰立石以垂不朽！[30]

碑文最後，附上了四十多個簽署者的名字，計有二十七個姓氏，每個姓氏對應著前軍戶的不同宗族或宗支。他們被組織成以「關永茂」為「始祖」的虛擬家族的七個支系，每個支系分擔著家族稅負的一部分。

由此來看，關帝廟的碑文實際上是一份合同。這是在衛所駐軍的後代之間訂立的契約，為了實現他們與收取賦稅的國家政權關係的正常化。這份契約還催生出一種新的組織型態：異姓的、繳納賦稅的虛構宗族，在神明面前得到合法化，而神靈本身則承擔起某些祖先的屬性。[31]合同運用描述親屬關係和宗族世系的習語，具體說明了群體的資格，運用宗族世系的原則，形塑其內部管理。如果有人企圖潛入這個組織，揑造新的社會關係，他們就可以出示相關資訊予以駁斥。

康熙五十年（一七一一）以來，每當遊神之時，關帝被抬出廟宇，上街巡行，這不僅是淨化人心、護佑眾生的宗教儀式，同時也在紀念組織的創建。甚至可以說，遊神會就是慶祝合同訂立的儀式。[32]

這種現象不只出現於銅山。在銅山以北的福全，也就是蔣繼實曾與海盜之妹調情的地方，我們還能找到全氏宗祠遺跡。但是，福全居民沒有一家真的姓全，本地歷史上也從未有過全姓人家。這個似乎沒有任何族人的奇特宗族，不僅修建了一間宗祠，還擁有一本族譜。光緒二十一年（一八九五）編纂的全氏族譜中，收錄著一份康熙五十三年（一七一四）的合同，解釋了全家的起源。合同的十四名簽署者說道：

> 燦等零星軍戶，從無戶眼，而且攝乎強族之間，每被欺侮。茲全議欲頂一班，思姓氏多門，議將以地為姓，即「全」是也。[33]

和銅山的宗族一樣，原是福全所軍戶的各宗族團結起來組成一個共同的、虛構的宗族，並以福全之「全」為姓，以此處理明代身分造成的歷史遺留問題。他們虛構了一個共同的祖先：「全公」。全公牌位和各家祖先牌位被一併安放在全氏宗祠中。祠堂遺跡至今猶存。他們同樣找到地方官，將該「宗族」登記為民戶，以便繳納賦稅。進入清代以後，明代軍戶的子孫們利用曾經的共同身分，作為某種組織性資源，在新的時代背景下創造新的社會關係，銅山關氏家族、福全全氏家族便是他們努力的產物。

時過境遷，促成此類安排的歷史被徹底遺忘了。十九世紀初，陳盛韶（嘉慶十年進士）記載福建省各種奇聞逸事時寫道：

國家維正之供，全重魚鱗實徵冊一書。詔邑不然。官坡廖氏，附城沈氏，及為許、為陳、為林，田不知其幾千畝也，丁不知其幾萬戶也，族傳止一二總戶名入官，如廖文興、廖日新、許力發、許式甫是也。更有因隱避役徭，數姓合立一戶，如李、林等戶合為關世賢，葉、趙等戶合為趙建興是也。戶長、總催輪流充當者外，有草簿名花戶冊，按年催輸，唯渠是問。無戶總則承差沿流而下，亦有此冊，不難逐戶徵收。然則曷即以為實征冊乎？曰否。[34]

在陳盛韶這樣的官員看來，銅山居民的所作所為不過是一種抵抗國家權力的方式，是在費盡心機地逃避稅務負擔，而非精心安排地滿足稅務要求。這種遺忘不僅僅是歷史上的奇怪現象。陳盛韶既不瞭解關氏宗族形成的動機，也沒能從當地官員及其書吏的角度看待問題。面對無比複雜的現實社會，地方官吏心裡明白，當地社會秩序至少具備某些有用的功能，可以確保賦稅的繳納和治安的維持。二十世紀的學者，或許會將銅山軍戶訂立合同描述為一種「自治化」的表現。這些非正式的制度本身並不會對政治秩序提出挑戰，也有可能其實在維持政治秩序。二十世紀的政治精英沒有抓住這一關鍵點，確實是中國近代史的大悲劇之一。

結語

明代軍事制度以及締造該制度的國家政權已是明日黃花，但依然影響著曾經生活在制度之下的世人。它甚至還影響著軍戶的後代子孫，儘管他們對該制度沒有任何親身體驗。我在本章討論了各種制度遺緒：體制消亡後殘留下來的義務；體制消亡後眾人努力維持的特權；新目的下對體制的再造。銅山和福全的故事，便是第三種情況的例證，前軍戶家族動員他們現有的社會關係，以之作為一種組織性資源，來應對由迥然不同的處境帶來的挑戰。

國家創制檔案，檔案作為一種工具，主要是為了幫助統治者瞭解百姓的狀況。如詹姆斯·斯科特揭示的，現代國家致力於製作顯示其人口和疆域的詳細「地圖」，這類地圖不但描繪出國家政權的干涉行動，還使這些行動成為可能。[35]但是，製作這類地圖的努力並非始於現代。古代的國家政權也製作地圖，使百姓的狀況一目了然。如果我們因為前現代的國家政權缺乏先進技術，無法像現代國家一般精確作圖，就對它們的努力不屑一顧，那就是想當然耳了。誠然，前現代國家的技術能力與現代國家的不同，但它們的野心也有所不同。不只是現代國家，前現代國家也會嘗試讓統治對象更清晰可視（legibility），但提高統治對象的可視性需要成本，在行政上造成負擔。*因此前現代國家也需要在兩者之前權衡，找出其中的平衡點。

清初官員大多滿足於利用明代留下來的簿冊材料，因為其他選項的成本似乎太高了。這一決定，為檔案與現實之間形成制度性落差創造了條件。明代衛所的軍戶資料被收錄在獨立的軍籍黃冊中，而這類黃冊已不復存在。留存下來的民籍黃冊沒有軍戶的資料。到了康熙年間（十七世紀晚期），清代福建的縣令採取折中的方案以對付上述落差。在結構上，這些折中方案並不新鮮。在明代，一些人家因規模太小或經濟狀況太差而無須直接納稅，他們附入里甲成為「畸零戶」。這項政策的預期是，里甲內部會自行公平合理地安排諸項事宜。清朝官員嘗試對昔日軍戶實施類似政策，將他們附入業已存在於明代民籍黃冊中的家庭，期望相關人員協商，公平合理地安排一切。

借用斯科特的術語：清初國家並沒有「看見」軍戶，而是對他們視而不見。銅山和福全民眾創立的社會組織，以關帝廟和全氏宗祠為實體，正是他們對這種處境的回應。國家政權對他們視若無睹，於是他們想方設法讓國家政權看見自己。這些組織中的家庭，並不是國家讓它們可視，而是它們讓自己被看見。[36]

在第一章中，我主張那些應付兵役的技術手段類似於應對商業風險的技術手段。如果據此認為一者在另一者之先，認為華南居民透過與國家政權打交道而學會了如何應對市場風險，就未免推論過頭。但是，我們有理由設想兩個領域是相互建構或相互強化的。人們處理問題有一系列方法是在特定文化中大家共享的，這些策略便是從中而來。當某套策略應對一種處境有效時，會鼓勵眾人將之應用於另一種處境。清初百姓創立了各種組織應對新的賦稅制度，其背後的原因也大致相同。大眾運用自己熟悉的非正式制度，就他們與國家政權之間的關係展開協商。

關帝廟之所以能夠成為清初銅山居民繳納賦稅的組織結構，或者換句話說，作為社會行動者組織他們與國家政權之間關係的場所，只有因為地方官員意識到非正式地方組織可以有效地維持地方秩序，才可能成立。換句話說，他們對地方組織操縱賦稅制度的行為睜一隻眼閉一隻眼。我們手頭上的史料沒有談到這個話題，但是這種默許肯定伴隨著一些不成文的協議。譬如，操縱行為不得太過分；社會行動者可以靈活地調整自己與國家政權的關係，但靈活不意味著放縱；眾人同意某些規則必須被遵守等等。同理，決定把關帝認作祖先，以此應對納稅義務的銅山居民並非生活在一個真空環境裡，也不僅僅是鑽著制度的空子；他們也一定程度相信和他們打交道的衙門書吏將會接受這種對賦稅制度的操縱。

調整個人與國家之間的關係是明代晚期日常政治的關鍵部分。個人和群體認真思考著國家提出的要求以及滿足這些要求的最佳方式。這意味著將關係的結構最佳化，並想出解釋這種結構的

＊審訂者注：Legibility是斯科特著作 *See like a State* 中的重要概念，指國家為了統治人民、徵用人力或物資，用各種行政手段掌握人民的各種資訊，如地圖繪製、戶口調查、各種文件清冊等等。Legibility原意是指易讀性、可辨識性，在這裡是指對國家而言，被統治者的資訊被國家掌握的程度。這個詞不容易翻譯，在此依照行文脈絡主要翻譯成「可視性」，指人民在國家眼中「可視」的程度。在本書結論中作者對此概念會有更多引申。

最合適的語言。他們仔細斟酌著自己如何與國家產生關係，以及如何訴說這種關係。單個家庭以及由家庭組成的群體利用國家的語言以及一套組織性的慣用語彙，既是為了和國家政權打交道，又是作為和地方社會其他群體打交道的一種政治資源。當事人並非想宣稱自己獨立於國家政權，而是暗示性地承認國家權威，同時宣告自己滿足國家需求的合法性，儘管用來滿足國家要求的方法未必符合國家的成文法律。對國家形式的部分採用，不僅將他們的委屈，也將他們的日常社會組織，放入這個架構當中。它不僅在當事人與國家代理人之間的關係中發揮作用，還能夠在他們與鄰居打交道時派上用場。而這是他們日常政治的關鍵元素。

結論

在本書中，我們遇到的家族面臨著獨特的挑戰，因為他們被編為軍戶。但是，他們不得不和國家體制打交道這件事並沒有使他們與眾不同，甚至沒有讓他們變得異乎尋常。和過去數百年間生活在今日中國版圖之內的大多數人一樣，這些家族須做出的關鍵政治抉擇不在於是否要與國家互動，而在於如何與之互動。對大部分人、在大多時候，「政治」往往主要是日常的、普通的問題：在與國家的正式代理人及其非正式委託人打交道的過程中，如何應付、交涉乃至操縱，以符合自己的最大利益；如何在其他互動中將自己與國家之間的關係作為一種資源加以利用。除了發生一些極端的情況，百姓與國家政權的互動並不意味著逃避、變革或公開反抗國家，而是盡力與國家周旋，盡可能滿足其代理人的要求。本書提到的族譜、契約和碑銘是明代百姓日常政治的檔案，記錄著他們在自己所身處的政治體制、文化體制下爭取利益的努力，而這些利益，恰恰是由政治體制、文化體制所定義的。將這種複雜巧妙的「被統治的藝術」僅僅詮釋為在「順從」或「反抗」之間發生的變奏，會不必要地使我們對中國歷史的理解變得貧乏。

本書各章節理出了明朝百姓為國家提供徭役之時所運用的部分策略類型。之所以說是「部分」，乃是因為本書只討論了一種戶籍人口「軍戶」所採取的策略（儘管其占全國人口的比例相當高）。此外，在本書中，並非各種類別的軍戶均受到平等的對待和討論。世襲軍官享有普通士兵所沒有的令人羨慕的特權，他們更有可能盡忠職守，因此我們運用的史料大多來自他們，其比例超出軍官在軍隊中所占的比例。一般而言，相比於衛所駐軍，軍屯士兵承擔的徭役較輕，逃逸的人數較少，因此較多屯軍軍戶的族譜得以留存，且可以被找到。本書總結的策略類型也難言完備，主要側重於具備以下兩個特徵的策略：首先，它們被使用者記錄了下來；其次，它們可以被記錄成看起來奉公守法的樣態（也許第三章探討的走私活動屬於例外。儘管我們也看到，某些軍官明明參與走私，卻堅稱自己在正當地執行任務）。

儘管只是不完整的策略類型，但依然告訴我們不少資訊。之前的各章節闡釋了四大策略類型：「優化處境」策略（strategies of optimization）、「近水樓臺」策略（strategies of proximity）、「制度套利」策略（strategies of regulatory arbitrage）、「訴諸先例」策略（strategies of precedent）。第一、二章探討明代軍戶在管理兵役之責時採取的「優化處境」策略。這些策略大多運用於明初家庭（及由之發展而成的宗族）內部，是軍戶和宗族自我組織以應付國家義務的手段。雖然他們在規制中的定位十分明確，須出一丁補伍，但現實情況則複雜得多。有些家庭子嗣眾多，有些家庭則香火斷絕；家庭壯大為宗族，擁有數個支派，各支派成員的服役意願和能力不盡相同。家庭策略則致力於優化規制訂位和實際處境之間的差異。

從戶籍的角度看，旨在維持軍隊數量的國家政策可能變化無常、難以預料。正在帝國另一端當兵的遠親之死，或地方書吏在整理戶籍簿冊時的粗心大意，都可能導致軍戶被突然勾軍。因此，在明王朝剛建立的數十年裡（十四世紀末至十五世紀初），軍戶想方設法在此種處境下應付他們的兵役之責，確保自家以最小的代價完成任務，提高補伍的可預見性，降低種種不確定的風險。為達目的，他們採取三種基本手段：「輪替」、「集中」和「補償」。他們建立起一些機制，或是讓家族內部的各支派系統地輪流補伍，或是將參伍的責任集中到某個人或某支派身上。此外還有「代役」，即安排第三方代替自家履行軍戶義務，這是集中策略的自然延伸。代役幾乎總是涉及財物上的補償。補償策略則通常也構成其他策略的一部分。後來明代朝廷的所作所為，為我的解讀提供了強而有力的支持，也就是這些策略旨在優化制度規則與社會現實之間的差距：國家開始努力針對更多的社會可能性制訂具體的條例，從而鉅細靡遺地規定應如何處理兩者之間的差異。

在衛所安家的士兵及軍眷要面對不同的挑戰。在本書的第三至第六章中，我們看到明中葉（十五到十六世紀）的軍戶如何發展出外向型策略，超越了家族本身的內部管理。他們利用多個官方體制之間的重疊和出入為自己謀取好處。一些衛所軍官和士兵甚至利用自己在軍事體制中的特殊地位參與非法貿易，渾水摸魚。我們可以將如此行徑稱為「近水樓臺」策略，因為他們利用了與國家機器的某些部分的密切關係，「近水樓臺先得月」，從中獲得相對於其他人的競爭優勢。被調入軍屯的屯軍擅長運用套利策略，借由軍田與民田的差異漁利。這些策略所牽涉的並不只是找出並鑽營制度之漏洞。策略實踐者意識到，多重監管制度形塑著自己的日常生活，他們順水推舟，設法在對自己最有利的體制中謀得一席之地。此類策略是依靠多重監管制度的差異性趨利避害，因此可被稱為「制度套利」。

本書的最後一章展示了入清之後軍戶如何試圖維護自己在明朝體制中所享有的特權，或出於自身利益的考量而為舊體制招魂。它們都是基於「訴諸先例」而制訂的策略。

由此可見，我在這裡講述的歷史並不是層疊累積的歷史，而是由不同階段組成的歷史，揭示出百姓與不斷變化著的體制之間相互作用、相互影響的四個週期。在每個週期內，老百姓發揮他們的聰明才智，運用他們的文化資源中的元素，以求更好地處理個人、家庭及集體與制度之間的交流互動。明代制度的編年史透露出制度演變如何為不同群體帶來不同的挑戰，以及他們又如何對這些挑戰做出策略性的回應。

「制度套利」是我從經濟學中借來的術語，它可以總括各個週期出現的不同策略。這是因為，前述四種策略其實都衍生自這樣一個中心主題：利用監管體制之間的差異性或監管定位與現實處境之間的差異性，從中套利。該術語突顯出家庭策略如何抓住時機、減少代價；如何利用重疊的行政轄區和各種先例降低不確定性、提高可預測性並贏取經濟利益；如何將一種義務轉化成另一種義務；如何將順從國家規定作為資源運用於另一脈絡之中，並透過設立非正式機構以處理自己和國家之間的關係。百姓想出並實行的具體套利行為並非一成不變，它們必須適應制度的變化，但套利的動力始終存在。

對套利策略的關注，挑戰了一些仍具有相當影響力的中國史解釋範式。這些範式不是只考慮正式結構（如皇朝制度），就是只看文化預設（如家族主義或儒家思想），而認為它們是整個中國社會的基礎和動力。而本書的取向對明史、中國的國家史，以及前現代帝國史的研究都有重要性，並且也為總體的日常政治研究提出一套方法。

非正式機構與明代國家

明朝統治者設立各種攫取性制度的初衷在於以最低的間接成本滿足小政府的需要。為實現此目標，朝廷委託半正式和非正式的代理人收取賦稅並在地方上履行其他職能，有效地將體制運作的大部分成本轉嫁到家庭和地方社群身上。黃宗智提出「集權的簡約治理」的概念時，心中所想的是清朝，但這個詞套在明朝上也很有用。[1] 實行「集權的簡約治理」，要求國家及其代理人接受家庭和地方社群為滿足國家要求而建立的非正式組織與非正式程序。

軍戶必須世代服役，意味著他們的各種非正式安排無可避免地要與父系親屬關係相結合。里甲等其他義務的空間分布，則意味著農村的非正式機構（特別是寺廟）要經常充當百姓與國家代理人的調解者。朝廷給予這些非正式管理機構事實上的認可，推動了它們的散播；明代宗族、寺廟和市場的發展某種程度上都要歸功於國家制度。當然，這並不是說親屬團體或廟會節慶是明代的發明；早在明代之前，父系親緣關係和寺廟附屬網絡便已然是建構與引導中國社會的強而有力的原則。但至少在某種程度上，這些原則的諸多制度性表現，其擴散的驅動力乃是來自這個特定時期日常政治的迫切要求。

明代晚期的非正式機構對以下說法是很好的例證：有些現象可能看似根源於永恆的文化元素之中，但從社會與文化史的取向，可以展現出這些現象其實理解為歷史性的產物會更加適切。表面上看來，內部組織高度複雜的宗族以及同時強調凝聚力和彰顯差異性的宮廟祭典，似乎是中國文化精髓的表現。但正如你在前文所見，我們有時可以相當精確地追溯這些現象具體表現的起源。其實，這些起源不只是歷史性產物，還可以更狹義地說，是制度性產物；換言之，它們是在個人及群體與國家制度之間的互動中產生的。

後世的觀察者發現中國宗族與現代公司之間的相似之處，這絕非巧合。就其最簡單的定義而言，公司是一群由法律授權、可作為單一實體行事的一群人。[2] 軍戶完全符合這個定義：其成員為國家提供勞役，既是一種共同義務，又為法律明文所確認。在本書和之前的著作中，我都認為，滿足世襲軍事義務的壓力促使軍戶將自己組織起來，從而創造出公司式的宗族。[3] 宗族組織並非一種業已存在的、靜止的，又恰好能夠滿足這些需求的社會型態。它本身正是日常政治策略的產物。日常政治的限制和機會，在收與放間鼓勵特定的組織模式。這些組織模式可能在日後被描繪為符合正統的意識型態，但是僅僅靠正統性，並不能解釋它們的興起或散播。親屬結構不是單純由文化賦予的，也不是歷史進程的被動結果。如詹姆斯．斯科特所言，它們是政治選擇。[4]

在明代中國，被統治的藝術包括透過非正式機構與國家及其代理人進行斡旋和協商。

明王朝與非正式組織的依賴是相互增強的。為了獲得所需資源，國家不得不容許地方上的一些安排。改朝換代並沒有從根本上改變此種動態。但是，進入十九世紀以後，內部壓力和外部刺激的結合帶來新的緊張局勢，將中國推入建構現代國家的進程之中。當這一切發生時，之前推動政治運作的同樣的非正式機構，現在卻被視為中國前現代問題的一部分。各政治派別的改革者此刻一致認為，中國要成為一個現代國家，就必須廢除這些機構，因此導致了二十世紀中國的諸多創傷。

可視性與國家語彙

本書探討的家庭策略中的一個共同特徵是，我們能夠知道它們，是因為它們被記錄了下來。但做紀錄這件事不僅是這些策略（對我們來說）方便的附加效果；它實際上也是策略本身的一部分。這是因為，許多家庭策略的核心在於掌控國家與其代理人如何看待自己。和現代國家不同，明代國家並沒有想要徹底掌握社會的實際情況。它並不企圖讓整個社會清晰可見。明代國家對其統治範圍的認知，來自其製作、保存和取用紀錄的方法。它不僅是一個受規則約束的國家，同時還是一個受文書約束的國家。明代國家的順利運作，仰賴於文書的編製、流通、收藏和參引。這些文書是用一種獨特的、專門的語彙書寫的。當公職人員（在任何體制下，不只是中國）填寫記錄人口資料的簿冊時，他們一定要使用某種共同的語彙，以確保這些紀錄是有用的。如果他們以不同語彙描述各戶——類似於波赫士（Borges）筆下和世界同等大小的著名地圖，那麼，對他們的上司而言，人口情況將依然完全不可讀。[5]共用的語言是一種行政簡化與標準化的形式，旨在讓歧義降到最低，而可最大限度地提高效率。國家文書必須使用共同的國家語言。

國家文書對某人的記錄，將會影響國家政權對他的統治方式，因此明代臣民學會如何利用國家語言以及它所服務的原則和實踐方式，為自己謀利。他們試圖影響自己在國家檔案中如何被呈現出來。文書的製作、流通及貯藏方式，極大影響著明代百姓的生活。在某種意義上，本書也是在研究這種明代官僚實踐的社會結果。

有時家庭甚至會試圖讓國家創造出有關自己的資訊，主動介入國家紀錄的編製。實現該目標的手段之一是打官司。黃宗智的研究業已表明，打官司可以是一個複雜的策略性行為，不只是為了獲得有利的判決，也是為了在非正式調解中占有優勢。而如我們所見，在明代（很可能明以後亦如此），透過「立案」，即主動進入國家的檔案，以期在日後派上用場，也是一種策略。「立案」類似於樹立某種先例，但不是狹義地指對其他案件有約束力的司法判決，而是指在某種意義上，宣告某件事情，如某個行為或某種狀態已得到縣令的承認和授權，或者說已經被縣令合法化了。[6]

阿夫納·格雷夫（Avner Greif）認為，使用國家語彙能夠降低交換（transaction）成本，*因為交換的各方能互相理解。[7]但這不是唯一原因。利用國家語言表現乃至證明自己遵守國家的規定，對後續遭遇的交換對象也是有效用的，無論後續的對象是國家，或者非國家的行動者。使用國家語言，能增加交換被呈現為經過授權認可的可能性。因此，國家提供的先例便成為一種資源，可以用在未來對其他行動者的要求。這部分地解釋為何一些家族會將法律判決刻在立於宗祠的石碑之上，或將官方文書抄入族譜。使用國家語言，便是在借助國家的合法性和權威，並將之轉化為一種政治資源，以求實現自身的目的。從這方面來看，國家既可以是一種生產性權力的工具，也可以是一種壓制性權力的工具。即使明代國家是一種攫取性的機構，它同時也是一種授權的機構。

這類資源的價值，至少部分地取決於能在多大程度上被充作他用，即在先例製作者的實際意圖之外的運用。為了優化自身在規制中的身分，有效的策略披著順從的外衣，卻幹著與之不盡相符的事情。家庭遵循規制的形式，乃是為了控制其實質。遵循先例的官僚統治原則，總是為各方對先例的不同解讀所破壞。站在推官的角度，先例愈精確、愈不模糊愈好。但站在社會行動者的角度，先例則是愈含糊才愈好（至少大體如此，有些情況下，某些行動者可能反而更傾向於精確的先例）。因此，在某種意義上，明代社會中先例的功能和效力與其模糊性直接相關。對社會行動者而言，日常政治即部分涉及揣度先例潛在的模稜兩可，在多大程度上能為己所用。

---

* 審訂者注：這裡的「交換」（transaction）是指商品、社會態度、情感、意見或資訊，從一個社會單位轉移到另一個社會單位的行動。這裡的社會單位可以是個人、組織或其他被視為行動者的個體（如神或祖先）。這些交換可以是經濟性的、政治性的（如投票）或社會性的（如社會認同）。見 Greif, *Institutions and the Path to the Modern Economy*, pp. 45-46。

百姓有能力將與國家之間的互動作為一種資源運用於其他類型的政治之中，這說明到了明代，國家型態與國家語言的作用並不止於統治臣民與國家之間的互動。它們已深深植根於地方文化中。國家和社會之間的文化對應為套利策略提供了便利。明代國家看待事物的方式，意在簡化社會現實，使之得以治理，實則無可避免地創造以下情況出現的可能性：社會各層面的實際面貌與國家對它們的認知有所不同，以及現實與監管位置有所不同。無法透視一切的國家會看不到某些事物，或更確切地說，會看錯了某些事物。這就為制度套利創造了可能性。易言之，百姓可以在不公開違反國家規定的情況下，在體制之內和透過體制謀取利益。若如杜贊奇所言，國家和社會的交界好比一個半透明穹頂，那麼社會行動者就可以將之扭曲為對自己有利的狀態，乃至蓄意操縱其半透明和透明的程度。[8]社會行動者只要熟悉國家做事的方法，就可創造許多政治資源。[9]

詹姆斯．斯科特已經證明，現代國家有觀看事物的特定方式。但是，以國家角度觀看並非為現代獨有。前現代國家也有它們自己觀看事物的方式，有它們自己的一套使行政、核算和管控得以可行的方法。國家的觀看，促使被觀看的百姓做出回應。在明代中國，社會行動者不僅被國家看到，而且還力求以特定的方式出現在國家的視線中。這就要求他們有能力像國家一樣說話。在明代中國，被統治的藝術意味著能夠道地、熟練地掌握國家的語言。

明代的商品化與契約

我們在本書遇到的許多策略所涉及的文書，顯然屬於契約。這透露出關於運用這些策略的社會的重要資訊。借用孔邁隆（Myron Cohen）的區分，自宋代（甚至更早）以降，中國東南沿海地區既實現了商業化（即經濟以專門化生產和市場交易為主要特徵），又實現了商品化（即市場在經濟文化占據中心地位）。買賣成為日常生活的一部分，事物可以買賣的觀念也深入人心。到了明代，上述進程加速發展。明代福建軍戶不只買賣物質性的商品，還將土地使用、政治義務乃至社會關係皆視為可交易之物。[10]

世界上的許多地方，產權、義務和社會關係的商業化與商品化徹底顛覆了既有的社會秩序。也有少數例外，譬如明代中國整體來說並非如此。一個明顯的原因是，商業化與商品化的過程並沒有和殖民主義同時發生，也不是殖民主義導致的結果。[11]但是，商業化與商品化這兩種過程的先後順序不同，也許也值得討論。在中國東南地區，商品化不僅僅是對商業化的反應；社會關係的轉變也不僅僅是市場滲透經濟的直接後果。明代的商品化並不只是隨商業化而來；在一些方面，它們是同步發生的，在另一些方面，商品化甚至可能出現在商業化之前並刺激了商業化。早在外國白銀大量流入中國，推動晚明商業化的數百年之前，十四世紀末的福建百姓就已經在把勞動義務轉化為財務責任了。這是被元滅南宋所打斷的商業化進程的再興，還是說商業化過程的中斷並不像之前的歷史學家認為的那麼嚴重？明代子民學習被統治的歷程，與他們學習市場運作的歷程，是否有特定的先後順序？無論這些問題的答案是什麼，我們可以清楚看到，軍戶的日常政治策略既根源於他們的市場經驗，同時也形塑了他們更進一步的市場經驗。

契約盛行是商品化的重要證據。我們現在知道，契約在中華帝國晚期十分常見，而與土地產權和婚姻相關的契約協議時常在法律訴訟中被當作證據。[12]這類協議旨在將關係正式化，在這些關係中，各方許諾交換報償。這些協議是否符合現代定義下的契約，以及這些協議多大程度上可得到兌現，到現在依然有許多進行中的論辯。[13]明代的族譜和判牘顯示，縣令確實強制執行了軍戶內部協議中指明的約定。他們確實會根據對書面協議的解讀決定誰是某戶人家服兵役的男丁。當這些契約直接涉及國家利益的時候，明代國家顯然願意予以強制執行，讓這些契約得到兌現。

但是，縣令之所以決定在這些情況下出手干涉，既不是出於契約有效性的抽象原則，也不是因為他們認為必須保障某些權利，而是因為「集權的簡約治理」的現實迫使他們這麼做。縣令之所以干涉，是因為如果不這麼做的話，就會導致軍隊無法補充兵力，由此會產生許多文書，最終將會把責任指向縣令自己。這些協議之所以能夠得到執行，恰恰是因為它們涉及履行對國家的義務。圍繞屯田的官司提供許多證據強而有力地支持這個觀點。沒有證據表明在繳納餘糧的義務之外或之前，屯田有產權的概念存在；只有在財政稅賦的考量當下，這樣的權利才會產生。

中國契約的性質存在許多爭論，一個關鍵問題是可兌現的契約與安全穩定之財產權間的關聯。有人主張，得到保障的財產權和契約是經濟現代化的必要條件。但過去四十年間中國經濟的表現已經讓很多人驚訝地表明，即使一個國家無法保障人民的財產權，依然有可能取得迅速的經濟增長。[14]很顯然，契約本身也不是經濟現代化的必要條件。但是，這並不意味著中國契約的歷史沒有意義。我們不能受到經濟現代化敘事的蒙蔽，以致無法看到歷史上的其他可能。契約在前現代中國經濟和政治生活中扮演的角色和西方大不相同，其角色之一便是對日常政治的促進。在明代中國，被統治的藝術包括有效地利用契約以便從與國家的互動中實現利益最大化的能力。

明代的國家與社會

我在本書中聚焦於某個特定的微生態環境，即東南沿海地區，研究日常政治策略以及由此衍生出來的社會關係。就其性質而言，該地區的某些特點和當地地理有關，另一些則和歷史相關。靠近海洋，決定了可供軍戶採用的策略；對於內陸地區的軍戶而言，從事海盜活動顯然並不可行。海洋以及在海上乘風破浪的人同樣決定了他們被分派到此的軍事功能。除了十六世紀海盜為患、大動干戈之外，特別是在官方解除海禁、允許貿易之後，沿海衛所的駐軍無須經常抵禦襲擊，或者像戍守北方邊疆的同袍一樣面對嚴重的軍事威脅。沿海衛所駐軍的主要責任是在某些季節定期出海巡邏。從某些方面來看，這類似於大運河衛所駐軍的任務：護送運載稅糧到京師的船隻。在其他邊疆地區，衛所有時是唯一的政府機構；在沿海邊疆和內陸地區，衛所和州縣系統同時並存，因而創造使用策略的可能性。最後，當地特有的文化傳統也形塑了可供採用的策略。東南沿海高度發展的民間宗教傳統，有助於解釋寺廟為何會成為參與日常政治如此重要的場所。

明初官府在某地區募兵和分配駐地的具體做法，即大多數正軍先是被調到距離原籍較近的衛所，然後被改調到沿海地區的衛所，影響了正軍和他們的族人之間的關係。和其他地方相比，他們維持這種關係的時間更久一些。

不僅如此，即使在微生態環境內，也存在著某些差異。適用於山地軍屯的策略不同於沿海衛所採用的策略。部分屯軍被動員鎮壓鄧茂七起義，有些則沒有，這主要視軍屯依附的衛所位置而定。此後兩者之間的差異將會對當地社會和政治造成巨大影響。

考慮到各地的特殊性，本書討論的策略和社會關係是否更廣泛地存在於明代社會，這個問題對我們提出基本的方法論上的挑戰。因為我已經主張百姓採取的策略必然取決於當地生態環境，所謂「生態環境」，不只是獨特的自然環境，還包括當地社會結構和文化。但是，為了證明這些策略不僅出於極少數的利益，我無法迴避上述問題。

于志嘉的研究比我自己的研究更廣，表明集中、輪替、代役以及補償的基本策略在明帝國各地被廣泛運用，儘管不同地區實施的策略各具地方特色。[15]在明代所有的邊疆地區，而不只是海上邊疆，軍戶利用自身的競爭優勢從事走私和劫掠活動。當然，官府在發現其非法行徑時不會把他們稱為「倭寇」。[16]

這並不意味著各地軍戶採取的策略不存在顯著差異。來自東南沿海地區的史料幾乎毫無例外地將兵役視為避之唯恐不及的苦差，而或許在明代發展水準較低的地區，用兵役換取軍餉則有一定吸引力（儘管軍方不時拖欠軍餉）。在這些地區，應對兵役的策略肯定大不相同。徐斌的研究表明，明清湖北的許多大地主都出身軍戶，他們利用徭役豁免權從沒那麼幸運的其他人手中攫取土地。[17] 和東南沿海地區不同，腹地某些地區的徭役異常沉重，這些地區的軍戶很可能會用徭役豁免權撈取更多利益。

不同的地方微生態環境，給世人提供實現策略目標的不同的工具。這是當地社會演變的產物。閩南地區豐富的寺廟傳統為清初的銅山居民提供了使其地位正規化的機制，但如謝湜的研究表明，湖南南嶺一帶的軍戶似乎沒有考慮採取這個策略。他們缺乏社區寺廟的語言，無法以此將他們發展出來和清代國家打交道的社會網絡表現得更正式，因此他們得為他們的社群認同找尋另一種基礎。和福全人不同，他們似乎也沒有編纂一部共同的族譜。但是，今天他們的後代將過去的《寧溪所志》稱為「共同的族譜」時，確實也暗示當地社群是宗族聯盟。[18]

各地之間最顯著的變異是本書無法解釋的。如果軍事制度的世襲性質意味父系親屬體制將必然是人們處理軍役問題之策略的一部分，同時親屬體制不是文化先天賦予的而是一種政治選擇的話，我們如何解釋宗族團體的發展在各地的變異？既然軍戶散布在全國各地，為什麼公司化的宗族團體只出現在明代的某些地區，而不是其他地區？

以上討論的主要策略之所以得到普遍應用，部分原因在於它們有效。大量功成名就的明代精英出身於這些軍戶最能夠體現他們採取的這些策略的有效性。除了我們在本書讀到的兩個人物葉向高和林希元，出身於軍戶的名人包括嘉靖皇帝內閣首輔大臣夏言（一四八二—一五四八）、著名畫家兼書法家文徵明（一四七〇—一五五九）、偉大的旅行作家黃省曾（一四九〇—一五四〇）以及其他許多人。他們當中沒有任何人因為立下軍功（無論是自己或是祖先）而獲得自己的社會地位。即使在明清鼎革之後，他們的家族依然運用造就這些成功人士的策略；同樣地，即使在明代滅亡之後，這些家族也能夠持續獲得成功。研究清史的學者注意到，即使到了十九世紀，許多地方的社會分級依然反映出明初變化的遺產，而且軍戶的子孫經常躋身有錢有勢的地方精英之列。留在明代體制內顯然有助於為家族長期繁榮發達以及保持較高的社會地位奠定基礎。[19]

軍戶之外的社會其他階層又面對怎樣一種情況？軍戶為了應對替補軍役的義務以及處理這項義務導致的各種後果所採取的基本策略，也普遍出現在整個社會裡。安徽徽州的民籍家族同樣運用輪替、集中和補償等基本策略應對他們所承擔的徭役。劉志偉的研究表明，廣東珠江三角洲的民籍家庭運用了與我所說的「制度套利」類似的日常政治策略。里甲制度是明代朝廷用來管理地方社會的核心工具，而明代家庭註冊成為里甲制度的一部分，與該制度互動，從而取得各種合法利益。[20]即使具體如將多個宗族註冊為一個「戶」，也是民戶和軍戶都會採取的策略。清末安溪（即湖頭所在縣分）兩個最顯赫的家族實際上是之前沒有關聯的群體，在清初以通譜的方式構成，為了在戶籍政策改變之際，可以編入同一個戶籍之內。同樣地，在潮州，不同姓氏的群體改名換姓，以便註冊為一個「戶」。[21]

這些相似點不應該令人意外。無論是軍戶還是民戶，都受命為朝廷提供徭役和物資，而這些義務都由朝廷代理人及其非正式和半正式的代表處理。軍戶和民戶共享類似的文化性或組織性的技能清單，在處理自己與朝廷之間的關係時，都是從中找尋方法。

和民戶比起來，用以監督軍戶的各類官方簿冊更加繁瑣。換句話說，國家令民戶可視化的對策不如軍戶那麼發達。這無疑影響了可供這兩個群體使用的制度套利手段。有限的朝廷能力，加上朝廷允許非正式組織存在，才使百姓有可能制度套利，總體來說在中華帝國晚期大致如此。朝廷承認非正式程序，意味著當非國家的行動者，無論是不是軍戶，發生糾紛時，國家官員可以預期被請來介入這些糾紛，或強制執行他們的協議。這製造出一種承諾，即大家最後都可以請求國家代理人來強制執行之前的協議，無論這個協議當初有沒有在國家機構中登記。這種情況鼓勵大家在各種協議中使用適當的國家語言，因為這麼做會增加這些協議可以被兌現的可能性。

明代朝廷或許不像現代國家一樣深入百姓的生活，但是它進入百姓日常生活的程度仍然足以製造出許多可供利用的機會。和朝廷互動，有可能帶來好處，而不僅只是增加負擔；不只提供反抗的理由，同時提供操縱局勢的機會。和朝廷保持近距離接觸，同樣可能是一把雙刃劍。某人的行動自由，並非和他與朝廷代理人和機構之間的距離成正比。相反地，在明代，接近國家、修練被統治的技藝，也可以非常有用。

關於明史

本書的分析讓現在通行的明史敘述模式變得更複雜。在通行的明史敘述中，市場取代了專制政權的地位，以致到了十七世紀初，明代開國皇帝的願景「已經削減到不過是文字上的記憶」。[22]在這種故事的一般版本中，隨著統治者的鐵腕有所放鬆，社會變得更加自由，是流動的，而不是固定的，是靈活創新的，而不是死氣沉沉的。我在本書主張，研究明史應該採取類似考古學的方法，仔細挖掘明史每個時期的沉澱。在明代，甚至在進入清代以後，國家制度和國家代理人一直建構著百姓平時採取的政治策略。朱元璋或許一直都沒能實現他的願景，但是，該願景卻持續發揮影響。它影響了百姓與朝廷之間的互動，影響了明初國家制度創建時，作為非預期結果產生的社會關係。明代歷史中國家與社會的關係不是簡單的減法的歷史，不是國家消失或退出的歷史。明代國家與社會間關係的變遷，必須要以加法的故事來述說，是新回應與新關係的故事。

這些改變，並不只是百姓被統治的藝術發展下的結果。國家同樣發生了改變。一方面，「為了適應地方情形改造里甲（與其他制度）的努力，常常經由毛細現象調節了」國家政策；另一方面，國家官員也會調整政策，企圖遏制，甚至有時反擊他們遭遇的日常政治策略。[23]這些努力，以及就此而言引導出眾多策略的在地化政策，顯現出視明代國家為停滯與缺乏反應能力的刻板形象是過度誇張了。明代制度確實可能無法結構性地回應改變中的世界。但事實上是所有國家政權都具有不同程度的制度慣性，任何複雜國家的體制，都不可能在短時間內改弦易轍。[24]

非正式管理配合強而有力的制度，可以用相對低廉的成本創造出相對強大的國家能力。但是，即使國家能力日趨下降，整個體制也變得愈來愈難以改變。當地方組織回應這樣的體制所創造出來的誘因結構（incentive structures），它們便成為反對改變，且增加改變成本的既得利益團體。這一切，加上傾向小政府的祖宗法制和思想潮流，意味著明代的制度慣性背後已經有許多決定性因素；無論是自上而下的力量，還是自下而上的力量，都強而有力決定了這樣的走向。

目前的主流觀點是，綜觀整個明代，明代人愈來愈積極地參與市場導向的生產活動，這無疑是正確的。然而，文化的商品化並不會就隨著經濟的商業化而到來。與此相反，文化的商品化可能出現在經濟的商業化之前，並在某些方面形塑經濟的商業化過程。從明代建立伊始，事物包括社會和政治關係，可以被買賣的概念已經開始成為日常政治文化中的一部分。明末的經濟增長和社會變化使社會精英焦慮不堪，即卜正民書名「縱樂的困惑」（the confusions of pleasure）所指的現象。明末新出現的社會流動性，促使這些精英捍衛自身群體的界限，同時哀歎世風日下、人心不古。但是，如果我們將之視為現代早期與現代社會一種普遍緊張關係的明代版本，即國家與市場的形式化運作與社群道德準則間的緊張，則又太過於簡化。明代國家的法制本身就是一種道德標準，透過建立在一套關於不同社會範疇及其對應的適當行為間的假定上，並將之立為法律。[25]社會行動者意識到這些準則。一方面，他們對遵守這些戒律過日子大體沒有多大興趣，但另方面，當這些準則符合自己需要時，他們又聲稱忠於這些準則，有時候迴避，有時候操作它們。這些策略演變反映出來的明代政治遠遠複雜得多，而不僅只是後市場化的精神道德風氣取代了前市場化的精神道德風氣。

我們得出的結論，還將影響「從國家到市場」敘事模式的另一個元素，即人的流動性。根據主流敘事模式，明初社會大體上是靜態的，百姓大多安土重遷。然而，到了明末，因應市場力量的世人開始遷徙。實際上，明初社會有大量的人口移動。[26]被調往新駐地的正軍只不過構成一部分流動人口。明代人的流動性確實發生了根本變化，但那不是從「固定」到「流動」的絕對變化。這種變化是流動性質的變化，從受管制的流動到不受管制的流動，從國家強制的流動到個人自主流動。受到資料的限制，對這類變化的量化估計是不可能的。但是，我們可以說，明末由人口流動所構成的問題和明初的不一樣。

中外歷史中的國家

我一開始講述了明代中國東南地區幾個家庭的故事，然後採取更加宏觀的視角，提出關於明史的一些觀點；現在，我想對中國歷史上的國家、早期現代國家，以及作為整體的國家研究提出一些更有野心的看法，並且暫時偏離主題，針對當代中國展開一些討論。本書試圖解釋所謂「從制度中牟利」，亦即「日常政治」，在某個特定脈絡下的含義。我在本書得出的結論，能否揭示處於不同脈絡中的百姓從制度牟利的途徑？

明初制度可以被視為針對中國政治史中長期存在的張力的一種解決方案，包括統制經濟與自由經濟之間的張力、中央權威與地方自主之間的張力，或者宋初建構中央化國家的方針與理學對此之反應間的張力。在中國帝國統治的最後幾個世紀，大部分時間後者的力量更為強大，但是也沒有出現從直接控制到非正式管理和地方自主的線性發展。國家直接介入與非正式管理之間的張力並不是一場全有全無的競爭。[27]事實上，朱元璋有意創造一套兼具這兩種元素的制度。儘管明王朝聲稱自己代表了中國傳統的回歸，它其實吸收了元朝時期來自大草原的許多加強控制的手段，同時回歸地方自主和非正式統治。因此，明王朝剛建立時既是一個實行干涉主義政策、企圖透過新管道滲入其臣民生活的政權，又是一個實行放任自由政策、提供不少空間讓百姓協商並擬訂承擔義務最佳方案的政權。部分學者提出，明代「過早地實現了現代化」，因為它具有關於國家能力的現代願景，卻缺乏實現這個願景的技術能力。[28]但是，明代政治家在設計政治制度時，不可能預見到傳真機的發明。和所有的國家政權一樣，明代中國在目標和已有的技術之間尋求平衡。

這個平衡點可能隨著時間的推移而有所移動，但是無論是明代還是清代的統治者，都一直採用二元的方針。官方不時試著（有時是在地方層級）採用正式的管理手段加強對社會的直接控制，而不是以非正式的管理手段間接地控制地方社會。但是，這些努力未能長期貫徹下去。部分原因是意識型態方面的考量，另一部分原因則是因為如果官府要直接控制社會，就必然要承擔更高的成本。從某些方面來看，國家控制機制從非正式到正式的轉向，即使在現在的中國仍然持續進行中。大家普遍認為，現代轉型即國家滲入社會、建立起齊一式控制的線性過程。然而，我們不應該讓主流觀點蒙蔽我們看到歷史發展的其他可能性。

當然，百姓用以應對這些情況的策略都有先例可循。但是，它們的進一步發展和完善，及其適用性和運用範圍的拓展，則是時代限定的。這些都是明代的現象，這引發我們去討論，在向現代過渡之前的幾個世紀，其他地方是否也出現過類似的模式？明代國家權力的布局以及與社會行動者交涉的規律，是否也出現在其他的帝國？換句話說，我們是否應該把明帝國視為一個早期現代帝國，並對其日常政治與其他早期現代帝國的日常政治進行有意義的比較？[29]

儘管傑克．戈德斯通（Jack Goldstone）曾經告誡我們，「早期現代」這個名詞本身可能沒多少實際意義，然而近年來宋代至清代的許多學術研究將中國與同時代的其他社會仔細比較並獲益良多。[30]若只將「早期現代」定義為與「在普世現代性中達成的一種預設的普世發展模式」相關聯，或者將現代性的主要特徵視為本土發展過程合乎邏輯的必然結果，這類比較將沒有益處。我們真正應該做的，是探討在「鑄造現代世界骨架的熔爐」時期，也就是形塑現代轉型的各個先決條件成立的這段期間，不同社會的相似與不同之處。[31]到了二十世紀，一種被標誌為「現代性」的狀態成了所有國家的追求。實現這種狀態的正確方法，即現代化道路，在不同地區有著不同的定義，並且踏上這條道路的方法和節奏也有所不同。在這個過程中，社會中的許多元素逐漸被視為實行現代化的障礙或資源。當我們嘗試比較早期現代社會時，這些元素應該是我們所要研究的一部分。

不像對經濟表現或政治結構的研究，對日常政治的研究尚未達到可以進行廣泛比較的階段。[32]我在這裡只希望描繪出未來比較研究可採取的思路。在明帝國及其繼承者清帝國統治中國的幾個世紀裡，追求對其龐大的政體和廣袤的疆域加強集權統治，是許多國家與帝國的共同特徵。這不僅僅是加強控制的問題，更是讓統治更齊一化的問題。理論上，在一個現代國家版圖內，國家控制的程度是一致的。大家或許會假定，在前現代國家裡，國家控制的程度與中央的距離是成反比的。但是，實際上遠離中央的地區恰恰是軍事防衛最重要、最需要國家存在的地方。或許距離與國家控制之間的關係在邊疆地區成正比，而在腹地成反比。但是，即使如此修正，也無法完全反映出前現代國家的複雜性。前現代國家對社會的滲透在不同議題中也不是齊一的，從統治者或官僚階層視角看起來特別重要的議題，干預與滲透的程度也更深（用麥可．曼〔Michael Mann〕的說法是「更大的基礎建制權力〔infrastructural power〕」）。[33]*國家滲透程度的差異，也許可以被視為早期現代國家的共同特徵，或者，更準確地說，只有在早期現代國家，這種差異才開始成為問題。

在只有部分可視性且資源有限的情況下，早期現代國家要處理中央集權所帶來的挑戰時，依賴非正式或半正式體制作為統治工具是一種共同的方法。在十七世紀的法國，主要的直接稅，即封建時代君主及領主徵收的租稅，由不同教區分攤，由每個教區的居民自己分配和徵收賦稅，這就是前面提到的「非正式體制」。詹姆斯．科林斯（James Collins）將這項制度形容為「針對早期現代國家現實的、非常理性的適應方式」。卡倫．巴基（Karen Barkey）將鄂圖曼帝國形容為某種「協商的事業組織」（negotiated enterprise），因為國家政權為了確保政體的穩定性，自願向

＊審訂者注：麥可．曼將國家權力分為兩種：專制權力（despotic power）與基礎建制權力，而基礎建制權力指的是國家透過組織建構與各種政策滲透進社會的力量。

地方行動者出讓一部分主權。中央與地方行動者協商十分常見的副產物，是地方行動者與中央權力的關聯可以在他們自己的奮鬥中變成一種政治資源。法哈特．哈桑（Farhat Hasan）在寫到十七世紀西部蒙兀兒帝國時指出：「社會行動者挪用帝國主權來迎合他們的目的，在地方為了獲得象徵性或物質性資源的衝突中，愈來愈常把帝國主權帶進來。」[34]

濮德培（Peter Perdue）注意到，歷代中國政權在邊疆地區進行相似模式的協商，而魯大維也觀察到，明代國家與暴徒之間的協商不僅發生在邊緣地區，還發生在中央。我在本書表明，這類協商不只發生在明代社會的邊緣，實際上也普遍發生於普通百姓中。[35]當然，明代中國國家與地方精英或其他地方勢力之間的遷就或其他形式的協商並非全新的現象。但是，明代國家對於非正式組織和協商的依賴、對於集權化統治的新追求，加上國家掌握其統治對象的能力有所局限，這一切在當時許多政體中創造出許多新機會，讓百姓進行所謂的「制度套利」。由於百姓能夠利用國家的存在套利、以他們與國家的關係做槓桿，與國家代理人之間的互動便有可能帶來好處，而不僅是避之唯恐不及。因此，早期現代國家一個共同的特徵可能是，它們都製造出制度套利的新可能，從而催生出與國家及其代理人互動的新模式和方法。早期現代國家的統治方式是否製造出一種時刻，讓走近國家、讓國家看到、如國家一樣說話，可以用在個人的利益上，而產生一種日常政治的新模式？

無論在前現代社會還是現代社會，普通百姓的日常政治都可能帶來遠遠超出其社群的影響。柯克夫烈在他研究日常政治的經典之作中表明，越南農民透過其日常政治，最終迫使中央政府改弦易轍，改變之前對集體農業的政策。[36]在明代，來自軍戶的士兵人數減少以及戰鬥能力下降，加上東北地區出現新的威脅，迫使國家制訂出新的方案，面對動員人力從事軍役的普遍挑戰。明帝國主要的應對方針是用雇傭兵填補軍隊缺額，由此其造成的財政危機是明王朝滅亡的重要原因之一。由此可見，這裡討論的日常家庭策略可以很容易地聯繫到大規模政治事件。儘管這不是我在本書中關注的主要問題。

本書主要還是集中在日常政治本身，探討普通百姓如何應對同國家打交道的挑戰。既然日常政治普遍存在於所有人類社會，任何一個過去或現在的政體，其特定模式的制度套利，都應該是全面分析此政體時必須顧及的部分。制度套利研究的一般取向，必然包括四個必要的元素：一、體制本身，也就是制度史傳統的研究對象；二、制度套利的空間，也就是監管制度與社會現實之間的縫隙，以及監管制度不同部分互相重疊的管轄範圍，這些讓套利有可能發生；三、文化性和組織性的資源，這些資源讓擁有它們的百姓瞭解並回應自身的處境；以及四、他們以這些資源為基礎，用來優化其政治處境的策略。這四個要素隨著時間的互動，創造出不同社會的日常政治。

聚焦在個人和團體策略、與國家代理人的具體接觸，以及調和兩者之非正式組織的發展，制度套利可以超脫於單一國家和單一社會的過度簡化的分析。既然所有國家都必須面對徵募士兵的挑戰，與軍役相關的制度套利，便成了相當理想的比較研究領域。

關於中國國家歷史的大部分研究成果著重探討國家能力的問題。但是，想要全面分析任何一個國家，就不能只是探討其有效性，同時還必須考慮其效應。提摩西·米契爾（Timothy

Mitchell）就發明了「國家效應」（state effect）一詞，描述現代國家的運作過程如何造成「世界的表象根本上分成國家與社會兩部分」。[37]米契爾主張，如果不存在這些現代國家的運作過程，從根本上區分國家和社會幾乎沒有意義。但是，這不意味著如人力動員與資源掠取等讓前現代國家執行其核心功能的作為，並沒有該功能之外的後果。這些運作過程產生出某種前現代的「國家效應」。易言之，他們引發一些行為，這些行為如果沒有國家的話並沒有意義。按照常理推測，無論百姓是否處在國家統治下，都會發展各種策略，讓其處境的利益最大化。日常政治的特定表現與合法性的特定模式，它們的產生都需要仰仗國家的存在，讓它們得以運作。我們也許可將此稱為「前現代國家效應」。

當代的迴響／影響：重遊平海

我們今天依然在中國聽到的一句老話「陽奉陰違」，很好地概括了本書所討論策略的精髓。碰巧的是，這句老話的早期出處之一是明末一篇關於徭役的奏疏，儘管今天使用這句話的人大多不知道這一點。[38]當代中國「陽奉陰違」的事例多不勝數。許多在改革開放初期發家的中國暴發戶都從事制度套利，他們在計劃經濟體制下購買各種東西，又在市場經濟體制下以更高的價格出售這些東西（這裡所指的是狹義的、在當代帶有負面色彩的「制度套利」）。明代福全所的蔣繼實與他同夥的水師軍官在一九八〇到九〇年代的中國海軍會感覺回到家一樣，在那裡走私及與走私者合謀相當盛行。[39]

我在上文的三點觀察當中，包括關於契約、非正式組織以及國家語言的使用，至少第三點似乎在某種程度上適用於當今中國社會。我和中國人談起這個課題時，他們往往最關注這一點。在毛澤東時代，百姓依然有意利用國家語言包裝他們的政治訴求；時至今日，他們仍這麼做。[40]舉例來說，在中國某些地區，我們不難發現近年來重修的一些地方廟宇同時充作「老人娛樂中心」和「民俗研究所」。高丙中解釋，當百姓重修法律地位模糊的寺廟時，他們同時會故意創造出一個地位明確合法的社會組織。他把這個現象稱為「雙名制」。籌建寺廟的人利用某個監管制度（如負責管理老人活動或民俗研究的機構）來確保另一種活動（如民間宗教）可以得到授權。魏樂博（Robert Weller）進一步闡發了這個觀點，提出「盲眼治理模式」（blind-eyed governance）的概念：有些社會型態和行動嚴格來說是違法的，但政府依然容忍它們的存在。一言以蔽之，就是對這一切採取睜一隻眼閉一隻眼的態度。他主張，官員對處於法律灰色地帶的行為視而不見，實際上是當代中國政治的一項基本原則。[41]但是，它也是明代官府依賴非正式管理手段在當代的寫照。

古今中國社會在語言實踐上的另一個相似之處，在於當代抗議的手段。裴宜理（Elizabeth Perry）批評了「當代抗議行動反映出公共論述正處於萌芽狀態的權利意識」的觀點，主張所謂的「權利意識」實際上是「規則意識」。抗議者清楚瞭解「照著規則玩的重要性……採用國家語言來表明個人的抗議行動並沒有質疑中央政府統治的合法性」。[42]促使高丙中、魏樂博和裴宜理提出他們理論方面的見解的那些爭議課題，如家庭教會、環境保護等等，在中國帝國晚期的社會中並沒有明顯的對應物。但看到地方社群為了自身利益而進入、操縱並扭曲國家體制，不難想到古今國家與社會關係的日常政治可以有很有趣的對應。裴宜理寫到中國的抗議者只是「鸚鵡學舌般」重複國家的語言，就如許多其他地區的抗議者一樣。但是，我們也可以將語言的創意運用視為在地組織與中國國家共處之長久歷史中的一部分。花太多時間討論這些相似性沒有多少意義；「照著制度玩」並非中國獨有的現象。但是，考慮到帝國晚期普通百姓爭取並追求自身利益的方法，以及他們在沒有訴諸法律權益的情況下提出訴求的方式，仍影響當代中國的政治爭鬥，這些政治模式就不是某種永恆不變的文化下產生的原始遺存，而是他們長期與新舊國家政權互動之悠久歷史的產物。

至於明代日常策略與當代日常策略之間是否存在連續性，這是我無法給出肯定答案的問題。但是，毫無疑問，前者對社會制度和社會關係影響久遠。軍戶利用的策略所造成的影響並沒有隨著明王朝滅亡而消失，而這些影響的證據也不僅僅見於圖書館和檔案館。我們依然可以在中國農村地區看到它們留下的遺跡。

明代軍事制度將個人和家庭移到別處，迫使一些人離開他們所熟悉的社會環境，再把他們放到新的社會環境裡。這轉而激發他們建立新的社會關係和新社群的努力；「解域化」催生了「再域化」。沒有擔任正軍的軍戶成員努力和擔任正軍的宗親保持聯繫，有時這種關係跨越千里之遙並維持好幾代人。士兵們一旦定居在衛所或軍屯，他們就加入或組織利益群體，且透過婚姻習俗、寺廟網絡、參加科舉制度以及主持其他活動，最終與其他士兵或原本的居民產生身分認同。因此，明代中國百姓的流動導致有些社群被拆散，又把許多之前相互隔絕的空間聯繫起來，同時使已有的社群經歷蛻變，並催生出許多新的社群。國家的干涉行動以及受其影響的人的反應，在社會空間的構築上引起轉變。即使在引起這些變化的制度早就被廢除之後，這些轉變依然持續，有些甚至延續到今天。透過把這些遺緒聯繫到導引它們出現的現象，可以看到帝制時代晚期塑造地方社會的這些過程。跟隨宮廟遶境路線或搜集宗族結盟歷史的證據，不只有助於我們瞭解遙遠年代的日常政治，還能夠將過去和當代的中國社會聯繫起來。

歷史學家為歷史中處於主宰霸權結構之外的人發聲時所受到的挑戰，有時以「底層人民能否發聲」的問題概括。[43]既然「底層」（subaltern）這個詞最初指的是下級軍官，對本書的研究對象提出這個問題豈不是再好不過？明代的底層／下級軍官能否發聲？本書利用的族譜、碑刻和其他家庭文書，可說是一種非常分散的檔案，這種檔案提供了非常豐富但低度利用的資源，讓學者可以研究中國農村的社會史。這些史料使我們有可能追溯普通百姓數個世紀以前的歷史。當然，我們透過文本聆聽族譜和其他史料中明代底層人民的聲音，並非沒有經過中介。除此之外，我們還能透過另一個方法聆聽明代底層人民的聲音。我在本書描述的遊神遶境在今天都是大張旗鼓、聲勢浩大的慶祝活動，隊伍裡往往有身穿旗袍的婦女、「炮車」和霓虹燈。但是喧囂之下有低語，在遊行隊伍往這邊而不是那邊轉彎之時，在甲村的婦女帶來供品而乙村的婦女沒有這麼做之時——如此安靜以至於容易被錯過。這都是明代士兵傳遞給我們的真切訊息。我們唯有透過地方史研究，才能接觸這些材料，建立這座檔案庫，讓我們有可能講述這個故事。我們必須到訪這些即使正在經歷劇變，卻依然執行這些儀式的社群，閱讀社群成員歷盡艱辛保留下來的材料，並聆聽本書提到的明代百姓的子孫講述的祖輩故事。

在平海，城隍再次開始一年一度的遊神遶境，如同幾百年來做的那樣。震耳欲聾的炮聲，令村民的耳朵嗡嗡作響；鞭炮的濃濃煙火，令村民眼睛流淚。遶境行經的道路已經被打掃乾淨，以保證儀式的純潔；現在則滴上了乩童的點點鮮血，他們刺傷和割傷自己，以顯示自己完全感覺不到疼痛。村裡的孩童四處亂竄，希望先睹為快；老奶奶們把他們拉到一邊，不要讓他們受到鬼神的邪氣影響。當村中壯丁抬著城隍以及象徵其權威的各種符號時，他們喚回了六百多年前城隍還沒成神之前，創建這座城鎮的情景。他們紀念並展示自己作為平海居民的身分認同以及他們有別於其他周遭村莊的獨特性。籌辦方很清楚，自己應該把遊神遶境稱為「非物質文化遺產」或「民間文化」，否則可能會被官方貼上「封建迷信」的標籤。無論是遊神會的籌辦方還是參與者，都微妙地紀念並展示著日常政治的一種特定型態，一種他們與中國過去、現在，可能還包括未來的普通民眾共有的「被統治的藝術」。

致謝

如果我作為歷史學家有哪句個人座右銘的話，那將會是偉大的中國歷史學家傅衣凌先生（一九一一－一九八八）對其學生的叮囑：我們的學問不能只在圖書館做。採取傅先生主張的研究方法的歷史學家不可避免地要背負許多人情債。我欠的最大人情，來自那些幫助我學習中國歷史的中國人民，其中有農民、工人、村委書記、縣幹部、宗族長老和乩童。我時常會想，若有一名陌生人登門拜訪，希望詢問並討論我祖先的故事，或一睹我家的私密文書，我將如何回應？中國農村數以百計的人總是熱心而禮貌地回應這樣的請求，以熱茶和柑橘盛情款待來訪者。他們帶著我走街串巷，讓我得見塵封已久的族譜，甚至在我拍攝時替我翻頁。對他們，我不勝感激。

同樣令我心存感激的，是陪我赴農村調研、耐心地與我分享他們關於地方歷史知識的各位同仁。他們當中包括許多廈門大學的學者：高志峰、黃向春、林昌丈、劉永華、饒偉新、張侃、鄭莉和鄭振滿；其他的同仁包括陳春聲、程美寶、丁毓玲、劉志偉、王連茂、楊培娜、于志嘉和趙世瑜。

許多朋友和同仁讀過本書的部分或整分書稿，並給予寶貴的修改意見，包括包弼德（Peter

Bol）、山姆·克拉克（Sam Clark）、溫奈良（Nara Dillon）、歐立德（Mark Elliott）、弗雷德·格蘭特（Fred Grant）、孟慧蘭（Francine Mckenzie）和許臨君（Eric Schluessel）（如果漏掉了哪位同仁，在此提前致歉）。陳松、戴史翠（Maura Dykstra）、費絲言（Siyen Fei）、馮坦風（Devin Fitzgerald）、韓德林（Joanna Handlin-Smith）、大衛·豪厄爾（David Howell）、柯麗莎（Elisabeth Koll）、魏樂博（Robert Weller）和趙世瑜參與了由費正清中國研究中心（我當時還沒有成為該研究中心的主任）出資贊助的書稿工作坊並提供許多詳細的意見，令我獲益匪淺。在此，我還希望特別致謝兩位明史研究的同仁：魯大維（David Robinson）和施珊珊（Sarah Schneewind）。他們在百忙之中抽出寶貴的時間，仔細閱讀了整份書稿。

費正清中國研究中心的工作人員熱心地提供幫助，為我完成本書提供了一個非常理想的環境。傑夫·布洛瑟姆（Jeff Blossom）準備了本書大多數繪製精細的地圖。我的老朋友江柏煒非常熱心地分享了自己收藏的部分繪製精細的建築圖紙；我稍微調整了那些建築圖紙，以反映衛所的布局。王唯楚和王迪安和我合作進行了一些關鍵的研究。盧正恆找到並抄錄的一部族譜，對我提出的部分觀點非常重要。蔣楠和李仁淵亦慷慨地分享了彌足珍貴的史料。

或許我並不只是在圖書館裡做研究，但是能夠在從事中國研究最好的圖書館之一——哈佛燕京圖書館——做研究，實在是我莫大的榮幸。哈佛燕京圖書館雄厚的資源並不限於圖書，還包括該館的工作人員。尤其是馬小鶴和山田久仁子，幫助我找到了一些珍貴的著作，讓我得以順利完成這個研究計畫。

我十分感謝蔣經國基金會支持本書的早期研究階段，蓋傑民基金會（the James P. Geiss Foundation）和哈佛大學歷史學系慷慨資助本書的出版。我與普林斯頓大學出版社的合作十分愉快。我要感謝布麗吉塔·范萊茵貝格（Brigitta van Rheinberg）和她一流的團隊，包括阿曼達·皮里（Amanda Peery）、布里塔妮·米茨卡—富斯（Brittany Micka-Foos）和黛比·特加登（Debbie Tegarden）。布魯斯·廷德爾（Bruce Tindall）準備了本書的索引。

我曾於一些機構分享了本書的部分內容，包括：廈門大學、臺灣大學、中央研究院、喬治城大學、賓州大學、新加坡國立大學、哥倫比亞大學、廣東財經大學、香港中文大學、哈佛大學、多倫多大學、俄亥俄州立大學以及香港教育大學。我要感謝這些機構主辦方的邀請，以及現場觀眾極具啟發性的討論。

謹將此書獻給我的三位老師：卜正民教授，是他帶我推開中國歷史研究的大門；科大衛教授，是他教導我，若想研究中國歷史，就應該到中國去；鄭振滿教授，是他指引我，若想理解中國社會，就應該到農村去。正是在他們的諄諄教導下，我成了一名歷史學家。他們數十年來的支持與鼓勵，讓我沒齒難忘。

對於孟慧蘭、宋博潁和孟愷琳，我懷著另一種感激，那是一份更加深沉而雋永的心意。

26 曹樹基，《中國移民史》，卷5（明時期）。

27 Lee, *Negotiated Power,* 264.

28 中國文明早熟論可以追溯到內藤湖南的學術研究，但是我們也可以在許多近年來出版的著作中看到類似的觀點（即使沒有使用同樣的說法）。

29 想瞭解為什麼嚴格區分「國家」與「帝國」在中國的例子上不太能夠成立，參見Ebrey, "China as a Contrasting Case," 31-37。

30 Goldstone, "The Problem of the 'Early Modern' World," 249,261.

31 Von Glahn, "Imagining Pre-Modern China," 49.

32 例 如Pomeranz, *The Great Divergence*; Rosenthal and Wong, *Before and Beyond Divergence*。

33 Mann, "The Autonomous Power of the State," 189.

34 Collins, *The State in Early Modern France*, 20; Barkey, *Empire of Difference*, x; Hasan, *State and Locality,* 127.

35 Perdue, *China Marches West*, 558; Robinson, *Bandits*, *Eunuchs and the Son of Heaven*, 167. Susan Mann進一步發揮了韋伯提出的「儀式化治理」觀點，描述清代朝廷如何將部分國家權力交給當地商人和文人精英。Mann, *Local Merchants and the Chinese Bureaucracy, 1750-1900*, 12-18.

36 Kerkvliet, "Everyday Politics in Peasant Societies."

37 Mitchell, "The Limits of the State," 95.

38 范景文（1587-1644），〈革大戶行召募疏〉，《文忠集》，卷2，頁15b。

39 Goodman, "Corruption in the PLA"; Muscolino, "Underground at Sea."

40 在此舉一個例子：林培瑞提出，毛時代投機取巧的人往往「借助官方的語言……爭取獲得某種地位，借此漁利或取得某種特權」。Link, *An Anatomy of Chinese,* 260.

41 高丙中，《一座博物館：廟宇建築的民族志》；Weller, "The Politics of Ritual Disguise"; "Responsive Authoritarianism and Blind-Eyed Governance in China"。

42 Perry, "Popular Protest: Playing by the Rules," 23.

43 Spivak, "Can the Subaltern Speak?"; Hershatter, "The Subaltern Talks Back."

Dragon," 163）。想瞭解來自另一個角度的挑戰，可參見Faure, "The Emperor in the Village"。

10 Cohen, "Commodity Creation in Late Imperial China," 323. 想瞭解反映中華帝國晚期高度商品化的其他例子，可參見Goossaert, "A Question of Control"；以及Sommer, *Polyandry and Wife Selling in Qing Dynasty China*。

11 Parsons, *The Peasant Rebellions of the Late Ming Dynasty*; Perdue, *China Marches West*, 559.

12 Hansen, *Negotiating Daily Life in Traditional China*.

13 在大多數的討論圍繞著國家強制執行協議的問題中，康豹（Paul R. Katz）提出由鬼神強制執行的一面而引起注意。參見Katz, *Divine Justice*。

14 參見Oi and Walder, "Property Rights in the Chinese Economy," 3-4的討論。

15 舉例來說，于志嘉的〈明代軍戶中的家人、義男〉提到來自中國各地許多明顯屬於替代策略的事例。

16 Agnew, "Migrants and Mutineers"; Robinson, *Bandits, Eunuchs and the Son of Heaven*, 58, 94-95.

17 徐斌，《明清鄂東宗族與地方社會》。

18 謝湜，〈以屯易民〉。

19 Rowe, *Hankow*, 80; Perdue, *Exhausting the Earth*, 170,173; Dennerline, *The Chia-Ting Loyalists*, 177,181-182; Beattie, *Land and Lineage in China,* 26-27.

20 劉道勝，《明清徽州宗族文書研究》，頁243-270；劉志偉，《在國家與社會之間》，頁9。

21 鄭振滿，《明清福建家族組織與社會變遷》，頁191；陳春聲、肖文評，〈聚落形態與社會轉型〉，頁55-68。

22 Brook, *The Confusions of Pleasure*, 9.

23 Brook, *The Chinese State in Ming Society*, 176.

24 最近出版的明代各種章程和先例讓學者們認識到當朝皇帝明確認可的先例實際上就是某種形式的憲政改革；朝廷的公告和介入行動是具有憲法修正案效果的律令。這些材料幾乎肯定會改變我們對明代法律和統治方式的瞭解。

25 Farmer, *Zhu Yuanzhang*, 106.

地體現了這個原則（張樂翔提出一個有趣的觀點：如果延伸這個原則，就會發現在捐官制度下，家庭在獲得官職之前多年就向國家捐納錢物，這筆「沉默成本」進一步將精英與國家政權捆綁在一起。Zhang, "Power for a Price," 269-270.）然而，隨著我們對「精英階層」包含那些群體的理解擴大，我們在界定「精英階層的利益」的時候也應該採取更寬泛的定義。新建立的王朝繼續保留（以爭取精英階層的支持）的特權就包括稅務特權。實行稅務特權的最著名的案例是康熙初年（一六六〇年代）的江南「奏銷案」。漳浦賦稅改革將同樣主題帶到最地方的層級。就連一般民戶都對賦稅改革提出抗議，認為改革損害地方利益。清政權之所以在賦稅制度上採取蕭規曹隨的方針，部分原因在於新建立的國家政權無法得罪從中受益的精英階層。

結論

1 Philip Huang, "Centralized Minimalism," 24-25.

2 Ruskola, "Conceptualizing Corporations and Kinship," 1619-1676. 想瞭解此前的相關討論，可參見Steven Sangren, "Traditional Chinese Corporations"。

3 Szonyi, *Practicing Kinship*, ch.3.

4 Scott, *The Art of Not Being Governed,* xi. 歐愛玲（Ellen Oxfeld）對政治因素如何塑造海外華人家庭的親屬關係提出有趣的討論。Oxfeld, *Blood, Sweat and Mahjong*, 9.

5 Borges, "On Exactitude in Science," 325.

6 Philip Huang, "Between Informal Mediation and Formal Adjudication," 265-267. 歐中坦（Jonathan Ocko）寫道：「通過將一套規則或一個契約『立案』、在官府留下紀錄，並沒有頒發許可證或正式承認這個群體，卻承認契約的條文將作為往後裁決雙方糾紛的根據。」Ocko, "The Missing Metaphor," 193.

7 Greif, *Institutions and the Path to the Modern Economy,* ch.4.

8 Duara, *The Crisis of Global Modernity*, 171.

9 因此，我認為華琛（James L. Watson）提出「傳統社會針對皇權國家的主要象徵性目標是與它保持一定距離」的觀點有失偏頗（"Waking the

14 Szonyi, *Practicing Kinship*, ch.3.

15 〈饒平縣正堂周為城居例免力役〉（雍正八年），大城所城隍廟碑刻。

16 這部分主要參考楊培娜，《濱海生計與王朝秩序》，頁234及其後。

17 〈銅山所志舊序〉，《銅山志》重印版（乾隆十六年），頁311。

18 劉永華、鄭榕，〈清初中國東南地區的糧戶歸宗改革〉，頁81-87。

19 鄭振滿，《明清家族組織》，頁242-257。

20 〈合戶始末〉，《漳州府志》（光緒三年），卷14，頁20a。

21 實行改革的縣分的縣志裡，相關的記載非常簡略（有時甚至十分隱晦），導致我們很難理清事件的先後順序。後人認為由陳汝咸實行的某些改革措施實際上可能是他的前任實施的。

22 〈合戶始末〉，《漳州府志》（光緒三年），卷14，頁19及其後。

23 《漳浦縣志》（光緒十一年），頁214。

24 《晉江縣志》，卷21，頁1b。

25 〈族譜引〉，《永春湯氏族譜》。

26 〈丁糧沿革雜記〉，《南嶼陳氏族譜》，頁13b。

27 隨著十八世紀初衛城被撤銷，這一切也將發生改變。

28 〈公立關永茂碑記〉（康熙五十二年），東山關帝廟碑刻。

29 〈丁糧沿革雜記〉，《南嶼陳氏族譜》，頁13b-14a。

30 〈公立關永茂碑記〉（康熙五十二年），東山關帝廟碑刻。

31 根據鄭振滿對家族組織的分類，這屬於合同式宗族。這個時期合同式宗族在福建各地愈來愈普遍。鄭振滿，《明清福建家族組織與社會變遷》，頁103及其後。

32 于志嘉最近的文章重新省察了銅山軍戶的案例，並且提出一些新見解，見于志嘉，〈「以屯易民」再議：從藍山縣寧溪所軍戶談起〉。

33 〈康熙五十三年七月日約字底重新〉（康熙五十三年），《福全全氏宗譜》。

34 〈花戶冊〉，陳盛韶，《問俗錄》，頁93。詔安的前軍戶家族在關世賢名下入籍，為銅山居民帶來啟發。

35 Scott, *Seeing like a State*, 2.

36 中國歷史上的每個新王朝都必須保障舊時代精英的利益、爭取其支持，否則根本生存不下去。歷代王朝都維持作為招聘機制的科舉制度，最明顯

第七章　明代軍事制度的遺產

1　平海周德興遊神遶境期間，也有人提出類似的觀點。陰陽大師是遊神遶境的隨行神明，被認為能夠左右世人命運的鬼魂。即使到了今天，每當陰陽大師經過時，老婦都會遮擋她們的孫子，使他們免受侵害。

2　顧誠，〈衛所制度在清代的變革〉。

3　其中有些例外：利用世代當兵的士兵解決沿著大運河運輸稅糧的問題似乎是一個很好的辦法。因此，清政權保留了承擔這項任務的衛所。于志嘉，《衛所、軍戶與軍役》；趙世瑜，〈「不清不明」與「無明不清」〉。

4　其中一部族譜是《吳江鄭氏族譜》。感謝盧正恆在臺灣替我找到並抄錄這部族譜。

5　〈建制沿革修理志〉（康熙三年），《南嶼陳氏族譜》，頁9a。

6　相傳梅花林家捕魚的族人在康熙四年（1665）前往附近的馬祖島躲避風雨。這不禁讓人懷疑這是他們移居外海、逃避遷海的嘗試。〈梅花「調羹境」——林位宮〉，《梅江林氏族譜》，頁80。

7　〈光緒三年歲次丁丑春新撰全中譜序〉，《福全全氏宗譜》。

8　〈重修祖墳記〉，《南嶼陳氏族譜》，頁11a。

9　例如，《龍溪縣志》，卷5，頁4a；《邵武縣志》，卷10，頁3a。

10　〈祖屯〉，《安溪胡氏族譜》，頁1418-1420。

11　〈田氏始祖〉，《蕭山田氏宗譜》，頁6b。

12　同上，頁1a-5a。

13　同上，頁1a-5a。即使沒有經歷改朝換代，某些家族還是改變了族產的用途。如我們在第一章所見，湖頭感化里的名門望族李家（即李光地的家族）的大多數家庭都是民戶。明代初年，李家的其中一個支系因犯罪而被沒入軍籍。後來這個支系劃出一部分族產，部分族產的收入將歸遙遠西南地區的正軍所得。到了萬曆後期，這個支系其他族人開始發達起來。李懋檜（天啟元年逝世）看到身為「軍戶」的李家宗親，心生憐憫，便通過關係將他們調到附近的泉州。既然李家的那個支系不再需要如此龐大的地產，李懋檜就改變了地產的用途。李家正軍將繼續獲得地產百分之十五的收入。其餘的地產用作祭祀祖先，後來李家將地產收入充作修建宗祠的經費。〈太常公〉，《清溪李氏家譜》，卷3，頁42a-45a。

到這些供奉北帝的當地民間宗教信仰「保證了該地區對朝廷的忠心，鞏固了該地區對中央的認同」。Liu Zhiwei, "Beyond the Imperial Metaphor," 15.

32 莊際昌，〈清溪來蘇里侯山真武廟記〉（天啟元年），侯山廟碑刻。

33 這則故事的其中一個版本出現在《和諧城鄉遊》，頁365。

34 《什事咒等等破胎收雲科》。我十分感激高志峰與我分享這一文本，以及多年來為我在湖頭的田野調查提供許多幫助。道教的版本和我的解讀不盡相符，因為它暗示真武大帝並不是軍屯士兵引入侯山的，而是來自西溪對岸的湖頭關帝廟。但是，那間廟從未供奉過真武大帝。

35 修葺神祠期間，他們在廟裡其中一尊神像的「腹中」找到一張紙。這裡指的是在神像開光時，在背後的小孔裡塞入符紙的做法。關於這種做法，參見Robson, "Hidden in Plain View: Concealed Contents, Secluded Statues, and Revealed Religion," 183-185。林家的第四世孫為此神像制訂祭儀，由林氏子孫崇奉。〈林廷斌傳記〉，載於《清溪竹山林氏族譜》，卷3，頁4-5。

36 或許是出於對父親的敬意，李鍾旺的兒子們決定將父親錯誤百出的文章和之後修改的版本同時刻在石碑上，而不是簡單地更改錯誤。〈侯山廟碑〉（乾隆十三年）。這篇碑文也見於侯山胡氏族譜。

37 屬於這兩個群體的不同村莊也會輪流主持遊神遶境。籌辦委員會於2004年將一份破爛、手寫的公告貼在侯山廟牆上，寫明接下來八年負責主持遊神會的村莊：2004年上田（包括上仕、橋頭）；2005年美阪；2006年登賢；2007年竹山；2008年許前、外埔；2009年郭阪、雲林；2010年產賢；2011年東埔（即郭埔）。另一份寫明2009年遶境開支明細的公告進一步確認遊神的費用主要由這些村莊承擔。

38 Hymes, *Way and Byway,* 4.

39 《泉州府志》，卷7，頁17b。

40 〈族譜引〉，《永春湯氏族譜》。這起事件還見於《永春縣志》，頁125；《泉州府志》，卷7，頁17b-18a。

41 《永春縣志》，頁143-154。被分配給駱果毅的軍田只被馬家和林家瓜分。

今天當地的兩大姓氏就已經定居在湖頭。《恆產蘇氏族譜》，頁3。

26 明代安溪縣已登記的耕地大約十四萬畝。永寧衛的好幾支部隊在安溪縣擁有軍屯；明初屯田總面積達一萬六千四百畝，約占耕地的百分之十。永寧右衛在來蘇里和另一個區擁有一千五百畝屯田。如果我們假設一半的屯田在來蘇里，那麼士兵們就分到了那個區的七百五十畝屯田。假設每個士兵分到了三十畝屯田，被調到那個區的士兵應該有二十五人。《安溪縣志》，卷1，頁26a、27b-28a。

27 〈四世爾用傳記〉，《洋頭顏氏族譜》，頁25；〈世系表〉（第一至第五代），《安溪湖頭洪氏始祖》。關於徵募軍屯士兵，參見于志嘉，〈幫丁聽繼：明代軍戶中餘丁角色的分化〉。洋頭村如今已經成了橋頭村的一部分；上仕村則成了上田村的一部分。

28 董家有一部1949年以前編纂的族譜，但是他們不願讓我翻閱它。和閩北地區的一些宗族一樣，董家遵守「封譜」的家規（這種做法在當地並不常見）。只有在編纂新版族譜或族人之間起糾紛，不得不翻閱族譜時，才能拆封。當地村民允許我翻閱他們不久前編纂的族譜，而族譜中的記載和當地口頭傳說是相符的。《產賢董氏族譜》，頁16。

29 《清溪竹山林氏族譜》，頁3316。

30 鄭氏族譜一個更早的版本編纂於康熙四十三年（1704），留存至今的序言寫到本家族譜「失於兵燹」，因此他們無從得知家族的起源。（鄭家一名前輩的傳記寫道：本家「被倭寇剽掠，流離有年」，導致族人遺失祖先牌位。既然湖頭距離海岸線並不算近，這也清楚表明，十六世紀「倭寇之亂」不僅僅和日本人有關，也不能被簡化為「海盜問題」。）〈佛保公傳記〉，《清溪侯山鄭氏族譜》，頁93。

31 朱元璋打了一場勝仗之後，將這場勝利歸功於真武大帝的護佑，因此將他加入受朝臣祭祀的十位神明行列。靖難之役期間，真武大帝再次顯靈，使朱元璋的第四個兒子朱棣順利登上皇帝寶座，成為永樂皇帝。為了答謝真武大帝，永樂皇帝下令在武當山興建供奉真武大帝的龐大道觀群。儘管廣東珠江三角洲平民群體稍微改動了真武大帝的傳說，藉以樹立並強化自身身分認同，他們還是通過真武大帝崇拜表達對明王朝朝廷的忠心，強調自己作為明王朝臣民的身分。劉志偉仔細梳理了這個過程，提

參見Allio, "Spatial Organization in a Ritual Context," 以及Sangren, *History and Magical Power in a Chinese Community*。也可參見Dean and Lamarre, "Ritual Matters," 57。

18 王銘銘，《溪村家族》，頁58。

19《安溪胡氏族譜》，頁1417。

20 林家可能是與胡家組成正貼軍戶的三個家庭當中的第二個，但是鑒於現存史料不足，我們無法斷定。無論如何，這兩個宗族被入籍為軍戶，說明軍戶普遍存在於當時的福建地方社會。

21 相關歷史事件的先後順序被進一步混淆，因為該縣歷史文物管理委員會辦公室為了標示林家始祖墳墓而於1998年樹立石碑，雕刻師傅儘管知道最新考證出來的林家始祖生卒年，卻錯誤地將1785-1819年當作其生卒年。

22〈林氏譜說〉，《清溪儒林林氏族譜》。這則故事見於林氏族譜以及其他明代史料。我第一次聽說這則故事是2011年，由附近一間寺廟的看守人為我講述。

23 湖頭的章公並不是名氣較大、和德化石牛山相關的位列「法主三公」之一的張聖君。這兩位神明的姓是同音的，不過他們的形象和傳說都不一樣，侯山廟與遍布閩南和臺灣的「法主三公」儀式網絡並無明顯關係。關於「法主三公」，參見葉明生，《閩台張聖君信仰文化》；關於張聖君信仰文化的分布地區，參見Dean and Zheng, *Ritual Alliances of the Putian Plains*。

24 據林氏族譜記載，弘治四年（1491）林家人再次主持侯山廟重修和擴建工程。當時，林八郎的後人林廷斌（1441-1501）安排將三官大帝神像安置在侯山廟裡。〈林廷斌傳記〉，《清溪竹山林氏族譜》，卷3，頁4-5。

25 我們能夠更清楚地瞭解西溪對岸感化里的情況。自宋代末年以來，李家（李光地日後將出生於李家）就已經在那裡定居下來，並在明代初中期成為當地勢力最大的宗族。李家出的頭幾位當官者中，有一人主持修建了李家宗祠；李家是感化里最早修建祠堂的宗族之一。一直到今天，李姓依然是湖頭最大的姓氏，而絕大多數湖頭李氏都自稱來自這個支系。同樣聚居在感化里的蘇姓居民比李姓居民少得多，為當地第二大姓。蘇氏族譜稱蘇家自從元代末年即已定居此地。因此，到了明代開國的時候，一隻雞，而且必須以同樣的方式準備好：雞心必須放入雞嘴裡，雞脖子下方必須安放一塊雞血。大家知道必須以這種方式準備，儘管自己也說不出所以然。與此同時，部分祭品只能出現在2014年。這些祭品包括啤酒、紅酒、火龍果（幾年前從東南亞引入當地）以及一罐罐的丹麥奶油餅乾。祭品包括珠寶、金錶和一疊疊鈔票，顯示著這些神明除了相貌舉止類似官員，還像官員一樣貪汙腐敗。

4 林良焌，〈洪步林氏世系參考〉（嘉慶十一年），《桃源洪步林氏八修族譜》，頁27-28。

5 同上，頁29。

6 陳泰，〈聰公小傳〉，《桃源洪步林氏八修族譜》，頁33。

7 《永春縣志》，頁160-161。

8 感謝李仁淵為此案例提供意見。

9 《麟陽鄢氏家譜》，卷3，頁6a-7b。

10 《惠州府志》，卷5，頁36a-b。

11 他想到的解決辦法就是只允許軍餘，也就是非現役軍人，取得民籍。不僅如此，當軍餘入籍為民戶的時候，他們必須清楚申報自己的軍人背景。這是為了確保必要時可以將他們強徵入伍。《惠州府志》，卷3，頁36a-36b。

12 「存留舍餘充實軍伍」，戴金，《皇明條法事類纂》，卷24，頁1057-1060。

13 林希元，〈同安林氏敘世錄〉，《桃源洪步四房林氏三修族譜》，頁17-18。這段文本沒有署名，但是它肯定是林希元所寫，因為文中出現了「予修永春志」的句子。

14 這則故事在不同族譜裡的多個版本為我們提供一個難得的機會，能夠一窺「羅生門效應」在建構家族史過程中的作用。我假定編纂者不過是一時疏忽，才收錄故事的某個版本，削弱了自己希望講述的版本的可信度。但是，它也可能反映了另一種我所不知道的策略。

15 《奎山王氏族譜》，卷3，頁6-7。

16 祁彪佳，《莆陽讞牘》，頁590。

17 年度遊行儀式的詳細介紹，可參見Dean, *Taoist Ritual and Popular Cults*, 64-69, 99-117；想瞭解這些儀式如何在象徵層面及社會層面上強化關係，廣州地區軍田轉移的例子並不多，因此我們無法確認這個名詞的含義，但這很可能是部分福建文書裡出現的「承頂」一詞在廣州地區的對應名詞。由於涉及軍田的土地轉移文書沒有（多半也不能）使用「售賣」等說法，而轉移的土地並不歸賣主所有，這類交易被稱為長期租賃。

35 顏俊彥，《盟水齋存牘》，頁375。

36 如果採用這個解讀方式，就必須稍微改動出版的《盟水齋存牘》的句讀。即「……以所爭之田得銀七兩二錢批佃鄉民居兆覺，原中唐秀宇可證也。」原句讀為「……以所爭之田得銀七兩二錢批佃，鄉民居兆覺、原中唐秀宇可證也。」

37 祁彪佳，《莆陽讞牘》，頁436。

38 同上，頁12。

39 參見本書第三章。

40 「同安杜氏復業記」（嘉靖二十五年），集美華僑大學圖書館所藏碑文。

41 祁彪佳，《莆陽讞牘》，頁24、185；Philip Huang, *Civil Justice in China*, 10-18。

42 這些地契是在龍潭村陳家中發現的；陳家很可能後來買了這些土地。

43 祁彪佳，《莆陽讞牘》，頁141；Reed, *Talons and Teeth*, chs.2 and 4。

44 顧炎武，《天下郡國利病書》，卷26，頁105b，《四庫全書存目》版本。2002年標點版為卷5，頁2226-2227。

45 這個故事是根據太平李氏宗祠牆上的族譜寫成的。

46 Brandt, Ma, and Rawski, "From Divergence to Convergence: Reevaluating the History behind China's Economic Boom," 54-55, 71-72.

第六章 屯軍與百姓社會關係之處理

1 來蘇李氏和生活在西溪對岸感化地區的李光地家族屬於兩個獨立的家族。

2 時人使用「香花和尚」一詞指稱中國東南地區的某種佛教儀式專家。這些專家自己並不使用這個名詞，他們只是把自己稱為「和尚」。他們披緇削髮，不過一般沒有受過多少正式的佛學培訓，也不遵守佛門戒律。他們為自己所屬的社群主持各種佛教儀式為生。參見Tam, "Xianghua foshi"。

3 祭品既具有豐富的象徵意義，又具有很大的差異性。每個家庭都會準備六年六月丁丑，頁3724。參見楊培娜，《瀕海生計與王朝秩序》，頁43及其後；彭勇，〈明代衛所旗軍經濟生活探研〉，頁171-174。

20 《古田縣志》，頁73-75；《福州府志》，卷7，頁23a-b。

21 朱鑒，〈請減屯軍子粒禁革奸弊疏〉，載於陳子龍編，《皇明經世文編》，卷35，頁261-262。

22 判牘還記載好幾個涉及軍戶，但對於土地種類語焉不詳的案例。我將這些案例排除在這段分析之外。

23 祁彪佳，《莆陽讞牘》，頁142-144。

24 同上，頁144。

25 嚴格來說，移居到農村地區的軍戶成員可以被分為兩類人：軍屯士兵（及其家人）以及衛所的軍餘。由於這兩類人都必須設法融入原有的農村社群當中，我並未予以區分。

26 《明英宗實錄》，卷174，正統十四年二月己巳，頁3375；《明憲宗實錄》，卷227，成化十八年五月甲午，頁3897。

27 顏俊彥，《盟水齋存牘》，頁537。祁彪佳進一步區分了負責操練的士兵和軍屯士兵。或許因為前者理論上依然收到軍餉，祁彪佳認為和前者相比，後者更應該獲得屯田。因此，在這兩類人圍繞屯田起糾紛的時候，他決定負責操練的軍戶成員只能獲得一分屯田，但是軍屯的軍戶成員無須受到這類限制。祁彪佳，《莆陽讞牘》，頁143。

28 祁彪佳，《莆陽讞牘》，頁24。

29 同上，頁141。

30 顏俊彥，《盟水齋存牘》，頁537。

31 關於「活賣」，參見楊國楨，《明清土地契約文書研究》，頁30-33；Buoye, *Manslaughter, Markets and Moral Economy*, 227。彭慕蘭指出，「活賣」屬於某種保險制度，根據這種保險制度，賣主同意接受較低售價，換取贖回土地的保證，參見Pomeranz, "Land Markets," 128。

32 祁彪佳，《莆陽讞牘》，頁107。

33 顏俊彥，《盟水齋存牘》，頁375、537；祁彪佳，《莆陽讞牘》，頁24、42、60、141。

34 材料中並沒有寫明轉移土地使用權附帶的條件，而是使用「批佃」一詞。

9 《明神宗實錄》，卷587，萬曆十七年十月乙亥，頁11239。

10 「軍屯」慣用的英文翻譯「military colony」比較符合邊疆的情況。在那裡，屯田地理上較集中，屯戶住在他們自己的墾地，而屯地軍官通常是、且常是唯一的政治權威。這與福建和其他腹地省分的情形很不一樣。在那裡，組織與我們一般瞭解的「colony」幾乎完全不同，軍屯士兵散居在當地居民間、軍田不集中，與民田交參。因為沒有其他明顯的替代選擇，這裡我還是用慣用的「military colony」來翻譯。參見王毓銓，《明代的軍屯》；Liew, *Tuntian Farming*, 2-5。

11 「祖屯」，《安溪胡氏族譜》，頁1417。

12 這很可能是當初徵兵的條件，但也有可能是這三戶人家的自行安排。參見《明太宗實錄》，卷39，永樂三年二月丁丑，頁652。

13 Liew, *Tuntian Farming*, ch.4；馬文升（1462-1510），〈請屯田以復舊制疏〉，載於陳子龍編，《皇明經世文編》，卷63，頁3a-5b。

14 《大明會典》，卷18，頁334-335。

15 〈祖屯〉，《安溪胡氏族譜》，頁1417-1418。

16 《明宣宗實錄》，卷51，宣德四年二月乙未，頁1224-1225；《明英宗實錄》，卷18，正統元年六月丙午，頁356。讀者或許會想起，第三章開頭提到的磐石衛兵變正是拖欠軍糧導致的。

17 朱鑒，〈請減屯軍子粒禁革奸弊疏〉，載於陳子龍編，《皇明經世文編》，卷35，頁261-262。林希元（同安人，已在本書出現過幾次）也指出類似的問題。林希元，〈應詔陳畝屯田疏〉，載於陳子龍編，《皇明經世文編》，卷163，頁20b-26b。

18 關於明代開中法，參見Puk, *The Rise and Fall of a Public Debt Market*。Puk的分析集中於開中法對近代早期中國公共信用市場的影響。但是，我認為他對於鹽引投機行為的出現以及國家的反應的解讀可以輕易地被納入制度套利的框架裡。

19 關於這個過程的早期階段，參見《明太宗實錄》，卷19，永樂元年四月壬申，頁349。《明實錄》另一處頗為詳細地敘述鎮東衛如何經歷這個過程，參見《明宣宗實錄》，卷39，宣德三年二月癸亥，頁753。關於愈來愈多百姓以白銀上繳賦稅的過程，參見《明憲宗實錄》，卷200，成化十

38 該地區的人類學調查報告顯示，各村之間存在明顯的差異。在崇武鎮上，調查者並沒有發現「長住娘家」的習俗或「惠安女」的獨特服飾，但這兩種現象卻出現在一個相隔僅一公里地的村莊（「長住娘家」在當地的「歷史十分悠久」）以及附近的一個漁村（當地婦女身穿傳統服飾，「就像崇武城牆外其他村莊的居民一樣」）。編者將差異歸因於「城市化」水準的差異，但是此種解釋缺乏說服力。陳國強、蔡永哲主編，《崇武人類學調查》，頁81、123、167。

第五章　軍屯內的制度套利

1 《麟陽鄢氏家譜》，卷3，頁1a-4b。

2 原文中鄢家被調到延津衛，但「延津」應是「延平」之誤。

3 據說鄢法真於永樂二年（1404）被調到永泰，而書吏在近五十年之後才報了當年一箭之仇。或許鄢法真與書吏的關係在幾十年間不斷惡化，而鄢法真在受到攻擊時，已經垂垂老矣。一個更可能的解釋是，鄢法真被調到永泰的年分記載有誤。或許到了編纂族譜的時候，眾人已經不記得確切年分。但是，既然大家都知道朝廷在永樂二年（1404）改革軍屯制，族譜的編纂者便認定他們始祖最有可能在這一年來到永泰。《麟陽鄢氏家譜》，卷3，頁1a-2b。

4 其他家庭成員得以倖存，他們的姻親扮演了關鍵的角色：「璇與鋌之免，以張氏妣止之徙白 ；璔之免，以黎民母；而鈺之免，以舅氏林岳。」就連被賣掉的男孩，也是被他的姨丈救出來的，他的姨丈找到他並將他贖回。《麟陽鄢氏家譜》，卷1，頁3b；卷3，頁2a。

5 《麟陽鄢氏家譜》，卷4，頁2b。

6 金華公的姓名並不見於他原籍地或他據稱曾經服役過的地方的紀錄——當然，地方政府可能在他身敗名裂之後刪除了他的姓名。延平地區的縣志記載了他的姓名，但是這並不能說明什麼；這個故事可能透過他的後人進入縣志裡。

7 《麟陽鄢氏家譜》，卷3，頁10a；卷4，頁2b-3a。

8 Margaret Levi, “Conscription: The Price of Citizenship” 對此進行理論上的說明。

理所應當。

23 Hamashima Atsutoshi, "Communal Religion in Jiangnan," 154-156.

24 奇怪的是，福全所本身並不在安溪縣，但其轄下的眾多軍屯卻分布在那裡。關於軍屯，參見本書第五章和第六章。

25 Wang Mingming, "Place, Administration and Territorial Cults," 64-65.

26 類似於周德興成為平海城隍的情況，溫州的寧城所和海安所也奉明初在江浙沿海廣建衛所的湯和（參見第一章）為當地的城隍。現今生活在那裡的居民還說，湯和起初在周邊地區聲名狼藉，因為他殘忍地強徵本地壯丁築造城池。然而，海盜肆虐之時，當地百姓對湯和的看法發生一百八十度的轉變。他們意識到，自己之所以大難不死，完全是拜湯和的高瞻遠矚所賜。參見張棡，《張棡日記》，民國二十九年二月二十八日的記載。羅士傑提醒我關注這本書，在此應向他致謝。

27 在梅花，主神是「大王」——村民如此稱呼他們的守護神——而非城隍。他也是當地軍戶的成員。作為一名軍官，他因領導抗倭而聲名顯赫。

28 Elman, *A Cultural History of Civil Examinations*, 127.

29 蔡嘉麟，《明代的衛學教育》，頁102-106。

30 《八閩通志》，卷55，頁276。

31 唐樹義等編，《黔詩紀略》，卷9，頁160-161。

32 《莆田縣志》，卷9，頁13a-13b；《興化府志》，卷15，頁14a-14b。

33 《石獅市志》（1998），頁733。

34 張益（永樂十三年進士），《新建鎮海太倉衛學記》，載於錢谷，《吳都文粹續集》，卷7，頁16a。

35 想瞭解與此相關的「衛籍」一詞，可參見顧誠，〈談明代的衛籍〉。

36 一個廣為人知的例子來自福建西南部的武平縣中山鎮，明朝曾在此設立千戶所。當地方言依然保留著江西贛方言的痕跡。參見莊初升，〈試論漢語方言島〉；黃曉東，〈漢語軍話概述〉。

37 「二十五年互調其軍于諸衛，故今海上衛軍不從諸郡方言，尚操其祖音而離合相間焉。」《閩書》，卷40，頁25a；「鎮海衛昔莆人，故尚莆音。」《漳州府志》（隆慶六年），卷33，頁697。溫端政，《蒼南方言志》，頁28-29、202-204。

她是隨著福州籍士兵來到當地，而且福全的民間傳說也證實這一點。

17 三山國王信仰由客家移民引入臺灣，迄今已成為臺灣的重要民間信仰之一。

18 今天，三山國王在一座名為「大使公廟」的廟宇受到供奉。大使公廟的主神是陳政，一位唐代的歷史人物。陳政和他名氣更大的兒子陳元光一道率軍遠征閩南，鞏固唐王朝對該地區的統治。陳元光被百姓普遍尊奉為「開漳聖王」，「漳」指漳州，正是銅山所在之地。因此一個自然而然的猜測是，早在衛所士兵來到銅山之前，當地人便已供奉著陳政了。但陳政亦廣受莆田人的信奉，因此莆田籍士兵在調入銅山之前，可以已經熟悉陳政。但無論如何，三山國王對他們而言肯定是一位新的神祇。

19 紀念重修工程的正德十一年（1516）碑記揭示了關帝廟從官方寺廟到公共寺廟的轉變：「國朝洪武之二十年，城銅山，以防倭寇，刻像祀之，以護官兵。官兵賴之。後官使往來之絡繹，與夫祈者、賽者、問吉凶多，須臾聚可數十人，而不能以容，人咸病其隘。亦有喜施者，欲辟之，又以工程浩大，艱於濟。正德戊辰歲正月，雲霄吳公子約避寇於銅，同銅善士黃公宗繼等九人，募眾資財崇建之。」《銅山志》，頁336；〈鼎建銅城關王廟記〉（正德十一年），東山關帝廟碑記（明代銅山所坐落於今天的東山縣，該縣於1916年設立）。現在，關公更多地被大家稱為「關帝」。但是，直到萬曆四十三年（1615），皇帝才將關公封為「關帝」。這篇碑記刻成於關公受封「關帝」的一百年前，因此稱之為「關王」。關羽各稱號（包括最終被封為「關帝」）的歷史，參見Duara, "Superscribing Symbols"；ter Haar, *Guan Yu*。

20 在本書導論中，我們曾談及平海城隍周德興。

21 《八閩通志》，卷79。關於這些民間宗教信仰在唐宋時期的歷史，參見Johnson, "The City God Cults of T'ang and Sung China"；關於明代的民間宗教信仰，參見Taylor, "Official Altars, Temples and Shrines"。

22 侯方，〈金山衛城隍廟記〉，轉引自許爽，《福建城隍信仰研究》，頁29。當意識到本地寺廟的存在可能是對上級特權的一種僭越，今人也會使用類似的藉口和理由，與他們的明代祖先如出一轍。當地人經常對我說，本地曾是衛所，建有城牆，因此，這裡必然有著自己的城隍，造寺修廟記載則與族譜之後〈磐山廟龍仙宮記〉大同小異：「國朝洪武間，胡氏女名仙英，及笄，適親迎日，女乃白日飛升。次日，侯山之旁有降真藤，盤結如椅狀，女現身，趺坐寂焉，里人異之，遂葬於山巔，嘯天師六，塑像建宮祀之，故名龍仙宮。」參見《安溪縣志》（嘉靖元年），卷2，頁6b。

11 〈新建霞陳小宗祠序〉（嘉慶十一年），永寧碑銘。

12 〈始祖海安公〉，《滎陽潘氏族譜》，頁108。潘氏始祖定居於金鄉這一點沒有問題，但族譜中關於他做了軍官的說法則令人生疑。

13 ter Haar, "The Religious Core of Local Social Organization."

14 史料中還提到第四類宗教信仰，即「旗纛」信仰，不過它業已消失，不再屬於當今公共生活的一部分。作為一種源遠流長的軍中崇拜，明代朝廷規定，所有衛所駐軍都必須祭祀「旗纛」。然而，據一部編纂於十五世紀的地方志記載，當地本有十多間「旗纛」寺廟（包括銅山的一間），現在均已不存。（關於明代強制性的「旗纛」祭祀規定，參見《明史》，卷50，頁1301-1302；關於十五世紀「旗纛」寺廟的分布情況，參見《八閩通志》，卷58、卷59；關於崇武城隍廟設置的「旗纛」祭祀，參見〈復修城隍廟序〉（康熙五十六年），《崇武所城志》，頁123；關於銅山的「旗纛」崇拜，參見《銅山志》，頁336。欲瞭解更多相關討論，可參見郭紅，《明代的旗纛之祭》。）當然，綜觀福建古往今來的各種宗教信仰，此處討論的神祇肯定只是滄海一粟。我這裡的討論不包括秘密宗教、修院傳統、伊斯蘭教、基督教與私人設置的神壇等部分前衛所也有發現的宗教信仰。此處，我討論的只是社群所有成員都前往的或都希望前往的公共寺廟。

15 參見《銅山志》，頁315。

16 士兵將原籍信仰引入衛所的例子不勝枚舉，其中之一即福全的「臨水夫人」信仰。幾乎可以確定，它是由福州籍士兵帶到福全所的。臨水夫人的原型是唐代福州的一名婦人，她是道教閭山派傳統中的重要神祇，能救助難產、護佑胎兒。臨水夫人信仰是福州地區最主要的民間宗教信仰之一。她還在莆田的其他一些寺廟中被供奉，但通常稱作「魯府夫人」或「順天聖母」。福全人採用「臨水夫人」的稱呼，和福州一樣，暗示出

57 《崇禎長編》，卷55，崇禎五年正月己亥，頁3183及其後。

58 Girard, *Le voyage en Chine d'Adriano de las Cortes (1625)*, 242.

59 采九德，《倭變事略》，卷2，頁1b。

60 〈浙江倭變紀〉，鄭若曾，《籌海圖編》，卷5，頁26b。

61 顧炎武，《天下郡國利病書》，卷26，頁2332。東山的地方傳說有個故事，關於在一場對葡萄牙人的知名戰事中，勝戰關鍵是士兵假扮成商船誘敵。見孫文龍編，《東山文物名勝志》，頁8。

62 參見《福全蔣氏家廟》，頁5；《永寧南門境李氏族譜》。我們也許也可看看像「明鄉」(Minh-huong）人那樣的故事：上千名忠於明朝的士兵及其家人在明亡時離開中國，到越南定居。Li Tana, "An Alternative Vietman?"

第四章　衛所裡的新社會關係

1 《晉江縣志》，卷7，頁14b。

2 〈八世祖來一東環公履歷〉，《蒲岐何氏宗譜》。

3 何鵬的母親是來自福建南閣村的著名學者章綸（1413-1483）的曾孫女。

4 鄭紀，《與龐大參書》，載於《福建通志》，卷49，頁21b-22a。

5 《明史》，卷158，頁4309。

6 參見《蒲岐何氏宗譜》。

7 奇文瑛利用碑銘有效地復原北方士兵的婚姻模式，但在東南沿海地區，可資利用的碑銘並不多，參見〈碑銘所見明代達官婚姻關係〉。

8 洪受，《滄海紀遺》，頁94。包括蒲岐何家在內的世官軍戶族譜裡，載有許多所謂的「節烈傳」，即「貞烈節孝」之女（如丘銀娘）的生平傳記，她們為了表示對夫婿忠貞不貳，往往都自殺殉節。願意殉節的女性似乎大多出身書香門第，很少有丘銀娘這般來自貧寒之家者。若這一假設成立，我們就能肯定地說，軍官家族不僅和本地人通婚，而且對象通常是地方上的精英階層。在當時的婚姻市場裡，軍官的身分業已成為家族標榜其地位的手段之一，同時也決定了他們潛在的婚配群體。

9 《安溪縣志》(乾隆二十二年），卷9，頁2 a。潘家被迫遷徙、潘四娘之父親沒入軍伍的故事，見於《閩書》，卷6，頁18a。

10 〈仙姑胡氏傳〉，載於《安溪胡氏族譜》，頁1460-1461。《安溪縣志》的

45 洪受，《滄海紀遺》，頁40-42。

46 《閩書》，卷40，頁34a。

47 《明憲宗實錄》，卷19，成化元年七月戊申，頁379。

48 王在晉，《海防纂要》，卷8，頁28b。

49 Dennis, *Writing, Publishing and Reading Local Gazetteers*, 121-126.

50 〈蔣繼實傳記〉，《福全蔣氏四房北廳族譜》。整篇傳記有可能是偽造的。但是，許多史料（無論來自蔣氏族譜之內或之外）清楚表明，蔣家確實如其自述在福全所擔任世襲軍官。因此，即使本篇傳記純屬捏造，它所包含的資訊—蔣家祖軍被分派到福全——卻是真實的。我們現在看到的族譜面貌，反映著清代百姓廣修族譜的熱潮。當時，很多族譜都是由不那麼熟悉族譜體例的人匆忙編纂而成的。刻本族譜的編纂乃是為家族的宗旨服務，所以軍戶的族譜很少記錄軍功故事。通常，我們必須通過其他史料才能瞭解軍士如何大破敵寇、斬獲匪首的詳情。但是，蔣氏族譜的編纂者似乎並不瞭解這一慣例。

51 〈蔣繼實傳記〉，《福全蔣氏四房北廳族譜》。

52 Robinson, *Bandits, Eunuchs, and the Son of Heaven*, 164-168; Tagliacozzo, *Secret Trades, Porous Borders*, 5-6. 某種程度上，魯大維（David Robinson）是在回應James Tong關於明代造反與叛亂的學術著作*Disorder under Heaven*。

53 萬表（1498-1556），〈海寇議〉，頁3a。也可參見山崎岳，〈巡撫朱紈の見た海：明代嘉靖年閒の沿海衞所と「大倭寇」前夜の人々〉。

54 Li Kangying, *Ming Maritime Trade Policy*, 177.

55 顏俊彥（崇禎元年進士），《盟水齋存牘》，頁699-702。

56 顏俊彥的記述體現了一種明代案牘的典型風格，他在結尾處提及清點贓物的問題。該船滿載貨物，總價值接近一萬兩白銀。應該以何種標準計算貨物的價值？貨物必須充公，這帶來一個棘手的問題：除非能夠準確計算貨物的價值，否則辦案官員如何能確定船上貨物盡被沒收、沒有遺漏呢？整篇文書以請上官就相關問題做出指示結束。顏俊彥，《盟水齋存牘》，頁699-702。書裡還記錄了一個類似的案例，其中的涉案商人聲稱自己是百戶。參見《盟水齋存牘》，頁77。

95，宣德七年九月壬戌，頁2148。

31 〈八代祖傳記〉，《福全蔣氏四房北廳序譜》。

32 洪受（活躍於1565-1568），《滄海紀遺》，頁91。

33 譚綸（1520-1577）此言，引自鄭若曾，《籌海圖編》，卷11，頁22b-23a。

34 《明英宗實錄》，卷126，正統十年二月辛亥，頁2515。

35 Girard ed. and trans., *Le voyage en Chine d'Adriano de las Cortes*(1625). 關於拉斯科特斯被關押的地點，Girard提出一些不同的說法，但Nicolas Standaert在私人書信中則給出一個很有說服力的解釋，認為拉斯科特斯提到的地方就是靖海所與蓬州所。

36 方國珍曾在浙江沿海販賣私鹽，後來成為成功的海盜與走私者。對元王朝，方國珍總是時降時叛，並藉機擴張個人勢力，建立起一支擁有數百乃至上千艘船隻的艦隊。至正二十七年（1367）他與朱元璋發生正面衝突，最終通過談判，被迫歸順。洪武五年（1372），朱元璋下令將方國珍手下的士兵編入軍籍。Goodrich and Fang, eds, *Dictionary of Ming Biography*, vol.1, 433-435.

37 《明太祖實錄》，卷223，洪武二十五年十二月壬子，頁3262。幾年後，類似的事情再次發生：寧波府昌國縣太多人（也可能是全縣的人）從事海盜活動，面對如此刁民，朱元璋下令廢縣，將民戶全部強徵入伍，編為軍籍，將他們置於當地衛所的管轄之下。理論上，他們有關航海的經驗可以在衛所得到更合法的應用。《明太祖實錄》，卷182，洪武二十五年六月己未，頁2745。

38 關於明代海軍技術，參Needham, ed., *Science and Civilization in China*, vol.4, pt.3, 477ff.

39 〈福建事宜〉，鄭若曾，《籌海圖編》，卷4，頁20b。

40 《明英宗實錄》，卷74，正統五年十二月癸酉，頁1433-1434。

41 鄭履淳，《鄭端簡公年譜》，卷1，頁24b-26a。

42 這是仇俊卿（約1520—1591）之語，引自〈福建事宜〉，鄭若曾，《籌海圖編》。

43 《明宣宗實錄》，卷130，宣德八年七月己未，頁2308。

44 《明憲宗實錄》，卷71，成化五年九月己巳，頁1398。

亞高地）類似的「逃避社會」（Escape Societies），參見Joseph McKay, “Maritime Pirates as Escape Societies”。不過他將海盜與沿海平民假定為兩個截然不同的群體，這削弱了他的分析。

19 李金明，《明代海外貿易史》，頁80-108、173-183；林仁川，《明末清初私人海上貿易》，頁40-84。

20 朱紈，《甓餘雜集》，卷3，頁38b；這句話重複出現於該書卷8，頁64 a。

21 《明世宗實錄》，卷54，嘉靖四年八月甲辰，頁1332-1333。朝廷三令五申禁止私人海上貿易，每次均使用類似的表述。是以明初以降，「不許軍民等私通外境、私自下海販鬻番貨」。見《明太宗實錄》，卷68，永樂五年六月癸未，頁946。

22 《明太祖實錄》，卷70，洪武四年十二月乙未，頁1304；《明太宗實錄》，卷67，永樂五年五月壬午，頁942；《明宣宗實錄》，卷190，宣德九年三月辛卯，頁2448。

23 朱紈，《甓餘雜集》，卷4，頁24 b-25a。也可參見山崎岳，〈巡撫朱紈の見た海：明代嘉靖年間の沿海衞所と「大倭寇」前夜の人々〉，頁13-14。

24 《中國明朝檔案總匯》，卷4，頁41。

25 采九德，《倭變事略》，卷2，頁9b；王忬，〈條處海防事宜仰祈速賜施行疏〉，收入陳子龍編，《皇明經世文編》，卷283，頁2996。據說洪武帝朱元璋之所以決定讓軍隊輪流駐守於遠離本鄉的衛所，乃是因為一分上疏，該疏稱：「言事者訟本地軍顧戀鄉土，有誤防守。」（《興化府志》，卷48，頁1237）。這可否作為官兵對村民的走私活動坐視不理的一個微妙的暗示？

26 《明宣宗實錄》，卷81，宣德六年七月辛巳，頁1880-1881。

27 塗之堯（順治十一年舉人），《故鄉風物記》，收入俞達珠編，《玉融古趣》，頁225。

28 但也有一些例外，譬如，當一個軍戶的多名成員同時被徵入伍時。到了明代後期，軍餘也常有機會替補軍役，以填滿軍隊缺額。

29 《明宣宗實錄》，卷180，宣德九年二月壬申，頁2431；想瞭解具體案例的話，可參見《明宣宗實錄》，卷190，宣德九年三月戊寅，頁2439。

30 《明太宗實錄》，卷28，永樂二年二月癸巳，頁511；《明宣宗實錄》，卷統八年七月癸酉，頁2157；《明英宗實錄》，卷126，正統十年二月辛亥，頁2515。

11 「鳳嶺鼎建鯉江城隍廟碑記」，莆禧城隍廟碑記；莆田縣地方志編纂委員會、莆田縣民俗學會，《莆禧所城雜記》，頁45。

12 朱紈，〈閱視海防事〉，收入陳子龍編，《皇明經世文編》，卷250，頁2158。

13 Li Kangying, *Ming Maritime Trade Policy*, 177; So Kwan-wai, *Japanese Piracy*, 145-156.

14 許多學術文獻都認為，深層原因是明王朝的國策與東南沿海地區的現實之間存在矛盾。但這種矛盾自明朝建立伊始便已出現，對於「倭患」為何集中於十六世紀爆發，學術界迄今仍未提出令人滿意的解釋。So Kwan-wai, *Japanese Piracy*; Geiss, "The Chia-Ching Reign"; Higgins, "Piracy and Coastal Defence in the Ming Period." 錢江推測，葡萄牙人之所以與明軍為敵，乃是為了保護自己的交易夥伴。Chin, "Merchants, Smugglers, and Pirates." 也可參見Calanca, *Piraterie et contrebande au Fujian*。更早的一些研究，包括林仁川，《明末清初私人海上貿易》；張彬村，〈十六世紀舟山群島的走私貿易〉；陳春聲，〈從「倭亂」到「遷海」〉。

15 屠仲律，〈禦倭五事疏〉，收入陳子龍，《皇明經世文編》，卷282，頁2979；《明世宗實錄》，卷422，嘉靖三十四年五月壬寅，頁7310。

16 鄭若曾，《籌海圖編》，卷11，頁4a、819。

17 何大鵬（Dahpon Ho）準確地將這一時期的南海描述為「一個類似邊疆、司法模糊的區域。該區域既已軍事化，又缺乏制度性途徑以處理地方糾紛或應對日益複雜的交易和賄賂」。Ho, "Sealords Live in Vain," 81.

18 Reid, "Violence at Sea," 15. Dardess指出，海盜利用大海，就如陸上的土匪利用山林和邊地一般，大海既是他們的棲身之所，又是他們襲擊沿海府縣的後方基地。陳春聲將Dardess的類比向前更推進一步，提出潮州的海盜和山匪往往是同一批人。名稱上的不同，反映的不是兩個群體，而是同一群體在特定時間做出的特定選擇。Dardess, *A Political Life in Ming China*, 95；陳春聲，〈明代前期潮州海防及其歷史影響（下）〉，頁46-52。一個有趣的觀點是，海盜可以建立起同斯科特筆下的贊米亞（東南可能是「女婿軍」（參見本書第四章）。

15 〈瑞雲世伍紀〉，《瑞雲姚氏族譜》；Li Ren-Yuan, "Making Texts," ch.3。

16 陳文石，《明代衛所的軍》，頁198。

17 Brook, "The Spatial Structure of Ming Local Administration," 30.

18 Kuhn, *Chinese Among Others*, 14-16.

第三章 沿海衛所與海上走私

1 前期報告見於《明世宗實錄》，卷130，嘉靖八年七月九日壬寅，頁2424；之後的調查見於《明世宗實錄》，卷180，嘉靖八年十二月戊寅，頁2551。

2 《明世宗實錄》，卷330，嘉靖二十六年十一月癸巳，頁6064。這起事件還見於朱紈，《甓餘雜集》，卷6，頁8a。

3 如我在第一章中指出的，就地理位置而言，東南沿海衛所坐落於各府州縣之內，但它們並不隸屬於民政系統，而是受另一套體制的約束。永寧衛在晉江縣，但它歸軍政系統管轄，該系統的最高機構是京城的五軍都督府。對於衛所事務，晉江縣令無權干涉。可以說，永寧衛雖位於晉江縣，但不屬於晉江縣。行政體制的差別，令衛所指揮和地方縣令不得不制訂許多程序，以處理跨越兩者的諸項事宜，包括複雜的財政和司法事項。一些具體的例子，可參見本書第五章。

4 〈建制沿革修理志〉，《南嶼陳氏族譜》，頁8b。

5 同上。

6 同上。

7 孟席斯（Gavin Menzies）的《1421：中國發現世界》（*1421: The Year China Discovered the World*）一書，令鄭和在海外聞名遐邇。然而不幸的是，很多人並不知道該書的大部分說法已被徹底推翻，鄭和的船隊並沒有到過美洲。

8 關於明初的朝貢體制，參見Wills, *Embassies and Illusions*, 14-23.

9 Li Kangying, *Ming Maritime Trade Policy*, 97-135.

10 關於一般軍官如何濫用職權，參見Hucker, *The Censorial System*, 126-129。一些衛所駐軍艱苦生活的具體事例，可參看《明英宗實錄》，卷160，正

為了減少稅務而有意採取的策略。關於該地區灶戶的一般情況，參見葉錦花，〈明清灶戶制度的運作及其調適：以福建晉江潯美鹽場為例〉。

52 Acharya and Richardson, "Causes of the Financial Crisis," 195-210.

第二章　士兵與親屬的新社會關係

1 葉向高，〈家譜宗伍傳〉，見於《蒼霞草》，卷15，頁29a-30b。雖然我們是在葉向高的文集中看到該文，但其標題顯示，該文乃是為收入族譜而作。

2 關於明代的行旅時間，參見Brook, "Communications and Commerce," 619-630。

3 〈克中公〉，《射江衍派福全陳氏族譜》。

4 同上。

5 鄭振滿，《明清福建家族組織與社會變遷》，頁243。

6 馮夢龍，《醒世恆言》，卷10，「劉小官雌雄兄弟」。李鵬飛的〈「三言」、「二拍」中明代軍事記述之研究〉記錄了一些明代士兵回鄉向原籍宗親討要報酬的案例。

7 祁彪佳，《莆陽讞牘》，頁193。

8 鄭紀，〈與龐大參書〉，載於《福建通志》，卷49，頁21a-21b。

9 《明宣宗實錄》，卷1，洪熙元年六月甲戌，頁28；《明宣宗實錄》，卷24，宣德元年正月丁未，頁638；「禁止違例妄勾妄解」(隆慶六年)，譚綸，《軍政條例》，卷5，頁34b-36a。

10 〈福建等處承宣布政使司福州府古田縣念三都第二圖民〉(1462)，《武功堂柏源村蘇氏家譜》，頁15-16；Li Ren-Yuan, "Making Texts in Villages," 126-130。

11 《明宣宗實錄》，卷36，宣德三年二月戊辰，頁889-893。

12 〈明志科公歷敘軍由〉，《福州郭氏族譜》，卷10，頁6a-7a。

13 〈天房志科公第二次重修支譜序〉，《福州郭氏族譜》，卷1，頁14a-14b。

14 〈瑞雲世伍紀〉，《瑞雲姚氏族譜》。從族譜的另一處，我們看到姚家當初被編為軍戶時，並沒有登記在自己名下，而在一戶鄭姓人家的名下。或許他們不慎因婚姻或收養關係繼承了替補軍役的義務。換句話說，他們

的標點錯誤，其中一處正好就在「至元二十年」出現的句子中。如同其他古代文言作品，傳統族譜一般不會有標點符號。因此，謄抄、整理新版黃氏族譜之人，很可能古文基礎不太好。

45 〈序〉，《靖海戎氏族譜》，頁6。

46 「軍士戶丁不許輪替」（正統元年），譚綸，《軍政條例》，卷2，頁8a-b。

47 同上，卷2，頁22a-23a。

48 明代律例規定，軍戶必須為正軍提供「軍裝」，即津貼。但對於軍裝的數額以及應由何人負責等事項，律例並未言明，且律例本身似乎沒有被強制執行。（記錄該條律例的文本，見於「五年一送軍裝」，霍冀，《軍政條例類考》，3:23a-24a。）對我們來說最重要的是，來自軍戶的史料中，即使出現「軍裝」一詞並確指給付正軍的津貼，但都沒有將之描述為一種義務，而是以之作為防止正軍逃逸的報酬。王毓銓認為，負責提供軍裝之人，應是隨正軍前往衛所的軍餘。這就意味著，隨著在地化政策的實行，原籍軍戶在送走正軍後，就沒有義務再為他提供任何支援了。王毓銓，《明代的軍屯》，頁52。

49 這些估算和劉光臨的估算基本相符，參見William Guanglin Liu, *The Chinese Market Economy*, 180。也可參見Li Bozhong, *Agricultural Development in Jiangnan*, 125-132。

50 〈處戎公議〉，《長樂林氏族譜》。認真的讀者肯定會納悶，故事的主人公姓樊，但該書卻是林氏家族的族譜。其中的糾葛是，那位家道殷實、捐錢建立公產的族人樊廷選知悉，本家原姓林，因在明初時入贅樊家，遂改姓為樊。他請求皇帝允許自家「恢復本姓」。皇帝同意了他的請求。欲瞭解詳情，可參見Szonyi, *Practicing Kinship*, 64-68。此次的改姓之舉，很可能也與意圖讓自家無須再負軍戶之責有關。如果我的推測屬實，這便與郭尾更改黃冊姓名的做法如出一轍。

51 關於正貼軍戶在元代的設立，參見Hsiao, *Military Establishment*, 19-27。明朝正貼軍戶的出現，源自垛集抽軍時碰到男丁稀少的家庭，於是，兩個（有時三個）家庭被一道抽籍，作為一個軍戶，共同承擔出丁的義務。參見《明太宗實錄》，卷15，洪武三十五年十二月壬戌，頁7713。關於軍灶戶籍，參見饒偉新，〈明代軍灶籍考論〉。饒氏認為，這是百姓女為妻，他就會代兄從軍。兄長答應了他的條件，薛祿得以攜妻奔赴衛所。後來，薛祿由於英勇善戰，獲封「陽武侯」。《陽武侯》，載於《聊齋志異》，卷5，頁188。

31 沈鯨，《雙珠記》，頁37-46。

32 參見Robinson, *Bandits, Eunuchs and the Son of Heaven*, ch.3, 163-164.

33 〈明志科公歷敘軍由〉，《福州郭氏族譜》，卷10，頁6a-7a。

34 〈明志科公歷敘軍由〉，《福州郭氏族譜》，卷10，頁6a-7a；族譜中又載有：「〔第二世人房祖建郎〕公，顯公三子。明洪武二十年，澤朗寨楊巡檢毆康知縣案內牽連，問充陝西甘州左衛軍，改發西安後衛。永樂三年，卒於配所。子師傑，孫熒，仍居澤朗。」《福州郭氏族譜》，卷2，頁12 b；參見Szonyi, *Practicing Kinship*, 61-64。

35 《英橋王氏族譜》，卷6，頁140。

36 科大衛的著作中有幾個我所謂的「代役」策略的案例，來自珠江三角洲的居民。如趙姓的三江村，趙氏族人聲稱自己是宋代皇室之後，但這並沒有使他們躲過明初的徵兵。洪武二十四年（1391），村中一戶人家被徵入伍，該家派出一個「買來的兒子」代替他前往南京服役。又如，在族譜記載中，南海關氏雖是民戶，但依然被要求出丁參軍，關家則讓兩個義子承役。Faure, *Emperor and Ancestor*, 72-74.

37 「過房子女聽補父伍」（宣德四年），譚綸，《軍政條例》，卷2，頁3 a-b。

38 關於「條例」一詞的翻譯，參見Jones, *The Great Qing Code*, 3。

39 《英橋王氏族譜》，卷6，頁140。

40 〈謫戍、改戍及軍裝紀〉，《清溪李氏家譜》，卷3，頁42a；又〈太常公自敘軍緣由〉載有相似內容，《清溪李氏家譜》，卷3，頁33a。

41 McKnight, *Village and Bureaucracy in Southern Sung China*, 158-168.

42 〈晉江大侖蔡氏族譜附錄全收〉，《石猷大侖蔡氏族譜》，卷1，頁20-22。

43 〈文水黃氏譜敘〉，《黃氏族譜》，頁A14，B29-B30。

44 在族譜的文本中，這一切發生在元世祖至元二十年（1283），即明朝建立一個世紀前，年代明顯有誤。在族譜成書至今的七個世紀裡，肯定有人在謄抄時有所疏忽。正確的年分很可能是正統二年（1437），因為兩年後黃家又被調入廣州的一個衛所。該族譜的現代印刷版本中，有許多明顯卷187，洪武二十年十一月己丑，頁2799；《閩書》，卷39，頁957。正因如此，一戶人家在一三八〇年代所擁有的子嗣數量，會對該家數百年間的子子孫孫產生深遠影響。參見于志嘉，〈再論垛集與抽籍〉。

18 若想瞭解明朝武官的不同類型和職級，可參見梁志勝，〈試析明代衛所武官的類型〉，頁83。

19《明太祖實錄》，卷233，洪武二十七年六月甲午，頁3404-3405。

20《興化府志》，卷48，頁1237；《崇武所城志》，頁20。

21《閩書》，卷39，頁957。《大明會典》也提到這條通例，參見《大明會典》，卷20，頁359。

22 如何定義中國歷史上的「宗族」，相關研究成果可謂汗牛充棟。對此問題的簡單討論，可參見Szonyi, "Lineages and the Making of Contemporary China," 436-441。

23 關於前一立場，可參見王毓銓，《明代的軍屯》，頁236；關於後一立場，可參見于志嘉，〈明代軍戸の社會的地位について——科舉と任官において〉、〈明代軍戸の社會的地位について——軍戸の婚姻をめぐって〉。

24 Raymond Huang, *Taxation and Governmental Finance*, 36.

25 楊士奇，〈論勾補南北邊軍疏〉，載於陳子龍，《皇明經世文編》，卷15，頁7a。

26 楊士奇，〈論勾補南北邊軍疏〉，載於陳子龍，《皇明經世文編》，卷15，頁7a；《大明會典》，卷124，頁10a。

27 換句話說，隨軍眷屬可以對「解域化」的士兵產生「再域化」作用。

28《明太祖實錄》，卷93，洪武七年十月己未，頁1628；卷182，洪武二十年閏六月乙卯，頁2752。

29《明太宗實錄》，卷188，永樂十五年五月壬子，頁2005。

30「起解軍人審勘妻小」（正統元年），譚綸，《軍政條例》，卷6，頁2b；張金奎，《軍戶與社會變動》；亦可參見于志嘉，〈試論〉。清初蒲松齡（1640-1715）寫過一篇諷刺該項規定的故事。故事發生在十五世紀初，主角薛祿出身軍戶，少不成器，眾人都認為他憨笨，肯定討不到老婆。待到該戶要出丁補伍時，薛祿與兄長約定，只要兄長允許他迎娶一位婢

5 Freedman, *Chinese Lineage Society*, 31.

6 更多近年來的分析，可參見Oakes, "The Alchemy of the Ancestors"；Pieke, "The Genealogical Mentality in Modern China"；饒偉新，〈導言：族譜與社會文化史研究〉；鄭振滿，《明清福建家族組織與社會變遷》。

7 參見Zemon Davis, *Fiction in the Archives*, 3，亦可參見Stoler, *Along the Archival Grain*, 20。

8 在中國，人口登記制度與徵兵之間的關係可以追溯到西元前六世紀關於戶口登記的記載，參見von Glahn, "Household Registration, Property Rights, and Social Obligations"。

9 關於這類簿冊的研究，參見Wilkinson, "Newly Discovered Ming Dynasty Guard Registers"；于志嘉，《明代軍戶世襲制度》。

10 參見Wenxian Zhang, "The Yellow Register Archives of Imperial Ming China"；韋慶遠，《明代黃冊制度》；欒成顯，《明代黃冊研究》；張金紅、徐斌，〈王景弘及其後裔新探〉。

11 從姓氏來看，他們的祖上可能是宋代當地顯赫的阿拉伯家族。但是，這沒有讓他們在徵兵中與眾不同。

12 《中國明朝檔案總匯》，卷64，頁346-347。

13 族譜會定期更新和重修。這種連續性的傳遞，是我們相信族譜資訊的原因之一。晚近的版本通常會重印之前版本的序言，讓我們得以回溯該族譜的刊布歷史。在倪氏族譜的現存版本中，最早一則序言寫於崇禎十四年（1641），說明倪五郎的子孫編纂族譜的時間不晚於該年。參見〈始祖五郎公〉，《金門倪氏族譜》，頁24。

14 並非所有明軍士兵皆出身軍戶，但軍戶是我們目前唯一需要關注的士兵類別。

15 Langlois, "The Code and *Ad Hoc* Legislation in Ming Law," 102-112；吳豔紅，《明代充軍研究》，頁132-138。

16 楊培娜提出，朝廷還透過這類垛集抽軍的行動將此前不受國家控制的人群，如非漢族群，置於國家的控制之下。參見楊培娜，〈瀕海生計與王朝秩序〉，頁24-26。

17 《明太祖實錄》，卷180，洪武二十年四月戊子，頁2735；《明太祖實錄》，

地理範圍和東南沿海大區的核心地帶幾乎完全重合。

28 例如Clark, *Community, Trade and Networks*; Billy Kee-Long So, *Prosperity, Region and Institutions in Maritime China*；鄭振滿，《明清福建家族組織與社會變遷》。

29 Luo, "Soldiers and the City"是一篇研究城市衛所的高水準作品。

30 現存文本當中，只有一小部分能在圖書館等公家機構找到（其中上海圖書館藏書量最大）。舉例來說，收錄家譜（族譜）最多的目錄、王鶴鳴主編的《中國家譜總目》，列舉出安溪縣四十七部家譜，而上海圖書館只藏有一部。我於2012年前往安溪縣搜集史料，當時停留時間不算長，在該縣二十四個鄉鎮當中的湖頭鎮，就拍攝了超過二十部家譜。這些家譜中，只有四部出現在王鶴鳴主編的總目裡。廈門大學民間歷史文獻研究中心已經從湖頭鎮搜集了一百多部家譜。既然連該研究中心的收藏都沒能囊括所有現存家譜，這意味著家譜總數大約比總目記載的數量還多出兩個數量級。

31 Joyner, *Shared Traditions: Southern History and Folk Culture*, 1.

第一章　徵兵、軍役與家庭策略

1 家族對家產分配的特殊安排，舉例來說，包括為尚未婚配的女兒準備一份嫁妝、為年邁的母親提供生活費用，或為雙親亡故後的祭祀預置一筆開銷等，參見Wakefield, *Fenjia*. 對相關律法規制的討論，參見Farmer, *Zhu Yuanzhang*, 159。

2 節錄自〈家譜小引〉，《漳浦六鼇營裡榮陽鄭氏族譜》，頁8及其後。該文的抄本以及本書引用的其他未出版的文本，可在以下網站瀏覽：https://scholar.harvard.edu/szonyi/ABGreferences。

3 《明太宗實錄》，卷33，永樂二年八月庚寅，頁589；王毓銓，《明代的軍屯》，頁232；張松梅，〈明初軍額考〉，頁47-52。

4 顏、鄭兩家的族譜恰好都相當古老。然而這種資料，在每次族譜重修的時候，通常皆會被一次又一次地謄抄進去。所以即使是新出版的族譜，有時也會收錄年代非常久遠的文本。當然，我們採用它們時，還是需要謹慎處理。

20 該立場的學術背景的討論，見Struve, “Modern China’s Liberal Muse: The Late Ming”。

21 這激起學界對國家與社會之關係的新興趣，有些學者致力於在明末社會尋找中國本土的「公共領域」和「公民社會」，卻收效甚微，有些學者則致力於研究社會行動者與國家代理人之間的互動協商，譬如探索社會網絡如「毛細管」一般影響國家的方式，或者追問社會領域「殖民化」國家制度的途徑，相關研究進路成果頗豐，如Brook, *The Chinese State in Ming Society*；Schneewind, *Community Schools and the State in Ming China*；王汎森，《權力的毛細管作用》。

22 Dreyer, “Military Origins of Ming China”；李華彥，〈近三十年來明清鼎革之際軍事史研究回顧〉。中國史學界的相關研究，可參見張金奎，〈二十年來明代軍制研究回顧〉。想瞭解日本史學界的相關研究，可參見川越泰博，〈明代軍事史的研究狀況〉。

23 許多相關的中文研究著作帶有濃厚的民族主義色彩，批評明代（尤其是明末）統治者重文輕武、軍備不修、目光短淺。石康近年來以修正主義的進路挑戰這類強調明軍衰弱的論述，指出十六世紀末明朝對日作戰的勝利表明，即便在王朝末年，明軍也根本沒有什麼嚴重的問題。Swope, *A Dragon's Head and a Serpent's Tail*.

24 Johnston, *Cultural Realism*; Robinson, *Bandits, Eunuchs and the Son of Heaven*; Waldron, *The Great Wall of China.*

25 于志嘉，《衛所、軍戶與軍役》，以及她的其他諸多作品；張金奎，《明代衛所軍戶研究》。于氏的《衛所、軍戶與軍役》雖然是以明清江西地區為中心的研究，但在我看來，本書對把研究放在江西省地方生態的興趣較少。不少有關明代軍隊的著作將焦點放在龐大體制的某一部分，對「開中法」的研究即一顯例。在該制度下，朝廷給商人發放食鹽運銷許可憑證（鹽引），作為交換，商人則需為邊地駐軍提供補給，例如黃仁宇，〈第五章：鹽的專賣〉，《十六世紀明代中國之財政與稅收》；Puk, *The Rise and Fall of a Public Debt Market,*13-18評論其研究成果。

26 Geertz, *The Interpretation of Cultures*, 22.

27 如果參考施堅雅（G.William Skinner）影響深遠的中國大區概念，拙作的

Security, Territory, Population, 260. 他在另一篇文章中有「像那樣並付出那種代價而不被統治的藝術」以及「不被統治到如此程度的藝術」等句子，出於同樣的原因也讓人不夠滿意。Foucault, "What is Critique?" 45.

8 Kerkvliet, "Everyday Politics in Peasant Societies (and Ours)," 232.

9 Foucault, "Governmentality"; Scott, *The Art of Not Being Governed.*

10 繼赫緒曼之後，羅森塔爾和王國斌提出，生活在中華帝國晚期的百姓如果對現狀實在感到不滿，就會試著透過「退出」（exit）和「發聲」（voice）等策略組合，重塑自身與國家之間的關係。我將在下文論述，這種對潛在策略的想像過於狹窄。對自身與國家之關係的重塑一直都存在。當百姓相信運用某些策略可以滿足個人利益的需要時，他們就會毫不猶豫地去做。Rosenthal and Wong, *Before and Beyond Divergence*, 211.

11 Hobsbawm, "Peasants and Politics," 7.

12 關於明代逃兵規模的估算，可參見許賢瑤，《明代的勾軍》，頁139-140。

13 Scott, *Weapons of the Weak*; Sivaramakrishnan, "Some Intellectual Genealogies for the Concept of Everyday Resistance."

14 Deleuze and Guattari, *Anti-Oedipus,*34-35; *Nomadology,* 65-68.

15 中國學者經常使用「地方化」或「本地化」描述我稱之為「再域化」的過程，如林昌丈，〈明清東南沿海衛所軍戶的地方化——以溫州金鄉衛為中心〉。「解域化」的另一個主要用法，指在當代全球化的狀況下，諸如金融交易在內的多種互動行為並不在某個特定地點發生，和此處的用法不同。Scholte, *Globalization: A Critical Introduction*, 17, 75-78.

16 Taylor, "Yuan Origins of the Wei-So System."

17 Farmer, *Zhu Yuanzhang* , 10.

18 Farmer, *Zhu Yuanzhang*, 16-17；Tackett, "A Tang-Song Turning Point," 3；鄧小南，《祖宗之法》，第四章。關於該現象的影響，參見《祖宗之法》，第六章。

19 譬如，有學者就認為：「明代建立的第二個相關意義是：在皇朝體制內，權力被進一步集中，形成『明代專制』。」參見Farmer, *Zhu Yuanzhang,* 100。至於中國史學界的相關研究，參見范文瀾、蔡美彪，《中國通史》，卷8，尤其是第一章。

Press, 2008)，中文版：黃煜文、陳湘陽譯，《前線島嶼：冷戰下的金門》（臺北：國立臺灣大學出版中心，2016）。

5 James Scott, *Seeing Like a State: How Certain Schemes to Improve the Human Condition Have Failed* (New Haven: Yale University Press, 1998).

6 鄭振滿，〈緒論：明清時代的鄉族與國家〉，《鄉族與國家：多元視野中的閩台傳統社會》（北京：生活・讀書・新知三聯書店，2009），頁1-12。

7 參考劉永華，〈地域之外的社會：明代役法與一個跨地域網絡的興衰〉，《北京大學學報（哲學社會科學版）》，2018年第5期，頁117-128。

8 劉志偉，《貢賦體制與市場：明清社會經濟史論稿》（北京：中華書局，2019）。

導論　明代中國的日常政治

1 持該立場的人喜歡引用韋伯的名言：「國家就是一個在某固定領土內（成功的）宣稱壟斷武力之合法使用的人類共同體。」Max Weber, "Politics as a Vocation," 78.

2 部分學者甚至認為，軍事動員的手段形塑了現代國家形成的本質。如蒂利所言：「戰爭創造國家，國家發動戰爭。」Tilly, *The Formation of National States in Western Europe*, 42；亦可參見Roberts, *The Military Revolution 1560-1660*。對國家徵兵方式的類型學研究，可見Levi, "Conscription: The Price of Citizenship"，但主要討論的是現代國家。

3 〈紀伍籍〉，《顏氏族譜》，頁119及其後。在可能的情況下，族譜的注釋都會包括所引文章或段落的標題。

4 關於「正貼軍戶」的細節，請見本書第一章。

5 《明宣宗實錄》，卷36，宣德三年二月甲寅，頁892。本書所引《明實錄》，來自中央研究院漢籍全文資料庫。

6 萬曆三十二年（1604），顏魁槐鄉試中舉，然後出任一系列官職，最高者乃楚雄府同知。楚雄動盪不安，有許多軍隊駐紮。有趣的是，不少駐軍來自泉州地區，是他的老鄉。

7 傅柯試圖用「反治理」（counter-conduct）這一術語處理類似的兩難問題，但我認為該詞難以令人滿意，因為它依然過度強調反抗的一面。Foucault,

注釋

導讀

1　Michel Foucault, "Governmentality," in *The Foucault Effect: Studies in Governmentality, with Two Lectures by and an Interview with Michel Foucault*, Graham Burchell et al. eds. (London: Harvester Wheatsheaf, 1991), pp. 87-104; James Scott, *The Art of Not Being Governed: An Anarchist History of Upland Southeast Asia* (New Haven: Yale University Press, 2009).

2　衛所與軍戶是明代研究的重要課題，早期研究的發展可參考于志嘉，〈明代軍制史研究的回顧與展望〉，收錄於于志嘉，《衛所、軍戶與軍役：以明清江西地區為中心的研究》（北京：北京大學出版社，2010），頁322-355；鄧慶平，〈明清衛所制度研究評述〉，《中國史動態研究》，2008年第4期，頁14-21。近年來由於地方文獻的發掘等因素，衛所研究有許多新進展，本書也是其中之一，在此無法詳述。參考Michael Szonyi and Zhao Shiyu eds. Joel Wing-Lun trans., *The Chinese Empire in Local Society: Ming Military Institutions and Their Legacy* (London: Routledge, 2020)，以及于志嘉，〈再論族譜中所見的明代軍戶：幾個個案的研究〉，《中央研究院歷史語言研究所集刊》，第63本第3分，1993年9月，頁639-678及其一系列以族譜等文獻作為主要材料的論文。

3　討論「華南學派」或「歷史人類學」的作品很多，在此無法一一羅列，參見拙著，〈在田野中找歷史：二十年來的中國華南基層社會研究與人類學〉，《考古人類學刊》，2018年第88期，頁109-140。

4　Michael Szonyi, *Practicing Kinship: Lineage and Descent in Late Imperial China* (Stanford: Stanford University Press, 2002)，中文版：王果譯，《實踐中的宗族》（北京：北京師範大學出版社，2021）；Michael Szonyi, *Cold War Island: Quemoy on the Front Line* (New York: Cambridge University

Wong, R. Bin. "Taxation and Good Governance in China, 1500-1914." In *The Rise of Fiscal States: A Global History, 1500-1914*, edited by Bartolomé Yun-Casalilla and Patrick K. O'Brien, 353-357. Cambridge: Cambridge University Press, 2012.

Wong, R. Bin. *China Transformed: Historical Change and the Limits of European Experience.* Ithaca: Cornell University Press, 1997.

Zelin, Madeline. "A Critique of Rights of Property in Prewar China." In *Contract and Property in Early Modern China*, edited by Madeleine Zelin, Jonathan Ocko, and Robert Gardella, 17-36. Stanford: Stanford University Press, 2004.

Zelin, Madeline. *The Magistrate's Tael: Rationalizing Fiscal Reform in Eighteenth-Century Ch'ing China.* Berkeley: University of California Press, 1984.

Zemon Davis, Natalie. *Fiction in the Archives: Pardon Tales and Their Tellers in Sixteenth-Century France.* Stanford: Stanford University Press, 1987.

Zhang, Lawrence. " 'Power for a Price': Office Purchase, Elite Families and Status Maintenance in Qing China." PhD diss., Harvard University, 2010.

Zhang, Wenxian. "The Yellow Register Archives of Imperial Ming China." *Libraries and the Cultural Record* 43, no. 2 (2008): 148-175.

Zheng Zhenman. *Family Lineage Organization and Social Change in Ming and Qing Fujian*, translated by Michael Szonyi. Honolulu: University of Hawai'i Press, 2001.

Zurndorfer, Harriet. "Oceans of History, Seas of Change: Recent Revisionist Writing in Western Languages about China and East Asian Maritime History during the Period 1500-1630." *International Journal of Asian Studies* 13, no.1 (2016): 61-94.

Republican China. Honolulu: University of Hawai'i Press, 1998.

Waldron, Arthur. *The Great Wall of China: From History to Myth*. Cambridge: Cambridge University Press, 1990.

Wang Mingming. "Place, Administration and Territorial Cults in Late Imperial China: A Case Study from South Fujian." *Late Imperial China* 16, no. 1 (1995): 33-78.

Wang Weichu. "Families and Regions of Ming Jin-Shi Degree Holders: A Study of the Jin-Shi Lists in the China Biographical Database Project." Master's thesis, Harvard University, 2016.

Watson, James. "Waking the Dragon: Visions of the Chinese Imperial State in Local Myth." In *An Old State in New Settings: Studies in the Social Anthropology of China in Memory of Maurice Freedman,* edited by Hugh Baker and Stephan Feuchtwang, 162-177. Oxford: JASO, 1991.

Weber, Max. " Politics as a Vocation" (1918). In *From Max Weber: Essays in Sociology,* translated and edited by H. H. Gerth and C. Wright Mills, 77-128. Abingdon: Routledge, 1991.

Weller, Robert. "Responsive Authoritarianism and Blind-Eyed Governance in China." In *Socialism Vanquished, Socialism Challenged: Eastern Europe and China, 1989-2009*, edited by Dorothy J. Solinger and Nina Bandelj, 83-98. Oxford: Oxford University Press, 2012.

Weller, Robert. "The Politics of Ritual Disguise: Repression and Response in Taiwanese Popular Religion." *Modern China* 13, no. 1 (1987): 17-39.

Wilkison, Wade. "Newly Discovered Ming Dynasty Guard Registers." *Ming Studies* 3 (1976): 36-45.

Will, Pierre-Etienne and R. Bin Wong. *Nourish the People: The State Civilian Granary System in China, 1650-1850*. Ann Arbor: Center for Chinese Studies, University of Michigan, 1991.

Wills, John. *Embassies and Illusions: Dutch and Portuguese Envoys to K'ang-hsi, 1666-1687*. Cambridge, MA: Council on East Asian Studies, Harvard University, 1984.

China. Stanford: Stanford University Press, 2002.

Tackett, Nicolas. "A Tang-Song Turning Point." In *A Companion to Chinese History,* edited by Michael Szonyi, 118-128. Chichester, UK: Wiley Blackwell, 2017.

Tagliacozzo, Eric. *Secret Trades, Porous Borders: Smuggling and States along a Southeast Asian Frontier, 1865-1915*. New Haven: Yale University Press, 2005.

Tam, Yik Fan. "Xianghua Foshi (Incense and Flower Buddhist Rites): A Local Buddhist Funeral Ritual Tradition in Southeastern China." In *Buddhist Funeral Cultures of Southeast Asia and China*, edited by Paul Williams and Patrice Ladwig, 238-260. Cambridge: Cambridge University Press, 2012.

Taylor, Romeyn. "Official Altars, Temples and Shrines Mandated for All Counties in Ming and Qing." *T'oung Pao* 83 (1997): 93-125.

Taylor, Romeyn. "Yuan Origins of the Wei-So System." In *Chinese Government in Ming Times: Seven Studies*, edited by Charles Hucker. New York: Columbia University Press, 1969.

ter Haar, Barend. "The Religious Core of Local Social Organization." In *A Companion to Chinese History*, edited by Michael Szonyi, 304-314. Chichester, UK: Wiley Blackwell, 2017.

ter Haar, Barend. *Guan Yu: The Religious After life of a Failed Hero*. Forthcoming.

Tilly, Charles. "Entanglements of European Cities and States." In *Cities and the Rise of States in Europe, AD 1000 to 1800*, edited by Charles Tilly and Wim Blockmans, 1-27. Boulder, CO: Westview Press, 1994.

Tilly, Charles. "Reflections on the History of European State-Making." In *The Formation of National States in Western Europe*, edited by Charles Tilly, 3-81. Princeton: Princeton University Press, 1975.

Tong, James. *Disorder under Heaven: Collective Violence in the Ming Dynasty*. Stanford: Stanford University Press, 1991.

Wakefield, David. *Fenjia: Household Division and Inheritance in Qing and*

Condition Have Failed. New Haven: Yale University Press, 1998.

Scott, James. *The Art of Not Being Governed: An Anarchist History of Up land Southeast Asia*. New Haven: Yale University Press, 2009.

Scott, *James. Weapons of the Weak: Everyday Forms of Peasant Resistance*. New Haven: Yale University Press, 1985.

Sivaramakrishnan, Kalyanakrishnan. "Some Intellectual Genealogies for the Concept of Everyday Resistance." *American Anthropologist* 107, no. 3 (2005): 346-355.

So, Billy Kee-Long. *Prosperity, Region and Institutions in Maritime China: The South Fukien Pattern, 946-1368*. Cambridge, MA: Asia Center, Harvard University, 2000.

So, Kwan-wai. *Japanese Piracy in Ming China during the Sixteenth Century*. East Lansing: Michigan State University Press, 1975.

Sommer, Matthew. *Polyandry and Wife Selling in Qing Dynasty China: Survival Strategies and Judicial Interventions*. Berkeley: University of California Press, 2015.

Spivak, Gayatri Chakravorty. "Can the Subaltern Speak?" In *Marxism and the Interpretation of Cultures*, edited by Cary Nelson and Lawrence Grossberg, 271-313. Urbana: University of Illinois Press, 1988.

Stoler, Ann Laura. *Along the Archival Grain: Epistemic Anxieties and Colonial Common Sense*. Princeton: Princeton University Press, 2009.

Struve, Lynn. "Modern China's Liberal Muse: The Late Ming." *Ming Studies* 63 (2011): 38-68.

Swope, Kenneth. *A Dragon's Head and a Serpent's Tail: Ming China and the First Great East Asian War (1592-1598)*. Norman: University of Oklahoma Press, 2009.

Szonyi, Michael. "Lineages and the Making of Modern China." In *Modern Chinese Religion II: 1850-2015*, vol. 1, edited by Vincent Goossaert, Jan Kiely, and John Lagerwey, 433-490. Leiden: Brill, 2016.

Szonyi, Michael. *Practicing Kinship: Lineage and Descent in Late Imperial*

26. Hong Kong: Hong Kong University Press, 2010.

Roberts, Michael. *The Military Revolution 1560-1660.* Belfast: Marjory Boyd, 1956.

Robinson, David, "Military Labor in China, circa 1500." In *Fighting for a Living: A Comparative History of Military Labour 1500-2000*, edited by Erik Jan Zürcher, 43-55. Amsterdam: Amsterdam University Press, 2014.

Robinson, David. *Bandits, Eunuchs, and the Son of Heaven: Rebellion and the Economy of Violence in Mid-Ming China.* Honolulu: University of Hawa i'i Press, 2001.

Robson, James. "Hidden in Plain View: Concealed Contents, Secluded Statues, and Revealed Religion." In *The Rhetoric of Hiddenness in Traditional Chinese Culture,* edited by Paula Varsano, 117-205. Albany: State University of New York Press, 2016.

Rosenthal, Jean-Laurent and R. Bin Wong. *Before and Beyond Divergence: The Politics of Economic Change in China and Europe.* Cambridge, MA: Harvard University Press, 2011.

Rowe, William. *Hankow: Conflict and Community in a Chinese City, 1796-1895.* Stanford: Stanford University Press, 1989.

Ruskola, Teema. "Conceptualizing Corporations and Kinship: Comparative Law and Development Theory in a Chinese Perspective." *Stanford Law Review* 52, no. 6 (2000): 1599-1729.

Sangren, Paul Steven. "Traditional Chinese Corporations: Beyond Kinship." *Journal of Asian Studies* 43, no. 3 (1984): 391-415.

Sangren, Paul Steven. *History and Magical Power in a Chinese Community.* Stanford: Stanford University Press, 1987.

Schneewind, Sarah. *Community Schools and the State in Ming China.* Stanford: Stanford University Press, 2006.

Scholte, Jan. *Globalization: A Critical Introduction.* 2nd edition. New York: Palgrave Macmillan, 2005.

Scott, James. *Seeing like a State: How Certain Schemes to Improve the Human*

Property in Early Modern China, edited by Madeleine Zelin, Jonathan Ocko, and Robert Gardella, 178-205. Stanford: Stanford University Press, 2004.

Oi, Jean and Andrew Walder. "Property Rights in the Chinese Economy: Contours of the Process of Change." In *Property Rights and Economic Reform in China*, edited by Jean Oi and Andrew Walder, 1-26. Stanford: Stanford University Press, 1999.

Oxfeld, Ellen. *Blood, Sweat and Mahjong: Family and Enterprise in an Overseas Chinese Community*. Ithaca: Cornell University Press, 1993.

Parsons, James Bunyan. *The Peasant Rebellions of the Late Ming Dynasty*. Tucson: University of Arizona Press, 1970.

Perdue, Peter. *China Marches West: The Qing Conquest of Central Eurasia*. Cambridge, MA: Harvard University Press, 2005.

Perdue, Peter. *Exhausting the Earth: State and Peasant in Hunan, 1500-1850*. Cambridge, MA: Council on East Asian Studies, Harvard University, 1987.

Perry, Elizabeth. "Popular Protest: P laying by the Rules." In *China Today, China Tomorrow: Domestic Politics, Economy and Society*, edited by Joseph Fewsmith, 11-28. Lanham, MD: Rowman and Littlefield, 2010.

Pieke, Frank. "The Genealogical Mentality in Modern China." *Journal of Asian Studies* 62, no. 1 (2003): 101-128.

Pomeranz, Kenneth. "Land Markets in Late Imperial and Republican China." *Continuity and Change* 23, no. 1 (2008): 101-150.

Pomeranz, Kenneth. *The Great Divergence: China, Europe, and the Making of the Modern World Economy*. Princeton: Princeton University Press, 2000.

Puk Wing-kin. *The Rise and Fall of a Public Debt Market in 16th-Century China: The Story of the Ming Salt Certificate*. Leiden: Brill, 2016.

Reed, Bradly. *Talons and Teeth: County Clerks and Runners in the Qing Dynasty*. Stanford: Stanford University Press, 2000.

Reid, Anthony. "Violence at Sea: Unpacking 'Piracy' in the Claims of States over Asian Seas." In *Elusive Pirates, Pervasive Smugglers: Violence and Clandestine Trade in the Greater China Seas*, edited by Robert Antony, 15-

in Late Ming Nanjing." *Frontiers of History in China* 5, no. 1 (2010): 30-51.

Mann, Michael. "The Autonomous Power of the State: Its Origins, Mechanisms and Results." *Archives europeennes de sociologie* 25, no. 2 (1984): 185-213.

Mann, Susan. *Local Merchants and the Chinese Bureaucracy, 1750-1950.* Stanford: Stanford University Press, 1987.

McKay, Joseph. "Maritime Pirates as Escape Societies in Late Imperial China." *Social Science History* 37, no. 4 (2013): 551-573.

McKay, Ruth. *The Limits of Royal Authority: Resistance and Obedience in Seventeenth-Century Castile.* Cambridge: Cambridge University Press, 1999.

McKnight, Brian. *Village and Bureaucracy in Southern Sung China.* Chicago: University of Chicago Press, 1971.

Menzies, Gavin. *1421: The Year China Discovered the World.* New York: Bantam, 2002.

Mitchell, Timothy. "The Limits of the State: Beyond Statist Approaches and Their Critics." *American Political Science Review* 85, no. 1 (1991): 77-96.

Muscolino, Micah. "Underground at Sea: Fishing and Smuggling across the Taiwan Strait, 1970s-1990s." In *Mobile Horizons: Dynamics across the Taiwan Strait*, edited by Wen-hsin Yeh, 99-123. Berkeley: Institute of East Asian Studies, University of California, 2013.

Needham, Joseph, ed. *Science and Civilization in China.* Cambridge: Cambridge University Press, 1954.

Nimick, Thomas. *Local Administration in Ming China: The Changing Roles of Magistrates, Prefects, and Provincial Officials*. Minneapolis: Center for Early Modern History, University of Minnesota, 2008.

Oakes, Tim. "The Alchemy of the Ancestors: Rituals of Genealogy in the Service of the Nation in Rural China." In *Faiths on Display: Religion, Tourism, and the Chinese State*, edited by Tim Oakes and Donald Sutton, 51-78. Lanham, MD: Rowman and Littlefield, 2010.

Ocko, Jonathan. "The Missing Metaphor: Applying Western Legal Scholarship to the Study of Contract and Property in Early Modern China." In *Contract and*

Lee, Sukhee. *Negotiated Power: The State, Elites and Local Governance in Twelfth- to Fourteenth-Century China.* Cambridge, MA: Harvard University Asia Center, 2014.

Levi, Margaret. "Conscription: The Price of Citizenship." In *Analytic Narratives*, edited by Robert Bates et al., 109-147. Princeton: Princeton University Press, 1998.

Li, Bozhong. *Agricultural Development in Jiangnan, 1620-1850*. New York: St. Martin's Press, 1998.

Li, Kangying. *The Ming Maritime Trade Policy in Transition, 1368-1567*. Wiesbaden: Harrassowitz Verlag, 2010.

Li, Ren-Yuan. "Making Texts in Villages: Textual Production in Rural China during the Ming-Qing Period." PhD diss., Harvard University, 2014.

Li, Tana. "An Alternative Vietnam? The Nguyen Kingdom in the Seventeenth and Eighteenth Centuries." *Journal of Southeast Asian Studies* 29, no. 1 (1998):111-121.

Liew Foon Ming. *The Treatises on Military Affairs of the Ming Dynastic History (1368-1644)*. Hamburg: Gesellschaft fur Natur-und Vulkerkunde Ostasiens, 1998.

Liew Foon Ming. *Tuntian Farming of the Ming Dynasty (1368-1644)*. Hamburg: Gesellschaft fur Natur-und Vulkerkunde Ostasiens, 1984.

Lim, Ivy Maria. *Lineage Society on the Southeastern Coast of China: The Impact of Japanese Piracy in the 16th Century.* Amherst NY: Cambria, 2010.

Link, Perry. *An Anatomy of Chinese: Rhythm, Metaphor, Politics*. Cambridge, MA: Harvard University Press, 2013.

Liu Zhiwei. "Beyond the Imperial Metaphor: A Local History of the Beidi (Northern Emperor) Cult in the Pearl River Delta," translated by Maybo Ching. *Chinese Studies in History* 35, no. 1 (2001): 12-30.

Liu, William Guanglin. *The Chinese Market Economy, 1000-1500*. Albany: State University of New York Press, 2015.

Luo Xiaoxiang. "Soldiers and the City: Urban Experience of Guard Households

Huang, Philip. "Centralized Minimalism: Semiformal Governance by Quasi Officials and Dispute Resolution in China." *Modern China* 34, no. 1 (2008): 9-35.

Huang, Philip. *Civil Justice in China: Representation and Practice in the Qing*. Stanford: Stanford University Press, 1996.

Huang, Raymond. *Broadening the Horizons of Chinese History: Discourses, Syntheses, and Comparisons*. Armonk, NY: ME Sharpe, 1999.

Huang, Raymond. *Taxation and Governmental Finance in Sixteenth-Century Ming China*. Cambridge: Cambridge University Press, 1974.

Hucker, Charles. *The Censorial System of Ming China*. Stanford: Stanford University Press, 1996.

Hymes, Robert. *Way and Byway: Taoism, Local Religion and Models of Divinity in Sung and Modern China*. Berkeley: University of California Press, 2002.

Johnson, David. "The City God Cults of T'ang and Sung China." *Harvard Journal of Asiatic Studies* 45, no. 2 (1985): 363-457.

Johnston, Alastair I. *Cultural Realism: Strategic Culture and Grand Strategy in Chinese History*. Princeton: Princeton University Press, 1995.

Jones, William, trans. *The Great Qing Code*. Oxford: Clarendon Press, 1994.

Joyner, Charles. *Shared Traditions: Southern History and Folk Culture*. Urbana: University of Illinois Press, 1999.

Julien, Francois. *Detour and Access: Strategies of Meaning in China and Greece*. Translated by Sophie Hawkes. New York: Zone Books, 2000.

Katz, Paul. *Divine Justice: Religion and the Development of Chinese Legal Culture*. London: Routledge, 2009.

Kerkvliet, Ben. "Everyday Politics in Peasant Societies (and Ours). " *Journal of Peasant Studies* 36, no. 1 (2009): 227-243.

Kuhn, Philip. *Chinese among Others: Emigration in Modern Times*. Lanham, MD: Rowman and Littlefield, 2008.

Langlois, John. "The Code and Ad Hoc Legislation in Ming Law," *Asia Major*. 3rd series, 6, no. 2 (1993): 85-112.

Greif, Avner. *Institutions and the Path to the Modern Economy: Lessons from Medieval Trade*. Cambridge: Cambridge University Press, 2006.

Hamashima Atsutoshi. "Communal Religion in Jiangnan Delta Rural Villages in Late Imperial China." *International Journal of Asian Studies* 8, no. 2 (2011): 127-162.

Hansen, Valerie. *Negotiating Daily Life in Traditional China: How Ordinary People Used Contracts, 600-1400*. New Haven: Yale University Press, 1995.

Hasan, Farat. *State and Locality in Mughal India: Power Relations in Western India, c. 1572-1730*. Cambridge: Cambridge University Press, 2004.

Heijdra, Martin. "The Socioeconomic Development of Rural China during the Ming." In *The Cambridge History of China*, vol. 8, *The Ming Dynasty*, pt. 2, edited by Denis Twitchett and Frederick Mote, 417-578. Princeton: Princeton University Press, 1998.

Hershatter, Gayle. "The Subaltern Talks Back: Reflections on Subaltern Theory and Chinese History." *Positions: East Asia Cultural Critique* 1, no. 1 (1993): 103-130.

Higgins, Roland, "Pirates in Gowns and Caps: Gentry Law-Breaking in the Mid-Ming." *Ming Studies* 10 (1980): 30-37.

Higgins, Roland. "Piracy and Coastal Defense in the Ming Period, Government Response to Coastal Disturbances, 1523-1549." PhD diss., University of Minnesota, 1981.

Ho, Dahpon. "Sea Lords Live in Vain: Fujian and the Making of a Maritime Frontier in Seventeenth-Century China." PhD diss., University of California, San Diego, 2011.

Hobsbawm, Eric. "Peasants and Politics." *Journal of Peasant Studies* 1, no. 1 (1973): 3-22.

Hsiao, Ch'i-ch'ing. *The Military Establishment of the Yuan Dynasty.* Cambridge, MA: Council on East Asian Studies, Harvard University, 1978.

Huang, Philip. "Between Informal Mediation and Formal Adjudication: The Third Realm of Qing Justice." *Modern China* 19, no. 3 (1993): 251-298.

Athlone, 1966.

Fukuyama, Francis. *The Origins of Political Order: From Prehuman Times to the French Revolution*. New York: Farrar, Straus, and Giroux, 2011.

Gates, Hill. *China's Motor: A Thousand Years of Petty Capitalism.* Ithaca: Cornell University Press, 1996.

Geertz, Clifford. *The Interpretation of Cultures: Selected Essays*. New York: Basic Books, 1973.

Geiss, James. "The Chia-Ching Reign. 1522-1566." In *The Cambridge History of China,* vol. 7, *The Ming Dynasty*, pt. 1, edited by Denis Twitchett and Frederick Mote, 440-510. Princeton: Princeton University Press, 1988.

Girard, Pascale, trans. and ed. *Le Voyage en Chine d 'Adriano de las Cortes* (1625). Paris: Chandeigne, 2001.

Glahn, Richard von. "Household Registration, Property Rights, and Social Obligations in Imperial China: Principles and Practices." In *Registration and Recognition: Documenting the Person in World History*, edited by Keith Breckenridge and Simon Szreter, 39-66. Proceedings of the British Academy 182 (2012).

Glahn, Richard von. "Imagining Pre-Modern China." In *The Song-Yuan-Ming Transition in Chinese History*, edited by Paul Jakov Smith and Richard von Glahn, 35-70. Cambridge, MA: Harvard University Asia Center, 2003.

Goldstone, Jack. "The Problem of the 'Early Modern' World." *Journal of the Economic and Social History of the Orient* 41, no. 3 (1998): 249-284.

Goodman, David. "Corruption in the PLA." In *Chinese Economic Reform: The Impact on Security*, edited by Gerald Segal and Richard Yang, 35-52. London and New York: Routledge, 1996.

Goodrich, L. Carrington and Chaoying Fang, eds. *Dictionary of Ming Biography, 1368-1644*. New York: Columbia University Press, 1976.

Goossaert, Vincent. "A Question of Control: Licensing Local Ritual Specialists in Jiangnan, 1850-1950."載於康豹、劉淑芬編，《信仰、實踐與文化調適》，臺北：中央研究院，2013，頁569-604。

Sustainable Future. Cambridge: Cambridge University Press, 2015.

Dykstra, Maura. "Complicated Matters: Commercial Dispute Resolutionin Chongqing, 1750-1911." PhD diss., UCLA, 2015.

Ebrey, Patricia. "China as a Contrasting Case: Bureaucracy and Empire in Song China." In *Empires and Bureaucracy in World History: From Late Antiquity to the Twentieth Century*, edited by Peter Crooks and Timothy Parsons, 31-53. Cambridge: Cambridge University Press, 2016.

Elman, Benjamin. *A Cultural History of Civil Examinations in Late Imperial China*. Berkeley: University of California Press, 2000.

Farmer, Edward. *Zhu Yuanzhang and Early Ming Legislation: The Reordering of Chinese Society Following the Era of Mongol Rule*. Leiden: Brill, 1995.

Faure, David. "The Emperor in the Village: Representing the State in South China." *Journal of the Hong Kong Branch of the Royal Asiatic Society* 35 (1995): 75-112.

Faure, David. *Emperor and Ancestor: Stat e and Lineage in South China*. Stanford: Stanford University Press, 2007.

Feng Menglong. *Stories to Awaken the World: A Ming Dynasty Collection*, translated by Shuhui Yang and Yunqin Yang. Seattle: University of Washington Press, 2009.

Foucault, Michel. "Governmentality." In *The Foucault Effect: Studies in Governmentality, with Two Lectures by and an Interview with Michel Foucault*, edited by Graham Burchell, Colin Gordon, and Peter Miller, 87-104. London: Harvester Wheatsheaf, 1991.

Foucault, Michel. "What Is Critique ?" In *What Is Enlightenment? Eighteenth-Century Answers and Twentieth-Century Questions*, edited by James Schmidt, 382-98. Berkeley: University of California Press, 1997.

Foucault, Michel. *Security, Territory, Population: Lectures at the College de France, 1977-78*, edited by Michel Senellart; translated by Graham Burchell. Basingstoke: Palgrave Macmillan, 2007.

Freedman, Maurice. *Chinese Lineage Society: Fukien and Kwangtung*. London:

Cambridge University Press, 2009.

Dardess, John. *A Political Life in Ming China: A Grand Secretary and His Times.* Lanham, MD: Rowman and Littlefield, 2013.

de Certeau, Michel. *The Practice of Everyday Life. Translated by Steven Rendall.* Berkeley: University of California Press, 1984.

Dean, Kenneth (Ding Hesheng) and Zheng Zhenman. *Ritual Alliances of the Putian Plains*. Leiden: Brill, 2010.

Dean, Kenneth and Thomas Lamarre. "Ritual Matters." In *Impacts of Modernities*, edited by Thomas Lamarre and Kang Nae-hui, 257-284. Hong Kong: Hong Kong University Press, 2004.

Dean, Kenneth. *Taoist Ritual and Popular Cults in Southeast China.* Princeton: Princeton University Press, 1993.

Deleuze, Gilles and Felix Guattari. *Anti-Oedipus*. Translated by Robert Hurley, Mark Seem, and Helen Lane. Minneapolis: University of Minnesota Press, 1983.

Deleuze, Gilles and Felix Guattari. *Nomadology: The War Machine*. Translated by Brian Massumi. New York: Semiotext(e), 1986.

Dennerline, Jerry. *The Chia-Ting Loyalists: Confucian Leadership and Social Change in Seventeenth-Century China*. New Haven: Yale University Press, 1981.

Dennis, Joseph. *Writing, Publishing and Reading Local Gazetteers in Imperial China, 1100-1700*. Cambridge, MA: Asia Center, Harvard University, 2015.

Dreyer, Edward. "Military Origins of Ming China." In *The Cambridge History of China*, vol. 7, *The Ming Dynasty*, pt. 1, edited by Denis Twitchett and Frederick Mote, 58-106. Princeton: Princeton University Press, 1988.

Duara, Prasenjit. "Superscribing Symbols: The Myth of Guandi, Chinese God of War." *Journal of Asian Studies* 47, no. 4 (1988): 778-795.

Duara, Prasenjit. *Culture, Power and the State: Rural North China, 1900-1942*. Stanford: Stanford University Press, 1988.

Duara, Prasenjit. *The Crisis of Global Modernity: Asian Traditions and a*

Harvard University, 1993.

Brook, Timothy. *The Chinese State in Ming Society*. London and New York: Routledge Curzon, 2005.

Brook, Timothy. *The Confusions of Pleasure: Commerce and Culture in Ming China.* Berkeley: University of California Press, 1998.

Buoye, Thomas. *Manslaughter, Markets and Moral Economy: Violent Disputes over Property Right sin Eighteenth Century China*. Cambridge: Cambridge University Press, 2000.

Calanca, Paola. *Piraterie et contrabande au Fujian: l'administration chinoise face aux problemes d'illegalite maritime*. Paris: Les Indessavantes, 2011.

Chang, Pin-Tsun [Zhang Bincun]. "Chinese Maritime Trade: The Case of Sixteenth-Century Fu-Chien (Fukien)." PhD diss., Princeton University, 1983.

Chao, Shin-yi. *Daoist Ritual, State Religion and Popular Practices: Zhenwu Worship from Song to Ming (960 to 1644)*. Abingdon and New York: Routledge, 2011.

Chin, James. "Merchants, Smugglers, and Pirates." In *Elusive Pirates, Pervasive Smugglers: Violence and Clandestine Trade in the Greater China Seas*, edited by Robert Antony, 43-58. Hong Kong: Hong Kong University Press, 2010.

Clark, Hugh. *Community, Trade and Networks: Southern Fujian from the Third to the Thirteenth Century*. Cambridge: Cambridge University Press, 1991.

Cohen, Myron. "Commodity Creation in Late Imperial China." In *Locating Capitalism in Time and Space: Global Restructurings, Polities and Identity*, edited by David Nugent. Stanford: Stanford University Press, 2002. Reprinted in *Kinship, Community, Contract and State: Anthropological Perspectives on China*, 223-251. Stanford, Stanford University Press, 2005.

Cohen, Myron. Kinship, *Community, Contract and State: Anthropological Perspectives on China.* Stanford: Stanford University Press, 2005.

Collins, James. *The State in Early Modern France.* 2nd edition. Cambridge:

Allio, Fiorella. "Spatial Organization in a Ritual Context: A Preliminary Analysis of the Koah-Hiu Processional System of the Tainan Region and Its Social Significance." 載於林美容主編，《信仰、儀式與社會》，臺北：中央研究院民族學研究所，2003，頁131-178。

Antony, Robert. *Like Froth Floating on the Sea: The World of Pirates and Seafarers in Late Imperial South China*. Berkeley: Institute of East Asian Studies, 2003.

Andrade, Tonio. *The Gunpowder Age: China, Military Innovation and the Rise of the West in World History*. Princeton: Princeton University Press, 2016.

Barkey, Karen. *Empire of Difference: The Ottomans in Comparative Perspective*. Cambridge: Cambridge University Press, 2008.

Bayly, Christopher. *Imperial Meridien: The British Empire and the World, 1780 -1830*. London and New York: Longman, 1989.

Beattie, Hillary. *Land and Lineage in China: A Study of T'ung-Ch'eng County, Anhwei, in the Ming and Ch'ing Dynasties*. Cambridge: Cambridge University Press, 1979.

Borges, Jorge Luis. "On Exactitude in Science" (1946). In *Collected Fictions*, translated by Andrew Hurley, 325. New York: Viking, 1998.

Bourgon, Jerome. "Uncivil Dialogue: Law and Custom Did Not Merge into Civil Lawunder the Qing." *Late Imperial China* 23, no. 1 (2002): 50-90.

Brandt, Loren, Debin Ma, and Thomas Rawski. "From Diver gence to Convergence: Reevaluating the History behind China's Economic Boom." *Journal of Economic Literature* 52, no. 1 (2014): 45-123.

Brook, Timothy. "Communications and Commerce." In *The Cambridge History of China*, vol. 8, *The Ming Dynasty*, pt. 2, edited by Denis Twitchett and Frederick Mote,579-707. Princeton: Princeton University Press, 1998.

Brook, Timothy. "The Spatial Structure of Ming Local Administration." *Late Imperial China* 6, no. 1 (1985): 1-55.

Brook, Timothy. *Praying for Power: Buddhism and the Formation of Gentry Society in Late-Ming China*. Cambridge, MA: Council on East Asian Studies,

鄧慶平，《州縣與衛所：政區演變與華北邊地的社會變遷——以明清蔚州為例》，北京大學博士論文，2006。
鄭振滿，《明清福建家族組織與社會變遷》，長沙：湖南教育出版社，1992。
鄭榕，〈明清以降銅山貿易發展與武廟祭祀〉，《漳州師範學院學報》，2009年第72卷第2期，頁59-65。
鄭榕，《銅山：一個軍戶社會的變遷，1368-1949》，廈門大學碩士論文，2006。
盧正恆，《官與賊之間：鄭芝龍霸權及「鄭部」》，國立臺灣清華大學碩士論文，2012。
盧建一，〈明代海禁政策與福建海防〉，《福建師範大學學報》，1992年第2期，頁118-121。
濱島敦俊，〈東亞諸國的城隍神信仰〉，林緯毅編，《城隍信仰》，新加坡：韭菜芭城隍廟，2008。
謝湜，〈亦屯亦民：明清南嶺衛所軍屯的演變與社會建構〉，載於《文史》，2014年第4期，頁75-110。
謝湜，〈明代太倉州的設置》，載於《歷史研究》，2012年第3期，頁29-43。
饒偉新，〈明代軍灶籍考論》，載於《中央研究院歷史語言研究所集刊》，2014年第2期（總第85期），頁427-475。
饒偉新，〈導言：族譜與社會文化史研究〉，饒偉新編，《族譜研究》，北京：社會科學文獻出版社，2013，頁1-24。
饒偉新編，《族譜研究》，北京：社會科學文獻出版社，2013。
顧誠，〈衛所製度在清代的變革〉，載《北京師範大學學報》，1989年第2期，頁15-22。
顧誠，〈談明代的衛籍〉，載《北京師範大學學報》，1989第5期，頁56-65。
欒成顯，《明代黃冊研究》，北京：中國社會科學出版社，1998。
Acharya, Viral and Matthew Richardson. "Causes of the Financial Crisis." *Critical Review* 21, nos. 2-3 (2009): 195-210.
Agnew, Christopher. "Migrants and Mutineers: The Rebellion of Kong Youde and 17th Century Northeast Asia." *Journal of the Economic and Social History of the Orient* 52, no. 3 (2009): 505-541.

陳麗敏，《巡遊平海》，北京：中國文史出版社，2006。

陳寶良，〈明代衛學發展述論〉，《社會科學輯刊》，2004年第6期，頁93-96。

彭勇，《明代旗軍經濟生活探研：以班軍為線索》，載於田澍等編，《第十一屆明史國際學術討論會論文集》，天津：天津古籍出版社，2007，頁163-174。

湯文吉，《永寧衛雜史》，福州：福建史志出版社，2001。

馮燕群，〈從朱有燉雜劇看明代衛所軍戶生存狀況〉，《文教資料》，2015年第10期，頁71-74。

黃中青，《明代海防的水寨與遊兵：浙閩粵沿海島嶼防衛的建置與解體》，宜蘭：學書獎助基金，2001。

黃曉東，〈漢語軍話概述〉，《語言教學與研究》，2007年第3期，頁21-27。

楊國楨，《明清土地契約文書研究》，北京：人民出版社，1988。

楊培娜，《濱海生計與王朝秩序：明清閩粵沿海地區社會變遷研究》，中山大學博士論文，2009。

溫端政，《蒼南方言志》，北京：語文出版社，1991。

葉明生編，《閩台張聖君信仰文化》，福州：海潮攝影美術出版社，2008。

葉錦花，《明清灶戶制度的運作及其調適：以福建晉江潯美鹽場為例》，中山大學博士論文，2012。

趙世瑜，〈「不清不明」與「無明不清」：明清易代的區域社會史解釋〉，《學術月刊》，2010年第42卷第7期，頁130-140。

劉永華、鄭榕，〈清初中國東南地區的糧戶歸宗改革：來自閩南的例證〉，《中國經濟史研究》，2008年第4期，頁81-87。

劉志偉，《在國家與社會之間：明清廣東地區里甲賦役制度與鄉村社會》，廣東：中山大學出版社，1997。

劉相如、張天浩，《梅江風情》，香港：華星出版社，2003。

劉道勝，《明清徽州宗族文書研究》，合肥：安徽人民出版社，2008。

蔡嘉麟，《明代的衛學教育》，宜蘭：明史研究小組，2002。

鄧小南，《祖宗之法：北宋前期政治史略》，北京：生活·讀書·新知三聯書店，2006。

張金奎，〈軍戶與社會變動〉，萬明編，《晚明社會變遷：問題與研究》，北京：商務印書館，2005，頁403-461。
張金奎，《明代衛所軍戶研究》，北京：線裝書局，2007。
張金紅、徐斌，〈王景弘及其後裔新探〉，《海交史研究》，2005年第2期，頁44-54。
張彬村，〈16世紀舟山群島的走私貿易〉，《中國海洋發展史論文集》，1984年第1輯，頁71-96。
曹樹基，《中國移民史》，第5卷（明時期），福州：福建人民出版社，1997。
梁志勝，〈世襲明代衛所武官的類型〉，載於《西北大學學報》，2001年第5期，頁83-88。
梁志勝，《明代衛所武官世襲制度研究》，北京：中國社會科學出版社，2012。
莆田縣地方志編纂委員會、莆田縣民俗學會，《莆禧所城雜記》，莆田，1997。
莊初升，〈試論漢語方言島〉，《學術研究》，1996年第3期，頁6-9。
許爽，《福建城隍信仰研究》，福建師範大學碩士論文，2007。
許賢瑤，〈明代的勾軍〉，《明史研究專刊》，1983年第6期，頁133-192。
郭紅，〈明代的旗纛之祭：中國古代軍事性祭祀的高峰〉，《民俗研究》，2013年第111期，頁90-96。
陳文石，〈明代衛所的軍〉，《中央研究院歷史語言研究所集刊》，1977年第2期（總第48期），頁177-203。
陳春聲，〈明代前期潮州海防及其歷史影響〉，《中山大學學報》，2007年第2期（總第47期），頁24-32；第3期，頁46-52。
陳春聲，〈從倭亂到遷海：明末清初潮州地方動亂與鄉村社會變遷〉，《明清論叢》，2001年第2期，頁73-106。
陳春聲、肖文評，〈聚落形態與社會轉型：明清之際韓江流域地方動亂之歷史影響〉，《史學月刊》，2011年第2期，頁55-68。
陳國強、石奕龍，《崇武人類學調查》，福州：福建教育出版社，1990。
陳歌辛、羅維克，《抗倭名城：金鄉、蒲城》，《蒼南文史資料》，第20輯（特輯），2005。

5期），頁147-200。
吳藻汀，《泉州民間傳說集》，泉州：泉山書社，1933-1934。
吳艷紅，《明代充軍研究》，北京：社會科學文獻出版社，2003。
李金明，《明代海外貿易史》，北京：中國社會科學出版社，1990。
李華彥，〈近三十年來明清鼎革之際軍事史研究回顧〉，《明代研究》，2014年第23期，頁127-154。
李鵬飛，〈「三言」、「二拍」中明代軍事技術之研究〉，《黑龍江史志》，2012年第23期，頁11-13。
奇文瑛，〈碑銘所見明代達官婚姻關係〉，載於《中國史研究》，2011年第3期，頁167-181。
岸本美緒，《清代中國の物価と経済変動》，東京：研文出版，1997。
易澤陽，《明朝中期的海防思想研究》，北京：解放軍出版社，2008。
林仁川，《明末清初私人海上貿易》，上海：華東師範大學出版社，1987。
林昌丈，〈明清東南沿海衛所的地方化——以溫州金鄉衛為中心〉，載於《中國歷史地理論叢》，2009年第4期（總第24期），頁115-125。
牧野巽，《近世中國宗族研究》，東京：日光書院，1949。
俞達珠，《玉融古趣》，福州：海峽文藝出版社，1991。
范文瀾、蔡美彪，《中國通史》，北京：人民出版社，2008。
韋慶遠，《明代黃冊制度》，北京：中華書局，1961。
孫文龍編，《東山文物名勝志》，東山：福建省東山博物館，1990。
徐泓，《明代福建的築城運動》，《暨南學報》，1999年第3卷第1期，頁25-76。
徐斌，《明清鄂東宗族與地方社會》，武漢：武漢大學出版社，2010。
高丙中，〈一座博物館／廟宇建築的民族志——論成為政治藝術的雙名制〉，李小雲、趙旭東、葉敬忠編，《鄉村文化與新農村建設》，北京：社會科學出版社，2008，頁182-198。
張昇，〈衛所志初探〉，《史學史研究》，2001年第1期，頁50-58。
張松梅，〈明初軍額考〉，《齊魯學刊》，2006年第191期，頁47-52。
張金奎，〈二十年來明代軍制研究回顧〉，《中國史研究動態》，2002年10月，頁7-15。

于志嘉，《明代軍戶世襲制度》，臺北：臺灣學生書局，1987。
于志嘉，《衛所、軍戶與軍役：以明清江西地區為中心的研究》，北京：北京大學出版社，2010。
山崎岳，〈巡撫朱紈の見た海：明代嘉靖年間の沿海衛所と「大倭寇」前夜の人々〉，《東洋史研究》，62.1（2003），頁1-38。
川越泰博，〈明代軍事史的研究狀況〉，載於森正夫等編，《明清時代史的基本問題》，周紹泉等譯，北京：商務印書館，2013，頁241-259。
川越泰博，李三謀譯，〈倭寇被擄人與明代的海防軍〉，《中國邊疆史地研究》，1998年第3期，頁107-115。
尹章義，《張士箱家族移民發展史：清初閩南士族移民臺灣之一個案研究》，臺北，1983。
片山剛，〈清末広東省珠江デルタの圖甲制について——稅糧・戶籍・同族〉，《東洋學報》，63.3-4（1982），頁1-34。
王汎森，《權力的毛細管作用：清代的思想、學術與心態》，新北：聯經出版公司，2013。
王連茂、葉恩典，《泉州、臺灣張士箱家族文件彙編》，福州：福建人民出版社，1999。
王毓銓，《明代的軍屯》，北京：中華書局，1965。
王銘銘，《溪村家族：社區史、儀式與地方政治》，貴陽：貴州人民出版社，2004。
王鶴鳴編，《中國家譜總目》，上海：上海古籍出版社，2008。
申斌、黃忠鑫，〈明末的里甲役與編戶應對策略〉，載於《中國社會經濟史研究》，2015年第3期，頁41-51。
白鋼主編，《中國政治制度通史》，北京：人民出版社，1996。
江柏煒，〈從軍事城堡到宗族聚落：福建金門城之研究〉，《城市與設計學報》，1999年第7-8期（總第13期），頁133-177。
何孟興，《浯嶼水寨》，臺北：蘭臺出版社，2005。
吳大昕，《海商、海盜、倭：明代嘉靖大倭寇的形象》，臺灣暨南國際大學碩士論文，2002。
吳晗，〈明代的軍兵〉，載於《中國社會經濟史集刊》，1937年第2期（總第

顧炎武，《天下郡國利病書》，清代，上海：上海科學技術出版社，2002（影印本）。

五、其他參考文獻

《石獅市志》，北京：方志出版社，1998。

《和諧城鄉遊》，安溪，2007。

丁荷生、鄭振滿，《福建宗教碑銘彙編·泉州府分冊》，福州：福建人民出版社，1995。

丁荷生、鄭振滿，《福建宗教碑銘彙編·興化府分冊》，福州：福建人民出版社，2003。

于志嘉，〈「以屯易民」再議：從藍山縣寧溪所軍戶談起〉，《明代研究》，2020年第34期，頁1-94。

于志嘉，〈再論垛集與抽籍〉，《鄭欽仁教授七秩壽慶論文集》，新北：稻鄉出版社，2006。

于志嘉，〈明代軍戶の社會的地位について——科舉と任官において〉，《東洋學報》71，3/4（1990），頁91-131。

于志嘉，〈明代軍戶の社會的地位について——軍戶の婚姻をめぐって〉，《明代史研究》，18（1990），頁7-31。

于志嘉，〈明代軍戶中的家人、義男〉，《中央研究院歷史語言研究所集刊》，2011年第3期（總第83期），頁507-569。

于志嘉，〈明代軍戶中餘丁角色的分化〉，《中央研究院歷史語言研究所集刊》，2013年第3期（總第84期），頁455-525。

于志嘉，〈明清時代軍戶的家族關係：衛所軍戶與原籍軍戶之間〉，《中央研究院歷史語言研究所集刊》，2003年第1期（總第74期），頁97-140。

于志嘉，〈試論明代衛軍原籍與衛所分配的關係〉，《中央研究院歷史語言研究所集刊》，1989年第2期（總第60期），頁350-367。

于志嘉，〈試論族譜中所見的明代軍戶〉，《中央研究院歷史語言研究所集刊》，1986年第4期（總第57期），頁635-667。

于志嘉，〈論明代的附籍軍戶與軍戶分戶〉，《顧誠先生紀念暨明清史研究文集》，鄭州：中州古籍出版社，2005，頁80-104。

祁彪佳，《莆陽讞牘》，楊一凡、徐立志，《歷代判例判牘》，北京：中國社會科學出版社，2005。
采九德，《倭變事略》，明代，見於《叢書集成初編》，卷3975，上海：商務印書館，1937。
洪受，《滄海紀遺》，隆慶二（1568），臺北：臺灣古籍出版社，2002。
范景文，《范文忠集》，《文淵閣四庫全書》，新北：臺灣商務印書館，1986。
唐樹義，《黔詩紀略》，同治十二（1873），成都：四川民族出版社，2002（影印本）。
張棡，《張棡日記》，上海：上海社會科學出版社，2003。
陳子龍，《皇明經世文編》，17世紀，北京：中華書局，1997。
陳盛韶，《問俗錄》，道光六年左右，見於《蠡測匯鈔．問俗錄》，北京：書目文獻出版社，1983。
黃瑜，《雙槐歲抄》，《叢書集成初編》，長沙：商務印書館，1939。
萬表，《海寇議》，16世紀，《四庫全書存目》，濟南：齊魯出版社，1997。
葉向高，《蒼霞草》，明代天啟年間，揚州：江蘇廣陵古籍出版社，1994（影印本）。
蒲松齡，《聊齋志異》，清代，天津：天津古籍出版社，2004（影印本）。
鄭若曾，《籌海圖編》，嘉靖四十一（1562）序，《中國兵書集成》，北京：解放軍出版社，1990。
鄭履淳，《鄭端簡公年譜》，《四庫全書存目》，濟南：齊魯出版社，1997。
錢谷，《吳都文粹續集》，16世紀，《文淵閣四庫全書》，新北：臺灣商務印書館，1986。
霍冀，《軍政條例類考》，嘉靖三十一（1552），《續修四庫全書》，上海：上海古籍出版社，2002。
戴金，《皇明條法事類纂》，16世紀，見於劉海年、楊一凡，《中國珍稀法律典籍集成》，北京：科學出版社，1994。
顏俊彥，《盟水齋存牘》，17世紀，北京：中國政法大學出版社，2002。
譚綸，《軍政條例》，萬曆二（1574），內閣文庫抄本。
顧炎武，《天下郡國利病書》，清代，《四庫全書存目》，濟南：齊魯出版社，1997。

《功德碑》，雍正九（1731），大城所城隍廟碑刻。
《平海衛城隍廟示禁碑》，光緒三十四（1908），平海城隍廟外碑刻；亦見於丁荷生、鄭振滿，《福建宗教碑銘彙編・泉州府分冊》，頁357。
《同安杜氏復業記》，嘉靖二十五（1546），集美華僑大學博物館碑刻。
《侯山廟碑》，乾隆十三（1748），湖頭侯山廟碑刻。
《重修平海衛學聖廟碑記》，正德十四（1519），平海城隍廟外碑刻；亦見於丁荷生、鄭振滿，《福建宗教碑銘彙編・泉州府分冊》，頁148。
《重修武廟記》，光緒三十四（1908），東山關帝廟碑刻。
《重修鼇城遷建石獅城隍廟記》，乾隆四十三（1778），碑刻見於石獅；亦見於丁荷生、鄭振滿，《福建宗教碑銘彙編・泉州府分冊》，頁300。
《清溪來蘇裡侯山真武廟記》，天啟元（1621），湖頭侯山廟碑刻。
《新建霞陳小宗祠序》，嘉慶十一（1806），永寧碑刻。
《義學碑記》，雍正三（1725），鎮海碑刻。
《鼎建銅城關王廟記》，正德十一（1516），東山關帝廟碑刻。
《鳳嶺鼎建鯉江城隍廟碑記》，康熙十九（1680），莆禧城隍廟碑刻。
《饒平縣正堂周為城居例免力役》，雍正八（1730），大城所城隍廟碑刻。

四、其他古代中文史料

《大明會典》，萬曆十五（1587），中央研究院漢籍全文資料庫。
《中國明朝檔案總匯》，南寧：廣西師範大學出版社，2004。
《什事咒等等破胎收雲科》（手稿），缺日期，搜集於安溪湖頭。
《明史》，乾隆元（1736），中央研究院漢籍全文資料庫。
《明實錄》，1418-17世紀中葉，中央研究院漢籍全文資料庫。
《御選明臣奏議》，乾隆四十六（1781），《文淵閣四庫全書》，新北：臺灣商務印書館，1986。
王在晉，《海防纂要》，明代，《續修四庫全書》，上海：上海古籍出版社，2002。
朱紈，《甓餘雜集》，16世紀，《四庫全書存目》，濟南：齊魯出版社，1997。
沈鯨，《雙珠記》，16世紀末或17世紀初，《雙珠記評注》，《四賢記評注》，見於《六十種曲評注》，長春：吉林人民出版社，2001。

《晉安杜氏族譜》，1997，福建省圖書館。
《桃源洪步四房林氏三修族譜》，1930，攝於永春達埔。
《桃源洪步林氏八修族譜》，2009，攝於永春達埔。
《桃源漢口林氏四修族譜》，2009，攝於永春達埔。
《梅江林氏族譜》，2002，攝於長樂梅花。
《清溪竹山林氏族譜》，1989，攝於湖頭。
《清溪李氏家譜》，乾隆三十九年（1774），攝於湖頭。
《清溪侯山鄭氏族譜》，1941，攝於湖頭。
《清溪儒林林氏家譜》，缺日期，乾隆三十七（1772）序，攝於湖頭。
《產賢董氏族譜》，2000，攝於湖頭。
《黃氏族譜》，臺中：新遠東出版社，1962。
《瑞雲姚氏族譜》，崇禎二年（1628）左右，李仁淵攝於屏南瑞雲。
《靖海戎氏族譜》，缺日期，攝於靖海。
《滎陽潘氏族譜》，1942，攝於錦山。
《漳浦六鼇營裡滎陽鄭氏族譜》，道光九（1829），石獅市博物館複印。
《福全全宗譜》，光緒三（1877）序，石獅市圖書館複印。
《福全蔣氏四房北廳序譜》，崇禎四（1631），石獅市圖書館複印。
《福全蔣氏家廟》，缺日期，石獅市圖書館複印。
《福州郭氏族譜》，光緒十八（1892），福建省圖書館。
《蒲岐何氏族譜》，2003，攝於蒲岐。
《蒼南王氏族譜》，2006，蒼南複印。
《鄭姓族譜開台祖鄭元公裔系》，1993，盧正恆攝於臺灣新竹。
《蕭山道源田氏族譜》，道光十七（1837），美國猶他家譜學會。
《顏氏族譜》，缺日期，萬曆七（1579）序，《北京圖書館藏家譜叢刊》，《閩粵僑鄉卷》，第17冊，北京：北京圖書館，2000。
《麟陽鄢氏家譜》，光緒四年（1878），南開大學圖書館。

三、碑刻

《大都督黃公興廟惠民功德碑記》，東山關帝廟碑刻。
《公立關永茂碑記》，康熙五十二（1713），東山關帝廟碑刻。

學生書局，1987（影印本）。
黃仲昭，《八閩通志》，弘治四（1491），福州：福建人民出版社，2006（影印本）。
黃佐，《廣東通志》，嘉靖四十（1561）；香港：大東圖書公司，1977（影印本）。
黃惠，《龍溪縣志》，乾隆二十七（1762）；《中國地方志集成》，上海：上海書店，2000（影印本）。
劉日義，《古田縣志》，萬曆三十四（1606）；《萬曆福州府屬縣志》（福建文史叢書），北京：方志出版社，2007（影印本）。
劉梧，《惠州府志》，嘉靖二十一（1542）；《日本藏中國罕見地方志叢刊》，北京：書目出版社，1991（影印本）。
謝彬，《漳州府志》，隆慶六（1572）；《中國史學叢書》，臺北：臺灣學生書局，1965（影印本）。

二、族譜

《永春湯氏族譜》，1917年序，攝於永春達埔。
《永寧南門境李氏族譜》，光緒三十三（1907），蔣楠攝於永寧。
《石獃大侖蔡氏族譜》，1958年序，1997年影印本，泉州市圖書館複印。
《安溪胡氏族譜》，1989，攝於湖頭。
《安溪湖頭洪氏始祖》，1994，攝於湖頭。
《吳江鄭氏族譜》，1973，盧正恆攝於臺灣新竹。
《武功堂柏源村蘇氏家譜》，1986，福建省圖書館。
《金門城倪氏族譜》，缺日期，崇禎十四（1641）序，攝於金門城。
《長樂築堤林氏族譜》，嘉靖十四（1535）序，福建省圖書館複印。
《南嶼陳氏族譜》，光緒二十九年（1903），1985年影印本，攝於東山。
《奎山王氏族譜》，1997，攝於莆田徑里。
《恆產蘇氏族譜》，2005，攝於湖頭。
《洋頭顏氏族譜》，2008，攝於湖頭。
《英橋王氏族譜》，萬曆五（1577），溫州圖書館複印。
《射江衍派福全陳氏族譜》，缺日期，攝於福全。

王永瑞，《廣州府志》，康熙年間；《北京圖書館古籍珍本叢刊》，北京：書目文獻出版社，1988（影印本）。

朱升元，《晉江縣志》，乾隆三十（1765），愛如生方志庫資料庫。

朱彤，《崇武所城志》，嘉靖二十一（1542）；《惠安政書附：崇武所城志》，福州：福建人民出版社，1987（影印本）。

朱書田，《邵武縣志》，1937。

何喬遠，《閩書》，崇禎四（1631）；福州：福建人民出版社，1994（影印本）。

吳聯薰，《漳州府志》，光緒三（1877）。

宋若霖，《莆田縣志》，乾隆二十三（1758），愛如生方志庫資料庫。

沈鐘，《安溪縣志》，乾隆二十二（1757）。

周瑛，《興化府志》，弘治十六（1503）；《重刊興化府志》，福州：福建人民出版社，2007（影印本）。

林有，《安溪縣志》，嘉靖三十一（1552）；《天一閣藏明代方志選刊》，上海：上海古籍出版社，1981（影印本）。

林希元，《永春縣志》，嘉靖五（1526）；臺北：永春文獻社，1973（影印本）。

林燫，《福州府志》，萬曆七（1579）；《南京圖書館孤本善本叢刊》，《明代孤本方志專輯》，北京：線裝書局，2003（影印本）。

施錫衛，《漳浦縣志》，光緒十一（1885）；漳浦：漳浦政協文史資料徵集研究委員會，2004（影印本）。

范景文，《南樞志》，崇禎十一（1638）；《中國方志叢書》，臺北：成文出版社，1983（影印本）。

陳天資，《東里志》，萬曆二（1574）；汕頭，1990（影印本）。

陳汝咸，《漳浦縣志》，康熙三十九（1700）；《中國方志集成》，上海：上海書店，2000（影印本）。

陳振藻，《銅山志》，乾隆十六（1751）序；《中國地方志集成》，上海：上海書店，2000（影印本）。

陳壽祺，《福建通志》，《重纂福建通志》，道光九（1829）。

陽思謙，《泉州府志》，萬曆四十（1612）；《中國史學叢書》，臺北：臺灣

參考文獻

參考文獻依照以下順序排列：

一、古代地方志

二、族譜

三、碑刻

四、其他古代中文史料

五、外文著作及二手資料

地方志條目遵循戴思哲（Joseph R. Dennis）的《古代中國地方志的編纂、刊刻與閱讀，一一一〇—一七〇〇》（*Writing, Publishing, and Reading Local Gazetteers in Imperial China, 1100-1700*）頁343的原則，除了將帶有前綴詞（例如「重修」或某個年號）的地方志書名只列出一次並且省略前綴。在列出珍稀文獻時，我都附上發現該文獻的地點。

族譜條目盡可能包含愈多的資訊：名目、刊行年分或最近寫成序言的年分，以及所有出版資訊。族譜幾乎都是多人合力編纂而成的，因此一般沒必要附上編纂者姓名。至於未出版或私人印製的族譜（大多數族譜都屬於此類），我則注明自己抄寫族譜或做筆記的地點。

碑刻條目包括篇名、刻寫日期，以及其目前的所在地。

如果文獻的名目為一般人所熟知，我便會省略該文獻的作者。讀者可以從https://scholar.harvard.edu/szonyi/ABGreferences查閱許多未出版文獻的謄抄或影印本。

一、古代地方志

《鎮海衛志》，乾隆十七（1752）序，東山博物館。

《鎮海衛志校注》，乾隆十七（1752）序；黃劍嵐編，鄭州：中州古籍出版社，1993（影印本）。

圖片出處

圖7 蒲媽奴的衛選簿，由中國第一歷史檔案館授權複製。

圖16 金門千戶所示意圖，由江柏煒製作。

所有其他地圖都由傑夫·布洛瑟姆（Jeff Blossom）製作（此書中插圖係原文插圖）。省界以費正清中國研究中心和復旦大學歷史地理研究中心的中國歷史地理資訊系統專案（CHGIS）第五版（2010年12月）為準。海岸線和長江都參考Natural Earth（naturalearthdata.com）。

所有家譜圖都由傑夫·布洛瑟姆製作。

所有照片均由作者拍攝。

歷史大講堂

被統治的藝術：中華帝國晚期的日常政治

2021年12月初版　　定價：新臺幣490元

著者　宋怡明
譯者　鐘逸明
叢書編輯　董柏廷
校對　陳佩伶
內文排版　極翔企業
封面設計　許晉維

出版者　聯經出版事業股份有限公司
地址　新北市汐止區大同路一段369號1樓
叢書編輯電話　(02)86925588轉5388
台北聯經書房　台北市新生南路三段94號
電話　(02)23620308
台中分公司　台中市北區崇德路一段198號
暨門市電話　(04)22312023
台中電子信箱　e-mail：linking2@ms42.hinet.net
郵政劃撥帳戶第0100559-3號
郵撥電話　(02)23620308
印刷者　文聯彩色製版有限公司
總經銷　聯合發行股份有限公司
發行所　新北市新店區寶橋路235巷6弄6號2樓
電話　(02)29178022

副總編輯　陳逸華
總編輯　涂豐恩
總經理　陳芝宇
社長　羅國俊
發行人　林載爵

行政院新聞局出版事業登記證局版臺業字第0130號

本書如有缺頁，破損，倒裝請寄回台北聯經書房更換。　ISBN 978-957-08-6042-9 (平裝)
聯經網址：www.linkingbooks.com.tw
電子信箱：linking@udngroup.com

The Art of Being Governed: Everyday Politics in Late Imperial China

國家圖書館出版品預行編目資料

被統治的藝術：中華帝國晚期的日常政治/宋怡明著．鍾逸明譯
初版．新北市．聯經．2021年12月．432面．14.8×21公分（歷史大講堂）
譯自：The Art of Being Governed: Everyday Politics in Late Imperial China
ISBN 978-957-08-6042-9（平裝）

1.中國政治制度 2.明代

573.16 110016557